Hunde lügen nicht

Jeffrey M. Masson

Hunde lügen nicht

Die großen Gefühle unserer Vierbeiner

Aus dem Amerikanischen von
Ursula Bischoff

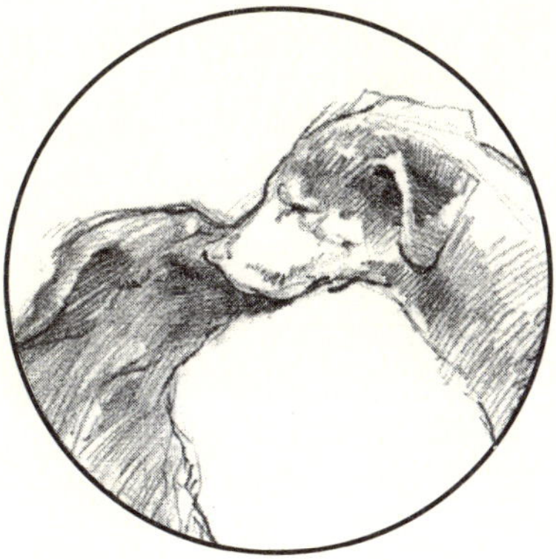

WILHELM HEYNE VERLAG
MÜNCHEN

Der Verlag dankt allen Lizenzgebern
für die freundliche Genehmigung der Abdruckrechte:
Milan Kundera, *Die unerträgliche Leichtigkeit des Seins.*
Aus dem Tschechischen von Susanna Roth,

Marcel Proust, *In Swanns Welt.*
Aus dem Französischen von Eva Rechel-Mertens,

Die Originalausgabe erschien unter dem Titel
DOGS NEVER LIE ABOUT LOVE.
Reflections on the Emotional World of Dogs
bei Crown Publishers, New York

2. Auflage

Umwelthinweis:
Dieses Buch ist auf chlor- und säurefreiem Papier gedruckt.

Satz: Leingärtner, Nabburg
Druck und Bindung: Wiener Verlag, Himberg
Printed in Austria

ISBN 3-453-14318-3

»Der Hund ist das einzige Lebewesen,
das uns mehr liebt als wir selbst.«

Fritz von Unruh

DIESES BUCH IST MEINEM RUDEL GEWIDMET:

Leila und Ilan
und natürlich Sasha, Sima und Rani

Inhalt

Danksagung 11

Vorwort: Den Gefühlen des Hundes auf der Spur 13

1. Wie man die Gefühle eines Hundes erkennt 29
2. Warum uns Hunde lieb und teuer sind 57
3. Wenn Hunde lieben 77
4. Treue und Tapferkeit 91
5. Hunde riechen, was wir nicht sehen 109
6. Unterwerfung, Dominanz und Dankbarkeit 119
7. Die größten Hundeängste: Einsamkeit und verlassen zu werden 133
8. Mitgefühl: Das A und O im Innenleben eines Hundes . . . 141
9. Würde, Erniedrigung und Enttäuschung 151
10. Hundeträume 165
11. Anlagebedingt oder antrainiert? Arbeits- und Spielverhalten bei Hunden 175
12. Hunde und Katzen 193
13. Hunde und Wölfe 203
14. Aggression bei Hunden: Real oder eingebildet? 219
15. Hundekummer 241
16. Wie ein Hund denken 259

Schlußbilanz: Die Suche nach der Seele des Hundes 227

Anmerkungen 289

Bibliographie 313

Register 333

Danksagung

Als erstes möchte ich mich bei Elizabeth Marshall Thomas bedanken, die *The Hidden Life of Dogs* schrieb, das beste Hundebuch, das ich kenne. Es bewirkte, daß ich über jenes andere, verborgene Leben, die emotionale Welt der Hunde, nachzudenken begann.

Mein Dank gilt des weiteren meinem Lektor Tony Colwell vom englischen Verlag Jonathan Cape und meinem Lektor in Amerika, Steve Ross, der an diesem Projekt vom ersten Tag an mitarbeitete. Tony war auch der erste, der Susan McCarthy und mich bei der Arbeit an *When Elephants Weep* enthusiastisch und tatkräftig unterstützte. Für seine Hilfe und Geistesblitze beim Feinschliff meines neuen Buches bin ich zutiefst dankbar. Auch Steve hat unermüdlich an beiden Büchern mitgearbeitet und sich sogar die Mühe gemacht, mich in Berkeley zu besuchen, um meine Hunde kennenzulernen. Er ist ein hervorragender Lektor und wunderbarer Freund; ohne seine Unterstützung würde ich mich verloren fühlen. Das gilt auch für meine Agentin Elaine Markson, der ich großen Dank schulde.

Ein besonderes Dankeschön gebührt dem herausragenden Blindenhundtrainer Mike del Ross, der am »San Rafael Guide Dogs for the Blind« tätig ist und durch den ich Sasha fand. Gary Templin, dem Leiter der Tierschutzorganisation »Oakland Society for the Protection of Animals«, verdanke ich meine beiden anderen Hunde und die zwei Kater.

Zu den Menschen, die mir mit ihrem profunden Wissen um Hunde und Tiere im allgemeinen eine unermeßliche Hilfe waren, gehören Professor Marc Bekoff, Dr. Ian Dunbar, der Veterinär Bruce Max Feldman aus Berkeley, Peter Steinhart, Dr. Charles Berger, Dr. Robert Hack und Dr. Elliot Katz, Gründer der Tierschutzorganisation »In Defence of Animals«.

Victoria Gill und Elisa Moreno waren wunderbare Lektorinnen, die das Buch in den Anfangsphasen betreuten.

Jenny Miller erwies sich als liebevolle Ersatzmutter für die drei Hunde, wenn wir verreisen mußten.

Dank auch an Nina Mazur, die Besitzerin des wunderbaren Hundegeschäftes »Waggers« in Berkeley.

Folgende Freunde haben mir auf verschiedene Weise geholfen: Marjerie Riddle, Michael Parenti, Tom und Leslie Goldstein, Laurie Goldman, Chloe Aftel, Deborah Kennoyer, außerdem meine Nichte Justine Juson und, nicht zu vergessen, meine geliebte Tochter Simone, die von Geburt an in alle Tiere vernarrt war.

Ohne Leila, die Mutter unseres Sohnes Ilan, wäre dieses Buch nicht möglich gewesen. Sie hat die Richtigkeit meiner These bestätigt: Hunde sind der Inbegriff der Liebe, und das gleiche gilt für Leila. Sie ist das Licht meines Lebens.

Vorwort: Den Gefühlen des Hundes auf der Spur

»Es läßt sich kaum bezweifeln, daß die Liebe zum Menschen beim Hund zu einem Instinkt geworden ist.«[1] Dieses Zitat stammt aus Charles Darwins Werk *Der Ursprung der Arten*, dessen Erstausgabe 1857 erschien. Er fährt fort: »Wölfe, Füchse, Schakale und auch einige Katzenarten sind, selbst wenn letztere gezähmt wurden, ungemein erpicht darauf, Geflügel, Schafe und Schweine anzufallen; und diese Neigung ist nach aller Erfahrung auch bei Hunden unausrottbar, die als Welpen aus Ländern wie Feuerland und Australien mitgebracht wurden, wo die Eingeborenen sie nicht als domestizierte Tiere halten. Unsere wohlerzogenen Hunde hingegen müssen selbst in jungen Jahren selten lernen, nicht auf Geflügel, Schafe und Schweine loszugehen.«

Darwin stellt damit offensichtlich eine Theorie auf, die unlängst wieder in Mode gekommen ist: Er behauptet, daß die Gefühle der Tiere eine wichtige Funktion in der stammesgeschichtlichen Entwicklung spielen. Die Evolution sei möglicherweise sogar emotional begründet, denn Darwin ist der Ansicht, daß »die Liebe zum Menschen« die Veränderung im Instinktverhalten domestizierter Hunde bewirkt habe.

Eine instinktgesteuerte Liebe, der es gelingt, die Barrieren zwischen den Arten zu überwinden, ist ein bemerkenswertes Phänomen. Wir Menschen erleben sie fortwährend: Wir lieben Hunde, Katzen, Pferde und zahllose andere Tiere. Viele Wissenschaftler würden bereitwillig zugeben, daß sie die Tiere mögen, deren Verhalten sie erforschen, aber nur wenige die Möglichkeit einräumen, daß diese Zuneigung erwidert wird.

Die emotionalen Reaktionen von Hunden ähneln den unseren in einem solchen Maße, daß wir versucht sein könnten, beide als übereinstimmend zu betrachten. Die Freude eines Hundes scheint der Freude des Menschen zu gleichen; sein Kummer mutet wie unser eigener Kummer an. Doch wir können nie behaupten, mit absoluter Sicherheit zu wissen, was ein Hund empfindet. Liebe und Kummer des Hundes sind kanide Empfindungen und unterscheiden sich unter Umständen auf so subtile Weise von menschlichen Gefühlen, daß sich diese Abweichungen weder ausmachen noch mit Worten ausdrücken lassen. Und selbst wenn wir imstande wären (und ich glaube, wir sind es), das Innenleben eines Hundes annähernd zu verstehen, wird es uns niemals gelingen, uns in seine Welt hineinzuversetzen und genau das zu empfinden, was er empfindet. Der eine oder andere Aspekt seines Daseins wird sich stets unserem Zugriff entziehen und verhindern, daß wir so tiefe Einblicke in seine Psyche gewinnen, wie es uns bei einem Menschen möglich ist.

Der britische Evolutionstheoretiker Louis Robinson beschrieb in seinem 1897 erschienenen Werk *Wild Traits in Tame Animals* spannend und in weiser Voraussicht das emotionale Grundgefüge, das Menschen und Hunden gemein ist:

> »Es wurde behauptet, der Mensch nehme in den Augen seines Hundes eine gottgleiche Stellung ein. Doch wenn wir bedenken, daß unsere Vorstellungen von Göttlichkeit zu der allgemeinen Anschauung geführt haben, der *Herr* sei ein allmächtiges und allwissendes Wesen, das in menschengleicher Weise liebe, hasse, begehre, belohne und strafe, braucht man nicht viel Phantasie, um zu verstehen, daß aus der Warte des Hundes dessen Herr ein in die Höhe geschossener, außergewöhnlich listiger *Artgenosse* ist – von einer äußeren Gestalt und einem Verhalten, die sich fraglos von denen gewöhnlicher Hunderassen unterscheiden, aber gleichwohl hündisch im Kern ihres Wesens sind.«[2]

In *When Elephants Weep,* einem Buch über die Gefühle wildlebender Tiere, das ich gemeinsam mit Susan McCarthy geschrieben habe, wurde eine ausführliche Bezugnahme auf domestizierte Tiere vermieden, weil ich der Ansicht war, Hunde, Katzen und sogar Papageien könnten durch ihr Leben mit den Menschen »verdorben« sein. Ich hoffte, mehr über die Emotionen der Tiere in ihrer unverbildeten Form zu erfahren, wenn ich mich auf Arten beschränkte, die wenig oder gar keinen Kontakt zum Menschen hatten. Die Vorstellung, daß Tiere ein komplexes Innenleben mit einer Fülle tief verwurzelter Gefühle und Empfindungen besitzen, leitete sich ursprünglich aus meinen Erfahrungen mit Hunden ab.

Was mir an Hunden immer ganz besonders gefallen hat, ist ihre Fähigkeit, Gefühle unvermittelt und stark zum Ausdruck zu bringen. Jedesmal, wenn ich Taffy, meinem allerersten Hund, einer Cockerspanieldame, ankündigte, daß wir gleich Gassi gehen würden, führte sie einen Freudentanz auf, der damit endete, daß sie wie von Sinnen entgegen dem Uhrzeigersinn und zunehmend schneller im Raum hin- und herrannte, als wäre sie außerstande, ihre Begeisterung zu zügeln. Schon als kleiner Junge wußte ich, daß kein Tier seine Freude so lebhaft auszudrücken vermag wie ein Hund. Wenn ich Taffy jedoch eröffnen mußte, daß sie mich nicht begleiten könne, und »nein« sagte, blickte sie mich mit einem so herzzerreißenden Ausdruck an, daß es kaum zu ertragen war. Kein Tier kann eine so tief enttäuschte »Miene aufsetzen« wie ein Hund, der ein Nein hinnehmen muß.

Vielleicht sollte man dieses Wörtchen, »nein«, bei einem Hund ohnehin grundsätzlich nicht verwenden, denn es hat eine verheerende Wirkung. Nicht daß Hunden Ablehnung oder Verweigerung völlig unbekannt wären, doch sobald sie die gefürchteten Laute aus dem Munde ihrer heißgeliebten Freunde hören, verfallen sie in einen Zustand des Trübsinns, aus dem es, wie man in diesem Moment befürchten muß, zeitlebens kein Zurück mehr gibt. Natürlich haben sie dieses emotionale Tief ein paar Minuten später bereits überwunden, und das ist ein Charakterzug, den ich an Hunden ebenfalls besonders mag. Sie schöpfen das Potential ihrer Empfindungen voll aus, aber sobald sich der Gefühlsansturm gelegt hat, ist er ein für allemal vergangen, und sie sind für die nächste Erfahrung bereit. Hunde vergeuden ihre Zeit nicht damit, finster über die Vergangenheit nachzusinnen oder der Zukunft mit Bangen entgegenzusehen. Sie leben ganz im Hier und Jetzt.

Obwohl ich im Laufe der Jahre verschiedene Hunde hatte, besaß ich gerade keinen, als mir der Gedanke kam, dieses Buch zu schreiben. Ich vermißte das Zusammenleben mit einem kaniden Hausgenossen. Vielleicht war das Buch nur ein guter Vorwand, mir wieder einen Hund anzuschaffen. So kam es, daß ich beschloß, gleich drei auf einen Streich zu erstehen. Warum drei? Einer war zu wenig, vier waren zuviel. Zwei? Das kam mir zu normal vor. Aber drei Hunde – mit mir als Leittier – bildeten die Grundlage für ein Rudel, und das Rudelverhalten interessierte mich besonders.

Ich wollte mindestens einen reinrassigen Hund, am liebsten ein ausgewachsenes Tier, das bereits ein gewisses Maß an Erziehung genossen hatte. So setzte ich mich mit Mike del Ross in Verbindung, einem Trainer der Blindenhundschule »Guide Dogs for the Blind« in San Rafael, einer Vorstadt von San Francisco, rund vierzig Minuten vom Stadtzentrum entfernt. Er schlug mir vor, einen »Umschulungskandidaten« zu nehmen, einen ausgebildeten Blindenhund, der nicht hundertprozentig für die Blindenarbeit geeignet zu sein schien. Also besuchte ich regelmäßig das wundervolle Trainingsgelände in San Rafael und wartete darauf, daß der richtige Hund auftauchte.

Aber wie mußte der richtige Hund beschaffen sein? Bei der Wahl eines Hundes sieht man sich einem ähnlichen Problem gegenüber wie bei einem *Blind Date*, der Verabredung mit einer oder einem Unbekannten: Man kauft die Katze im Sack, weil man vorher nie weiß, worauf man sich einläßt. Doch während man selten mit einem Menschen vor den Traualtar tritt, den man nur eine Stunde lang kennt, sollte ich schon nach einer kurzen Stippvisite eine lebenslange Beziehung zu einem Hund eingehen. Die Organisation »Guide Dogs for the Blind« bildet drei Hunderassen aus: Golden Retriever, Labrador Retriever und Deutsche Schäferhunde. Man zeigte mir zwei Welpen, große und kraftvolle Rüden. Mir gefielen beide. Dann führte man mir eine Schäferhündin vor, zierlich und schlank, aber ungemein feinfühlig. Ich konnte mich nicht entscheiden und bat Mike um Rat. Er empfahl mir, die Schäferhündin zu nehmen, sie sei sehr gelehrig und folgsam. Ich erkundigte mich nach ihrer Vorgeschichte.

Sie hieß Sasha und war eine leichtgewichtige (annähernd 35 Kilogramm schwer), kurzhaarige Hundedame mit riesigen Ohren, einem sehr langen Schwanz und traurigen Augen. Als ich sie kennenlernte, war sie fast zwei Jahre alt. Wie alle Blindenhunde war sie mit rund acht Wochen einer sogenannten »4H-Familie« zugeteilt worden (Menschen, die in ländlicher Umgebung leben, überwiegend auf einer Farm oder Ranch, und sich bereit erklären, einen Hund als »Adoptiveltern« zu betreuen). Dort wuchs sie auf, bis sie etwas mehr als ein Jahr alt war. Dann kehrte sie in die Blindenhundschule zurück, um mit der Dressur zu beginnen. Ungefähr sechs Monate später fand die Prüfung statt, bei der sie mit der Note »Genügend« abschnitt, was dem Durchschnitt entsprach. Sie wurde als »schlechte Esserin« bezeichnet, was bedeutete, daß sie in ihrem Zwinger sehr wenig fraß. Dazu kam, daß sie nach Aussage ihrer Trainer »eine Spur zu weich« war, um als Blindenhund erstklassige Arbeit zu leisten. Ich habe nie herausgefunden, was man genau damit meinte, aber ich nehme an, sie galt als zu sanftmütig und zu wenig ehrgeizig.[3] Man fütterte sie nur deshalb durch (sie schloß das Training sogar ab), weil sie eine wunderbare Hündin war. Alle mochten sie.

Ich nahm Sasha an einem Mittwoch im Spätsommer des Jahres 1995 mit nach Hause, und damit begann ihr Berufswechsel – vom

Blindenhund zum Musenhund. Bei mir mußte sie nicht arbeiten, um ihren Lebensunterhalt zu verdienen. Alles, was ich von ihr verlangte, war, zu fühlen.

Eine Woche später stattete ich der »Oakland Society for the Prevention of Cruelty to Animals«, einer Tierschutzorganisation, einen Besuch ab, um mich dort nach einem weiteren geeigneten Hund umzusehen. Ich wollte eine Promenadenmischung mit »viel« Labrador im Blut, einer Rasse, die als verschmust, umgänglich und energisch gilt. Ich beschloß, Sasha mitzunehmen und ihr die Entscheidung zu überlassen. Sie fühlte sich auf Anhieb zu einem zwölf Wochen alten goldfarbenen Labradorwelpen hingezogen, zu dessen Vorfahren allem Anschein nach auch Pitbull-Terrier und ein Rhodesian Ridgeback gehörten. Die Labradorhündin war sehr munter, liebenswert und leicht führbar. Als wir an den Käfigen mit den ausgewachsenen und jungen Katzen vorübergingen, bellte sie nicht und versuchte auch nicht, sich auf sie zu stürzen. Sie betrachtete sie lediglich mit gutmütiger Neugierde. Dieser Charakterzug sagte mir besonders zu, weil ich meine Menagerie mit zwei Katzen zu vervollständigen gedachte. Die Hundewelpen und die Katzen sollten miteinander aufwachsen; Freundschaften zwischen Angehörigen verschiedener Arten haben mich schon immer fasziniert. Die Labradorhündin hatte den Namen Rajah erhalten, ein Begriff, der aus dem Hindi stammt und »Herrscher« bedeutet. Ich wollte den geschlechtsspezifischen Fehler korrigieren und taufte sie, um den Klang beizubehalten, in Rat ki Rani um, »Königin der Nacht«, die Hindi-Bezeichnung für den nachtblühenden Jasmin. Diese Pflanze besitzt einen betörenden Duft – und meine Hundedame ein gleicherweise betörendes Wesen. Als ich sie nach Hause brachte, schien sie sich auf Anhieb wohl und heimisch zu fühlen. Sie hatte ihre Familie gefunden. Sasha ist mehr wie wir Menschen – verhaltener, langsamer. Ihr Gefühlsleben schien schon im zarten Alter vielschichtig und kompliziert zu sein.

Einige Wochen später kehrte ich nach Oakland zurück und entdeckte einen Welpen im Zwinger, bei dem ein Lauf eingegipst war. Eine Hündin, halb Golden Retriever, halb Shetland Collie. Man machte mich darauf aufmerksam, daß sie die Unart entwickelt habe, unvermutet zu beißen, obwohl sie aussah, als könne sie kein Wässerchen trüben. Ihr früherer »Besitzer« hatte sie offenbar mit Füßen getreten und ihr dabei den Lauf gebrochen. Die SPCA hatte bereits in Erwägung gezogen, sie wegen ihrer Bissigkeit einschläfern zu lassen. Ich konnte den Gedanken nicht ertragen und beschloß, sie für eine Woche probeweise mit nach Hause zu nehmen, um zu sehen, wie sie auf die anderen Hunde reagierte. Sie kam prächtig mit ihnen aus; ich nannte sie Sima.

Während meines Besuchs im Tierasyl der SPCA wollte ich die Gelegenheit nutzen und mir gleich noch ein paar junge Kater ansehen. »Oh, wir haben genau das Richtige für Sie!« erklärte man mir und zeigte mir zwei rotgetigerte Kätzchen, Brüder aus einem Wurf, nur wenige Wochen alt, die auf einem Parkplatz ausgesetzt worden waren. Sie waren von einer ehrenamtlichen Helferin der Organisation gemeinsam mit Hunden in ihrem Adoptivheim aufgezogen worden und hatten nicht die geringste Angst vor ihnen. Die Wahl sollte sich als goldrichtig erweisen, als wir alle fünf Tiere – die drei Hunde und die beiden Kater – in einem einzigen, großen Raum unterbrachten. Nun waren wir also komplett. Ich nannte die Kater Raj (»König« in Hindi) und Sanjaya (Kurzform Saj, übersetzt »Sieg«). Während meiner Zeit als Professor für Sanskrit an der Universität von Toronto hatte ich mit meinen Studenten den Sanskrit-Text *Bhagawadgita* gelesen, ein religiös-philosophisches Lehrgedicht, in dem Sanjaya den Streitwagen des Königs lenkt.

Zuerst hatte ich Bedenken, meine Frau Leila (die zum damaligen Zeitpunkt meine Verlobte war) mit einem so kunterbunten Sammelsurium von Hausgenossen zu konfrontieren. Sie war in Berlin aufgewachsen und hatte nie Haustiere gehabt. Aber meine Sorge erwies sich als überflüssig. Leila, von Beruf Kinderärztin, erfreut sich überall großer Beliebtheit – bei ihren kleinen Patienten, deren Eltern, Krankenschwestern und Kollegen. Ihre Gegenwart ist wie der Sonnenschein, sie strahlt so viel innere Wärme und Heiterkeit aus, daß alles ringsum hell und leicht erscheint. Ihre Freude wirkt ansteckend, vor allem auf die Hunde. Sie lieben Leila über alle Maßen, und sie erwidert ihre Zuneigung.

Das Haus, in dem Leila und ich mit den Hunden leben, befindet sich gegenüber der Polizeistation im Stadtzentrum von Berkeley, Kalifornien. Es wurde im viktorianischen Stil erbaut, ist zwei Stockwerke hoch, hundert Jahre alt und besitzt einen weitläufigen, üppig bewachsenen Garten, der sich auf der Rückseite befindet und an die University Avenue grenzt. Da die Bibliothek in meinem Haus annähernd zehntausend Bände umfaßt, ist der Platz also ein bißchen beschränkt. Die Hunde dürfen überall herumstromern, aber nachts halten sie sich am liebsten in meinem Arbeitszimmer auf. Ihre Schlafplätze befinden sich in großen Lattenkisten ohne Türen. Sie gehen zur gleichen Zeit wie wir schlafen, etwa um 23 Uhr, und beginnen den Tag mit mir, noch vor sechs Uhr. Ich fahre jeden Morgen mit ihnen die fünf Autominuten zur Berkeley Marina, wo ich mit ihnen in einer Bucht spazierengehe.

Meine Ausbildung zum Psychoanalytiker am Toronto Psychoanalytic Institute hatte mich auf die Arbeit im Freud-Archiv vorbereitet, aber darüber hinaus auch mein anhaltendes Interesse an den emotionalen Erfahrungen anderer Menschen und anderer Lebewesen entfacht.

Über das Innenleben und Erleben eines Menschen war so wenig bekannt, daß Psychoanalytiker jahrelang behauptet haben, Frauen, die man in ihrer Kindheit sexuell mißbraucht oder mißhandelt habe, könnten sich nicht wirklich an diese traumatischen Erfahrungen erinnern, sondern gäben Phantasievorstellungen wieder.

Inzwischen wissen wir, daß diese These falsch ist. Da wir selbst über die emotionalen Erfahrungen unserer eigenen Artgenossen so wenig wissen, stellt sich die Frage, welche Geheimnisse sich im Gefühlsleben von Tieren verbergen mögen.

In diesem Buch habe ich versucht, mich in den Kopf und, wichtiger noch, in das Herz eines Hundes hineinzuversetzen. Ich wollte nicht nur den ungelösten Rätseln auf die Spur kommen (zum Beispiel, was Hunde träumen), sondern auch Fragen auf den Grund gehen, die bisher noch niemand gestellt zu haben scheint: Können Hunde beispielsweise Dankbarkeit oder Mitleid empfinden? Manche Wissenschaftler vertreten den Standpunkt, daß Themen, die sich nicht mit wissenschaftlichen Methoden hieb- und stichfest beweisen lassen, gar nicht erst analysiert werden sollten. Aber wir sind nur dann, wenn wir Fragen stellen – auch solche, die sich im Augenblick noch nicht schlüssig beantworten lassen –, in der Lage, unsere Nachforschungen gezielt voranzubringen. Fragen bieten uns die Möglichkeit, unserer Phantasie freien Lauf zu lassen, und das ist immer eine nützliche mentale Übung. Mancher Gedanke des vorliegenden Buches fußt auf Beobachtungen, während anderes reine Mutmaßung ist. Oft haben sich Spekulationen der Vergangenheit später als Tatsachen entpuppt.

Mir ist bewußt, daß die »Indizien«, mit denen ich die Existenz von Gefühlen und Empfindungen bei Hunden belege, aus Fallbeispielen bestehen, die von manchen Wissenschaftlern verächtlich als erfahrungsorientierte Ergebnisse ohne Beweiskraft abgetan werden. Mit der beschränkten Palette von Kriterien, die vor ihrem gestrengen Auge Gnade finden, bestehen die meisten auf Tests, Labor- und Feldexperimenten und Untersuchungen, deren Ergebnisse objektiv und wiederholbar sind. Einer solchen Prozedur läßt sich ein einzelnes Fallbeispiel nicht unterziehen. Manche Wissenschaftler scheinen der Ansicht zu sein, daß Erfahrungsberichte subjektiv sind und somit richtig oder falsch sein können, während ein Laborergebnis zwangsläufig den Tatsachen entspricht.

Doch es gibt keinen Grund anzunehmen, daß es sich so verhält. Daten lassen sich fälschen, manipulieren oder verzerrt darstellen, genau wie ein Fallbeispiel, und aus Tierversuchen wie denen von Martin Seligman und anderen lernen wir nichts, was wir nicht auch ohne solche Laborexperimente in Erfahrung gebracht hätten. Seligman wies nach, daß ein Hund eine Neurose entwickeln kann, wenn er immer wieder einen elektrischen Schlag erhält, ganz gleich, was er tut, um ihm zu entgehen. Ist das wirklich ein Fortschritt auf dem Gebiet wissenschaftlicher Erkenntnis? Schon Pawlow hat nachgewiesen, daß ein Hund mit solchen Methoden in den Wahnsinn getrieben werden kann. Hat daran tatsächlich jemand gezweifelt? Außerdem leuchtet mir nicht ein, warum ein Forscher im Labor über eine verläßlichere Beobachtungsgabe verfügen soll als andere Menschen außerhalb des Labors.

Es gibt keinen Königsweg, der geradewegs zu den tiefsten Gefühlen eines Menschen führt. Menschen wissen oft selbst nicht genau, was sie empfinden, sind auch nicht immer imstande, ihre Emotionen klar zum Ausdruck zu bringen. Da wir nie mit absoluter Sicherheit sagen können, was ein anderer wirklich empfindet, sind alle Aussagen über dessen Innenleben bis zu einem gewissen Grad reine Spekulation. Solche Mutmaßungen können sich gleichwohl auf umfassende Informationen stützen. Wir versuchen uns vorzustellen, was wir in einer ähnlichen Situation empfinden würden, beobachten den Ausdruck der Augen oder die Körpersprache eines Menschen. Wir hören, wie ihm ein Seufzer entfährt, sehen, wie sich ein Schatten über sein Gesicht legt. Diese Hinweise auf Emotionen sind in streng wissenschaftlichem Sinn keine hieb- und stichfesten »Beweise«, genügen aber als Anhaltspunkte, um gesichert erscheinende Schlußfolgerungen bezüglich des Gefühlszustandes des Betreffenden zu ziehen.

Warum sollte es uns dann nicht auch erlaubt sein, Mutmaßungen über Hunde anzustellen? Wir beobachten ihre Augen, Ohren, den

Schweif und achten auf ihre Laute. Dann vergleichen wir das, was wir wahrnehmen, mit unseren Gefühlen und werten es entsprechend, wobei wir uns auf unsere Empathie und unser Vorstellungsvermögen verlassen. Das Ergebnis ist nicht irrelevanter, als wenn wir Gefühle und Empfindungen eines menschlichen Wesens ergründen wollten.

Eines läßt sich nicht leugnen: Das, was immer wieder beobachtet und von vielen Menschen gesehen, was häufig berichtet und beschrieben wird, akzeptieren wir bereitwillig als Tatsache. Doch einige Bereiche, die mich interessieren – beispielsweise die Freundschaft zwischen Hunden und anderen Spezies –, wurden nie im Labor erforscht. Auch sollten wir uns daran erinnern, daß es erst seit verhältnismäßig kurzer Zeit Laboratorien gibt, und es wäre absurd zu behaupten, daß die Ergebnisse der empirischen Forschung, die vor ihrer Erfindung erzielt wurden, allesamt Humbug seien. Natürlich würde ich gerne fünfhundert Fallbeispiele für die Freundschaft zwischen Hunden und Löwen zitieren, aber so viele sind nicht schriftlich festgehalten. Ich muß mich mit einem einzigen begnügen, das ich in diesem Buch anführen werde. Dagegen haben mir viele Leute erzählt, daß sich ihre Hunde mit Kaninchen angefreundet haben. Ist der Wahrheitsgehalt solcher Geschichten zweifelhaft, nur weil sie nicht in Laborexperimenten unter die Lupe genommen wurden? Sollen wir solche empirischen Beobachtungen ignorieren? Sie werden möglicherweise nicht im gleichen Maße als unumstößliche Tatsache akzeptiert wie eine mathematische Formel, verdienen es aber auch nicht, als Wunschdenken weltfremder, zu Gefühlsduselei neigender Menschen abgetan zu werden.

Die Intelligenz von Hunden gehört nicht zu den Themen, die ich in diesem Buch anspreche, denn darüber wurde oft genug geschrieben und diskutiert. Wenn ich ehrlich sein soll, ist die Intelligenz für mich auch nicht von vorrangigem Interesse, weder bei Hunden noch bei Menschen. Der Gedanke, jemandes Intelligenz zu

»testen«, widerstrebt mir zutiefst. Was bedeuten die Ergebnisse solcher Tests? Sagen sie etwas darüber aus, ob jemand intelligent genug ist, bestimmte Fähigkeiten und Fertigkeiten zu entwickeln? Sich zum Beispiel in der Musik hervorzutun? Oder in der Kunst? In der Forschung? Sich beim Kochen, im Schnellauf, beim Spurensuchen, in der spanischen Sprache oder als Puppenmacher zu profilieren? Die meisten Menschen beherrschen *irgend etwas* gut, erzielen aber auf anderen Gebieten weitaus weniger beeindruckende Leistungen. Wir dürfen mit einiger Sicherheit annehmen, daß Einstein einen höheren IQ hatte als das Gros der Leser dieses Buches. Doch man könnte mit Fug und Recht darauf hinweisen, daß er zwar ein hohes Maß an Intelligenz in den Bereichen Physik und Mathematik bewies, aber vielleicht weniger gut abgeschnitten hätte, wenn ihm die Aufgabe gestellt worden wäre, die beste Verkehrsverbindung zwischen Mailand und Rom zu finden, ein Blockhaus zu bauen oder seiner Tochter zu helfen, in einer fremden Stadt Freunde zu gewinnen.

Die herkömmlichen Intelligenztests bieten wenig Informationen von echtem Wert, aber die Intelligenz einer Spezies mit der einer anderen zu vergleichen, ist ein völlig nutzloses Unterfangen. Es ist bekannt, daß einige Katzen imstande sind, Türen zu öffnen. Manche ihrer Artgenossen beobachten sie dabei, aber es gelingt ihnen nicht, dieses Kunststück selbst zu vollbringen. Sie seien, wurde behauptet, weniger intelligent – doch sind sie intelligent genug, um an der Tür Posten zu beziehen und auf das Erscheinen der Katze zu warten, die sie zu öffnen vermag. Wenn wir Anpassungsfähigkeit als Maßstab für Intelligenz nehmen, spricht einiges gegen den Hund, der Türen nicht öffnen kann. Andererseits warten Hunde geduldig, bis wir die Tür aufmachen, und werden nie wütend, wenn wir ihren Wünschen nicht stattgeben. Viele Menschen würden einen Streit vom Zaun brechen, wenn sie sich in einer ähnlichen Situation befänden.

Die Intelligenz wird in der Wissenschaft oft mit der Elle des

»abstrakten Denkens« gemessen, aber dabei handelt es sich nur um eine ganz spezifische Fähigkeit. Einige Menschen sind auf dem Gebiet der Mathematik ungemein beschlagen, während andere es zu wahren Meisterleistungen beim Töpfern bringen, mit affenartiger Geschwindigkeit auf Bäume klettern oder bravourös alte Handschriften entziffern. Jede Spezies verfügt, wie es scheint, über ureigene Fähigkeiten und Fertigkeiten. Wir erfahren nur dann mehr über dieses artspezifische Potential, wenn wir bereit sind, eine Tiergattung um ihrer selbst willen zu beobachten, ohne Vergleiche mit der Intelligenz oder den Talenten des Menschen anzustellen. Wie der Biologe J. E. R. Staddon sagte: »Bienen sind in der Lage, ultraviolettes Licht wahrzunehmen, und Fledermäuse orientieren sich durch Ultraschallortung; diese Fähigkeiten wurden nicht dadurch entdeckt, daß man sich gefragt hat, ob Fledermäuse und Bienen imstande seien, typisch menschliche Tätigkeiten zu verrichten.«[4]

Mit dem Besitz außergewöhnlicher Fähigkeiten gehen nicht zwangsläufig außergewöhnliche Gefühle und Empfindungen einher. Eines Morgens, als Sasha erst ein paar Wochen bei mir war und ich gerade im Fitneßcenter trainierte, betrat ein Bauinspektor den Garten durch eine Seitentür, die er nach Beendigung seines Inspektionsgangs zu schließen vergaß. Als ich das Fitneßcenter zwei Stunden später verließ, saß Sasha davor auf den Stufen und wartete auf mich. Ich wohne zwar nur einen Steinwurf entfernt, war aber trotzdem erstaunt. Wie hatte mich Sasha, die mich nie ins Fitneßcenter begleitet hatte, gefunden? War ihr ausgeprägter Geruchssinn dafür verantwortlich? Vielleicht war sie einfach meiner Duftspur gefolgt. Wie auch immer: Ich fand ihre Gefühle in dieser Situation rätselhafter als ihre kognitiven Fähigkeiten, und genau darüber wollte ich mehr in Erfahrung bringen.

Charles Darwin legte vor 125 Jahren mit seinem Buch *Der Ausdruck der Gemütsbewegungen bei den Menschen und bei den Tieren* einen Grundstein. Lange Zeit wurde das Thema von den Wissenschaftlern, die in seine Fußstapfen traten, unter den Teppich gekehrt. Erst in jüngster Zeit haben Feldforscher das Gefühlsleben von Tieren in freier Wildbahn von einer neuen Warte aus durchleuchtet. Mit diesem Buch möchte ich zu einer gründlichen Beobachtung und Analyse der Gefühle ermutigen, die der beste Freund des Menschen in der Tierwelt empfindet – der Hund.

»Alles Wissen, die Gesamtheit aller Fragen und Antworten, ist in den Hunden enthalten.«

Franz Kafka, »Forschungen eines Hundes«

1

Wie man die Gefühle eines Hundes erkennt

Nur wenige Hundehalter würden bestreiten, daß ihre vierbeinigen Hausgenossen Gefühle und Empfindungen haben. Einen Hinweis seines berühmten Freundes Darwin aufgreifend, der von Gewissen sprach, schrieb Georges Romanes, das Gefühlsleben eines Hundes sei »hoch entwickelt – höher als das jeder anderen Tierart.«[1] (Er schloß die menschliche Spezies nicht ein, obwohl das vielleicht interessant geworden wäre.) Natürlich sind Hunde fähig, Gefühle zu entwickeln, und meistens gelingt es uns auf Anhieb, sie zu deuten. Freude, zum Beispiel. Kann sich irgendein Lebewesen so freuen wie ein Hund? Er springt uns voraus über Stock und Stein, stürzt sich mit Wonne ins Gebüsch, rundum selig, mit sich selbst und der Welt im reinen. Und gibt es umgekehrt ein Lebewesen, das so enttäuscht sein kann wie ein Hund, wenn wir sagen: »Nein, wir gehen nicht Gassi!«? Er sinkt mit schweren Gliedern zu Boden, bietet ein Bild des Jammers: Er läßt die Ohren hängen und blickt mit Augen, in denen das Weiße sichtbar wird, so kummervoll zu uns auf, als hätten wir ihm für immer den Laufpaß gegeben. Hunde zeigen schiere Freude genauso wie größten Kummer.

Aber sind Freude und Enttäuschung identisch mit jenen Gefühlen, die wir Menschen mit diesen Begriffen bezeichnen? Die

Reaktionen von Hunden, ihr Verhalten, ja, sogar die Laute, die sie von sich geben, scheinen sich unmittelbar in die emotionale Sprache des Menschen übertragen zu lassen. Wenn sich eine Hündin in frischgemähtem Gras wälzt, ist das Entzücken in ihrem Gesicht unverkennbar. Wer annimmt, daß ihre Empfindungen den unseren gleichen (auch wenn sie bei Menschen seltener vorkommen), täuscht sich nicht. Die Worte, die wir benutzen, um diese Emotionen zu beschreiben, mögen falsch, unser Vokabular ungenau und die Analogie mit Mängeln behaftet sein, aber es bestehen auch offensichtlich Ähnlichkeiten. Mein Hund *scheint* Freud und Leid auf vergleichbare Weise zu erleben. Das Wort »scheint« ist hier von entscheidender Bedeutung: Oft haben wir, wenn es um die Gefühle und Empfindungen unserer Mitmenschen geht, auch nicht mehr Anhaltspunkte für unsere Schlußfolgerungen.

Hundehalter wundern sich über die stürmische Begrüßung, die ihnen ihre Vierbeiner schon nach kurzer Abwesenheit zuteil werden lassen. Sasha wirbelt in heller Aufregung um uns herum, winselt und stößt außergewöhnliche Laute aus. Was verbirgt sich hinter dieser grenzenlosen Begeisterung über unsere Rückkehr? Wir neigen dazu, einen Mangel an Intelligenz dahinter zu vermuten: Der Hund befürchtete vielleicht, wir hätten uns für immer aus dem Staub gemacht.

Hunde besitzen angeblich kein Zeitgefühl. Sie sehen nicht auf die Uhr, wie es Robert Kirk von der Cornell Veterinary School einmal ausdrückte. Jede Minute währt ewig, jedes Geschehen ist endgültig. Weggehen bedeutet, jemanden ein für allemal zu verlassen. Mit anderen Worten: Wenn Hunde nicht genauso reagieren wie wir Menschen, betrachten wir ihr Verhalten als irrational. Aber ein Mensch, der liebt, kann es ebenfalls kaum erwarten, den geliebten Menschen wiederzusehen, selbst nach nur kurzer Abwesenheit – und Hunde sind der Inbegriff der Liebe. (Mehr zum Thema Hunde und Liebe in Kapitel 3)

Eine andere Erklärung für den überschwenglichen Empfang, den uns der Hund bei unserer Rückkehr bereitet, könnte in der Begrüßungszeremonie zwischen Welpen und Hundemutter ihren Ursprung haben. Sobald die Mutter wieder auftaucht, wird sie von ihren Jungen umringt, die gesäugt werden wollen oder erwarten, daß sie vorgekaute Nahrung hochwürgt. Wölfe haben ein ganz spezielles Begrüßungsritual entwickelt: Sie wedeln mit dem Schweif, lecken sich gegenseitig und beißen anderen Rudelmitgliedern vorsichtig in die Schnauze. Die unbändige Freude der Hundewelpen könnte ein rudimentärer Überrest dieses Rituals sein, wie John Paul Scott und J. L. Fuller glauben.[2]

Bald nach ihrem Eintritt in die Familie saß Sasha eines Abends in meiner Nähe, während ich an einer der ersten Fassungen dieses Kapitels feilte. Ich war den ganzen Tag allein gewesen und hatte gearbeitet. Wir beide waren die einzigen, die sich im Wohnzimmer aufhielten, und es herrschte vollkommene Stille. Irgendwann warf ich einen Blick zu Sasha hinüber und bemerkte, daß sie mich ansah. Plötzlich überwältigte mich der Gedanke: In diesem Raum befindet sich ein anderes Lebewesen, das ein ureigenes Bewußtsein besitzt. Eine Gefährtin. Aber was mochte Sasha denken? Warum hatte sie mit einem Mal zu mir hochgesehen? Wollte sie sich lediglich vergewissern, daß ich noch an Ort und Stelle war, ihr weiterhin Gesellschaft leistete? Oder stellte sie kompliziertere Überlegungen an, die mit Gefühlen befrachtet waren (wie viele Gedanken) – beispielsweise mit Zuneigung oder vielleicht Angst? Sie sah so friedvoll aus, wie sie dort lag. Ob sie wohl so etwas wie inneren Frieden und Harmonie verspürte? Für manche Hindu-Philosophen ist die innere Harmonie das höchstrangige Gefühl, das allen anderen Empfindungen zugrundeliegt. Diese Vorstellung fasziniert mich so, daß ich in Harvard über dieses Thema promoviert habe. Vielleicht projizierte ich aber auch nur meine eigenen Gefühle auf Sasha. Es ist schwer, sich in diesem Punkt Klarheit zu verschaffen.

Während Sasha regungslos neben mir saß und mit sich und der Welt im reinen zu sein schien – sie stieß hin und wieder wohlig klingende Seufzer aus –, fragte ich mich, was wirklich in ihr vorgehen mochte. Ich hätte mich gerne nur für einen Augenblick in sie hineinversetzt und gewußt, was sie fühlte. Dieses Bedürfnis hatte ich schon öfter verspürt, auch bei Menschen. Kann man wirklich jemals genau sagen, was ein anderer Mensch empfindet? Es ist schwer, etwas über die wahren Gefühle eines anderen Lebewesens herauszufinden, bei Hunden genauso wie bei Menschen.

Die Frage, woher wir wissen, was wir empfinden, ganz zu schweigen davon, was andere Menschen fühlen, ist schwer zu beantworten. Im Gespräch beschreiben wir unsere Gefühle oft in »Kürzeln«: »Ich bin traurig« oder »Ich bin glücklich«. In Wirklichkeit befinden wir uns weit häufiger in einem emotionalen Zustand, für den genaue verbale Entsprechungen fehlen. Wir grenzen uns durch unsere Sprachgewohnheiten selber ein. »Ich bin deprimiert«, sagen wir. Doch das ist nur die leiseste Andeutung einer ganzen Palette wesentlich vielschichtigerer Gefühle.

Das gleiche gilt vermutlich für Hunde. Ihre Freude ist mindestens ebenso schwer zu definieren und genauso kompliziert. (Wir wissen nicht, aus welchen Gefühlskomponenten sie sich zusammensetzt. Die Erinnerung an frühere positive Erfahrungen könnte eine Rolle spielen, vielleicht beschränkt sich die Empfindung aber auch auf das Hier und Jetzt.)

Obwohl unbestritten ist, daß wir aus der Beobachtung des Verhaltens in Form äußerlicher Aktivität viel über Hunde erfahren, wäre es an der Zeit zu erkennen, daß wir durch die Beobachtung ihrer Gefühle wesentlich tiefere Erkenntnisse gewinnen könnten. Darüber hinaus würden wir zwei Fliegen mit einer Klappe schlagen und gleichzeitig etwas über unsere eigenen Gefühle erfahren. Im Reich der Emotionen ist der Mensch nämlich nicht überlegen. Nach lebenslanger, respektvoller Liebe zu Hunden und einigen Jahren der Beobachtung und Reflexion bin ich zu der Schlußfolgerung gelangt, daß Hunde mehr empfinden als ich (ich bin nicht befugt, für andere Menschen zu sprechen). Sie haben nicht nur mehr, sondern auch reinere und intensivere Gefühle. Im Vergleich dazu mutet die emotionale Landkarte des Menschen wie ein undurchdringliches Labyrinth an, ein komplexes, bewußt oder unbeabsichtigt entstandenes Gewirr von Ausflüchten, Zwiespältigkeit und emotionaler Täuschung. Auf der Suche nach den Gründen für die psychologischen Hemmungen, die uns auf der emotionalen Ebene blockieren (im Vergleich zu Hunden), lernen wir vielleicht, genauso direkt, aufrichtig, freimütig und eindringlich mit unseren Gefühlen umzugehen wie sie.

Freud sagte: »Hunde lieben ihre Freunde und beißen ihre Feinde, im Gegensatz zu Menschen, die unfähig sind, reine Liebe zu empfinden, und in ihre Objektbeziehungen stets eine Mischung aus Liebe und Haß einbringen müssen.«[3] Anders ausgedrückt: Hunde scheinen frei von der Zwiespältigkeit der Gefühle zu sein, die wie ein Fluch auf den Menschen lastet. Wir können ein und dieselbe Person lieben und hassen – am selben Tag, nicht selten gleichzeitig. Bei Hunden wäre das undenkbar, was an einem Mangel an emotionaler Vielschichtigkeit liegen mag, wie manche Menschen glauben, oder daran, daß sie nicht unter einem solchen Gefühlswirrwarr leiden wie wir.[4] Wenn der Hund einen Menschen liebt, dann liebt er ihn bedingungslos und für immer, ungeachtet dessen, wie sich dieser Mensch verhält, was geschieht und wieviel Zeit vergeht. Hunde haben ein untrügliches Gedächtnis für Menschen, die sie von früher kennen. Das liegt daran, daß sie diese Person mit der Zuneigung in Verbindung bringen, die sie für sie empfunden haben, und aus der Erinnerung daran Freude ableiten.

Sashas Interesse für Raj und Saj, meine zwei kleinen Kater, grenzt nahezu an Besessenheit. Sobald sie die beiden kleinen Fellknäuel erspäht, gerät sie in einen Zustand der Hyperaktivität, und ihre Erregung ist nicht mehr zu bremsen. Sie beginnt zu winseln, zu knurren und zu fiepen. Dabei sieht sie mich so flehentlich an, als besäße ich den Schlüssel zur Erfüllung ihres größten Wunschtraums. Sie beschnuppert die beiden ausgiebig, folgt ihnen auf Schritt und Tritt, wobei sie herzzerreißend winselt. In der ersten Nacht nach Ankunft unserer beiden neuen Hausgenossen tat Sasha kein Auge zu. Sie bezog Posten auf dem Fußboden in der Nähe des Käfigs, die Läufe reizend gekreuzt, und behielt ihre Schützlinge die ganze Nacht im Blick. Als ich die Käfigtür öffnete und die beiden herausließ, berührte Sasha sie sanft mit der Pfote. Die Kater waren wie vom Donner gerührt – vor allem in der zweiten Woche. Von da an pflegte Sasha nämlich den einen mit ihrem mächtigen Gebiß zu packen, hochzuheben – ungemein behutsam, um ihn nicht zu verletzen –, ihn in ein anderes Zimmer zu tragen, irgendwo abzusetzen und sich dann auf die Suche nach seinem Bruder zu begeben, mit dem sie das Ganze wiederholte. Zu beobachten, wie sie die kleinen orangefarbenen Wollknäuel von einem Raum zum anderen trug, war für mich genauso verwirrend wie für die Katzen.

Schon bald wollten sie spielen. Einer der Kater rollte sich auf den Rücken und streckte eine kleine Pfote aus. Aber das Interesse der beiden an Sasha ist eher verhalten, verglichen mit der Faszination, die sie auf die Hündin ausüben. Und daran, daß sich Sasha brennend für sie interessiert, kann es keinen Zweifel geben. Die Gründe für diese Aufmerksamkeit allerdings sind nicht so offensichtlich.

Welche Wünsche und Bedürfnisse kommen in Sashas Verhalten zum Ausdruck? Könnte es sich um einen mütterlichen Instinkt handeln, der in ihr erwacht ist und sie veranlaßt, den Kätzchen die Mutter zu ersetzen? Hält sie die Kleinen gar für ihre eigenen Welpen, die sie in eine sichere Höhle bringen will? Oder ist ihr Interesse räuberischer Art? Würde sie sich die beiden liebend gerne einverleiben, wenn sie nicht zwischen dem Wunsch, mir zu gehorchen (»Tu den Kätzchen ja nichts zuleide!«) und ihrem auf Beute gerichteten Instinkt hin- und hergerissen wäre, der ihr sagt, daß Katzen ein Leckerbissen sind? Ist sie nur neugierig und versucht herauszufinden, ob diese beiden winzigen Lebewesen vielleicht einer ihr unbekannten, seltsamen Hunderasse angehören? Oder behält sie die beiden wie Schafe im Auge? Schließlich ist sie ja ein Hütehund.

Doch keine dieser Erklärungen ist vollauf befriedigend. Wenn ihr Mutterinstinkt erwacht wäre, würde sie ähnliche Fürsorge gegenüber Kaninchen oder Gänsen zeigen und bei ihrem Anblick winseln (statt sie zu jagen). Dazu kommt, daß Sasha nie eigene Welpen hatte. Ich bezweifle auch, daß sie die Katzen als Nahrung betrachtet – ich kann sie nur mit größter Mühe dazu überreden, ein Stück Rindfleisch zu probieren. Dumm ist sie auch nicht: Sie kann zwischen einem Hund und einer Katze unterscheiden. Und wenn die Eigenschaften eines Hütehundes ihre Reaktion bestimmten, würde sie die Katzen weder hochnehmen und in der Schnauze herumtragen noch infolge eines inneren Bedürfnisses oder Gefühls, dem sie nicht anders Ausdruck verleihen kann, winseln und schnaufen. Die Wahrheit ist, daß ich keine Ahnung habe, warum sie sich in solchem Maße zu den beiden Katzen hingezogen fühlt, und andere können sich genausowenig einen Reim darauf machen. Es wäre wesentlich einfacher, wenn ich sie fragen könnte: »Sasha, warum interessieren dich diese kleinen Fellknäuel so?« Dann würde sie vielleicht antworten: »Dumme Frage, sieh doch nur, wie niedlich sie sind!«, oder »Sie sehen so klein und hilflos aus, ich möchte sie beschützen«, oder »Man muß die Konkurrenz im Auge behalten.« Was immer ihr Verhalten auch bedeuten mag, man sieht auf den ersten Blick, daß Sasha ungeheuer viel für die beiden kleinen Katzen empfindet. Das liegt auf der Hand – sie winselt, stöhnt, folgt ihnen auf Schritt und Tritt, neigt den Kopf zur Seite und betrachtet sie gleichermaßen verwirrt wie fasziniert. Deshalb habe ich geschrieben, daß ihr Interesse nahezu an Besessenheit grenzt. Sie hat bestimmte Erwartungen an die beiden Kater, empfindet etwas für sie und scheint ihren Gefühlen Ausdruck verleihen zu wollen.

Es ist schwer, sich in sie hineinzuversetzen, weil Menschen im allgemeinen Katzenkindern nicht seufzend und knurrend auf Schritt und Tritt folgen. Bei uns scheint es dafür keine Entsprechung zu geben. Vielleicht will Sasha aber auch nur die Richtigkeit einer meiner Theorien über Haustiere unter Beweis stellen: Tiere und Menschen haben zwar einige Gefühle gemeinsam, aber Tiere haben darüber hinaus Zugang zu Empfindungen, die Menschen nicht nachvollziehen können. Sie verfügen über ein emotionales Repertoire, das uns nicht geläufig ist, weil Tiere eben keine Kopie des Menschen, sondern eigenständige Wesen sind. Ihre Sinneswahrnehmungen und Erfahrungen eröffnen Hunden eine vollständig andere (oder neue) Gefühlsskala, über die wir wenig oder gar nichts wissen. Daß uns eine ganze Welt kanider Empfindungen verschlossen bleibt, ist eine faszinierende Vorstellung. Manche dieser Gefühle könnten sich aus den sensorischen Fähigkeiten des Hundes herleiten. Einem der ersten Experten auf diesem Gebiet zufolge ist der Geruchssinn eines Hundes hundertmillionenmal so stark ausgeprägt wie der des Menschen (ich werde auf dieses Thema in Kapitel 5 zu sprechen kommen). Doch selbst wenn diese Zahl nach heutigem Wissensstand viel zu hoch erscheint, gibt es an einer Tatsache nichts zu rütteln: Wenn Sasha mit der Nase am Boden entlangschnüffelt, nimmt sie eine Welt der Gerüche wahr, über die wir nur Vermutungen anstellen können. Und wenn sie die Ohren spitzt, vernimmt sie Geräusche, die mir völlig entgehen.

Was Sashas Interesse an den Kätzchen betrifft, so geht es dabei nicht um die Frage, ob ihre sensorischen Fähigkeiten besser (oder schlechter) ausgeprägt sind als die des Menschen, sondern vielmehr um einen sozialen Aspekt. Wir bilden uns gerne ein, daß wir einzigartige Voraussetzungen besitzen, die Empfindungen des Hundes nachzuvollziehen, weil unser Sozialverhalten Ähnlichkeit mit dem seinen aufweist und er (wie wir) ein Herdenwesen ist. Auch wir interessieren uns nachhaltig für das soziale Leben anderer und das Geflecht zwischenmenschlicher Beziehungen, das durch wechselseitige Abhängigkeit entsteht. Das ist in unseren Augen der Grund, warum Hunde in der Lage sind, uns so gut zu verstehen und die Gefühle des Menschen aus ihren eigenen unmittelbaren Erfahrungen heraus nachzuempfinden.

Vielleicht entwickeln sie vor allem deshalb ein so gutes Gespür für die menschlichen Emotionen, weil ihre soziale Welt der unseren gleicht. Wir haben, was die Sozialstrukturen angeht, keine große Ähnlichkeit mit Katzen, und Katzen verstehen uns nicht annähernd so gut. Von einer Katze erwarten wir nicht die gleiche Art Sympathie wie von einem Hund. Einer Katze von der Statur eines Löwen würden wir uns nur zögernd nähern. Vor einem Hund, der als absolut harmlos gilt, fürchten sich die meisten Menschen dagegen nicht, ungeachtet seiner Größe. Der deutsche Ethologe und Katzenfachmann P. Leyhausen führt an, daß nicht der Mensch die Katze vom Wildtier zum Haustier gemacht habe. Sie habe die Domestikation selbst gewählt und ihre Unabhängigkeit als wesentliches Charaktermerkmal beibehalten. Seiner Ansicht nach ist die Katze zwar häuslich, aber kein Haustier im eigentlichen Sinn des Wortes.[5]

Der deutsche Forscher Eberhard Trumler vertritt die Auffassung, daß sich nicht die Wölfe den Menschen anschlossen, sondern umgekehrt. Er wies darauf hin, daß Wölfe, stammesgeschichtlich älter als wir und hervorragende Jäger, die Hilfe des Menschen nicht benötigten. Die Menschen stammen dagegen von Vorfahren ab, die sich von Pflanzen ernährten und bei weitem nicht so gut für die Jagd gerüstet waren wie Wölfe. Um ihre Beute zu erlegen, brauchten uns die Wölfe nicht, aber der Mensch konnte sehr wohl von einem Pakt mit den Wölfen profitieren. Möglicherweise folgten menschliche Sippen in grauer Vorzeit den Wolfsrudeln und legten sich auf die Lauer, bis diese ihre Beute zur Strecke gebracht hatten, um sie ihnen dann abzujagen. Wölfe in Indien werden häufig durch Wildschweine von ihrer Beute vertrieben, und das gleiche hat sich möglicherweise auch zwischen unseren Urahnen und den Wölfen abgespielt.[6]

Der Naturwissenschaftler und Autor Jared Diamond weist darauf hin, daß alle großen Säugetiere zwischen 8000 und 2500 v. Chr. domestiziert wurden. Dieser Domestikationsprozeß begann mit dem Hund, dann kamen Schafe, Ziegen und Schweine an die Reihe. Die Schlußlichter bildeten die Dromedare in Arabien, die Kamele im südwestlichen Asien und die Wasserbüffel. Er ist der Überzeugung, daß diese Palette seit 2500 v. Chr. nicht wesentlich ergänzt wurde.[7] Die Frage, warum das so ist, konnte bisher nicht schlüssig beantwortet werden.

Obwohl auch andere Spezies zu Haustieren gemacht wurden – vor allem Katze, Pferd, bestimmte Vogelarten, Kaninchen, Rind –, hat kein anderes Tier (wild, zahm oder domestiziert) eine so große Bedeutung für den Menschen erlangt wie der Hund. Wir bringen wildlebenden Tieren wie Wölfen, Elefanten und Delphinen (die sich ausnahmslos zähmen lassen, auch wenn wir über ihre Fortpflanzung wenig Kontrolle ausüben können) starke Gefühle entgegen, aber die unmittelbaren Interaktionen mit ihnen sind viel stärker eingeschränkt als beim Hund. Durch die Aufzucht der domestizierten Tiere haben wir ihr genetisches Erbe im Verlauf der Jahrhunderte unseren Wünschen entsprechend geändert. Wir nehmen Einfluß auf ihre Fortpflanzungsfunktionen und züchten sie entsprechend unseren Vorstellungen oder Bedürfnissen, genauso, wie wir über ihren Lebensraum und ihr Nahrungsangebot entscheiden. Juliette Clutton-Brock, eine Expertin auf dem Gebiet der Domestikation, glaubt wie Darwin, daß nur der Mensch aus diesem Bündnis einen Nutzen ziehe. Sie beruft sich auf Darwin und sagt: »Wenn wir den Willen des Menschen berücksichtigen, verstehen wir, warum domestizierte Tierarten und kultivierte Pflanzenarten häufig normwidrige Merkmale entwickeln, verglichen mit der natürlichen Spezies. Sie wurden nicht zu ihrem Vorteil verändert, sondern zum Nutzen des Menschen.«[8]

Michael Fox, Hundekenner und Vorsitzender der »Humane Society of the United States« (einer Organisation, die sich für bioethische Normen und den Schutz von landwirtschaftlichen Nutztieren einsetzt), verweist darauf, daß Merkmale, die wir bei domestizierten Tieren genetisch fördern – wie beschleunigter Reifeprozeß, Resistenz gegen Krankheiten, zunehmende Fertilität und Langlebigkeit –, in der Natur eine zu hohe Population bei bestimmten Tierarten hervorrufen würden. Das könnte wiederum eine Veränderung des ökologischen Gleichgewichts zur Folge haben (und möglicherweise das Aussterben einer anderen Spezies).[9] Viele dieser domestizierten Tiere sind vom Menschen abhängig und erfordern beträchtliche Pflege und Aufmerksamkeit, selbst wenn sie halbwild zu leben scheinen. Sogar die abgehärteten Dickhornschafe, die in Gebirgsregionen leben, müssen in desinfinzierter Lösung gebadet, entwurmt und im Winter zusätzlich gefüttert werden.

Auch unter den domestizierten Tieren nimmt der Hund als die vielleicht einzige voll zum Haustier gewordene Spezies eine Sonderstellung ein. Ziegen wurden domestiziert und lassen sich zähmen, aber sie stehen dem Menschen selten so nahe wie ein Hund. Schweine würden sämtliche Voraussetzungen für einen guten Gefährten erfüllen, wenn man ihnen die Chance dazu gäbe. H. Hediger, Direktor des Zoologischen Gartens in Zürich, schreibt, der Hund, im Grunde ein domestizierter Wolf, sei das erste Geschöpf gewesen, zu dem der Mensch eine enge und beidseitig intensive Bindung entwickelt habe. Hediger ist der Auffassung, daß kein anderes Tier ein so starkes psychologisches Zusammengehörigkeitsgefühl mit uns verbinde. Nur der Hund scheine in der Lage zu sein, unsere Gedanken zu lesen und »auf die geringfügigste Veränderung in unserem Ausdrucksverhalten oder in der Stimmung zu reagieren«.[10] Hundetrainer sprechen von »Gefühlssinn«, wenn sie auf die Tatsache Bezug nehmen, daß ein Hund unsere Stimmungslage zu spüren vermag.[11]

Voltaire, der um die Emotionen von Hunden wußte, benutzte das Beispiel eines verirrten Hundes, um Descartes' Behauptung zu widerlegen, daß Hunde nicht mehr seien als gefühllose Maschinen, unfähig, Kummer zu empfinden. Er schrieb in *Aus dem philosophischen Wörterbuch*:

> »Man bilde sich ein Urteil über einen Hund, der seinen Herrn verlor, der ihn auf jedem Pfad mit trauervollen Lauten suchte, der aufgewühlt und ruhelos heimkehrt, die Treppen hinauf- und hinunterläuft, von Raum zu Raum irrt, am Ende seinen geliebten Herrn in dessen Arbeitszimmer findet und ihm seine Freude durch die Sanftheit seiner Laute bekundet, durch seine Sprünge, durch seine Zärtlichkeiten. Barbaren ergreifen einen solchen Hund, der den Menschen in seiner Fähigkeit zur Freundschaft um ein Vielfaches übertrifft. Sie nageln ihn auf einen Tisch und öffnen bei lebendigem Leibe seine Bauchhöhle, um Euch einen Blick auf das Gekröse zu bieten. Ihr entdeckt in ihm die gleichen, zum Fühlen befähigenden Organe, die auch Ihr besitzt. Antwortet mir, Ihr Anhänger des mechanistischen Weltbildes, hat die Natur dieses Tier mit allen Quellen des Fühlens ausgestattet, damit es nicht zu fühlen vermag? Besitzt es Nerven, um bar jeder Regung zu sein?«[12]

Daß die enge Beziehung zwischen Mensch und Hund nicht zuletzt auf der Fähigkeit basiert, die emotionalen Reaktionen des anderen zu verstehen, ist eines der Hauptthemen dieses Buches. Die Lebensfreude eines Hundes kann größer als unsere eigene sein, aber sie läßt sich auf den ersten Blick als ein Gefühl ausmachen, das auch den Menschen kennzeichnet. Die emotionale Nähe zwischen Hunden und Menschen wird als selbstverständlich und gleichzeitig rätselhaft erachtet. Natürlich fühle ich mich meinen Hunden eng verbunden, aber wer sind sie? Sie heißen Sima, Sasha und Rani, das ist eine einfache und offenkundige Tatsache. Doch wenn ich sie betrachte, bin ich von ihrem Anderssein überwältigt. Ich frage mich: Wer sind diese Geschöpfe *wirklich*, die dort liegen, so dicht neben mir und trotzdem so unendlich weit entfernt? Sie lassen sich leicht mit Worten beschreiben, und trotzdem ist ihr Wesen unergründlich. Ich glaube sie ebenso gut zu kennen wie meinen besten Freund, und doch habe ich keine Ahnung, wer sie sind.

Diese Undurchschaubarkeit, die eine gewisse Zwiespältigkeit bedingt, findet in unseren Redewendungen, Sprichwörtern und in dem Tribut, den wir Hunden zollen, ihren Niederschlag. Sir John Davies beobachtete in seinem Gedicht *In Cineam* (1594 verfaßt):

»Du sagst, du wärst so müde wie ein Hund,
So reizbar, krank und hungrig wie ein Hund,
So matt und melancholisch wie ein Hund.
So träge, schläfrig, müßig wie ein Hund.
Doch warum vergleichst du dich mit einem Hund?
Worin der Mensch gering schätzt einen Hund,
Stell ich dich besser gleich mit einem Hund.
Du bist so treu und ehrlich wie ein Hund,
Bist unbefangen, lieb, so wie ein Hund,
Du bist so klug und tapfer wie ein Hund.«[13]

Seit Madame Roland im achtzehnten Jahrhundert den Ausspruch prägte, »*Plus je vois les hommes, plus j'admire les chiens*« (»Je mehr ich von den Menschen zu Gesicht bekomme, desto mehr bewundere ich die Hunde«), waren die Geschichten, die über Hunde geschrieben wurden, in aller Regel voll des Lobes. Zum Teil werden sie sogar als wundersame Wesen betrachtet, beispielsweise von dem amerikanischen Philosophen und Psychologen William James, der erklärte: »So phantastisch die Fähigkeiten meines Hundes auch sein mögen, wenn es gilt, meine Stimmungen zu verstehen, und so unverbrüchlich seine Zuneigung und Treue auch sind, sein mentaler Zustand ist für mich das gleiche ungelöste Rätsel, das es bereits für meine Urahnen in grauer Vorzeit war.«[14] Manche Beschreibungen sind richtiggehend amüsant, wie die Definition, die Ambrose Bierce in seinem Buch *Aus dem Wörterbuch des Teufels* liefert: »Hund, m. Eine Art zusätzliche oder ersatzweise Gottheit, die dazu dient, den überbordenden und überschüssigen Hang zur Verehrung in der Welt aufzufangen.«[15] Samuel Coleridge wies als einer der ersten in *Table-Talk* (2. Mai 1830) darauf hin, daß »der beste Freund eines Menschen auf dieser Welt imstande ist, sich gegen ihn zu wenden und sein Feind zu werden. Sohn und Tochter... erweisen sich nicht selten als undankbar. Menschen, die uns lieb und teuer sind..., sind fähig, uns zu verraten... Der einzige, vollkommen selbstlose Freund, den der Mensch in dieser selbstsüchtigen Welt besitzt, der ihn nie im Stich läßt und der sich nie als undankbar oder treulos erweist, ist sein Hund.«

Betrachten wir unsere Redewendungen und Sprachgewohnheiten, zeigt sich, daß der Begriff »Hund« oft mit den Schattenseiten des Lebens verbunden ist. Es heißt, daß ein Mensch »vor die Hunde geht«, wenn er seelisch oder finanziell am Ende ist. Wir alle kennen Schimpfworte wie »blöder Hund«, mit dem wir einen Artgenossen bezeichnen, dessen Verhalten uns in Wut versetzt. Das Sprichwort »Schlafende Hunde soll man nicht wecken« weist auf ein Gefahrenpotential hin, und »Kalt wie eine Hundeschnauze« umschreibt wenig schmeichelhaft das Gefühlsleben eines Menschen. »Hundsfott« ist ein veralteter Ausdruck für einen ausgemachten Schurken. Mit »Verrecken wie ein Hund« ist gemeint, daß jemand sein Leben auf elende Weise beschließt.[16] Wir üben Kritik an unserer Gesellschaft, wenn wir uns in einer »hundsgemeinen« Welt wähnen, in der einer dem anderen »das Fell über die Ohren« zieht. Eine der anschaulichsten Redewendungen der englischen Sprache wurde 1519 von John Lyly zitiert, als sie bereits ein uraltes Sprichwort war. Übersetzt lautet sie etwa: »Die Hunde mögen bellen; die Karawane zieht weiter.«[17]

Ich gehe jeden Tag mit meinen Hunden spazieren. Leute, die uns kennen, sagen oft mit einem Seufzer, daß sie gerne »Hund bei uns sein möchten«. Vielleicht sollten wir unseren Wortschatz in der Hinsicht aufpolieren, daß ein »Hundeleben« genau das ist, wonach wir streben, »vor die Hunde gehen« ein erklärtes Ziel.

Joel Savishinsky erwähnt in einem Artikel die Zwiespältigkeit in den Sprachgewohnheiten, wenn der Begriff »Hund« benutzt wird:

> »Ein erfolgsgewohnter Mensch wird als ›Top dog‹ bezeichnet; wer behindert oder unterprivilegiert ist, gehört zur Kaste der ›Underdogs‹. Menschen mit tragischem Schicksal führen ein Hundeleben in einer hundsgemeinen Welt. Sie leiden an den Hundstagen im August, und wenn sie unfähig sind, klare Prioritäten zu setzen oder eine Tätigkeit nach der althergebrachten, bewährten Methode zu verrichten, sagt man: Da wedelt der Schwanz mit dem Hund. Wer mehr anhäuft, als er selbst verwenden kann, benimmt sich so gierig wie ein Hund am Futternapf. Ein schlechtes Gedicht ist hundsmiserabel, und wenn jemand ein bekümmertes Gesicht macht, erinnert er an einen geprügelten Hund. Das Beste, was wir über einen tüchtigen, aber unkreativen Arbeitnehmer sagen können, ist, daß er zäh sei wie ein Hund.«[18]

Niemand hat die Situation besser beschrieben als James Thurber in seinem Buch *So spricht der Hund*. Deshalb verdient er es, in voller Länge zitiert zu werden.

> »Der Hund mag des Menschen bester Freund sein, doch der Mensch ist oft der schärfste Kritiker des Hundes, trotz seiner historisch erwiesenen Zuneigung und Bewunderung […] Er bemerkt düster, daß er dieses oder jenes Unglück nicht einmal einem Hund wünsche, als ob die

> meisten anderen unangenehmen Dinge Hunden ruhig widerfahren dürften, und er bezeichnet jemanden, den er nicht leiden kann, als ›dreckigen Hund‹. Er mißbraucht bekanntlich die Bezeichnungen ›Hündin‹ und die ihrer männlichen Nachkommen, um Mitglieder seiner eigenen Rasse zu diskreditieren. In all seiner Geringschätzung und Verachtung ist ein merkwürdiger Zug von Neid, ähnlich dem, der den Psychiatern als Geschwister-Eifersucht bekannt ist. Der Mensch wird von einer seltsamen und verdeckten Zwangsvorstellung gequält, die man den Hundekomplex nennen könnte – er möchte so glücklich und sorglos sein wie ein Hund.«[19]

Es ist tatsächlich denkbar, daß wir dem Hund die Freiheit neiden, sein Potential voll zu entfalten und das zu sein, was in ihm angelegt ist: ein Hund. Oft beobachte ich, wie sich Sasha oder Rani oder Sima mit einem Ausdruck höchster Wonne im dichten grünen Gras wälzen, und denke, daß sie genau das tun, was einem Hund zu tun bestimmt ist. Wie selten können dagegen wir Menschen sagen, daß wir exakt das tun, was wir gemäß unserer Bestimmung auf Erden tun sollten, vor allem, da niemand so genau weiß, worin sie besteht.

Ganz abgesehen von unseren Vermutungen hinsichtlich der Charaktermerkmale von Hunden stellt sich die Frage: Was oder wer sind wir in den Augen eines Hundes? Wenn wir wüßten, welche Wesenszüge wir in den Träumen eines Hundes annehmen (denn sie träumen von uns; s. Kapitel 10), läge die Antwort auf der Hand. Aber wir haben keinen Zugang zu ihrer Traumwelt, und deshalb sind wir auf Schlußfolgerungen angewiesen, die sich auf die uns bekannten Informationen über die Sozialstrukturen des Hundes stützen. Im allgemeinen wurden folgende Beobachtungen gemacht: Hunde bilden Rudel; der Anführer des Rudels ist das stärkste, klügste und größte Tier; ein Mensch, der mit Hunden zusammenlebt, entspricht dieser Beschreibung; folglich sind wir der Anführer gleich welchen Hunderudels. Diese Sichtweise wirft einige Probleme auf. Erstens sind unsere Kenntnisse über die soziale Hierarchie bei Hunden in Wirklichkeit ziemlich begrenzt, auch wenn wir vom Gegenteil überzeugt sind. Wir gehen davon aus, Dominanz sei eine unkomplizierte Angelegenheit, aber das entspricht nicht den Tatsachen. Wir können nicht mit Sicherheit sagen, welche Faktoren bei der Herausbildung einer Gruppenrangfolge eine Rolle spielen, ja, nicht einmal, was Dominanz oder die Führungsposition bei Hunden überhaupt bedeutet. Zweitens sind Hunde nicht dumm: Sie wissen genau, daß wir keine Artgenossen sind, geschweige denn Superhunde mit überlegenen Fähigkeiten. Ich glaube nicht (im Gegensatz zu einigen Veterinärmedizinern), daß Hunde eine Katze für einen kleinwüchsigen Artgenossen halten. In welche Kategorie von Lebewesen sie sie einordnen, kann ich nicht sagen, aber mit Sicherheit wissen sie, daß es sich dabei nicht um ihresgleichen handelt.

Frances und Richard Lockridge sind der Ansicht, daß ein Hund dem Menschen gerne ähnlich wäre, so, wie ein Mensch danach trachtet, ein Abbild Gottes zu sein. In ihrem Buch *Cats and People* schreiben sie, daß ein guterzogener Hund den Ehrgeiz entwickle, den Wünschen seines zweibeinigen Freundes größte Priorität einzuräumen, sie höher einzustufen als seine eigenen: »Er ist erpicht darauf, seine Zuneigung zu zeigen wie viele Menschen – und wie fast alle Menschen es sich von anderen wünschen. Der Hund läßt keinen Zweifel daran, an welcher Position der Mensch in seiner Hierarchie steht. Und wenn er seine Ergebenheit beweist, wie er es bereitwillig tut, so bekundet er sie uneingeschränkt, so daß sich selbst der niederträchtigste Mensch in den strahlenden Augen des Hundes eine Zeitlang als gottgleich erkennen kann.«[20]

Halten Hunde uns für Götter, für mächtige Wesen, die sich nie ganz ergründen lassen?[21] Ich glaube nicht, denn die »Gottesidee« leitet sich aus der Art her, wie sich der Mensch seine Götter schafft:

nach unserem Ebenbild, nur mächtiger. Götter erfüllen uns Wünsche und bestimmen über unser Schicksal. Es entspricht den Tatsachen, daß ein Hund, der mit Menschen unter einem Dach lebt, ihnen auf Gedeih und Verderb ausgeliefert ist. Wir entscheiden, wohin wir gehen, wie lange wir bleiben, wann wir zurückkehren und was der Hund zu tun und zu lassen hat.

Einige Menschen vergleichen Hunde mit Sklaven. Aber fristen Hunde, nur weil wir sie in beinahe völliger Abhängigkeit halten, deshalb ein Sklavendasein? Wir sollten uns daran erinnern, daß Hunde auch auf der emotionalen Ebene keine Wahlfreiheit haben. Hier könnte sich das Stockholm-Syndrom entwickeln – die Geisel verliebt sich in ihren Entführer (bisweilen über die Grenzen ihrer Gefangenschaft hinaus). Bis zu einem gewissen Grad sind wir die Kerkermeister des Hundes, denn jede Illusion von Freiheit müssen sie uns abschmeicheln. Das ist ein guter Grund dafür, daß sie lernen, unsere Stimmungen so meisterhaft zu deuten. Der Überlebenstrieb erfordert zwingend, daß Hunde alles über uns in Erfahrung bringen und die Fähigkeit entwickeln, sämtliche Register zu ziehen. Hunde müssen lernen, durch geschicktes Taktieren die angestrebten Freiheiten innerhalb der Grenzen zu verwirklichen, die wir ihnen setzen. Sie scheinen die Macht und Kontrolle, die wir über sie ausüben, als unabänderliche Tatsache zu akzeptieren. Hunde, die gegen diese Fremdbestimmung aufbegehren, bezeichnen wir als »problematisch«. Vielleicht sind sie nur »Freidenker«, die sich fragen, warum sie den Status quo klaglos hinnehmen sollen.

Angesichts der Faszination, die Kleinkinder auf Hunde ausüben (was auf Gegenseitigkeit beruht), fragt man sich, wie sie diese Mitglieder der menschlichen Rasse einordnen. Denkt ein Hund: »Aha, da haben wir ein Lebewesen, das aus einem ähnlichen Holz geschnitzt ist wie ich?« Begreift er, daß er und dieses Menschenkind in ähnlicher Abhängigkeit leben? Bedeutet diese Abhängigkeit in seinen Augen Gleichartigkeit? Ist die Größe ausschlaggebend? Oder haben Hunde, die für uns wie Kinder sind, das Bedürfnis, mit »anderen« Kindern zusammenzusein?

Daß der Hund so viele unserer Theorien über den Haufen wirft, liegt wahrscheinlich daran, daß er seine Gefühle nicht auf *alle* Menschen gleichmäßig verteilt, sondern nur bestimmte wirklich schätzt. Ein Hund kann außerordentlich aggressiv auf Menschen reagieren und gleichzeitig anderen gegenüber die Sanftmut selbst sein. Sein sprichwörtlicher Beschützerinstinkt spricht Bände. Er zeigt, in welchem Maße er differenziert: Fremder/Freund, Herr/Feind und so weiter. Wir sollten nicht vergessen, daß sich in jedem Hund ein Wolf verbirgt. Was seine natürliche Veranlagung und sein Verhalten betrifft, ist er in vielen Aspekten ein ungezähmtes Tier geblieben, auch wenn er es uns gestattet hat, Teil seiner Welt zu werden. Diese Nähe würden andere Wildtiere niemals zulassen, selbst wenn sie Menschen in gewisser Weise zu respektieren scheinen.

Für wildlebende Tiere sind Menschen in aller Regel mit einer Gefahr gleichzusetzen, der man tunlichst aus dem Wege geht. Aber nicht immer. Killerwale haben zum Beispiel ein beinahe unheimliches Faible für unsere Spezies: Es gibt keinen einzigen dokumentierten Fall, wo Killerwale einen Menschen angegriffen haben, ohne provoziert worden zu sein, obwohl dieses Verhalten nicht leicht zu erklären ist. Schließlich betrachten sie alles als Nahrung, was im Meer ihren Weg kreuzt, sogar Polarbären. Warum stellen wir in ihren Augen also keine Beute dar? Vielleicht liegt es daran, daß sie eine gewisse »Wahlverwandschaft« mit uns erkennen.

Diese Wahlverwandschaft könnte sich darauf stützen, daß wir wie sie als soziale Wesen in einer strikt definierten Gemeinschaft leben. In dieser Hinsicht haben Hunde, Wale und Menschen einiges gemein – obwohl Wale nie das Bedürfnis zeigen, mehr Zeit mit uns als mit ihren Artgenossen zu verbringen. Wir würden niemals als vollwertiges Mitglied in eine Killerwalgruppe aufgenommen werden (ein Grund dafür, daß so wenig über diese Säugetiere bekannt ist). Fakt ist, daß keine andere Spezies auch nur angedeutet hat, daß sie die Gesellschaft des Menschen – auf regelmäßiger Basis – dem Beisammensein mit ihresgleichen vorzieht. Es ist uns zwar gelungen, viele Tiere zu domestizieren, doch nur der Hund hat uns als Hausgenossen uneingeschränkt akzeptiert. Er hat uns ausgewählt – nicht, weil er sich hinsichtlich unserer Identität täuscht oder uns für ein Wunder der Schöpfung hält, sondern schlicht deshalb, weil er uns liebt.

Dieser Sachverhalt ist so verblüffend einfach und mutet so eigenartig an (weil wir in unseren Augen wenig liebenswert sind), daß kaum jemand ihn als Tatsache akzeptiert. Hunde lieben uns nicht nur, weil wir sie füttern, mit ihnen Gassi gehen, sie hegen und pflegen, sondern weil sie sich gerne in unserer Gesellschaft befinden. Wirklich erstaunlich!

Hunde geben uns das Gefühl, gottähnlich zu sein. Aldous Huxley hat einmal gesagt: »In den Augen seines Hundes ist jeder Mensch Napoleon; daher erfreuen sich Hunde fortwährend großer Beliebtheit.« Hier zeichnet sich ein Problem ab: Menschen verwechseln Liebe und Bewunderung mit einem Anspruch auf beides. Wir glauben bisweilen, wir hätten ein Recht darauf, einen Hund zu »besitzen«, weil er uns wie ein überlegenes Wesen behandelt. In diesem Buch habe ich mich bemüht, den Begriff »Hundebesitzer« weitgehend zu vermeiden, denn er suggeriert, daß das Tier ein Objekt ist, das man nach Lust und Laune an- und abschaffen, verschenken, aussetzen oder einschläfern lassen kann, wenn ein Umzug in eine andere Stadt bevorsteht. Ich plädiere dagegen für »Emanzipation« oder Gleichrangigkeit. Schon vor langer Zeit erkannte Charles Darwin, daß wir Tiere, die wir versklavt haben, nicht gerne als gleichgestellt betrachten. Niemand sollte ein Sklave sein, nicht einmal ein Hund. Interaktionen mit ebenbürtigen Hausgenossen und Freunden sind wesentlich interessanter.

Seit Darwin wehren sich die Verhaltensforscher bekanntermaßen gegen die Vorstellung, Tiere besäßen ein Bewußtsein. Der Wissenschaftler, dem das größte Verdienst an einem grundlegenden Einstellungswandel gebührt, ist Donald Griffin. Er wies darauf hin, daß den Ethologie-Studenten in Vorlesungen und Seminaren eingebleut werde, es sei unprofessionell zu überlegen, was ein Tier denken oder fühlen könne. Falls jemand eine solche Frage zu stellen wage, werde er mit Spott oder Feindseligkeit überhäuft, was offene Nachforschungen entmutige.[22] Professor Griffin erzählte Roger Caras, daß »viele vergleichende Psychologen bei dem Gedanken, daß Tiere ein Bewußtsein haben könnten, buchstäblich versteinern«.[23]

Vielleicht ist der uneingestandene Neid auf das Leben des Hundes einer der Gründe dafür, daß Menschen, die sich für die Gefühle von Tieren interessieren, so häufig des Anthropomorphismus bezichtigt werden. Wissenschaftler bremsen einander allein durch die Frage »Was soll diese Vermenschlichung?« aus. Anthropomorphismus bedeutet, menschliche Eigenschaften – Gedanken, Gefühle, Bewußtsein oder Motivation – auf Tiere zu übertragen. Viele Wissenschaftler halten sogar die Vorstellung, daß Tiere imstande sind, Kummer zu empfinden, für eine anthropomorphe Ausgeburt der Phantasie. Die Annahme, daß sie tieferer Gefühle fähig sein könnten, ist in ihren Augen eine schwere Entgleisung, beinahe schon ein Frevel. In manchen wissenschaftlichen Kreisen hat sich der Ausdruck eingebürgert, Anthropomorphismus zu »begehen«. Der Begriff bezeichnet ursprünglich den Umstand, daß Gott bisweilen menschliche Erscheinungsformen oder Wesensmerkmale zugeschrieben werden – ein hierarchischer Fehlgriff, bei dem man sich anmaßt zu denken, das rein Menschliche könne göttlich sein; daher der Beiklang von Sünde. In einem ausführlichen Artikel über Anthropomorphismus, der 1908 in der *Encyclopedia of Religion and Ethics* erschien, schreibt der Verfasser: »Die Neigung, Objekte zu personifizieren – gleich ob mit den Sinnesorganen wahrnehmbare oder gedachte Objekte –, die man bei Tieren, Kindern und Wilden gleichermaßen findet, ist der Ursprung des Anthropomorphismus.«[24]

Der Mensch, so heißt es, schaffe sich die Götter nach seinem Ebenbild. Das bekannteste Beispiel für diese Neigung stammt von dem griechischen Philosophen Xenophanes (5. Jahrhundert v. Chr.). Ihm fiel auf, daß die Äthiopier ihre Götter als schwarz und die Thraker die ihren als blauäugig und rothaarig darstellten, und »wenn Ochsen und Pferde [...] Hände besäßen und zeichnen könnten«, wären auf ihren Götterbildern Ochsen und Pferde zu sehen. Der Philosoph Ludwig Feuerbach gelangte zu der Schlußfolgerung, daß Gott nur die Projektion des innersten Wesens des Menschen auf eine himmlische Leinwand sei. In der Wissenschaft besteht die Sünde wider die hierarchische Ordnung darin, Tieren menschliche Eigenschaften zuzuschreiben. Genauso wenig, wie der Mensch Gott gleich sei, gleiche das Tier dem Menschen.[25]

Einem Wissenschaftler Anthropomorphismus vorzuwerfen, bedeutet, herbe Kritik an ihm zu üben. Dabei beginge man, wenn man einem Tier tiefe Emotionen wie Freude oder Kummer zuschriebe, nur dann den Fehler der Vermenschlichung, wenn man ganz sicher wüßte, daß Tiere zu solchen Empfindungen nicht fähig sind. Viele Wissenschaftler haben diese Frage für sich beantwortet, aber nicht auf der Grundlage schlüssiger Indizienbeweise. Man stellt diese Gefühle nicht etwa vehement in Abrede, sondern ignoriert sie vielmehr. Sie bieten zu viel Zündstoff, um wissenschaftlich thematisiert zu werden – ein Minenfeld der Subjektivität, so brandgefährlich, daß man es besser gar nicht erst unter die Lupe nimmt. Infolgedessen riskieren es nur die renommiertesten Forscher, Ruf und Glaubwürdigkeit aufs Spiel zu setzen und sich in diesen Bereich vorzuwagen. Viele sind zwar insgeheim davon überzeugt, daß Tiere Gefühle haben, aber sind nicht bereit, Farbe zu bekennen, sie in eigener Regie zu erforschen oder ihre Studenten zu ermutigen, der Frage objektiv auf den Grund zu gehen. Bisweilen greifen sie sogar Kollegen an, die sich der Sprache der Gefühle bedienen, um nichtmenschliche Lebewesen zu beschreiben. Laien, die nach wissenschaftlicher Glaubwürdigkeit streben, müssen doppelt vorsichtig zu Werke gehen.[26]

Die Skepsis ist nur zum Teil begründet. An einer Schnellstraße unweit von Los Angeles befindet sich eine riesige Werbetafel mit der Aufschrift: »Vielleicht ist der Verkehr so dicht, weil sich Autos gerne in Gesellschaft von ihresgleichen befinden.« Obwohl diese Aussage scherzhaft gemeint ist, verbirgt sich ein Körnchen Vermenschlichung dahinter, wie es sich oft unbemerkt in unsere Umgangssprache einschleicht. Autos haben keine Wünsche. Wenn wir sagen, der Motor klinge müde, oder das Telefon habe beschlossen zu streiken, ist das eine Vermenschlichung, weil Motoren und Telefone weder Gedanken noch Gefühle kennen. Es sind unbelebte, seelenlose Objekte.

Der namhafte französische Naturwissenschaftler Georges-Louis Leclerc, Comte de Buffon, schrieb: »Von allen Vierbeinern ist das Schwein wohl das häßlichste Tier; seine unvollkommene Gestalt scheint sein Wesen zu beeinflussen. Alle seine Gewohnheiten zeugen von Ungeschicklichkeit, seine Vorliebe besteht darin, sich im Schmutz zu suhlen. Seine Gefühle erschöpfen sich in roher Genußsucht und schonungsloser Gier, die es dazu verleiten, unterschiedslos alles zu verschlingen, was es zufällig findet.«[27] Das ist Anthropomorphismus in seiner reinsten Form, ein Katalog menschlicher Vorurteile und Fehlauffassungen, die sich unter dem Deckmäntelchen objektiver Beobachtungen verbergen.

Ein noch offenkundigeres Beispiel stammt vom Vater der Klassifikation der Tiere höchstpersönlich, von Linnaeus. Er schrieb folgendes über Amphibien (im achtzehnten Jahrhundert ein weiter gefaßter Begriff als heute):

> »Diese widerwärtigen und verachtenswerten Tiere sind dadurch gekennzeichnet, daß sie ein Herz mit einer einzigen Herzklappe und einem einzigen Vorhof, fragwürdige

> Lungen und ein zwiefaches männliches Glied ihr eigen nennen. Die meisten Amphibien bieten deshalb einen so grauenerregenden Anblick, weil sie einen kalten Leib, eine blasse Farbe, ein verknorpeltes Skelett, eine schmutzige Haut, einen grimmigen Gesichtsausdruck, berechnende Augen, einen ekelerregenden Geruch, eine barsche Stimme, eine verwahrloste Behausung und ein abscheuliches Gift besitzen, und deshalb hat ihr Schöpfer Seine Macht nicht dazu benutzt, sie in Hülle und Fülle zu erschaffen.«[28]

Diese Beschreibung ist wissenschaftlich, emotional und psychologisch mit Fehlern gespickt. Hier handelt es sich lediglich um boshafte, subjektive Ansichten, die mehr über Linnaeus als über die Amphibien aussagen, obwohl seine Zeitgenossen vielleicht Informationen darin sahen, die sich auf wissenschaftliche Fakten stützten.

Wie unterscheiden wir also eine unangemessene Vermenschlichung von dem zulässigen Versuch, Zugang zur Welt eines anderen Lebewesens zu finden?

Sasha hat eine ganz eigene Art, mit gekreuzten Vorderläufen auf dem Boden zu liegen. Sie sieht dann reizend und anmutig aus, aber auch das ist mit Sicherheit nichts weiter als eine vermenschlichende Projektion. Ich meine damit, daß sie in meinen Augen reizend wirkt, daß *ich* sie anmutig finde, weil ihre Pose einem Verhalten ähnelt, das man bei einem Menschen als reizend bezeichnen würde. Ich bezweifle, daß sie denkt: »Wie reizend und anmutig ich doch aussehe, wenn ich meine Pfoten übereinanderschlage!« Nicht, daß ein Hund solcher Gedanken nicht fähig wäre, aber sie sind unwahrscheinlich, weil »reizend« und »anmutig« nicht zu den Kategorien zählen, die Hunde benutzen – soweit wir wissen.

So viel zum Thema Vermenschlichung, die auf Fehlannahmen und Vorurteilen beruht. Wenn wir andererseits sagen, unser Hund langweile sich, unsere Katze sei traurig, oder der Vogel fühle sich einsam, handelt es sich nicht zwangsläufig um eine unzulässige psychologische Übertragung menschlicher Merkmale, denn selbst wenn wir uns irren, geht die Phantasie nicht mit uns durch. Wie jeder Laie, der beträchtliche Zeit mit diesen Haustieren zusammengelebt hat, aus eigener Erfahrung weiß, können sich Hunde *tatsächlich* langweilen und Katzen oder Vögel einsam, traurig und zutiefst unglücklich sein. Wenn wir uns als göttliche Instanz betrachten und verkünden, ein Hund oder eine Katze seien außerstande, Gefühle zu empfinden, beenden wir den Dialog, den wir führen sollten, noch bevor er begonnen hat. Wenn die Vorstellung, daß ein Hund Kummer verspüren kann, in unseren Augen von vornherein nichts weiter als eine Projektion ist, dann haben wir aus Bequemlichkeit die Frage abgeschmettert, die wir eigentlich stellen sollten. Wir sind mental »zugeknöpft«, haben ein Vorurteil wiedergegeben.

Die Frage, der wir objektiv nachgehen sollten, lautet: Sind Hunde fähig zu leiden? Wenn wir dies bejahen, ist es keine unzulässige Vermenschlichung anzuführen, daß sie in einer bestimmten Situation Kummer und Schmerz empfinden können. Darüber sollten wir uns nicht schon im Vorfeld ein Urteil anmaßen. Den Begriff »Anthropomorphismus« als Schreckgespenst heraufzubeschwören ist häufig nichts weiter als der Versuch, eine Diskussion über das Thema von vornherein abzublocken, eine Weigerung, sich ernsthaft mit einer ungemein wichtigen Frage zu befassen: In welchem Maße gleichen uns Hunde wirklich?

Darüber hinaus haben viele Forscher vor meiner Zeit auf einen grundlegenden Widerspruch hingewiesen. Es ist wider jede Vernunft zu behaupten, daß Tiere nicht in der Lage seien, Schmerz oder Kummer zu empfinden, Hypothesen über Schmerzen und Depressionen beim Menschen aber mit Hilfe von *Tier*versuchen nachweisen zu wollen. Die britische Philosophin Mary Midgely brachte diese Unvereinbarkeit auf den Punkt, als sie Harry Harlows Deprivationsexperimente kritisierte. Harlow hatte festgestellt, daß Affenkinder, die schon in frühem Alter gewaltsam von ihren Müttern getrennt wurden, Depressionen entwickelten:

> »Die Existenz einer artspezifischen Barriere stellt experimentelle Verhaltensforscher wie Harlow vor zwei klar umrissene Alternativen: (1) Menschen und Rhesusaffen sind auf der emotionalen Ebene tatsächlich eng miteinander verwandt und vergleichbar. In diesem Fall könnten seine Ergebnisse, auch wenn sie mager sind, bis zu einem gewissen Grad Gültigkeit für den Menschen besitzen, und er hätte sich einer so ungeheuren Grausamkeit schuldig gemacht, daß kein noch so spektakulärer theoretischer Fortschritt sie zu rechtfertigen vermag. (2) Menschen und Rhesusaffen sind auf der emotionalen Ebene nicht eng miteinander verwandt und vergleichbar. In diesem Fall hätte er eine Gefühllosigkeit begangen [...], aber er ist gleichwohl überführt, mit der von ihm angerichteten intellektuellen Verwirrung Ressourcen verschwendet zu haben, und seine Ergebnisse sind null und nichtig.«[29]

Der Vorwurf, menschliche Eigenschaften auf ein Tier zu übertragen, ist zu einer rhetorischen Waffe geworden, um einen Gegner mundtot zu machen und einem echten Dialog aus dem Weg zu gehen. Es gibt berechtigte Gründe, dem Phänomen hinter dem Begriff Anthropomorphismus zu mißtrauen, aber in aller Regel sind es nicht diejenigen, die genannt werden. Wenn wir uns weigern, unsere Phantasie zu benutzen, intellektuell bequem sind und sagen: »Ein Hund ist nun mal instinktgesteuert, wie jeder weiß (diese drei Worte sind verräterisch), oder läßt nichts weiter als ein typisches, eingeschliffenes Verhalten erkennen«, so suchen wir Zuflucht im mentalen Nihilismus und ersetzen die Suche nach der richtigen

Erklärung durch die am leichtesten verdauliche oder am häufigsten »vorgekaute«. Oder wir empfinden, wie Thurber meint, tatsächlich uneingestandenen Neid auf den Hund und leugnen deshalb boshafterweise, daß er über Fähigkeiten oder innere Kräfte verfügt – wie Einsicht oder eine breite Palette von Gefühlen –, die wir normalerweise ausschließlich dem Menschen zugestehen.

2

Warum uns Hunde lieb und teuer sind

Es ist unmöglich, Hunde über einen längeren Zeitraum zu beobachten, ohne Gefühle und Empfindungen zu bemerken, die nicht nur echt, sondern auch unzweifelhaft kanid sind. Wenn Sasha mir auf Schritt und Tritt folgt, scheint sie damit ein emotionales Bedürfnis zum Ausdruck zu bringen, das sich mit keinem uns Menschen bekannten vergleichen läßt. Oft sind wir erpicht darauf, Verhaltensweisen, die uns rätselhaft erscheinen, mit Hilfe von behavioristischen Klischeevorstellungen zu erklären – als meßbare Reaktionen aus dem naturwissenschaftlichen Kategorienapparat, der Denken, Fühlen und Wollen als Mittel der Beschreibung nicht erlaubt. Es ist nicht etwa so, daß Sasha Angst hat oder befürchtet, ich könne spurlos verschwinden. Solche Erklärungen würden eine Vermenschlichung darstellen. Und selbst wenn wir behaupten, daß Sashas Gefühle instinktgesteuert seien, läßt sich dieses Potential dadurch nicht leugnen. Mütter entwickeln eine instinktgesteuerte Liebe zu ihren Kindern, aber die Gefühle schlagen dennoch machtvoll zu Buche. Was Sasha betrifft, bin ich überzeugt, daß ein gewisses Maß an Gefühl im Spiel ist, wenn sie sich an meine Fersen heftet, obwohl ich nicht genau weiß, welches.

Manchmal sind die Gefühle eines Hundes offensichtlich. Ich fuhr eines Tages nach Gilroy, der größten Knoblauchmetropole der Welt, um mir Greyhounds anzusehen, die von einer Frau gerettet worden waren. Sie hatte ihre Ranch in ein Greyhound-Asyl umgewandelt. Den Tieren hatte der Tod durch Erschießen gedroht, weil sie bei Windhundrennen wiederholt verloren hatten oder einfach nicht schnell genug liefen. Man könnte annehmen, daß Hunde, die an Wettbewerben teilnehmen und ihren Besitzern eine schöne Stange Geld einbringen, sehr gut behandelt werden. Tatsächlich aber werden Greyhounds in winzigen Verschlägen gehalten, die sie nur am Renntag verlassen, und menschliche Zuneigung erfahren sie nie – mit der Begründung, nur aggressive Tiere könnten gewinnen und Freundlichkeit mindere die Kampflust. Greyhounds erreichen im Rennen eine Geschwindigkeit von bis zu sechzig Kilometern pro Stunde. Obwohl von Natur aus sanftmütig, wurden sie nie sozialisiert und verbringen ihr ganzes Leben im Zwinger. Ihre Glanzzeit ist befristet. Da sie schnell keinen Gewinn mehr abwerfen und als Haustiere schwierig zu halten sind, werden sie häufig einfach umgebracht. Ein grausamer Sport, der eine solche Niedertracht zuläßt.[1]

Was mir auffiel – und der Frau, die etliche Greyhounds gerettet hatte –, war die außergewöhnliche Großmut dieser Tiere. Sie verzeihen alle Grausamkeiten, die ihnen von Menschen angetan worden sind. Wenn man einem Hund versehentlich auf die Pfote tritt, weiß er irgendwie, daß es nicht mit Absicht geschah. Er zeigt auf Anhieb, daß er einem den Fehltritt nicht nachträgt, leckt einem die Hand und läßt einen wissen, daß er einem nicht böse ist. Der Greyhound zeigt dieses Verhalten auf einer noch tieferliegenden Ebene: »Ja, ich wurde geschlagen und verletzt, und ich habe gelitten. Ich erinnere mich daran, aber ich sehe es den Menschen nach. Ich möchte dein Freund sein.« Ich war so beeindruckt von der Sanftmut dieser Tiere, daß ich am liebsten eines mit nach Hause genommen hätte. Als die Hunde aus dem Zwinger herausgelassen wurden, um mich kennenzulernen, konnte ich den Blick des unerschütterlichen Vertrauens und der Freundlichkeit, mit dem sie mich ansahen, kaum ertragen. Wie war es möglich, daß sie sich ihre Aufgeschlossenheit gegenüber dem Menschen trotz der traumatischen Erfahrungen bewahrt hatten? Greyhounds, die an Rennen teilnehmen, werden vernachlässigt, mißhandelt und dann entsorgt wie Müll, und doch bringen sie unmißverständlich das Gefühl zum Ausdruck, daß sie bereit sind zu verzeihen.

Diese beinahe übernatürliche Eigenschaft zu vergeben wurde schon in einem der ersten Hundebücher erwähnt. 1842 erschien das seltsame Werk *Animal Biography*, in dem folgende, einem französischen Zeitungsartikel entlehnte, herzzerreißende Geschichte abgedruckt war:

> »Ein junger Mann nahm einen Hund in einem Boot mit, ruderte bis zur Mitte der Seine und warf das Tier über Bord in der Absicht, es zu ertränken. Der arme Hund versuchte mehrmals vergeblich, an der Bootswand hinaufzuklettern. Sein Herr stieß ihn immer wieder zurück, bis er selbst das Gleichgewicht verlor und über Bord fiel. Sobald der treue Hund seinen Herrn im Fluß sah, schwamm er zu ihm hinüber und hielt ihn über Wasser, bis Hilfe vom Ufer eintraf und sein Leben gerettet wurde.«[2]

Zum Glück bleibt es uns erspart, erfahren zu müssen, ob dieser grausame Mensch eine weniger lebensgefährliche Möglichkeit fand, sich seines Hundes zu entledigen. Vielleicht rührte das Verhalten des Tieres ihn ja auch so, daß er Abstand von seinem Vorhaben nahm.

Diese tiefverwurzelte Neigung der Hunde, Freundschaft mit dem Menschen zu schließen, wird von manchen mit dem kaniden Bedürfnis erklärt, einem Rudel anzugehören. Nach meinem Dafürhalten handelt es sich dabei eher um ein Gefühl, das bei Menschen nur unzureichend entwickelt ist: die Sehnsucht nach Freundlichkeit. Eberhard Trumlers Buch *Mit dem Hund auf du* endet mit der Behauptung, daß die wahre Natur des Hundes das angeborene und überlebensnotwendige Bedürfnis sei, freundschaftliche Kontakte zu anderen Lebewesen zu knüpfen. Man könnte diese Aufgeschlossenheit beinahe zu Recht als Instinktverhalten bezeichnen, da sie schwer auszumerzen ist. Wenn meine drei Hunde Menschen, die uns begegnen, entgegenlaufen und versuchen, freundschaftliche Beziehungen zu ihnen zu entwickeln, und auch dann nicht klein beigeben, wenn diese der Aufmerksamkeit mit Nachdruck zu entgehen versuchen, erstaunt mich ihre Beharrlichkeit jedesmal aufs neue. Das wäre in etwa so, als wenn wir beim Versuch, auf einer Cocktailparty bestimmte Gäste kennenzulernen, angebrüllt und mit Schimpfworten bedacht würden, uns aber nicht abschrecken ließen und uns unbeirrt um eine Annäherung bemühten. Dahinter steckt mehr als Einsamkeit oder Spieltrieb, nämlich eine Kombination aus beidem, die eine andere Empfindung einschließt. Auch hier ist wieder die Parallele zu Kindern augenfällig: Mißhandelte Kinder suchen häufig ausgerechnet bei den Menschen Schutz, die sie immer wieder drangsalieren und peinigen.

Die Fähigkeit eines Hundes, freundschaftliche Beziehungen zu anderen Lebewesen zu entwickeln, übersteigt die des Menschen beträchtlich. Ihre primären Freundschaften knüpfen Hunde mit Artgenossen; an zweiter Stelle steht der Mensch, und manchmal sind auch Katzen genehm. Daniel Pinkwater erzählt in seinem Buch *The Soul of a Dog*, wie er einmal einen Hund namens Arnold beobachtete, der ein acht Wochen altes Kätzchen unter seine Fittiche nahm. Arnold wollte sich in seiner persönlichen Kuschelecke schlafen legen, aber jedesmal, wenn das Katzenkind kläglich miaute, rappelte er sich hoch, trottete zum Käfig hinüber und steckte seine Nase durch das Gitter, so daß die Katze ihre winzigen Krallen hineinversenken konnte. Wenn sie endlich Ruhe gab, kehrte Arnold in seine Ecke zurück und ließ sich völlig erschöpft zu Boden fallen. Sobald die Katze wieder zu miauen begann, trabte er erneut zum Käfig.[3] Ich weiß noch aus meiner Kindheit, daß Hunde auch mit anderen Tieren Freundschaft schließen, was bisweilen recht seltsam anmutet (einer meiner Hunde aus Kindertagen pflegte wie hypnotisiert stundenlang vor dem Hamsterkäfig zu sitzen). Als ich in meinem Bekanntenkreis nachfragte, ob jemand persönliche Erfahrungen mit ungewöhnlichen Freundschaften zwischen Hunden und anderen Tieren gemacht habe, wurde ich mit Beispielen nahezu überschüttet.

Das ungewöhnlichste, das mir zu Ohren kam, handelte von der Freundschaft zwischen einem Löwen und einem Hund. Rick Glassey, der zwanzig Jahre lang Raubkatzen für Filme abgerichtet hat, erhielt eines Tages einen Anruf von Lauri Marker, die für den Winston Wildlife Park in Oregon tätig ist. Sie bat ihn um eine Gefälligkeit. Da sie eine Zeitlang nach Afrika mußte, um ihre Studien an Geparden fortzusetzen, sollte Rick für eines ihrer Tiere einen Pflegeplatz suchen. »Gerne, kein Problem«, erwiderte Rick. »Was für ein Tier ist es denn?« Es war »nur« ein Hund – ein Rhodesian Ridgeback, ein Weibchen, ungefähr eineinhalb Jahre alt. Rick mag Hunde und erklärte sich sofort bereit, der Bitte zu entsprechen. Rhodesian Ridgebacks stammen ursprünglich aus Südafrika, wo sie für die Löwenjagd gezüchtet wurden. Es sind große, mutige Hunde, sanftmütig im Umgang mit Menschen, aber furchterregend bei der Jagd im freien Gelände. Lauri fügte hinzu, daß der Hund mit seinem besten und einzigen Freund zusammenbleiben müsse, einem Löwen namens Wazoo.

Wie es scheint, hatte der Löwe vom Tag seiner Geburt an mit einer Hundefamilie gelebt, bestehend aus der Hundemutter, einem Rhodesian Ridgeback, und ihren vier Welpen. Der Vater war vermutlich ein Border-Collie, und die Welpen wirkten kleiner als reinrassige Tiere. Sie waren nur wenige Monate älter als der Löwe. Der Löwe und die Hunde waren wie Geschwister miteinander aufgewachsen. Einer der Welpen hatte offenbar eine noch engere Beziehung zu dem Löwen entwickelt als der übrige Wurf. Das war der Hund, den Rick betreuen sollte – zusammen mit dem Löwen. Der Welpe hatte sich inzwischen zu einer hübschen Hundedame gemausert, die annähernd 25 Kilogramm wog. Der Löwe war ebenfalls ein Prachtexemplar und brachte mehr als zweihundertfünfzig Kilogramm auf die Waage.

Rick erklärte sich einverstanden, ein Heim für das seltsame Gespann zu suchen. Er brachte Janee, die Hündin, und Wazoo, den Löwen, in das Shambala-Reservat im Soledad Canyon, unweit von Los Angeles. Es war von Tippi Hedren gegründet worden, der Hauptdarstellerin in dem Hitchcock-Thriller *Die Vögel*, die dieses Reservat inzwischen persönlich leitet. Sie hatte sich der Aufgabe verschrieben, Löwen, Tigern, Leoparden und anderen Großkatzen, die niemand aufnehmen wollte, ein neues Zuhause zu geben. Dort bewohnten Hund und Löwe nun ein riesiges Freigehege, durch das sich ein Fluß schlängelt.

Wazoo und Janee (ein afrikanisches Wort, das sowohl »ja« als auch »nein« bedeutet) waren unzertrennliche Freunde. Der Löwe leckte der Hündin stundenlang Ohren und Gesicht, und wenn er fertig war, begann sie mit der Fellpflege seines mächtigen Körpers. Nachts schliefen sie eng aneinandergekuschelt, umschlungen. Wie war diese ungewöhnliche Bindung entstanden? Rick erklärte mir, daß sie nicht nur aus Liebe zusammen und einander so eng verbunden blieben. Es konnte keinen Zweifel daran geben, daß der Löwe den Hund und der Hund den Löwen heiß und innig liebte, aber hier spielte nach Ricks Meinung noch etwas anderes eine Rolle; und als einer der besten Raubkatzentrainer der Welt ist er auf diesem Gebiet eine Autorität.

Rhodesische Ridgebacks sind berühmt für ihre Fähigkeit zu bluffen. Löwen wachsen in einer engen sozialen Gemeinschaft auf, die normalerweise aus vier bis zwölf miteinander verwandten ausgewachsenen Weibchen, ihren Jungen und bis zu sechs ausgewachsenen männlichen Tieren besteht. In der Brunft spielt die Hierarchie eine wichtige Rolle. Alle Mitglieder müssen genau wissen, welcher Rang ihnen im Rudel gebührt, und es kommt selten vor, daß eines der Tiere versucht, sich über diese Rangordnung hinwegzusetzen. Irgendwie war es Janee gelungen, den Löwen hinters Licht zu führen und ihn zu überzeugen, daß sie ihm übergeordnet und das dominante

Tier sei. Während ihrer gemeinsamen Kindheit hatte der Löwe gelernt, diese Rangordnung als unwiderrufliche Tatsache zu akzeptieren. Der Hund war sein »Boß«, daran gab es für ihn keinen Zweifel.

Die Hündin wußte wiederum, daß sie ihrem Freund, dem zweihundertfünfzig Kilo schweren Muskelpaket, physisch weit unterlegen war. Doch aufgrund ihrer mentalen Stärke gelang es ihr, ihre Autorität gegenüber dem größeren Gefährten zur Geltung zu bringen. Sie forderte Respekt, und er wurde ihr entgegengebracht. Wazoo war gutmütig und tat selten etwas, was die Hündin erzürnte. Und wenn er einmal ihr Mißfallen erregte, folgte die Strafe auf dem Fuß: Janee rückte ihm mit wütendem Gebell zu Leibe, fletschte die Zähne, knurrte und biß ihn manchmal sogar ins Ohr. Der Löwe trottete daraufhin mit »eingezogenem Schwanz« herum, seine Freundin und Herrin um Verzeihung bittend.

Sieben Jahre lang tollten und spielten die beiden miteinander, hatten beide unbeschreibliche Freude an der Gesellschaft des anderen. Ist es möglich, daß sich der Hund für einen Löwen und der Löwe für einen Hund hielt, oder waren sie sich einfach keiner artspezifischen Barriere bewußt? Sie fraßen aus einem Napf, und wenn dabei Streitigkeiten entbrannten, erhielt Janee stets den »Löwenanteil«. Sie teilten sich eine Nuckelflasche mit Milch, indem sie beide gleichzeitig die Tropfen ableckten. Wenn der Hund aus irgendeinem Grund das große, eingezäunte Freigehege für kurze Zeit verlassen mußte, begann der Löwe, sichtbar unruhig auf- und abzumarschieren. Für ihn war die Trennung unerträglich. Daß Wazoo Janee vermißte, ließ sich nicht bestreiten. Wenn seine kleine Freundin endlich zurückkehrte, begrüßte er sie, als wäre sie eine Ewigkeit fortgewesen, rannte ihr entgegen und schleckte sie von Kopf bis Fuß ab, als wollte er ihren Gesundheitszustand inspizieren und sich vergewissern, daß ihr in der Zwischenzeit nichts Schlimmes widerfahren war. Janee wedelte begeistert mit dem Schwanz, gleichermaßen glücklich, wieder bei ihrem Gefährten zu sein.

Doch eines Tages, nach sieben Jahren ungetrübten Glücks,

geschah das Unvermeidliche. Rick bemerkte, daß mit Wazoo im Laufe einer Woche eine merkliche Veränderung vorging. Er erkannte an seinen Augen, daß ihm langsam ein Licht aufging. Es war, als wäre Wazoo aus einem Dornröschenschlaf erwacht und würde sich sagen: »Na so was, ich bin ja gar kein Hund, sondern ein Löwe! Und dieses kleine, so gar nicht zu meinesgleichen passende Tier dort drüben ist keine Löwin, sondern bloß eine Hündin.« Eines Tages, als Janee sich anschickte, den Löwen wegen einer geringfügigen Unbotmäßigkeit zu bestrafen, glomm es in dessen Augen gefährlich auf. Er drehte sich zu ihr um und stieß ein kehliges Grollen aus, eine unmißverständliche Drohung, die zu ignorieren höchste Lebensgefahr bedeutet hätte.

Die Hündin war verdutzt, doch als sie versuchte, ihren ranghöheren Status geltend zu machen, wurde klar, daß der Löwe nicht mehr gewillt war, ihr Dominanzgebaren hinzunehmen. Wazoo preschte auf sie zu, und als Janee merkte, daß ihr Bluff durchschaut war, drehte sie sich um und floh in Richtung Fluß. Zum Glück war Rick rechtzeitig zur Stelle und brachte den zitternden Hund in Sicherheit. Eine Stunde länger im Gehege, und der Löwe hätte sie fraglos getötet, meinte Rick.

Was war geschehen? Wie war es möglich, daß diese beiden Tiere sieben Jahre lang wie die besten Freunde zusammenlebten und die Beziehung urplötzlich, von einer Minute auf die andere, zerbrach? Wir können nicht sagen, was im Kopf des Löwen vorgegangen ist, während die Angst des Hundes offenkundig war.

Wazoo lebt immer noch, allein, im Shambala-Reservat und verschläft den größten Teil des Tages nach Löwenart friedvoll. Janee hat ein neues Zuhause bei Ricks Schwiegervater Ukiah im Norden Kaliforniens gefunden – als Hund, dem es gefällt, ein Hund zu sein, und den eine enge Freundschaft mit seinem menschlichen Gefährten verbindet.

Ich frage mich manchmal, ob eines der beiden Tiere jemals nostalgische Anwandlungen hat. Erinnert sich der Hund manchmal mit Wehmut an die Zeit zurück, als sein bester Freund ein Löwe war? Fragt sich der Löwe jemals, warum er eine so wundervolle Freundschaft aufgekündigt hat?

Erinnerungen und Emotionen scheinen beim Hund genauso eng miteinander verknüpft zu sein wie beim Menschen. Hunde freuen sich, Menschen wiederzusehen, die sie von früher kennen. Einmal nahm ich Sasha mit ins »Oakland Home for Jewish Parents«, ein Seniorenheim, wo ich meine Ex-Schwiegermutter Kucchi besuchte, eine polnische Jüdin, die den Holocaust im Warschauer Getto überlebt hat. Kucchi ist 86 Jahre alt und hat drei Schlaganfälle erlitten; sie kann weder sprechen noch gehen. Man weiß nicht genau, wieviel sie versteht, obwohl ich glaube, daß es wesentlich mehr ist, als man gemeinhin annimmt. Sasha durfte eine der Physiotherapeutinnen bei ihrem Rundgang auf der Pflegestation begleiten. Hier sind Patienten untergebracht, die nicht mehr allein essen oder mit anderen kommunizieren können. Sasha wandte jeder einzelnen Person ihre Aufmerksamkeit zu, als wüßte sie, daß man in dieser Situation besonders viel Freundlichkeit von ihr erwartete, doch als sie Kucchi im Rollstuhl entdeckte, geriet sie völlig aus dem Häuschen: Sie versuchte, auf ihren Schoß zu springen und ihr das Gesicht abzulecken. Kucchi war hingerissen. Ich sah sie lachen, richtig lachen, zum ersten Mal seit langer Zeit. Sasha reagierte bei keinem anderen Heimbewohner mit einem solchen Gefühlsüberschwang. Kein Zweifel, sie erkannte Kucchi von den ersten beiden Besuchen wieder, die wir ihr abgestattet hatten. Abgesehen von einigen frühen Arbeiten deutscher Forscher hat sich meines Wissens keine der zeitgenössischen wissenschaftlichen Untersuchungen mit der Gedächtnisleistung von Hunden befaßt. Die meisten Hundehalter, mit denen ich gesprochen habe, sind der Meinung, daß Hunde in dieser Hinsicht Menschen gleichen: Ihr Erinnerungsvermögen hänge von dem Interesse ab, das sie entwickeln. Sasha war begeistert, Kucchi zu sehen, und vermutlich handelte es sich dabei um Wiedersehensfreude. Vielleicht fühlt sich ein Hund sicher, wenn sich eine Erfahrung wiederholt, vor allem, wenn diese Erfahrung positive Empfindungen mit sich bringt.

Sima, eine Mischlingshündin aus Golden Retriever und Sheltie, winselt vor Freude, wenn sie jemanden wiedererkennt. Diese Reaktion konnte ich wiederholt an ihr beobachten. Es ist sonnenklar, daß sie sich erinnert. Schon diese Gedächtnisleistung scheint bei ihr Glücksgefühle auszulösen, denn selbst bei Menschen, mit denen sie keine innige Beziehung verbindet, führt sie einen kleinen Freudentanz auf. Sie läuft nach der stürmischen Begrüßung schnurstracks los, um dem Besucher ihr Lieblingsspielzeug im Maul zu bringen, eine Art Willkommensgabe, wobei sie ihrer Freude mit kleinen, kehligen Lauten Luft macht. In Nostalgie zu schwelgen löst auch beim Menschen eine besondere Art des Glücksempfindens aus. Die Kleinstadt, in der man geboren und aufgewachsen ist, und die vertrauten Häuser wiederzusehen, in denen heute andere Menschen wohnen, kann starke, auf Erinnerungen gestützte Gefühle evozieren, die nicht einmal an die Oberfläche dringen müssen. Wenn wir an bestimmte Begebenheiten in unserem Leben zurückdenken, neigen wir dazu, sie im nachhinein romantisch zu verklären oder geheimnisvolle Aspekte hineinzudichten, obwohl sie zum Zeitpunkt des Geschehens vielleicht ganz alltäglich und banal waren. Hunde scheinen die Fähigkeit zu besitzen, die Vergangenheit schönzufärben: Für sie ist jede Erinnerung eine Wonne.

Manche Leute haben in Frage gestellt, daß Hunde, ähnlich wie Menschen, Gefühle und Empfindungen haben, derer sie sich nicht bewußt sind. Die Vorstellung, daß es unterschwellig vorhandene, versteckte Gefühle gibt, ist ein vertrautes Paradoxon: Wie können wir etwas empfinden und nicht wissen, daß wir es empfinden? Freud hat diesen Widerspruch bemerkt, aber dennoch behauptet, es sei für Menschen typisch, daß sie häufig nicht wüßten, was sie empfänden. Inzwischen ist uns die latente Aggression geläufig – jemand empfindet heimlichen Groll gegen eine Person, ist sich dessen aber nicht bewußt. Auch eine Depression kann man spüren, ohne sie bewußt als solche zu erkennen; oft wird sie von dem depressiven Menschen sogar vehement geleugnet.

Es fällt uns schwer, uns bestimmte Gefühlszustände als unbewußt vorzustellen – unbewußte Liebe beispielsweise. Freud behauptete, ein Mann könne eine Frau sechs Jahre lang lieben und es erst viele Jahre später merken. Das mag uns seltsam erscheinen, aber unmöglich ist es nicht. Eifersucht gehört zu den Gefühlen, die vielleicht häufiger auf der unbewußten als auf der bewußten Ebene erlebt werden. Wir erkennen auf Anhieb, wenn jemand eifersüchtig ist, es aber nicht zugibt, in aller Regel, weil es dem Betreffenden nicht bewußt ist.

Die Vorstellung, daß es unbewußte Empfindungen gibt wie unbewußte Vorgänge allgemein, hängt von einem spezifischen Abwehrmechanismus ab, den Menschen benutzen, um sich vor seelischen Verletzungen zu schützen: der Verdrängung. Wenn Gedanken, Erinnerungen oder Gefühle unerträglich werden, streichen wir sie aus unserem Gedächtnis und drängen sie ins Unbewußte ab. Hunden fehlt diese hilfreiche Funktion. Ich glaube nicht, daß sie imstande sind, unangenehme Erfahrungen zu verdrängen und traurig oder glücklich zu sein, ohne es zu wissen. In gewissem Sinne ist der Hund nichts als Gefühl, ganz gleich ob Traurigkeit oder Freude. Und wenn er es auch noch so gerne möchte, er scheint nicht leugnen zu können, was er empfindet. Nicht zuletzt deshalb freuen wir uns so über die Gesellschaft von Hunden. Wie Mike de Ross von der Blindenhundschule sagte: »Hunde lügen nicht, wenn es um Liebe geht.« Dieser Meinung schloß sich der französische Schriftsteller Anatole France an, der sich fragte: »Was bedeutet diese rätselhafte Liebe zu mir, die in deinem kleinen Herzen entsprungen ist?« Ein Geheimnis, das er als solches akzeptiert.[4]

Hunde lügen nicht, wenn es um ihre Empfindungen geht, weil sie dazu gar nicht imstande sind. Ein Hund kann einen Artgenossen täuschen, aber nicht über seine Gefühle, sondern nur in bezug auf Sachverhalte (wenn er beispielsweise vorgibt, den Knochen nicht zu sehen, den der andere unvorsichtigerweise für kurze Zeit aus den Augen gelassen hat). Niemand hat jemals erlebt, daß ein Hund so tut, als wäre er glücklich oder unglücklich. Wenn ein Hund glücklich oder traurig ist, erfüllt dieses Gefühl ihn total; er verwandelt sich in ein Wesen, das aus schierer Freude oder schierem Kummer besteht. Roger Caras schrieb in seinem Buch *A Dog Is Listening*: »Ein Hund ist außerordentlich aufrichtig. Er ist unfähig zu heucheln ... Menschen benutzen uns und gaukeln uns vor, es nicht zu tun, während Hunde uns ganz ohne Falschheit benutzen, da sie gar nicht anders können. Sie zeigen keine Spur von Heimtücke, und sie sind sich all dessen nicht einmal bewußt.«[5]

Ein interessanter Aspekt im kaniden Gefühlsleben sind die Empfindungen, die Hunde allem Anschein nach *nicht* wahrnehmen, zum Beispiel die auf sie selbst bezogenen. Hunde scheinen kein Selbstmitleid zu kennen. Als ich einmal mit meinen Hunden auf dem Campus der Universität in Berkeley spazierenging, erspähte ich einen schwarzen Labrador-Mischling, der auf der Jagd nach einer Frisbeescheibe einen Hügel hinunterrannte. Es machte ihm offensichtlich großen Spaß, und er war ganz bei der Sache. Da bemerkte ich plötzlich entgeistert, daß er beide Hinterläufe nachzog. Sie waren gelähmt, wie ich später herausfand. Seine Begleiterin, eine ehemalige Englischstudentin namens Victoria Pond, erzählte mir, Cinder sei sich der Behinderung nicht bewußt, so wie manche Kinder keine Notiz davon nehmen, daß sie anders sind als ihre Altersgenossen. Der Hund war ein Jahr zuvor im Alter von zehn Monaten an einem rätselhaften Virus erkrankt, und seither war die gesamte Hinterseite gelähmt. Er trug Spezialstiefel, um seine Pfoten und den unteren Teil der Läufe vor Abschürfungen zu schützen, weil er ja nicht bemerkte, daß sie über den Boden schleiften. Trotz der Benachteiligung schien er glücklich – und meine Hunde hatten ihre helle Freude daran, mit ihm zu spielen. Entweder bemerkten sie seine Behinderung nicht, oder sie ignorierten sie.

Menschen sind da oft ganz anders! Schon bei einem weniger schwerwiegenden Verlust würden sie ihr Schicksal verfluchen wie der biblische Hiob und mit Gott und der Welt hadern: »Warum ich? Warum trifft es ausgerechnet mich?« Wir würden uns pausenlos bedauern und uns in Selbstmitleid suhlen. Für diesen Hund dagegen war die Behinderung etwas, womit er zu leben gelernt hatte. Er schien überhaupt nicht zur Kenntnis zu nehmen, daß er anders war als seine Artgenossen, und er war fest entschlossen, sich durch dieses Handicap in seiner Lebensfreude nicht beeinträchtigen zu lassen. Seine Empfindungen wurzelten so klar im Hier und Jetzt, daß ihn nichts aus der Bahn zu werfen vermochte, weder die Erfahrungen der Vergangenheit noch der Gedanke, in welchem Maß er sich von anderen Hunden unterschied.

Eine ebenso erstaunliche Geschichte – sie ist mit Fotos dokumentiert – fand ich in einem deutschen Wissenschaftsmagazin. Es ging dabei um einen deutschen Schäferhund namens Rolf, der 1929 bei einem Bahnwärter und dessen Familie gelebt hatte. Der Hund begleitete die Kinder auf Schritt und Tritt. Eines Tages, als er die Bahngeleise überquerte, wurde er von einem Zug erfaßt (möglicherweise versuchte er die Kinder vor einem herannahenden Zug zu retten). Dabei wurden ihm beide linken Läufe glatt abgetrennt. Die Kinder liefen zur Mutter, die den Hund für tot hielt und zu einem Holzstoß schleifte. Als der Bahnwärter sich davon überzeugen wollte, hatte der Hund das Bewußtsein wiedererlangt und sich in einen mit Stroh ausgelegten Verschlag geschleppt. Trotz der schlimmen Verletzung hatte er erstaunlich wenig Blut verloren. Tagelang leckte er seine Wunden (ein weiterer Beweis dafür, daß Hundespeichel heilende Eigenschaften besitzt – ein »Ammenmärchen«, das ich für wahr halte), und bald befand er sich offenbar auf dem Weg der Genesung. Doch der Stumpf seines Hinterlaufs war in einem sehr schlechten Zustand: Überall ragten Knochensplitter heraus. Der Hund zog sie mit den Zähnen aus der eiternden Wunde. Ein paar Tage später war er zur allgemeinen Verwunderung wieder »auf den Beinen« und humpelte zur Vorderseite des Hauses. Innerhalb von drei Wochen waren die Stümpfe vollständig verheilt, und er war wieder ganz der Alte: Er spielte mit den Kindern, hütete das Haus und erwies sich als meisterhafter Rattenfänger. Auch das Schwimmen machte ihm wieder Spaß, er lief zunehmend schneller und sprang sogar über Gräben – alles auf zwei Beinen. Wenn er einen Kaninchenbau aufstöberte, versuchte er mit den Läufen zu scharren, um seine Beute auszugraben, fiel dabei aber natürlich sofort um. Doch er gab sich nicht geschlagen und fand bald heraus, daß er den ganzen Kopf ins Gehege stecken und die Erde mit der Schnauze beiseite schieben konnte. Trotz seiner traumatischen Erfahrungen schien er im Straßenverkehr oder vor den Gleisen keine erkennbare Angst zu haben. Er lief nach wie vor bellend neben den Zügen her wie vor dem Unfall. Sein Verhalten und seine Anpassungsfähigkeit waren so erstaunlich, daß er einer Hundetrainingsstaffel der Reichswehr zu Studienzwecken überlassen wurde.

Die Ausbilder gelangten zu der Schlußfolgerung, das Tier leide möglicherweise unter einer retrograden Amnesie, entstanden durch den Schock nach dem Unfall. Es erinnere sich nicht mehr an das, was mit ihm geschehen sei. Der Hund schlug nie wieder ein normales Schrittempo ein, sondern *galoppierte* vielmehr. Bei der Bewältigung verschiedener Hindernisse in einem Parcours, den die Trainer für ihre im Krieg einsetzbaren Hunde abgesteckt hatten, zeigte Rolf, wie gut er sich auf seine Behinderung einzustellen vermocht hatte. Er lernte, Stufen und sogar eine Leiter hochzuklettern, eine schmale Planke über einem tiefen Graben zu überqueren und sich in finsteren Höhlen zurechtzufinden.[6]

In einem überkommenen Bühnenwerk sagt Raphael zu Hypatia: »Ich habe meine Hündin als Lehrerin erwählt und ihre Worte beherzigt, denn sie war klüger als ich, und sie, die arme, stumme Kreatur, führte mich wie ein von Gott gesandter und Gott gehorsamer Engel zurück zur Natur des Menschen, zu Barmherzigkeit, Selbstaufopferung, Glaube, Anbetung und reiner, unverbrüchlicher Liebe.«[7]

Ich stehe nicht allein da mit meiner Zuneigung zu Hunden: 1994 gab es in 35 Prozent aller amerikanischen Haushalte einen Hund, das sind mehr als 52 Millionen Hunde.[8] Es scheint kaum der Mühe wert zu fragen, warum wir ihnen so zugetan sind, wenn die Antwort auf der Hand liegt: Wir lieben Hunde, weil sie uns lieben, bedingungslos. Ungeachtet dessen, wie sie behandelt werden, was man ihnen antut und wie wenig Aufmerksamkeit und Zuwendung sie von uns erhalten, sie sind erpicht darauf, uns zu gefallen, in unserer Gesellschaft zu sein. Ich habe Craig Stark, einem Hundeexperten der Tierschutzorganisation »Last Chance for Animals«, die ihren Sitz in Los Angeles hat, die Frage nach dem Grund gestellt. Craig setzt sich unermüdlich dafür ein, Hundefängern das Handwerk zu legen. Seine bemerkenswerte Antwort lautete: »Das ist die einzige Liebe, die wir kaufen können.«[9] Hunde sind in einem Ausmaß, das an eine allumfassende, kosmische Liebe grenzt, bereit, alles zu verzeihen, uns alles Böse mit Gutem zu vergelten.

Viele Autoren haben darauf hingewiesen, daß wir mit Hunden oft wie mit kleinen Kindern sprechen: Die Stimme wird automatisch höher; wir beugen uns zu ihnen hinunter; wir berühren sie, während wir mit ihnen reden; wir benutzen eine einfache Sprache, geben ihnen Kosenamen, produzieren beschwichtigende Töne, singen, stimmen einen monotonen Refrain an und tauchen in eine Welt der Unschuld ein. Wir sind überrascht, wenn wir von einem Kind zu hören bekommen, daß es uns langweilig findet. Wir erwarten nicht, auf dem Prüfstand zu stehen. Ein Hund fällt nie ein Werturteil über uns, von wenigen Ausnahmen abgesehen.[10] Auf die Frage, warum sie ihren Hund lieben, bringen viele Menschen genau dieses Argument vor. Daß unser Handeln nicht analysiert oder beanstandet wird, ist jedoch noch lange kein Grund, jemanden zu lieben. Einem Menschen würden wir dieses kritiklose Verhalten als Mangel an Interesse oder Urteilsfähigkeit ankreiden. Der Hund scheint dagegen einer anderen Sphäre oder Welt anzugehören. Hunde sind fähig zu differenzieren, aber im Rahmen ihrer eigenen

Begriffe, und wir werden vielleicht niemals erfahren, wie uns der Hund auf dieser Sprachebene sieht. Wir haben keinen Zugang zu seinem Vokabular. Dazu kommt, daß ein Hund uns zu lieben vermag, auch wenn er unser Handeln verabscheut – genau wie bei uns Menschen Denken und Fühlen nicht unbedingt übereinstimmen müssen. Wir können jemanden mögen, aber sein Verhalten mißbilligen.

Jerome K. Jerome schrieb in *Idle Thoughts of an Idle Fellow*:

> »Auch wenn wir das Gesicht in den Händen vergraben und uns wünschen, wir wären nie geboren, sitzen sie nicht stocksteif da und geben die Bemerkung zum besten, daß wir uns das alles selbst zuzuschreiben haben. Sie hoffen nicht einmal, daß uns das Geschehene eine Lehre war. Statt dessen treten sie auf leisen Pfoten näher, stupsen uns sanft mit dem Kopf an [...] sie schauen zu uns auf mit ihren großen Augen, in denen kein Falsch ist, und sagen mit ihnen: ›Na komm, du hast doch immer noch mich. Wir gehen gemeinsam durchs Leben und halten zusammen, in Ordnung?‹«[11]

Es könnte natürlich noch andere Gründe für die leidenschaftliche Zuneigung geben, die viele Menschen für Hunde empfinden. Misanthropen erklären ihre allmählich entstandene Abneigung gegen den Kontakt mit ihren Artgenossen (selten empfinden Misanthropen eine ähnliche Abneigung gegen sich selbst) mit dem Egoismus der Menschen. Sie führen an, daß viele nicht über den eigenen Tellerrand hinwegsähen, nur mit sich selbst beschäftigt seien, sich für nichts anderes als ihre eigenen Angelegenheiten interessierten. Narzißmus ist zum Sammelbegriff geworden, zu einem Schimpfwort, um den Menschen des zwanzigsten Jahrhunderts zu beschreiben. Ich denke, dieser Vorwurf der übertriebenen Selbstliebe ist nicht völlig an den Haaren herbeigezogen: Einige Menschen besitzen tatsächlich die bemerkenswerte Fähigkeit, jede

Einzelheit in ihrem Leben mit immerwährender Faszination »wiederzukäuen«, was manche Zuhörer irritiert, vor allem wenn sich deren Interesse auf das *eigene* Leben konzentriert.

Menschen haben die Neigung, ihr Augenmerk auf die eigenen narzißtischen Belange zu richten, und zwar häufig mit einer solchen Selbstversunkenheit, daß sie die Welt ringsum vergessen. Wir schwelgen nicht nur gerne in Selbstmitleid, sondern beschäftigen uns auch angestrengt mit Problemen der unterschiedlichsten Art, sofern sie sich um die eigene Person ranken. Vielleicht ist einer der wichtigsten Gründe für unsere Liebe zu Hunden darin zu suchen, daß sie uns von der zwanghaften Selbstbezogenheit ablenken. Wenn unsere Gedanken immer wieder in den gleichen Bahnen verlaufen und wir unfähig sind, diesem Teufelskreis zu entrinnen, oder wenn wir uns fragen, welche düsteren Aussichten die Zukunft für uns bereithalten mag, öffnet uns der Hund ein Fenster, aus dem wir einen Blick in die Freuden des Augenblicks werfen können. Wenn wir mit dem Hund spazierengehen, tauchen wir in die Welt des Hier und Jetzt ein. Er blickt unverwandt zu einem Baumwipfel empor und beobachtet ein Eichhörnchen – voll auf die Gegenwart konzentriert, in der er lebt, und nirgendwo anders mit seinen Gedanken.

»Wofür interessieren sich Hunde?« fragte sich Elizabeth Marshall Thomas und fand offenbar die richtige Antwort: für andere Hunde. Aber nicht nur. Ich habe die Gesichter meiner drei Hunde beobachtet, die wie eingefroren wirken, wenn etwas ihr Interesse fesselt. Sie bringen diese konzentrierte Aufmerksamkeit in jede anstehende Aufgabe oder Tätigkeit gleichermaßen ein. Sie drehen sich um und achten genau darauf, welchen Weg ich an der Gabelung einschlage. Es interessiert sie. Ich finde es außergewöhnlich, wieviel Interesse sie selbst für die banalsten Dinge bekunden. Und beschämend. Diese volle, uneingeschränkte und durch nichts abzulenkende Aufmerksamkeit würden wir uns oft von unseren menschlichen Gefährten wünschen.

Rani hört selten auf, mit dem Schwanz zu wedeln. Sie scheint rundum glücklich zu sein, immer und überall – so lange sie sich im

Freien aufhält. Wir Menschen schaffen uns künstliche Gefängnisse, obwohl wir uns selbst schon genug innere Grenzen setzen. Unser Licht ist künstlich, genau wie unsere Nahrung, unsere Kleidung und ein großer Teil unserer Gespräche, ganz zu schweigen von all den anderen Dingen, mit denen wir uns umgeben: Autos, Uhren, Computer und Waschmaschinen. Wenn wir mit unseren Hunden spazierengehen, brechen wir für eine Zeitlang aus dieser künstlichen Welt aus. Viele Menschen haben von der therapeutischen Wirkung des Spaziergangs mit einem Hund berichtet, der stimulierend und gleichzeitig entspannend sein kann.

In Kapitel 9 werde ich gegen die These zu Felde ziehen, daß Hunde kein Zeitgefühl besitzen. Aber in einem Punkt trifft sie den Nagel auf den Kopf: Hunde nehmen die Zeit nicht wie eine festgelegte Einheit, diktiert von den Gesetzmäßigkeiten, an die wir gewöhnt sind, noch denken sie in Begriffen wie Wochen, Monaten oder Jahren. Ein Hund erzittert nicht bei dem Gedanken an seine Sterblichkeit. Ich bezweifle, ob er überhaupt jemals an eine Zeit denkt, in der er nicht mehr unter den Lebenden weilt. Wenn wir also mit einem Hund beisammen sind, betreten auch wir eine zeitlose Welt, in der die Zukunft bedeutungslos wird.

In meiner Kindheit pflegte meine Familie stets jeden Ort mit anderen zu vergleichen, wo sie einmal gewesen war. Die Gegenwart konnte der Vergangenheit natürlich nie das Wasser reichen, vor allem, da alles Vergangene immer in einem romantisch verklärten Licht betrachtet wurde. Diese bedauerliche Gewohnheit habe ich übernommen. Freunde mußten mich häufig ermahnen: »Warum vergleichst du einen Strand mit dem anderen? Du bist jetzt hier. Genieße, was du hast.« Die gleiche Lektion lerne ich, wenn ich meine Hunde beobachte: Sie lassen sich nie durch das Bedürfnis lähmen, fortwährend Werturteile zu fällen und Vergleiche zu ziehen. Sie verfallen nie in Trübsinn bei dem Gedanken, daß der Spaziergang heute nicht so schön war wie gestern, daß der Wald nicht so interessant war wie das Terrain, auf dem sie letzte Woche herumstromern konnten. Sie finden es immer herrlich spazierenzugehen. Sie sind zufrieden, dort zu sein, wo sie sich gerade befinden. Der Grund, und das ist die wichtigste Lehre, ist ohne Zweifel der, daß sie in vollkommener Harmonie mit sich selbst leben, ohne sich mit Alternativen zu quälen: Sie sind gerne Hund.

Marjorie Garber ist der Ansicht, daß Hunde uns den Anstoß gäben, über Spontaneität, emotionale Großzügigkeit und Gemeinsamkeit nachzudenken und dabei unserer Phantasie freien Lauf zu lassen. Das kann ich nur bestätigen, nicht zuletzt deshalb, weil Hunden jeder »Zynismus fremd ist«[12]. Hunde zerbrechen sich nicht den Kopf darüber, wie ihre Artgenossen sie wahrnehmen könnten. Sie müssen nicht ihre Lust am Leben kaschieren, weil sie Angst haben, als naiv und weltfremd abgestempelt zu werden, und keine Langeweile vortäuschen, obwohl sie in Wirklichkeit ungemein an einem Thema interessiert sind, nur weil sie sich keine Blöße geben und nicht als unwissend gelten wollen. Hunde stehen nie angeödet auf Partys herum und fragen sich, worüber sie sich um Himmels willen unterhalten sollen, oder warum sie dieses Kreuz überhaupt auf sich genommen haben, oder was für eine bedauernswerte Figur sie in den Augen der eleganteren oder amüsanteren oder wichtigeren Gäste machen. Sie reißen sich kein Bein aus, um witzig und geistreich zu sein, kommen schnurstracks zum Punkt, wenden sich direkt an die Informationsquelle. Und es gelingt ihnen, mehr und genauere Auskünfte zu erhalten als der Mensch auf der Party. Für den Hund mag Sexualität in Gedanken oder Taten eine große Rolle spielen, aber Informationen, also Wissen, ist für ihn von ausschlaggebender Bedeutung: Mit was für einem Hund habe ich es zu tun? Wer steht da vor mir? Wo warst du vorher und was hast du dort getan? Und, noch grundlegender: Wer bist du wirklich?

Hunde sind Wahrheitssuchende. Sie versuchen dem unsichtbaren, authentischen Kern eines anderen Lebewesens auf den Grund zu gehen.

3

Wenn Hunde lieben

Über Menschenliebe wurden unendlich viele theoretische Abhandlungen verfaßt, aber all das ist in meinen Augen weniger überzeugend als ein lebendiger Beweis von Liebe. Ist sie theoretisch so schwer zu fassen, weil sie besser in Taten als in Worten zum Ausdruck kommt? Wird die Liebe durch das endlose Gerede über sie abgewertet?

Hunde brauchen keine Theorien über die Liebe (oder über andere Dinge, nebenbei bemerkt); sie zeigen sie einfach. Ununterbrochen. Ich bin immer wieder erstaunt über das Potential eines Hundes, bedingungslos und ohne den leisesten Hauch von Zwiespältigkeit zu lieben. Immer wieder hört man von grausamen oder gedankenlosen Besitzern, die von ihren Hunden ohne Wenn und Aber geliebt wurden, ungeachtet dessen, wie sie diese behandelten. Die Fähigkeit zu lieben ist bei einem Hund so ausgeprägt entwickelt, als hätten sie einen Sinn oder ein Organ mehr als wir. Man könnte von Hyperliebe sprechen, und sie wird allen Menschen zuteil, die in enger Gemeinschaft mit ihm leben.

Wenn man jemanden näher kennenlernt, ist das nicht selten der Beginn einer Entfremdung, bisweilen sogar von Verachtung. Bei Menschen überdauert die Liebe das zunehmende Wissen um den wahren Charakter eines anderen oft nicht; beim Hund scheint die Zuneigung dagegen noch zu wachsen, an Intensität und Tiefe zu gewinnen. Selbst wenn er all unsere menschlichen Schwächen, Treulosigkeiten und Unfreundlichkeiten kennt, scheint seine Liebe unauslöschlich zu sein – und diese Liebe wird von den meisten Hundehaltern erwidert. Auch wir lieben unsere Hunde immer mehr, je besser wir sie kennen. Die Bindung zwischen uns wird enger.

Es ist nicht klar, ob die Zuneigung, die ein Hund für einen Menschen empfindet, und die Zuneigung zu einem Artgenossen gleich sind. Hunde sind imstande, enge Beziehungen zueinander zu entwickeln, und manche Forscher sprechen sogar davon, daß sie sich ineinander »verlieben« können. Elizabeth Marshall Thomas bezeichnet diese starke Bindung als eine Art Ehe. Natürlich ist das nur eine Analogie, aber Treue, Dauer und Intensität der Beziehung besitzen tatsächlich große Ähnlichkeit mit diesen Aspekten in menschlichen Ehen.

Worauf läßt sie sich zurückführen, diese Liebe des Hundes zum Menschen? Manche Wissenschaftler behaupten, daß es in dieser Beziehung im Kern um die Futterbeschaffung für die Welpen gehe (eine ähnliche Theorie wurde hinsichtlich der engen emotionalen Bindung zwischen Mutter und Kind aufgestellt). In einer Reihe von Experimenten, die A. J. Brodbeck 1954 durchführte[1], wurde nachgewiesen, daß die Nahrungsbeschaffung keine unabdingbare Voraussetzung für die Entwicklung dieser inneren Verbundenheit ist. Eine Gruppe Welpen wurde von einer Maschine gefüttert, die andere von Menschenhand. Die von Hand gefütterten Tiere winselten mehr, sobald sie des Versuchsleiters ansichtig wurden, aber das war der einzige wesentliche Unterschied zwischen den beiden Gruppen. Die Liebe des Hundes zum Menschen scheint also nicht durch unsere Fürsorge bedingt zu sein und auch nicht auf der Erkenntnis zu beruhen, daß wir seine Futterquelle sind. Ein Hund empfindet keine Liebe für einen Roboter, der ihn mit Nahrung versorgt, ist aber in der Lage, Menschen zu lieben, die ihm nie einen Bissen zugesteckt haben.

Die Anzeichen dieser Liebe sind bei Hunden unmißverständlich, obwohl jedes Tier seine Zuneigung auf ganz eigene Weise zum Ausdruck bringt. Wenn Sasha jemanden begrüßt, an den sie sich erinnert, stimmt sie eine Mischung aus Geheul und Winseln an, das von anderen Gesten der Freude begleitet wird: Sie legt die Ohren flach an, ihre Augen beginnen zu glänzen, sie leckt sich die Lefzen und reibt sich mit ihrem Körper an der Person. Sie ist glücklich. Ich kann mir nicht vorstellen, was für ein anderes Gefühl sich hinter diesem Verhalten verbergen sollte (es sei denn, es hat in der Hundesprache einen anderem Namen, was durchaus möglich wäre), und sie bringt es durch ihre herzliche Begrüßung zum Ausdruck. Ranis Gesicht nimmt einen völlig anderen Ausdruck an, und wenn sie mit dem Schwanz wedelt, wedelt der ganze Körper im gleichen Takt mit. Sie sieht den Neuankömmling mit einer Miene an, die scheu wirkt, aber die Freude über das Wiedersehen ist unverkennbar. Sima hingegen winselt und rennt ununterbrochen im Kreis herum. Sie ist unermüdlich, läuft zwischen dem Menschen, an den sie sich erinnert, und dessen Hund hin und her, stößt dem Artgenossen die Nase in die Schnauze oder begrüßt dessen Halter mit eindringlichen Lauten. Alle diese Gesten der Freude und des Glücksempfindens entspringen einer Form von Liebe – so würden wir Menschen es zumindest bezeichnen, wenn wir uns in gleichem Maße darüber freuten, jemanden zu sehen. Bei Hunden sprechen wir, bedauerlicherweise, von Gesten der Unterwerfung.

Wenn ein Mensch jedem, dem er begegnet, unterschiedslos seine Zuneigung bekundete, würden wir das als »Promiskuität« einordnen. Wir sagen, daß Menschen freundlich, aufgeschlossen, entgegenkommend sind, aber keines dieser Adjektive beschreibt treffend die Freundlichkeit, die ein Hund an den Tag legt. Hunde lassen ihre Zuneigung beinahe jedem zuteil werden, der ihnen mit Freundlichkeit begegnet.[2] Deshalb behaupten manche Leute (ich, beispielsweise), der Hund sei die Liebe selbst; er könne uns lehren, was dieses Wort wirklich bedeute. Meine Lieblingsantwort an alle, die behaupten, Hunde seien unfähig, zu lieben, stammt von Roger Caras, der über zwei Hunde schreibt:

> »Ich glaube, daß Luke Chloe Sweetpea liebt und sie ihn. Da ich nicht einmal in der Lage bin, die Liebe in meiner eige-

nen Spezies zu definieren (ich glaube, daß es sich um mehr als eine Störung der Drüsentätigkeit und die Chance handelt, durch eine gemeinsame Veranlagung Einkommensteuer zu sparen), versuche ich lieber gar nicht erst, Liebe unter unseren Hunden zu erklären. Aber genauso sicher, wie ich meine Frau nach sechsunddreißig Jahren liebe und wir durch mehr als nur Gewohnheit miteinander verbunden sind, glaube ich, daß diese beiden Hunde, die bei meiner Tochter leben, einander ebenfalls lieben.«[3]

Es gibt hervorragend dokumentierte Beispiele von intensiven Beziehungen zwischen verschiedenen Spezies – von Hunden, die den Tod ihres zweibeinigen Gefährten in einem solchen Maß betrauern, daß sie ihr eigenes Leben gefährden oder sogar sterben, weil sie die Nahrungsaufnahme verweigern. Man denke nur an Hachi-Ko, einen Akita Inu aus Tokio, der zehn Jahre lang seinen Wachposten an einer Bahnstation bezog, wo er auf die Rückkehr seines verstorbenen Herrn wartete (siehe Kapitel 4). Gab er die Hoffnung einfach nicht auf, oder war das sein ureigenes Trauerritual? Hatte er vielleicht die allzu menschliche Vorstellung, daß er dereinst in einer anderen Welt wieder mit seinem Freund vereint sein würde? Und welche Gedanken und Gefühle mochte Greyfriars Bobby haben (mehr darüber in Kapitel 15), der 14 Jahre lang auf dem Grab seines Herrn lebte? Es ist bedauerlich, aber so vertraut uns die Gefühle eines Hundes auch sein mögen, sie sind Teil einer völlig anderen Welt. Die Suche nach dem Schlüssel zum Gefühlsleben des Hundes wird immer vergeblich sein, weil wir zwar einer verwandten, aber gleichwohl anderen Art angehören. Dennoch scheinen Mensch und Hund die einzigen beiden Lebewesen zu sein, die fähig sind, die artspezifischen Barrieren zu überwinden. Keine andere Tierart trauert so tief um einen verlorenen menschlichen Freund wie ein Hund. Möglich wäre auch, daß Hunde – wie Menschen – eine Ähnlichkeit zwischen den beiden Spezies erkennen, die Fähigkeit, Angehörige einer anderen Kategorie von Lebewesen zu lieben.

Wir verwechseln oft Liebe und Lust. Ein Hund hat niemals sexuelle Lust auf einen Menschen. Hunde, die ihre Halter besteigen, bringen damit kein Begehren, sondern das Bedürfnis nach Dominanz zum Ausdruck. Ein Hund liebt mit seinem Körper und seinem Herzen, aber vermutlich nicht mit dem Kopf. Hunde besitzen natürlich einen Verstand und benutzen ihn für viele Dinge, ziehen aber nicht kaltblütig die Vorteile ins Kalkül, die ihnen die Liebe zu uns bringen könnte (zeitweiliges Schmeicheln steht auf einem anderen Blatt). Auch sind sie in ihrer Liebe nicht dadurch gehemmt, daß sie mögliche Nachteile in Betracht ziehen. Und so begehen Hunde nicht jene Kardinalfehler in der Liebe, die uns häufig unterlaufen, obwohl sie oft einen Menschen lieben, der ihnen nichts als Kummer beschert. Beim Menschen ist das Gehirn das primäre Sexualorgan, anders als beim Hund. Wir können einen Hund nicht mit Schönheit, Macht oder physischen Meisterleistungen beeindrucken. Jede dieser Eigenschaften ist ein Grund, sich in einen anderen Menschen zu verlieben. Ein Hund verliebt sich nicht, er liebt.

Was veranlaßt einen Hund, uns auf Schritt und Tritt zu folgen? Zuerst dachte ich, es wäre Unsicherheit, das beklemmende Gefühl, wir könnten uns ein für allemal aus dem Staub machen. Doch dann gelangte ich zu der Schlußfolgerung, daß sie sich deshalb stur an unsere Fersen heften, weil sie Angst haben, etwas zu verpassen. Sie denken vermutlich, daß wir irgendwo ein Abenteuer erleben, wenn wir das Haus ohne sie verlassen. Nichts ist schlimmer für einen Hund, als wenn man ihm sagt, daß er nicht mitkommen kann. Ungläubig blickt er uns an, mit schräg gelegtem Kopf. Vielleicht folgt er uns aber auch nur deshalb auf Schritt und Tritt, weil er sich gerne in unserer Nähe aufhält. Was veranlaßt ihn, unsere Nähe, Körperkontakt zu suchen? Es ist ein wundervolles Gefühl, wenn meine Hündin sich nachts neben mir ausstreckt, es hat mit dem Vertrauen zu tun, das sie mir damit beweist. Dieses wechselseitige Vertrauen zählt zu den anrührendsten Merkmalen einer engen Beziehung zwischen den Angehörigen verschiedener Arten. »Ich weiß, daß mir nichts Schlimmes widerfahren kann, wenn ich bei dir bin«, scheint der Hund damit zu sagen. »Ich kann völlig entspannt und sicher sein, daß du mir nichts zuleide tun wirst, während ich schlafe.« Ein Delphin würde stets ein wachsames Auge auf uns haben, aber ein Hund oder eine Katze liefern sich uns auf Gedeih und Verderb aus.

Ist Liebe ein »tiefes« Gefühl? Ich weiß, daß meine Fähigkeit, tiefe Gefühle zu empfinden, ausgeprägter ist, wenn ich mich in der freien Natur befinde, angesichts der Schönheit der Welt, die mich umgibt. Eines Tages, im Mai, fuhr ich mit meinen Hunden in einen Park, in dem ich nie zuvor gewesen war. Er liegt in einem Feuchtgebiet unweit des Flughafens von Oakland. Überall flitzten Erdhörnchen herum, und große Eselhasen hoppelten über die freien Felder. Der Park befand sich am Rande einer weitläufigen Marsch, und die Hunde durften ohne Leine laufen. Sobald ich sie aus dem Auto ließ, waren sie auf und davon, und als sie ein paar Minuten später zurückkehrten, blitzen ihre Augen vor Aufregung. Es war, als wollten sie sagen: »Dieses Gelände ist genau das, was uns gefällt. Danke, daß du uns hergebracht hast. Danke, danke, danke.« (Natürlich sind das nur meine eigenen Gedanken, denn Hunde werden kaum Vergleiche anstellen, weil sie viel zu sehr im Hier und Jetzt verwurzelt sind.) Während wir gemeinsam am Rande des Morasts entlangmarschierten, wurden nur schwer zu beschreibende Gefühle in mir wach, während ich dem Rascheln der Blätter im Wind lauschte, den Geruch des Sumpfes einatmete oder die Wildblumen betrachtete, die auf den Wiesen wuchsen. Diese Empfindungen hatten etwas mit Liebe zu tun, in diesem Fall mit der Liebe zu diesem Hundeparadies in freier Natur. Ich hatte den Eindruck, als befänden sich die Hunde in einer ähnlichen Stimmung: Sie schienen zu lächeln, waren aufgeregt, glücklich, Liebende. Ihre Fähigkeit, tiefe Gefühle zu empfinden, zu lieben, ist möglicherweise ebenfalls ausgeprägter, wenn sie sich in einer Umgebung befinden, in der sie glücklich sind.

Die Gefühlswelt des Hundes ist voller Unschuld, unverbildet und bar jeder Selbsttäuschung, Merkmale, die Hunden und Kindern gemein sind. Beiden ist ein gewisser Freimut zu eigen, sie kennen keine Arglist und sind ähnlich verletzlich. Hunde erinnern uns an Kinder. Wir empfinden den gleichen unwiderstehlichen Drang, in Gegenwart beider in eine Babysprache zu verfallen, und kommunizieren mit einer Mimik, die Menschen ohne Kinder oder Hunde veranlaßt, an unserem gesunden Menschenverstand zu zweifeln.

Es besteht auch in der Wissenschaft die Tendenz, ausgewachsene Hunde auf der psychologischen Ebene mit menschlichen Kleinkindern zu vergleichen. Sie wurde durch das Ergebnis ernsthafter Forschungen (vornehmlich von Michael Fox von der Human Society in den USA) verstärkt, die gezeigt haben, daß Hunde und Kinder, die unter bestimmten nachteiligen Bedingungen aufwachsen, ähnliche Verhaltensstörungen entwickeln. »Diese können von einer psychogenetisch bedingten Epilepsie bis zu asthmaähnlichen Störungen, zwanghaftem Essen, verzögerten Reaktionen des sympathischen Nervensystems, Hypermotilität der Eingeweide in Kombination mit einer hämorrhagischen Magen-Darm-Entzündung bis zu einer Colitis ulcerosa reichen, ganz zu schweigen von Geschwisterrivalität, extremer Eifersucht, Aggression, Depressionen und der Verweigerung der Nahrungsaufnahme (Anorexie).«[4]

Hunde scheinen beim Menschen wiederum ähnliche Verhaltensweisen wie bei den leiblichen Eltern zu entdecken. Viele Forscher glauben, daß Hunde kindliche Wölfe sind, deren Entwicklung in einem frühen Stadium zum Stillstand gekommen ist: also Wolfsjunge, die nie erwachsen werden. Wir nehmen folglich Elternstelle bei Hunden ein. Deshalb sprach E. Dechambre 1949 von dem Phänomen der »Fötalisierung«[5], wenn wir versuchen, sanfte und freundliche Hunde zu züchten, und 1963 entwickelte F. E. Zeuner das Konzept der Neotenie (in *The History of Domesticated Animals*), vom Schlüsselreiz kindlicher Merkmale und Eigenschaften, die bis ins Erwachsenenalter fortbestehen (und den Mechanismus der Brutpflege auslösen). Attribute dieses Kindchenschemas wie herabhängende Ohren, kleine kanide Zähne oder ein schmaler Kopf werden durch natürliche Auslese entwickelt, so daß die Tiere von den Menschen in gleicher Weise abhängig sind wie ein Wolfsjunges von seinen Eltern. In bezug auf das Verhalten weist Konrad Lorenz[6], der Begründer der modernen Ethologie (der Erforschung von Verhaltensabläufen bei Tieren), auf die »seltsame Form« der Bindung zwischen einem domestizierten Hund und dem Menschen hin: »Die tiefe Zuneigung zur Mutter, die junge wildlebende Kaniden zeigen und die völlig verschwindet, sobald sie das Stadium der Reife erlangt haben, bleibt als mentaler Wesenszug bei allen hochgradig domestizierten Hunden bestehen. Was ursprünglich Liebe zur Mutter war, wird in die Liebe zu einem menschlichen Herrn umgewandelt.«[7] Wir schätzen, belohnen und züchten diese kindhaften Merkmale bei unseren Haushunden. Wölfe und Hunde unterscheiden sich in dieser Hinsicht voneinander. Ein Wolf ist das am wenigsten kindhaft gebliebene Tier. Im Gegensatz zum domestizierten Hund ist der ausgewachsene Wolf ein völlig autonomes, eigenständiges Wesen. Dieser Kontrast wurde in bemerkenswerter Weise von Erich Klinghammer und Patricia Ann Goodman hervorgehoben:

> »Hunde betreten unsere Welt und können durch entsprechendes Training in hohem Maße lernen, sich gemäß unseren Regeln zu verhalten. Bei der Arbeit mit sozialisierten Wölfen betritt der Mensch dagegen die Welt der Wölfe und muß sich ihren sozialen Regeln anpassen. Es gilt weithin als wissenschaftlich anerkannt, daß Hunde im Verlauf der Domestikation neotenisiert wurden. Da Hunde zeitlebens viele kindliche Merkmale beibehalten, fällt es uns relativ leicht, ihnen unseren Willen aufzuzwingen. Der Wolf ist ein völlig ausgewachsenes Exemplar der Kaniden.«[8]

Auch wenn sich der Anführer eines Wolfsrudels in keiner Weise mit einem Hund vergleichen läßt, haben rangniedere Tiere mehr mit einem domestizierten Hund gemein. Die überlieferte Annahme, daß der Mensch die Funktion eines Leittiers innehabe, dem sich alle Hunde unterordnen, könnte, psychologisch gesehen, nur dann richtig sein, wenn uns Hunde als Ersatzeltern betrachteten.

Wenn man davon ausgeht, daß die Neotenie bestimmte Verhaltensmerkmale erklärt, dann wissen Hunde mit Sicherheit, daß wir nicht ihre leiblichen Eltern sind. Wenn Sima Sasha, die leicht ihre Mutter sein könnte, um Nahrung anbettelt, macht sie das auf ihre eigene Weise: Sie steckt die Schnauze in Sashas Maul und leckt ihr die Zähne. Genauso verfährt ein Wolfsjunges, das seine Mutter auffordert, vorgekaute Nahrung hochzuwürgen. Sima weiß, daß sie mit dieser »Masche« nichts erreicht, aber irgendein Instinkt löst den Drang aus, Sasha um den Bart zu gehen, ihr zu schmeicheln. Der springende Punkt ist, daß sie *mir nicht* auf diese Weise schöntut. Sie nimmt höchstwahrscheinlich einen entscheidenden Unterschied wahr, der etwas mit der Artzugehörigkeit zu tun hat. Hunde wissen, da bin ich mir ganz sicher, daß wir Angehörige einer anderen Spezies sind. Hundetrainer empfehlen oft, den Status des Leithundes anzustreben, in der Rangordnung an erster Stelle zu stehen, ganz gleich, welche Beziehung wir zu unseren Hunden knüpfen. Aber Hunde wissen, daß wir nicht aus demselben Holz geschnitzt sind. Selbst wenn ich mit meinen Hunden spiele, behandeln sie mich anders als ihresgleichen. Das ist in gewisser Weise eine Schlappe, denn ungeachtet dessen, wie sehr ich mich auch anstrenge, ihnen eine Freude zu machen, indem ich sie beispielsweise an interessante Orte mitnehme – wenn es um echte Spiele geht, bleiben sie lieber unter sich. Sie lassen sich beinahe dazu herab, sich mit mir abzugeben, ähnlich wie ein Erwachsener notgedrungen mit einem Kind spielt, das keine Ruhe gibt.

Als ich an einem Junitag mit meinen Hunden im Park spazierenging, öffnete sich plötzlich das Eingangstor, und ein winziger Welpe, der einem Wiesel ähnelte, lief herein. Die Hündin begann, auf dem Gelände hin- und herzuflitzen, hielt an, um jeden Hund und jeden Menschen zu begrüßen, indem sie sich auf den Rücken rollte und danach blitzschnell auf dem Bauch entlangrobbte. Alle Hunde waren hingerissen, alle Menschen lächelten. Das Wollknäuel war der Inbegriff eines Welpen, süß, unwiderstehlich. Doch ich irrte mich. Es handelte sich nicht um einen Welpen, sondern um einen ausgewachsenen Hund. Nur das Verhalten glich dem eines Welpen. Und genau dieses Verhalten oder Kindchenschema erscheint dem Menschen so anziehend und weckt in ihm den Beschützer- und Brutpflegeinstinkt. Wenn sich dieses Verhaltensmuster bis ins Erwachsenenalter fortsetzt, sprechen Wissenschaftler von Neotenie. Wir haben es erwachsenen Hunden angezüchtet und antrainiert, weil es uns so gefällt.

Stephen Jay Gould schrieb in einem Artikel, daß die Tiere in Comics auf Anhieb unsere Zuneigung gewännen, weil sie kindliche Merkmale besäßen; Konrad Lorenz erklärt in wissenschaftlich-trockenen Worten, daß sie »angeborene Mechanismen auslösen«, um Futter zu erhalten. Gould behauptet: In dem Moment, in dem wir ein Lebewesen mit kleindkindhaften Merkmalen vor uns sähen, greife das Kindchenschema, und wir spürten automatisch eine Welle entwaffnender Zärtlichkeit. Menschen, erklärt Gould, seien neotenisch (was wörtlich bedeutet, daß sie sich »an die Jugend klammern«). Das heißt, sie bewahrten infolge der Evolution die kindlichen Merkmale ihrer Vorfahren bis ins Erwachsenenalter.[9]

Neotenie wurde in erster Linie als Erklärung für die »angeborene« Liebe zu bestimmten Tieren, vor allem zu Hunden, herangezogen. Mich befriedigt diese Erklärung gleichwohl nicht ganz. Ich bestreite nicht, daß die kindhaften Angehörigen gleich welcher Spezies eine eigentümliche Reaktion in uns hervorrufen, denn wer könnte schon dem Drang widerstehen, ein neugeborenes Lebewesen niedlich zu finden? Wenn ich mit meinen Hunden spazierengehe und Welpen begegne, fällt mir auf, daß kaum jemand an ihnen vorübergeht, ohne eine Bemerkung darüber zu machen, wie putzig und bezaubernd sie seien, gefolgt von dem Wunsch, sie zu berühren, zu streicheln, auf den Arm zu nehmen.

Ein Teil der Faszination, die Welpen auf uns ausüben, hat mit einer Gewohnheit zu tun, die uns enorm anspricht: Welpen folgen uns auf Schritt und Tritt. Kaum eine andere domestizierte oder wildlebende

Spezies läßt dieses Verhalten im gleichen Ausmaß erkennen wie der Hund. Als Konrad Lorenz das Phänomen der »Prägung« entdeckte[10] und feststellte, daß seine Graugänse ihm die Straße entlang folgten, bedachten ihn Passanten mit den gleichen anerkennenden Bemerkungen wie Spaziergänger Welpenbesitzer. Was die Graugänse angeht, so hielten sie Lorenz liebenswerter –, aber fälschlicherweise für ihre Mutter. Bei ihnen ist die Prägung genetisch bedingt; sie haben keine andere Wahl. Dazu kommt, daß die kritische Zeitspanne der Sozialisation eine Frage von wenigen Stunden sein kann.[11] Ein Welpe bildet sich im Gegensatz dazu nicht ein, eine menschliche Mutter zu besitzen. Er folgt uns aus freien Stücken. Ein Hund behält diese und andere kindhafte Merkmale bis ins Erwachsenenalter bei, ja, er verhält sich sogar sein ganzes Leben lang wie ein Kind, wobei seine menschlichen Gefährten seine Eltern vertreten. Einige weibliche Elefanten- und Waljunge folgen ihren Müttern ebenfalls lebenslang. Sobald eine bestimmte Beziehung entstanden ist, entwickelt sie eine Eigendynamik. Genau das könnte auf Hunde und Menschen zutreffen. Für einen ausgewachsenen Hund sind wir Angehörige seiner Kernfamilie. Während bei einem Wolf eine Ersatzfamilie unannehmbar, ja, sogar traumatisch ist, passen sich Welpe und erwachsener Hund in aller Regel gut an häusliche Veränderungen an, wenn auch manchmal erst nach einer schwierigen Umgewöhnungsphase (woran mich befreundete Veterinärmediziner erinnerten).

Hunde scheinen nicht die gleiche Stetigkeit zu brauchen, die für ein wildlebendes Tier unerläßlich ist. Wenn wir im Park spazierengehen und meine Hunde einem besonders interessanten Mitglied ihrer eigenen Spezies begegnen, kennt ihre Freude keine Grenzen. Es scheint ihnen vom Schicksal bestimmt zu sein, die besten Freunde zu werden. Doch wenn ich sie rufe oder der Begleiter des anderen Hundes sich zum Gehen anschickt, trennen sie sich und folgen ihrem jeweiligen Herrn, lassen den neuen Freund zurück, ohne ihm mehr als einen flüchtigen Blick zum Abschied zu schenken. Unsere familiären Beziehungen zum Hund scheinen enger zu sein als die zur eigenen Art. Wenn unsere Hunde uns versehentlich aus den Augen verloren haben, ist der Ausdruck von Panik auf ihrem Gesicht echt. Nichts könnte schlimmer sein als die Trennung von seinen Menschen. Das ist, als würde ein Welpe von seinen Eltern getrennt werden.

Die Neotenie scheint abzuflauen, wenn ein Hund in die Jahre kommt. Viele Leute beobachten die Würde, die ein betagter Hund besitzt, die beinahe königliche Haltung, die Nachsicht gegenüber den Kapriolen jüngerer Artgenossen. Der Hund ist kein Welpe mehr und auch nicht länger Kindersatz; er nimmt nun einen ähnlichen Rang ein wie ein langjähriger, treuer Gefährte. Doch die Liebe und Zuneigung, die wir für ihn empfinden – und er für uns –, wird dadurch nicht geringer. Wenn wir, wie Konrad Lorenz andeutet, lediglich darauf programmiert wären, bei Tieren die kindhaften Wesensmerkmale zu lieben, würden wir unseren Hund abschaffen, sobald er älter wird. Was uns in den späteren Phasen des Lebenszyklus mit ihm verbindet, ist tiefgründiger und komplexer als ein biologischer Triebmechanismus. Könnte es die Erkenntnis sein, daß wir die Fähigkeit zu emotionaler Tiefe und Intensität mit ihm gemein haben? Vielleicht entdecken wir sogar, daß er uns auf diesem Gebiet haushoch überlegen ist.

Was steckt hinter Sashas Leidenschaft für kleine Kinder? Am Anfang fiel es mir schwer zu glauben, daß diese überschwengliche Zuneigung echt war. Ich hielt sie für schiere Berechnung, Folge des Wunsches, mir zu gefallen. Heute weiß ich, daß ich mich getäuscht habe. Sie liebt Kinder einfach über alle Maßen. Sie läuft schnurstracks zu jedem kleinen Kind, dessen sie ansichtig wird, und drückt ihm einen dicken, feuchten Schmatz ins Gesicht. (Bruce Max Feldman, ein befreundeter Veterinärmediziner, weist mich immer wieder darauf hin, das sei unhygienisch, da Hunde mit ihrem Speichel Salmonellen und andere Krankheitserreger übertragen können; ich ziehe es vor, mich aufs Leugnen zu versteifen.) Merkwürdigerweise gibt es kaum Kinder, denen diese stürmische Liebesbezeugung zuwider ist. Die meisten lächeln und verkünden ihren Eltern strahlend, daß ihnen der Hund soeben einen Kuß gegeben habe. Und genau das hat Sasha getan. Ähnlich verhalten wir Menschen uns, wenn wir ein niedliches Kind auf den Arm nehmen und dem Drang nicht widerstehen können, es so richtig zu »knuddeln«. Das ist nichts anderes als überschäumende Zuneigung, die sich ein Ventil sucht. Sasha mag Erwachsene, aber solche ungezügelten Liebesbeweise läßt sie ihnen nicht zuteil werden. Auch andere Hunde kommen nicht in diesen Genuß. Deshalb frage ich mich, was Kinder für Sasha bedeuten. Was stellen sie für sie dar? Sasha mag mich lieber als die meisten Menschen, aber sie begrüßt mich nicht, indem sie mir einen feuchten Kuß aufs Gesicht drückt; diese fürstliche Behandlung ist Kindern vorbehalten. Könnte zwischen Hunden und Kleinkindern eine verborgene Ähnlichkeit bestehen, die bisher noch nicht entdeckt worden ist? Sieht Sasha eine Verbindung, für die ich blind bin? Vielleicht ist es die Erkenntnis, daß die Kinder und sie auf irgendeiner Ebene miteinander verschwistert sind.

Sasha liebt es, ihr Gesicht zu heben und jedem einen Kuß aufzudrücken, der sie streichelt. Sie scheint die Neotenie-Theorie zu bestätigen und jeden Menschen so zu behandeln, als wäre er ihre Mutter. Und doch weiß Sasha genau, daß der Mensch, der ihr Zuwendung gibt, weder ihre Mutter noch ein Hund ist. Sie scheint ihn einfach nur zu lieben. Ein Neotenie-Anhänger würde trotzdem behaupten, daß es sich um nichts weiter als Liebe zu einem Mutterersatz handelt. Und schon bewegen wir uns im Kreis: Wir wissen, daß Sasha auf einen Menschen reagiert, als wäre er ihre Mutter, weil sie versucht, ihm das Gesicht zu »küssen«, und Wolfsjunge »küssen« ihrer Mutter das Gesicht, weil sie hoffen, daß sie vorgekaute Nahrung hochwürgt. Wenn das Futterbetteln der Wolfsjungen immer vergebens wäre, würden sie es sehr bald einstellen. Im Gegensatz dazu weiß Sasha genau, daß diese erwachsenen Menschen sich nicht zu ihr herunterbeugen und Nahrung hervorwürgen, die sie fressen darf. Sie erhält von ihnen genau das, was sie ihnen gibt: Liebe.

Bringen Menschen ihre Gefühle füreinander nicht auf gleiche Weise zum Ausdruck?

4

Treue und Tapferkeit

Auf einem Denkmal vor einem Justizgebäude in Missouri ist eine der anrührendsten Aussagen über die Liebe eines Hundes aufgezeichnet, die ich kenne. Sie stammt aus dem neunzehnten Jahrhundert, von dem Anwalt und späteren US-Senator George Graham Vest. Er vertrat einen Nachbarn vor Gericht, dessen Hund von einem Mann getötet worden war, und klagte auf zweihundert Dollar Schadenersatz für seinen Mandanten. Als Vest sein Plädoyer beendet hatte, waren die Geschworenen nicht in der Stimmung, lange zu fackeln: Sie gelangten binnen zwei Minuten zu einem Urteilsspruch. Der Kläger erhielt fünfhundert Dollar zuerkannt, aber der Richter war nicht in der Lage, Vests Antrag stattzugeben und den Hundemörder zu einer Haftstrafe zu verurteilen, da das Gesetz in einem solchen Fall kein so hohes Strafmaß zuließ. Senator Vest hielt folgendes Plädoyer [das offensichtlich auf Samuel Coleridges Text basierte]:

> »Meine Herren Geschworene: Der beste Freund eines Menschen auf dieser Welt ist imstande, sich gegen ihn zu wenden und sein Feind zu werden. Sohn und Tochter, die er mit Liebe und Sorgfalt großgezogen hat, erweisen sich nicht selten als undankbar. Menschen, die uns lieb und teuer sind, für die wir uns mit unserem Glück und unse-

rem guten Namen verbürgen, sind fähig, uns zu verraten. Das Vermögen, das ein Mensch erworben hat, kann er verlieren. Es zerrinnt möglicherweise just dann, wenn er es am meisten braucht. Der gute Ruf eines Mannes geht bisweilen in einem einzigen Augenblick schlecht erwogenen Handelns verloren. Menschen, die dazu neigen, einen Kniefall zu tun und uns ihre Reverenz zu erweisen, solange wir Erfolg haben, werfen vielleicht den ersten Stein der Boshaftigkeit, sobald sich der Mißerfolg wie eine dunkle Wolke über unserem Haupt zusammenbraut. Der einzige vollkommen selbstlose Freund, den ein Mensch in dieser selbstsüchtigen Welt besitzt, der ihn nie im Stich läßt und der sich nie als undankbar oder treulos erweist, ist sein Hund.

Der Hund steht zu ihm, in guten wie in schlechten Zeiten, in Gesundheit und Krankheit. Er schläft im eisigen Winter bei Sturm und Schnee auf dem kalten Fußboden, nur um seinem Herrn nahe zu sein. Er küßt die Hand, die ihn füttert, auch wenn sie keine Nahrung bereithält, er leckt die Wunden und Blessuren, die aus der Begegnung mit der Widerborstigkeit der Welt herrühren. Er bewacht den Schlaf eines Bettlers, als wäre dieser ein Edelmann.

Wenn alle anderen Freunde uns verlassen, harrt er an unserer Seite aus. Auch wenn Reichtum und guter Ruf schwinden, er ist beständig in seiner Liebe wie die Sonne auf ihrer Reise am Firmament. Wenn das Schicksal seinen Herrn zu einem Ausgestoßenen in dieser Welt macht, ohne Freunde und Obdach, erbittet der treue Hund keine größere Gunst, als ihn begleiten zu dürfen, um ihn vor Gefahren zu schützen und seinen Feinden mutig entgegenzutreten. Und wenn der letzte Vorhang fällt und der Tod seinen Herrn umarmt, wenn sein Leib in der kalten

> Erde bestattet wird, dann wird man den edlen Hund, ungeachtet dessen, ob alle anderen Freunde ihrer Wege gegangen sind, an seinem Grab finden, den Kopf zwischen den Pfoten, mit traurigen, aber wachsam geöffneten Augen, treu und wahrhaftig über den Tod hinaus.«[1]

Im Wörterbuch findet man unter »loyal« folgende Einträge: ergeben, treu, zuverlässig, anständig, redlich. Loyalität hat für mich in der tieferen Bedeutung mehr mit Liebe und weniger mit Pflichtgefühl zu tun. Der Hund ist nicht deshalb treu oder loyal (ich benutze die beiden Begriffe synonym), weil er sich dazu verpflichtet fühlt, sondern weil er uns liebt. Hunde erweisen anderen Hunden Loyalität, das heißt, Treue ihrer Familie und ihrem Rudel gegenüber. Diese Treue kann ein Ausmaß annehmen, welches unser Vorstellungsvermögen übersteigt, und doch wissen wir, daß es so ist.

In seinem Buch *Animal Psychology* bringt R. H. Smythe ein anschauliches Beispiel von einem Freund, der in Cornwall lebt und seinen Terriermischling verlor. Da es in dieser Gegend stillgelegte Minenschächte gibt, in deren Labyrinth sich viele Hunde auf der Jagd nach Hasen verirren, nahm man an, dem Terrier sei es genauso ergangen. Die Suche, die man in die Wege leitete, war indessen vergebens. Smythe schreibt:

> »Der Hund hatte eine Freundin, ein hübsche Foxterrierhündin; die beiden hatten es sich zur Gewohnheit gemacht, gemeinsam auf die Jagd zu gehen. Irgend jemandem fiel auf, daß die Hündin plötzlich alleine loszog und zielstrebig eine bestimmte Richtung einschlug. Das führte uns zu einem stillgelegten Schacht, aus dem wir deutlich Gebell vernahmen. Als eine Rettungsmannschaft ungefähr fünfzehn Meter in die Tiefe hinabstieg, fand sie den Hund auf einem Sims, unverletzt. Daneben lag ein frischer

> Knochen, in dem der Hundebesitzer einen Hammelschlegel vom Sonntagsbraten wiedererkannte, und mehrere Brotkrusten. Da kein Mensch in die Nähe dieses Schachtes gekommen war, kann man nur vermuten, daß die Hündin die Nahrung an das Einstiegsloch gebracht und fallen gelassen hatte.«[2]

Schon in einem der ersten Bücher, die jemals über Hunde geschrieben wurden, Richard Blomes *The Gentleman's Recreation*, erschienen 1686, wird die Treue der Kaniden bezeugt: »*Spaniel* sind gemäß ihrer Wesensart überaus gefühlvoll, mehr noch als alle anderen Kreaturen, denn bei *Hitze* und *Kälte, Trockenheit* und *Nässe, Tag* und *Nacht* lassen sie ihren Herrn nicht im Stich. In den Werken mehrerer ernsthafter und glaubwürdiger *Verfasser* findet man *wundersame Anmerkungen* über die absonderliche Zuneigung von *Hunden* sowohl zu ihren lebenden als auch zu ihren toten Herren.«[3]

Aus Gründen, die schwer auszuloten sind, wurde der Mensch in die Sozialstrukturen des Hundes integriert, und aus dieser Zugehörigkeit zum Rudel leitet sich die Loyalität des Hundes her. Wer keine unmittelbaren Erfahrungen mit dieser unverbrüchlichen Treue hat, neigt dazu, sie als Herdenmentalität oder Instinktverhalten abzutun und die Ähnlichkeit mit der Loyalität, die Menschen untereinander entwickeln, zu leugnen.

Wäre die Treue des Hundes eine rein mechanische Angewohnheit, ein Instinkt, jeden zu lieben, der ihn beschützt, dann könnte man daraus folgern, daß es für ihn leicht ist, seinen Herrn zu wechseln. Aber es kann lange dauern, bis er seine Loyalität von einem Menschen auf den nächsten überträgt. Manchmal kommt es gar nicht erst soweit. Es gibt Berichte von Hunden, die lieber sterben wollten, aus Treue und Ergebenheit gegenüber der Familie, in der sie gelebt hatten.[4] In einem spannenden Hundebuch aus dem neunzehnten Jahrhundert wird von einem Wildhüter berichtet, der im

Dienste des Schlosses Holstein (in Dänemark) stand. Eines Abends kehrte er von einer langen, anstrengenden Jagd zurück und legte das erbeutete Wild in der Speisekammer ab, ohne zu merken, daß er dabei aus Versehen den Hund einsperrte. Kurz danach wurde er in dringenden Geschäften weggerufen, von denen er erst fünf Tage später zurückkehrte. Als er die Speisekammer betrat, um das Wild zu holen, fand er den Hund neben der Tür, alle viere von sich gestreckt. Er war tot. »Der Wildhüter war tief bewegt; aber welch Erstaunen, als er auf dem Tisch elf Paar Rebhühner und fünf Waldhühner vorfand, unberührt! Diese Bewunderung vertiefte seinen Schmerz, als er entdeckte, daß der Hund lieber verhungert war, als seine Pflicht zu verletzen.«[5]

Der spanische Dichter Cervantes legt in seiner 1599 erschienenen *Novelle vom Zwiegespräch zwischen Cipión und Berganza* Berganza die Worte in den Mund: »Ich weiß, daß manche Hunde ihren Herrn so sehr liebten, daß sie sich in die offene Grube stürzten, in der sein Leichnam bestattet werden sollte. Andere harrten auf der Grabstätte ihres Herrn aus, ohne sich auch nur einen Augenblick fortzurühren, und hungerten sich aus eigenem Bestreben zu Tode, indem sie jede Nahrung verweigerten, die man ihnen brachte.«[6] Und in einer Erzählung jüngeren Datums heißt es: »Vor einigen Jahren, in Kalifornien, erhielt Bens Züchter Allen Ransome einen Anruf wegen eines Neufundländers, dessen Familie geschieden worden war. Der Ehemann hatte wutentbrannt darauf bestanden, den Hund zu behalten, weil seiner Frau das Sorgerecht für die Kinder zugesprochen worden war. Später gab er den Hund jedoch an »Newf Rescue« weiter, eine Organisation, die sich bemüht, ein neues Heim für Neufundländer zu finden. Der Hund hatte offenbar beschlossen zu sterben. Er rührte sich nicht vom Fleck und weigerte sich, den Kopf zu heben und zu fressen.«[7]

Bei dem verheerenden Feuersturm, der am 20. Oktober 1991 in den bewaldeten Hügeln Kaliforniens, oberhalb von Berkeley und Oakland wütete, kamen 26 Menschen um Leben; dreitausend Häuser brannten bis auf die Grundmauern nieder, und fünftausend Haustiere starben oder wurden obdachlos. Dudley, der zwölfjährige Hund von Virginia Smith, ein ehemaliger Streuner, weigerte sich, seine tote Herrin zu verlassen, die an einer Rauchvergiftung gestorben war. Mitglieder der Rettungsmannschaft versuchten, ihn wegzulocken, aber er »stand da, zur Salzsäule erstarrt, als hätte er Wurzeln geschlagen. Sie zogen und zerrten und schmeichelten, aber Dudley rührte sich nicht vom Fleck.«[8] Da Lebensgefahr für die Helfer bestand, hatten sie keine Zeit zu verlieren und schleppten den Hund schließlich mit Gewalt weg. Sein Fell war angesengt und die Ballen seiner Pfoten waren verbrannt. Er wurde sofort in die Hunde- und Katzenklinik von Berkeley gebracht und überlebte, verfiel jedoch in Schwermut, weil er seine Freundin Virginia Smith vermißte.

Linda Peterson erzählte, daß sie einen Greyhound namens Touch gerettet habe, der zur »Oberliga« gehört hatte und nach einer Verletzung während eines Windhundrennens getötet werden sollte. Er hatte sechs Jahre lang in einem winzigen Verschlag gelebt und in dieser Zeit nie Stufen kennengelernt. Sie mußte ihn die zwei Treppen in ihre Wohnung hinauftragen, wonach er sich sofort auf dem Sofa zusammenrollte. Touch erhielt zum erstenmal die Chance, einen Schlußstrich unter sein Leben als Wettkampfmaschine zu ziehen. Nach Petersons Meinung läßt sich die sprichwörtliche Loyalität der Greyhounds auf ihre grauenhaften Erfahrungen und auf die ungeheure Dankbarkeit dafür zurückzuführen, noch am Leben zu sein.[9]

Menschen, die schwerkrank gewesen waren, haben berichtet, daß ihr Hund um die Krankheit wußte. Die Sorge spiegelte sich sowohl in seinen Augen als auch darin wider, daß er ständig die Nähe der erkrankten Person suchte.

Elizabeth Barrett Browning erinnert in ihrem Gedicht »Für Flush, meinen Hund« daran:

»Dein, dem Hunde, wird gedacht,
Hast bei einem Bett gewacht
Ständig ohne Wanken –
Wachtest in dem Schongemach,
Wo kein Licht das Dunkel brach
Für den siechen Kranken.

Rosen, einer Vase Traum,
Welkten rasch in jenem Raum,
Bar der Luft und Sonne.
Nur dieser Hund war bei der Hand,
Wissend, wenn das Licht entschwand,
Blieb der Liebe Wonne.«

Leila und ich haben Sima, Sasha und Rani einmal in die hundefreundlichste Stadt Kaliforniens mitgenommen, nach Carmel-by-the-Sea. Dort machten wir zu Fuß eine Besichtigungstour. Alle Leute, die wir dabei kennenlernten, waren Hundenarren. Eine der Frauen auf dieser Besichtigungstour, Mary Silverman aus North Carolina, lebt mit sechs Hunden und 16 Katzen unter einem Dach! Wir sahen uns das Hotel der Schauspielerin Doris Day an, in dem Hunde willkommen sind, und erfuhren, daß einer der ersten Helden der Stadt ein Hund war, dem mehrere heimische Künstler ein Denkmal gesetzt hatten. Das beste war vielleicht die Entdeckung, daß der herrliche weiße Sandstrand am Ende der kleinen Stadt Hunden zugänglich war – ohne Leine!

Es war ein heißer Tag, ein Sonntag, und es herrschte reger Betrieb. Als wir zum Auto zurückkehren wollten, merkten wir, daß Sasha fehlte. Ich ging noch einmal zurück und blickte zum Strand hinunter, wo ich sie sogleich entdeckte: Sie riß sich gerade schweren Herzens von einem anderen Hund los, mit dem sie gespielt hatte, und lief in unsere Richtung. Plötzlich hielt sie inne. Sie wußte nicht, wohin wir verschwunden waren. Sie dachte vermutlich, sie wäre nun verwaist und mutterseelenallein auf der Welt. Der Ausdruck auf ihrem Gesicht läßt sich schwer beschreiben, aber nicht vergessen. Es war eine Mischung aus Besorgnis, Panik, Verzweiflung und Ratlosigkeit. Wir riefen ihren Namen, aber sie hörte uns nicht. Rani wußte jedoch, wo Sasha war, und lief zu ihr hinüber. Als Sasha sie sah, änderte sich ihre Miene, sie schien ungeheuer erleichtert zu sein. Ihre Angst war zweifellos auf die Loyalität zu ihrer Lebensgemeinschaft, zu ihrem Rudel zurückzuführen, das sie verloren glaubte. Loyalität ist in diesem Sinn eng mit dem Gefühl von Zugehörigkeit, Vertrautheit und Liebe verbunden. Auch auf diesem Gebiet gleicht der Hund einem Kind: Ein Kind, das sich verirrt hat, reagiert ähnlich wie Sasha, und man kann sich vorstellen, daß beide auch ähnlich empfinden.

Es gibt außergewöhnliche Berichte von verirrten Hunden, die selbst über große Entfernungen hinweg mittels ihres außergewöhnlichen Orientierungssinns nach Hause zurückfanden. Die bemerkenswerteste Geschichte über dieses sagenhafte Orientierungsvermögen wird in dem Buch *The Mind of the Dog* von R. H. Smythe zitiert. Smythe gehört dem Prüfungsausschuß für Veterinärmediziner an, der über die Mitgliedschaft im Royal College of Veterinary Surgeons in London entscheidet:

> »Dinah [ein rote trächtige Setterhündin] wurde von Cookstown nach Lurgan umgesiedelt, eine Strecke von rund vierzig Kilometern mit der Eisenbahn. Kurz nach ihrer Ankunft brachte sie fünf Junge zur Welt. Bald danach verschwand sie aus ihrem neuen Heim, einschließlich der Welpen. Zehn Tage später wurde sie in Cookstown gefunden, wo sie mit den fünf Welpen, die alle gesund und munter waren und sich an sie schmiegten, in ihrem alten Nest schlief. Ihre Pfoten waren wund und blutig, und sie war furchtbar ausgezehrt. Offenbar hatte sie die ganze Strecke zu Fuß zurückgelegt und die Jungen nacheinander

> in kurzen Etappen transportiert. Wie viele Male sie die Entfernung tatsächlich zurücklegte, läßt sich nicht sagen. Auf ihrem Weg durchquerte sie mitsamt ihrer Familie den Fluß Blackwater bei Mahery Ferry mehrmals in beiden Richtungen. An dieser Stelle ist der Fluß mehr als achtzig Meter breit und sehr tief. Sie setzte einen Teil der Welpen am anderen Ufer ab, wo sie auf ihre Rückkehr warteten, und schwamm zurück, um die anderen zu holen. Dinah genas von den Strapazen, zog alle ihre Jungen groß und blieb bis ans Ende ihrer Tage in Cookstown.«[10]

Es wurde beobachtet, daß Hunde, die sich auf den Weg nach Hause machen, Landstraßen bevorzugen. Göran Bergman, ein finnischer Wissenschaftler, behauptet, das liege daran, daß Hunde oft mit ihren Herren auf solchen Straßen spazierengehen. Er erwähnt jedoch auch Fallbeispiele von Hunden, die per Zug oder Boot nach Hause zurückgelangten: »Mein Dachshund wäre zwar imstande, den richtigen Ort zu finden, um sich in einen Bus zu schleichen, aber er würde weder die richtige Linie noch die richtige Endstation erkennen.«[11] Dieser Meinung wäre ich auch gewesen, wenn ich nicht ein höchst ungewöhnliches Erlebnis im indischen Poona gehabt hätte.

Als ich 1968 in Poona in der Nähe Bombays lebte, adoptierte ich einen kleinen streunenden Hund, der mit mir in einem Haus in Koreagon Park wohnte, rund acht Kilometer von der Universität entfernt, an der ich meine Doktorarbeit schrieb. Der Hund hatte mich nie dorthin begleitet. Vor meiner Abreise aus Indien mußte ich ein neues Zuhause für ihn finden. Ich konnte ihn bei Freunden unterbringen, die ungefähr 35 Kilometer von der Buslinie zur Universität von Poona entfernt wohnten. Ein paar Tage, nachdem sie den Hund aufgenommen hatten, arbeitete ich in aller Herrgottsfrühe mit meinem *pundit* (einem Gelehrten, der eine Ausbildung nach traditioneller Weise genossen hatte) in dessen Büro an der

Universität, als wir ein Klopfgeräusch an der Tür vernahmen. Wir waren überrascht, daß uns jemand so früh einen Besuch abstattete. Ich öffnete die Tür – und wer stand auf der Schwelle? Niemand anderer als mein anhänglicher kleiner Freund. Mein *pundit* war entsetzt (für einen orthodoxen Brahmanen sind Hunde unrein), doch als er hörte, daß der Hund weggegeben worden war und mich nun auf rätselhafte Weise wiedergefunden hatte, schrieb er auf der Stelle ein paar Sanskrit-Verse über ihn. Sie handelten im wesentlichen von den karmischen Beziehungen, die mich mit diesem kleinen Kerl verbanden, und er legte mir dringend nahe, ihn nie wieder zu verlassen.

Wie hatte mich der Hund gefunden? Ich fragte Leute an der Universität und erfuhr, daß er in dem Bus gesehen worden war, der die Straße vor der Poona University entlangfuhr. Aber wie war es ihm gelungen, an der richtigen Haltestelle auszusteigen? Das ist für mich bis heute ein Rätsel.

Michael Fox erzählt von einem Collie namens Bobbie. Er ging im US-Bundesstaat Indiana verloren, und seine Halter mußten ohne ihn nach Silverton, Oregon, zurückkehren. Doch irgendwie gelang es ihm, den Rückweg zu finden. Er legte annähernd dreieinhalbtausend Kilometer zurück, mitten im Winter. Fox schreibt: »Dieses Bravourstück des Hundes machte überall Schlagzeilen, so daß Menschen, die ihm während seiner langen Wanderung Nahrung und Obdach geboten hatten, sich meldeten. Auf diese Weise ließ sich der Weg, den der Hund genommen hatte, verhältnismäßig genau nachvollziehen.«[12]

Fast jeder kennt solche Geschichten, aber erstaunlicherweise wurde nur wenig unternommen, um dieses Thema wissenschaftlich zu erforschen.[13] Veterinärmediziner haben keine Ahnung, welche Sinne bei diesem sagenhaften Orientierungsvermögen eine Rolle spielen. Sicher sind Geruchssinn und visuelle Hinweise wichtig, aber könnte der Hund darüber hinaus nicht auch auf eine Sinneswahrnehmung zurückgreifen, die uns unbekannt ist? Was befähigt manche Hunde, den Heimweg über weite Entfernungen zu finden, während sich andere einen Steinwurf von ihrem Zuhause entfernt bereits rettungslos verirren? Auf diesem Gebiet könnte man leicht Experimente durchführen, ohne die Tiere großen Belastungen auszusetzen, indem man beispielsweise den Test wie ein Spiel durchführt.

Bastian Schmid stellte in den dreißiger Jahren dieses Jahrhunderts in Deutschland ausgeklügelte Versuche über diese Fähigkeit von Hunden an. Er gelangte zu der Schlußfolgerung, daß dabei weder Geruchs- noch Gesichtssinn ausschlaggebend waren, und machte einen unbekannten Faktor dafür verantwortlich, den man als »absoluten Orientierungssinn« bezeichnen könnte.[14] Aus diesen Forschungsergebnissen geht klar hervor, daß Hunde tatsächlich über außergewöhnliche Fähigkeiten verfügen, nach Hause zurückzufinden. Die treibende Kraft ist, wie sogar die sogenannte Populärliteratur zur Kenntnis nimmt (beispielsweise Sheila Burnford in ihrem Roman *The Incredible Journey*), die Liebe. In den deutschen Forschungsberichten, die ich gelesen habe, ist sogar von »Heimweh« die Rede.[15]

Was mich am meisten an dieser eigentümlichen Fähigkeit des Hundes fasziniert, sind die Empfindungen, die ihn veranlassen, den Heimweg zu suchen. Sie scheinen eine tiefere Ebene des Seins zu aktivieren als den bloßen Instinkt. Wie Smythe andeutet, ist das Orientierungsvermögen des Hundes in keiner Weise mit dem Wandertrieb der Zugvögel zu vergleichen. »Die meisten Vögel fliegen im September nach Südosten oder Südwesten und kehren im April oder Mai auf der gleichen Route zurück. Der Orientierungsmechanismus, wie dieser auch immer geartet sein mag, ist dem Vogel angeboren, seiner Mentalität angepaßt und in hohem Maß zuverlässig. Der Hund strebt dagegen aus reiner Nostalgie nach Hause.«[16] Das Konzept der Loyalität gegenüber »dem Rudel« umfaßt auch ein Gespür dafür, wo man hingehört, die Liebe zu Freunden und den Wunsch, an Orte zurückzukehren, an denen man früher glücklich war. Nostalgie und Heimweh sind den Menschen sehr vertraute Emotionen. Sie lassen sich eher aus Beschreibungen in der Literatur verstehen als anhand der ohnehin spärlichen Experimente oder wissenschaftlichen Studien, die sich damit befassen.

Ein beinahe ebenso großes Rätsel, das gegen ein ausschließlich instinktgesteuertes Verhalten spricht, ist die Tatsache, daß viele Hunde nicht nach Hause zurückfinden, sondern sich verirren.[17] Das andere Ende der Skala bildet der faszinierende Fall eines Shetland-Hirtenhundes, der verwilderte. Ich hörte die Geschichte erstmals von Dr. Kathy Houpt, die vorschlug, Kontakt mit ihrer Kollegin Dr. Julia Blue von der Pathologie-Abteilung des College of Veterinary Medicine an der Cornell University aufzunehmen. Julia Blue erzählte mir von ihrer vier Jahre alten Sheltiehündin namens Dolly.

Dolly war ursprünglich für Ausstellungs- und Zuchtzwecke bestimmt, doch als sie einen Monat alt war, brachte man sie in die veterinärmedizinische Fakultät der Cornell University, weil sie an einer seltenen Herzerkrankung litt. Dr. Blue gab ihr ein neues Zuhause, und Dolly entwickelte sich zu einem normalen, sein Heim liebenden Hund. An einem kalten Februarabend im Jahr 1991 wurde sie mit zwei anderen Hunden nach draußen gelassen, in einen riesigen »Garten« (rund sechstausend Quadratmeter groß). Als Dr. Blue die Hunde wenig später hereinrief, fehlte Dolly. Sie war und blieb verschwunden. Die Familie Blue lebt am Rande einer Kleinstadt nahe Ithaka, umgeben von Wäldern, Heideland und einem Berg mit hohem Kamm, der sich gleich hinter einer Häuserreihe befindet. Man suchte die ganze Nacht nach Dolly, konnte sie jedoch nicht finden.

Als die Familie ein Inserat im Lokalblatt aufgab, rief jemand an und sagte, die Hündin befinde sich vermutlich just in diesem Augenblick in seinem Garten. Die Familie fuhr sofort hin. Es war tatsächlich Dolly, und als sie ihren Namen riefen, schien sie ihre

Besitzer zu erkennen, rannte aber zu deren Bestürzung über die Felder davon und in den Wald hinein.

Während der folgenden drei Wochen riefen mehrere Leute an, um ihnen mitzuteilen, daß sie Dolly gesehen hatten, sich ihr aber nicht nähern konnten. Sie kam nachts und dann erneut zwischen neun Uhr morgens und drei Uhr nachmittags von den Hügeln herunter, wenn sich die Kinder in der Schule befanden und alles still war. Doch sobald sie einen Menschen erspähte, rannte sie davon wie ein geölter Blitz. Sie war völlig verwildert. Eines Tages erhielt Dr. Blue einen Anruf aus einem Haus, das hoch droben in den Wäldern lag: Dolly war in der Nähe aufgetaucht. Eine »Falle mit Herz« wurde aufgestellt, die dem Tier keinen Schaden zufügt, und am nächsten Tag wurde Dolly gefangen. Als Dr. Blue und ihre Familie hinfuhren, um sie abzuholen, geriet Dolly außer Rand und Band, diesmal vor Begeisterung. Sie konnte sich vor Freude darüber, ihre Familie wiederzusehen, kaum beruhigen. Von diesem Augenblick an verwandelte sie sich in ein anhängliches Haustier und ließ ihre Menschenfamilie nicht mehr aus den Augen.

Dolly war alles andere als ein Wildhund, und doch hatte es nur wenige Minuten gedauert, bis sie verwildert war. Dr. Blue glaubt, daß sie erschrocken und verängstigt auf zwei schwarze Labrador-Hunde reagiert hatte, die häufig in der Nachbarschaft herumstreunten. Nachdem sie in Panik das Weite gesucht hatte und in eine ihr unbekannte Gegend gelaufen war, fand sie, wie Dr. Blue glaubt, den Heimweg nicht mehr. Auf mysteriöse Weise war sie verwildert. Doch nachdem sie eingefangen worden und außerstande zu fliehen war, brachte ein einziger flüchtiger Blick auf ihre Familie ihr früheres Selbst wieder zum Vorschein.

Eine faszinierende Geschichte, die uns daran erinnert, daß Hunde rätselhafte Kreaturen sind, deren innerstes Wesen wir auch heute noch nicht völlig verstehen. Rupert Sheldrake, ehemals Leiter der Abteilung Zellbiologie und Biochemie an der Cambridge University und Forschungsmitglied der Royal Society, legte im

September 1996 eine These über Versuche mit Haustieren vor. Ihr Verhalten in den heimischen vier Wänden war auf Video aufgezeichnet worden, insbesondere während sich die Besitzer an ihrem Arbeitsplatz befanden und sich anschickten, Feierabend zu machen. Bis zu 46 Prozent der Hunde spürten schon eine Stunde vor der Ankunft, daß ihr Herr bald zurückkehren würde. Dr. Sheldrake bezeichnete diese enge Bindung zwischen Hunden und ihren Haltern als morphisches Feld, als eine Art »unsichtbares, ausgedehntes elastisches Band«[18].

Für einen Hund beinhaltet Treue oder Loyalität das Bedürfnis, mit dem geliebten Menschen beisammenzusein, sich dort zu befinden, *wo man hingehört.* Am 18. März 1996 stand folgende Geschichte in der Zeitung: »Wie die Polizei einem Reporter des *Boston Herald* mitteilte, hielt eine treue Hündin die ganze Nacht Wache vor einem Loch in der dünnen Eisdecke eines Weihers in Marblehead; hier war ihr Herrchen allem Anschein nach am Samstag eingebrochen und in dem eisigen Wasser ertrunken. ›Die Hündin gab keinen Muckser von sich‹, sagte Marion Keating von der Polizeiinspektion in Marblehead, als sie die hilflose Reaktion des Tieres gestern beschrieb. ›Sie saß nur da und starrte vor sich hin.‹ Die drei Jahre alte Golden-Retriever-Hündin Jasmine ›verfolgte genau, was wir machten, beobachtete jede Bewegung‹, erklärte Polizeichef Robert Coyne.«[19]

Viele Menschen kennen die Berichte von dem Akita Inu Hachi-Ko (er spielte eine Hauptrolle in einem bekannten japanischen Kinofilm und wurde schon an früherer Stelle des Buches erwähnt), der einem Professor an der Tokioter Universität gehörte und in Japan ein Volksheld wurde. Hachi-Ko pflegte seinen Herrn jeden Abend an der Bahnstation abzuholen und den zerstreuten Professor sicher nach Hause zu geleiten. An einem bitterkalten Tag des Jahres 1925 wartete der Hund vergebens. Er konnte nicht wissen, daß sein Herr am Arbeitsplatz verstorben war und nie wieder mit dem Zug heimkehren würde. Er erhielt ein neues Zuhause bei Freunden des Professors, doch jeden Abend lief der treue Hund zur Shibuya-Bahnstation, wo er auf seinen Herrn wartete, zehn Jahre lang. Dem Hund zu Ehren errichtete man an dieser Stelle ein Denkmal, und als er im Alter von zwölf Jahren starb, wurde landesweit ein Trauertag begangen. Die Rasse, der er angehörte, war schon zu seinen Lebzeiten legendär geworden. Schulkindern erzählte man diese Geschichte, um Tugenden wie Loyalität zu fördern.[20]

Der Beschützerinstinkt des Hundes ist ebenfalls eine Form von Loyalität, Treue und Liebe. Jean Kundert aus dem Castro Valley in Kalifornien schrieb mir folgenden Brief: »Mein Enkel ist fünf Monate alt. Neulich hatte ich ihn auf dem Schoß und spielte mit ihm, als mein Mann zu uns herüberkam. Er sagte: ›Hallo, Daak!‹, aber ein bißchen laut. Unsere Hündin, eine Mischung aus Schäferhund und Chow-Chow, kam angerannt, schob den Kopf zwischen meinen Mann und das Baby, blickte meinen Mann an und knurrte einmal kurz. Der kleine Daak ist das jüngste Mitglied des Rudels.«[21]

Bailey, ein drei Jahre alter Mischling aus Chesapeake-Bay-Retriever und schokoladenbraunem Labrador, wurde von »Ken-L Ration« zum vierbeinigen Helden des Jahres 1995 gekürt. Ein Mann namens Chester Jenkins war von einem wutschnaubenden Bullen angegriffen worden, der ihn gegen einen hohen Lattenzaun preßte und immer wieder mit seinen harten Hufen am Rücken traf. Der Hund ging auf den Kopf des Bullen los, biß ihn in Nase und Augen, so daß der verletzte Mann mit letzter Kraft unter dem Zaun durchkriechen konnte. Auf Bailey gestützt, gelang es ihm, sich nach Hause zu schleppen. Nach intensiver Pflege und einer langen Genesungszeit ist er inzwischen wieder gesund und munter, aber sein Leben wurde fraglos von einem mutigen Hund gerettet.

Zu den Kandidaten, die für diese jährlich vergebene und unter anderem von der American Veterinary Medical Association gesponserte Auszeichnung in die engere Wahl kamen, gehörte auch Boo, ein zweijähriger Neufundländer aus Bakersfield, Kalifornien. Er hatte ein Jahr zuvor im August einen Mann namens Link Hill aus den reißenden Fluten des Yuba River gerettet, an der sogenannten North Fork unweit der kleinen Stadt Indian Valley. Hill ist taubstumm. Er hatte den Halt auf den schlüpfrigen Felsen verloren und versuchte, gegen die Strömung anzukämpfen, als der Hund ins Wasser sprang, den Mann mit der Schnauze am Handgelenk packte und ihn ans Ufer zog.[22] Boo erkannte die Gefahr vermutlich einfach dadurch, daß er sie mit eigenen Augen sah.

Neufundländer bringen oft Boote an Land, die manövrierunfähig geworden sind. Sie sind in der Lage, eine eintausendfünfhundert Kilogramm schwere Last stromaufwärts zu ziehen. Ihre Halter berichten, daß sie danach so stolz aussehen, als wüßten sie genau, was für eine Leistung sie vollbracht haben. Ist dieser Stolz mit dem Wissen gepaart, daß sie ein Menschenleben gerettet haben, oder empfinden sie lediglich ein Hochgefühl, weil sie in einem Spiel gut abgeschnitten haben? Niemand kann die Frage mit Gewißheit beantworten, aber wenn man bedenkt, daß Hunde in völlig unterschiedlichen Situationen Heldenmut beweisen, die das erfordern, was wir bei Menschen als »Einsicht« bezeichnen würden, können wir sicher sein, daß mehr als »Training« dazugehört. Wie verlautet, sollen Hunde auch Artgenossen gerettet haben. Wir wissen allerdings nicht, ob Wölfe oder Wildhunde genauso handeln.

Treue und Loyalität sind so tief verwurzelt, daß man denken könnte, ein Hund bezeuge sie unabhängig von seinem Besitzer. Die meisten Halter beteuern indessen, daß sie diese Treue als personengebunden empfinden. Die Konzentration des Gefühls ist so intensiv, daß man nie den Eindruck hat, der Mensch wäre ein austauschbares Objekt und Element eines Instinktverhaltens. Es scheint keinen Zweifel daran zu geben, daß Liebe und Treue des Hundes einer bestimmten Person gelten (dem Halter), und nicht einer abstrakten Instanz wie »einem Angehörigen des Rudels«, einem »überlegenen menschlichen Wesen« oder einem »Herrn und Meister«. Hunde lieben uns, sind treu und anhänglich, weil sie zu diesen tiefen Gefühlen fähig sind. Katzen dagegen *mögen* uns. Sie finden Gefallen an unserer Gesellschaft, aber ich kann mir nicht vorstellen, daß meine Kater ihr Leben aufs Spiel setzen würden, um meines zu retten. Aber ich bin überzeugt davon, daß meine Hunde dies ohne zu zögern tun würden.

5

Hunde riechen, was wir nicht sehen

Als ich ungefähr neun Jahre alt war und mit meiner Familie in Los Angeles lebte, pflegten wir an den Wochenenden in die Wüste nach Palm Springs zu fahren. Ich habe noch heute eine äußerst lebhafte Erinnerung an die vergnügliche, zwei- bis dreistündige Autofahrt, vor allem an die letzte Stunde, wenn wir den Rand der Wüste erreichten. Meine Hündin Taffy, eine sanfte, heißgeliebte Cockerspanieldame, begleitete uns, und es war immer ein Vergnügen zu beobachten, wie sie den Kopf aus dem Fenster streckte, die Ohren im Fahrtwind flatternd, die Augen zum Schutz halb geschlossen. Aber am meisten Spaß hatte ich an ihrer Reaktion auf die karge, vegetationslose Landschaft: Ihre Nase begann zu zucken, sie schien Geruchsstoffe wahrzunehmen, die uns anderen allen entgingen. Wir wußten, daß dies tatsächlich so war – direkt unterhalb des Wagenfensters lag eine Welt der Düfte, zu der uns der Zugang verwehrt war und zu der nur Taffy und die mit ihr befreundeten Hunde den Schlüssel besaßen. Sie mußten nur die Nase in die entsprechende Richtung halten, um ein eindringliches, unendlich vielfältiges Bukett offeriert zu bekommen.

Der kanadische Autor Mazo de la Roche zeichnet ein treffendes Bild von einer ähnlichen Hündin, einer völlig erblindeten Scotchterrierdame, die

»immer viel Freude am Autofahren hatte, und diese Freude nahm mit der Erblindung noch zu. Sie war eine erstklassige Jägerin gewesen und hatte in der rasanten motorisierten Fortbewegung wohl eine Ahnung ihres früheren Jagdfiebers wiederentdeckt... Sie nahm im Auto nie Platz, sondern blieb stehen, sämtliche Muskeln angespannt, das Gesicht dem Wind darbietend. Hin und wieder wandte sie den Kopf zu mir um, mit einer entschuldigenden Miene, als wollte sie sagen: ›Ich habe nicht vergessen, daß du da bist, aber es gibt gewisse Freuden, die ich nicht mit dir teilen kann.‹ Ihre feinfühlige Nase zuckte ununterbrochen.«[1]

Ich gehe mit meinen Hunden fast jeden Tag in derselben Gegend spazieren, und ich bin jedesmal aufs neue erstaunt, daß sie sich aufführen, als beträten sie zum erstenmal ein unbekanntes Märchenland. Die Nasen werden schnurstracks auf den Boden gerichtet, um die Duftspuren aufzunehmen, und schon laufen sie auf und davon, befinden sich in ihrer eigenen Welt, genießen ein glückliches Schnüffelleben, um es mit den Worten eines Hundeliebhabers auszudrücken. Dort sind alle Eindrücke fremdartig für sie, denn die olfaktorischen Reize sind neu oder zumindest so fein abgestuft, daß sie ihnen neu erscheinen.

Der ausgeprägte Geruchssinn des Hundes ist nie überlastet. Ein Hund, der ohne Leine auf weiter Flur herumläuft, sieht nie gelangweilt aus, und er langweilt sich auch nicht. In bezug auf die Fähigkeit, die Welt jeden Augenblick neu wahrzunehmen, ist uns der Hund haushoch überlegen.

Die Hundenase ist ein äußerst empfindliches Organ. Menschen haben fünf Millionen olfaktorische Zellen (Geruchssinneszellen) in der Nase, beim Schäferhund sind es sage und schreibe zweihundert Millionen. Die Geruchserfahrung hat daher weit machtvollere Auswirkungen, als wir es uns vorstellen können, ist mehr eine Geruchsempfindung als eine bloße Sinneswahrnehmung. Bestimmte Düfte sind bei uns mit Affektkomponenten behaftet. Wenn wir sie wahrnehmen, werden oft automatisch Erinnerungen an bestimmte, damit verbundene Gefühle wach. Für einen Hund ist der rein physische Akt der Geruchswahrnehmung so intensiv, daß es für ihn vermutlich keine Rolle spielt, ob eine unmittelbare emotionale Erfahrung damit verknüpft ist. Für Hunde ist Riechen und Fühlen im wesentlichen dasselbe. Riechen bedeutet zu fühlen.

Hunde empfinden nicht nur einzelne Elemente der emotionalen Skala (beispielsweise traurig zu sein), sondern leben in einer Welt der Gefühle und Empfindungen. Man könnte sagen: Der Hund *ist* Gefühl. Wenn man Menschen über ihre kognitiven Fähigkeiten definiert, kann man Hunde mit gleichem Recht über ihre emotionalen Fähigkeiten definieren. Die Cockerspanielhündin Taffy war, wenn sie ihren kleinen Kopf aus dem Fenster hielt, um die Wüstenluft zu schnuppern, Gefühl in Reinkultur. Wenn Sasha, Sima und Rani voller Vorfreude lospreschen und die Nasen auf den Boden senken, sind sie ein Inbegriff von Gefühl. Ob diese Empfindungen ein kognitives Element enthalten, entzieht sich noch unserer Erkenntnis. Es ist auch nicht sicher, ob Menschen gleichzeitig klar denken und fühlen können. Wenn jemand in Rage gerät, ist er selten imstande, einen klaren Gedanken zu fassen. Künstler berichten, daß ihnen die kreativsten Ideen kommen, wenn sie sich in die Gefühlswelt versenken und den Verstand bewußt ausschalten. Wenn wir einen Menschen lieben, ziehen wir selten eiskalt ins Kalkül, welche Vorteile uns diese Empfindung einbringt. Und falls wir solche Überlegungen anstellen, lassen wir uns dabei in aller Regel nicht von dem Gefühl der Liebe leiten. Die Geruchserfahrung ist bei Hunden so intensiv, daß Denkvorgänge, zu denen sie in anderen Situationen durchaus fähig sind, in diesem Moment ausgeschlossen sein könnten.

Wie gut ist der Geruchssinn von Hunden wirklich? Diese Frage wird immer wieder gestellt, aber sie läßt sich nicht beantworten.

Es kommt darauf an, was ein Hund riecht. Hunde sind an manchen Duftstoffen wesentlich mehr interessiert als an anderen. Ein Weinkenner oder Parfümhersteller nimmt vermutlich Geruchsstoffe wahr, die einem Hund entgehen, weil letzterem dafür sowohl die Motivation als auch das Geschick (oder vielmehr das Interesse) fehlen. Wenn Hunde einen Rosengarten betreten, hält sich ihre Begeisterung in Grenzen.[2] Aber was Hunde riechen müssen oder riechen möchten, das riechen sie um ein Vielfaches besser als wir.

Die Schätzungen, um wieviel schärfer der Geruchssinn des Hundes ist als der des Menschen, schwanken. Ein französischer Wissenschaftler schreibt:

> »Einer der Duftstoffe, die durch Schweiß verströmt werden – menschlichen oder tierischen –, ist Buttersäure; ein Gramm enthält siebentausend Milliarden Moleküle, eine schier unfaßbare Anzahl! Man stelle sich vor, daß sich der Geruch dieser Säure in einem ganz bestimmten Augenblick in sämtlichen Räumen eines zehnstöckigen Gebäudes ausbreitet. Ein Mensch würde ihn nur dann wahrnehmen, wenn er gerade am Fenster stünde, um Luft zu schnappen und auch nur in eben diesem Moment. Würde man dieses eine Gramm Duftstoff über einer Stadt wie Hamburg verteilen, könnte ein Hund es noch aus einer Höhe von hundert Metern wahrnehmen!«[3]

Der deutsche Hundeexperte und Wissenschaftler Walter Neuhaus führte eine Reihe ausgeklügelter Experimente über die sensorischen Fähigkeiten der Hundenase durch, deren Ergebnisse in den fünfziger Jahren dieses Jahrhunderts in einer Artikelserie veröffentlicht wurden. Mit beinahe zu akribischer Perfektion und großem Einfallsreichtum baute er dafür einen sogenannten Olfaktometer. Die Schlußfolgerung in seinem wichtigsten Artikel lautet: »Die olfaktorischen Fähigkeiten des Hundes sind millionen- bis hundertmillionenmal größer als die eines Menschen.«[4] Das ist vermutlich die Quelle des Ausspruchs, der Hund könne millionenmal besser riechen als ein Mensch, obwohl Desmond Morris den Vergleich in seinem Buch *Dogwatching* einschränkt und *von bestimmten chemischen Substanzen* spricht, die von Hunden »millionenmal besser« wahrgenommen würden als von Menschen.

Keine von Menschenhand entwickelte Apparatur kann sich mit der Riechschärfe einer Hundenase messen. Deshalb werden Spürhunde und nicht technische Geräte an Flughäfen eingesetzt, um nach Lebensmitteln (in den USA) oder Drogen im Gepäck der Passagiere zu fahnden. Es wurde behauptet, daß Hunde Duftstoffe in einer Konzentration von eins zu einer Billion ausmachen können. Roger Caras schrieb, daß ein Bluthund einer Duftspur mehr als hundertsechzig Kilometer weit folgte.[5] Es heißt, daß der Hund eine Art Duft-Datenbank besitze, die in hohem Maß unserem visuellen Gedächtnis gleiche. Das olfaktorische Gedächtnis des Menschen läßt zu wünschen übrig. Selbst wenn wir uns konzentrieren und versuchen, uns an so viele Düfte wie möglich zu erinnern, können wir bestenfalls mit einer begrenzten Anzahl aufwarten. Eben diese Fähigkeit, sich an bestimmte Duftstoffe zu erinnern, trägt wahrscheinlich zum sagenhaften Orientierungsvermögen von Hunden bei und bewirkt, daß sie auch über Riesenentfernungen zurück nach Hause finden.

Der Geruchssinn eines Hundes ist immerzu aktiv, selbst im Schlaf. Der israelische Hundetrainer Sapir Weiss erzählte mir, daß ein Hund selbst bei ohrenbetäubender Musik schlafen könne, wenn man ihm aber einen Hamburger unter die Nase halte, erwache er sofort. Diese Daueraktivität gilt auch für Wölfe. Nach Sapirs Ansicht erklärt das die geheimnisvollen Rituale, die ein Hund vollzieht, bevor er sich zum Schlafen niederlegt: Er dreht sich mehrmals in zunehmend kleineren Kreisen um die eigene Achse. Wie der Wolf versucht er, die Nase in den Wind zu recken. Ein schlafender Wolf ist in der Lage, eine Gefahr auf mehr als zwei Kilometer Entfernung zu wittern und unverzüglich zu reagieren – auf Anhieb wird beispielsweise sein Kampf- oder Fluchtreflex aktiviert. (Da ich skeptisch war, schlug Sapir vor, ein kleines Experiment mit meinen Hunden durchzuführen und ihnen etwas gut Riechendes unter die Nase zu halten, um zu sehen, ob sie tatsächlich aufwachten. Er hatte recht.) Eberhard Trumler ist im Gegensatz dazu der Auffassung, daß Hunde mit dem Drehen um die eigene Achse lediglich ihre Wirbelsäule in die bestmögliche Position brächten. Er erklärt, daß dies bei der Erforschung des Verhaltens von Schakalen, Wölfen und Füchsen eindeutig nachgewiesen worden sei.[6]

Georges Romanes, ein Freund von Charles Darwin, sagte: »Die Außenwelt muß diesen Tieren ganz anders erscheinen als uns; das gesamte Geflecht ihrer diesbezüglichen Vorstellungen stützt sich weitgehend auf eine Sinneswahrnehmung völlig neuer Art, nicht nur auf eine hochgradig gesteigerte Wahrnehmungsfähigkeit unserer eigenen Sinne.«[7]

Wir Menschen neigen dazu, alles, was wir uns nur schwer vorstellen können, erst einmal als Humbug abzutun. Aber wie Elizabeth Marshall Thomas in ihrem Buch *Certain Poor Shepherds* schreibt, sind »Laute, die für menschliche Ohren zu hoch oder zu tief sind, dessenungeachtet Laute, und Duftstoffe, die zu schwach oder rein für die menschliche Nase sind, dessenungeachtet Duftstoffe.«[8] Es ist fast unmöglich, sich vorzustellen, in einer Welt zu leben, in der wir hundertmillionenmal oder auch nur millionenmal besser riechen könnten als jetzt. Wie wäre diese Welt beschaffen? Wären wir glücklicher oder unzufriedener? Viele Leute empfinden die Gerüche, die sie wahrnehmen, jetzt schon als Last; ihr Geruchsempfinden ist ihnen unangenehm, es weckt in ihnen das Gefühl, wie ein Tier zu sein. Wir schämen uns unserer eigenen Körpergerüche und werden von denen anderer Menschen abgestoßen. Hunde schwelgen geradezu in ihrem eigenen Körpergeruch und, wichtiger noch, genießen den ihrer Artgenossen. Für sie gilt: Je stärker dieses Duftpotpourri, desto besser. Sie beschnüffeln den Urogenital- und Analbereich anderer Hunde mit einer Hingabe, die uns Menschen wie ein Zauberbann vorkommt. Zugegeben, sie sammeln dadurch wichtige Informationen – über die Geschlechtszugehörigkeit, die sexuelle Bereitschaft und den letzten Aufenthaltsort des Artgenossen –, aber sie scheinen die olfaktorische Erfahrung auch zu genießen.[9] Alle Hundehalter haben wohl schon nicht selten – mit Entsetzen – beobachtet, wie Hunde ein stinkendes Objekt aufspürten, zum Beispiel einen verwesenden Kadaver, und sich selbstvergessen darin wälzten. Rani macht das ständig bei unseren Spaziergängen, sobald sie Vogelexkremente entdeckt. Während sie sich genüßlich darin suhlt, steht ihre Schnauze weit offen, was einem herzhaften menschlichen Lachen entspricht. Vielleicht versucht sie sich zu tarnen (damit der Vogel sie nicht bemerkt, wenn sie sich in Windrichtung anschleicht?), aber das ist lediglich ein genetisch bedingter Rückschritt. Für sie ist der Geruch, aus welcher Quelle auch immer, die reine Wonne.

Sigmund Freuds längste Abhandlung über Hunde findet sich in einem berühmten Kapitel seines Werks *Das Unbehagen in der Kultur* von 1929. Nach seiner Ansicht ist ein sozialer Faktor für die weitere Umwandlung der Analerotik beim Menschen verantwortlich, dessen Existenz er durch den Umstand bezeugt sieht, daß wir trotz aller Entwicklungsfortschritte selten den Geruch der *eigenen* Exkremente, sondern nur den anderer Menschen abstoßend fänden. Nach Freud verletzt ein unsauberer Mensch, der seine Exkremente nicht verbirgt, das Feingefühl anderer. Er nehme keine Rücksicht auf sie. Das gehe auch aus den schlimmsten und weitestverbreiteten Schimpfwörtern hervor, über die wir verfügen. Es wäre, so Freud, auch unverständlich, daß der Mensch den Namen seines treuesten Freundes im Tierreich – des Hundes – als Schimpfwort verwende, wenn dieser die Verachtung nicht herausgefordert hätte, weil ihm zwei Eigenschaften fehlten: Obwohl das vorherrschende Sinnesorgan dieses Tieres der Geruchssinn sei, grause ihm nicht vor Exkrementen, und es schäme sich nicht seiner sexuellen Funktionen.[10]

Freud dachte offensichtlich, daß ein Hund seine Nase in Fäkalien steckt, weil ihm der Geruch behagt. Tatsache ist jedoch, daß der Hund auf diese Weise Informationen sammelt, das heißt, tatsächlich betreibt er eher »Recherchen«. J. R. Ackerley beschreibt in seinem kurzweiligen Buch *My Dog Tulip,* wie seine Hündin die Duftmarken anderer Hunde entschlüsselt, »und die Sorgfalt, mit der sie diese eingehend erforscht, ist so groß, daß sie den Eindruck erweckt, als wäre sie imstande, ihre Bekannten und Freunde zu identifizieren.«

Alle meine Hunde sind sterilisiert, und ich habe keine Anzeichen dafür entdecken können, daß sie jemals an Sexualität denken. Ich würde gerne sagen, daß sie nicht vermissen, was sie nie kennengelernt haben, aber ich weiß es nicht. Heutzutage werden die meisten Hunde sterilisiert. Interessanterweise sind wir nicht der Meinung, daß sich dadurch der Charakter eines Hundes verändert, während wir glauben, daß ein Mann oder eine Frau ohne Sexualleben kein vollwertiger Mensch mehr ist. Möglich, daß ich die Bedeutung der Sexualität für die Persönlichkeitsentwicklung eines Hundes unterschätze, aber es könnte auch sein, daß wir den Stellenwert der Sexualität für *unseren* emotionalen Kern zu hoch bemessen. Ich bin der Auffassung, daß die Intensität der emotionalen Erfahrungen unserem Dasein den größten Wert verleiht und ein unerläßlicher Bestandteil eines erfüllten Lebens ist. Hunde leiten einen großen Teil ihres intensiven Gefühlslebens aus ihren olfaktorischen Wahrnehmungen ab. Das hindert sie indessen nicht daran, enge Beziehungen zu anderen Hunden (und Menschen) zu knüpfen, auch wenn die Nase dabei keine Rolle spielt. Ich kann mir nicht vorstellen, daß wir für Hunde ungemein interessant riechen, aber sie scheinen uns dennoch zu mögen. Und wir lieben Hunde, oft mit großer Inbrunst, obwohl wir keine sexuellen Kontakte zu ihnen haben. Was für uns und für sie zählt, ist die Fähigkeit, die ganze Kraft der Welt zu spüren, in der wir leben, wenn sie unseren Verstand, unseren Körper und unsere Sinne in Form einer nachhaltigen emotionalen Erfahrung erfüllt.

6

Unterwerfung, Dominanz und Dankbarkeit

Wissenschaftler, die das Verhalten von Wölfen studieren, sprechen manchmal vom Alphatier (an der Spitze stehend, dominant) und dem Omegatier (das rangniedrigste, unterwürfigste Mitglied des Rudels), obwohl nicht ganz klar ist, was sie darunter verstehen. Einige Menschen beschreiben ihre Hunde mit den gleichen Worten. Bedeuten diese Rangverhältnisse wirklich das, was sie auf den ersten Menschenblick zu bedeuten scheinen, und treffen sie in bezug auf Hunde überhaupt zu?

Überlegen, unterlegen, Unterwerfung, Dominanz, Hierarchie – das alles sind emotional befrachtete Begriffe, die einen politischen Beiklang haben (ein Arsenal, das vor allem im Kampf der Geschlechter aufgefahren wird). Sie auf das Verhalten von Hunden zu beziehen könnte heikel sein, denn Hunde sind keine Soldaten, deren militärischer Rang sich an einer Uniform erkennen ließe.

Das Rangordnungskonzept ist für uns leicht verständlich, aber anzunehmen, daß Hunde diesen äußeren Merkmalen (der Größe oder Stärke eines Hundes) die gleiche Aufmerksamkeit schenken wie wir, ist eher eine psychologische Übertragung als das Ergebnis konkreter Beobachtungen. Hunde erkennen Autorität an, aber aus anderen Gründen als wir und ohne unsere hierarchische Gliederung. Da sie, wie wir, hochgradig soziale und gesellige Lebewesen sind und Verhaltensweisen an den Tag legen, die wir zu kennen meinen, glauben wir, daß es Übereinstimmungen oder zumindest Ähnlichkeiten hinsichtlich der Konzepte gibt, mit denen wir Verhalten beschreiben. Dominanz und Rangordnung gehören dazu.

Wenn ein Hundehalter sagt: »Mein Hund ist ein dominantes Weibchen«, benutzt er einen Ausdruck, der – in abgewandelter Form – auf Menschen zutreffen mag, aber seltener auf Hunde. Welche Eigenschaften sind bei einem Hund Voraussetzung für Dominanz? Größe und Stärke sind mit Sicherheit von Bedeutung, vielleicht um Artgenossen einzuschüchtern. Kampfbereitschaft fällt vermutlich schon weniger ins Gewicht, da sie die Verletzungsgefahr erhöht. Lebensalter, aber auch Gewitztheit, die auf umfangreicher Erfahrung basiert, und Intelligenz tragen zu einem hohen Status bei, weil sie mit einer gewissen Reife einhergehen, und vielleicht spielt auch das Wissen eine Rolle (wie bei älteren Elefanten, die wissen, wo während einer Dürreperiode Wasserlöcher zu finden sind). Trotz alledem kann ein Welpe den Welpen in einem betagten Hund ans Tageslicht bringen.

Sima, das jüngste Mitglied unseres kleinen Rudels, läßt bisweilen ein Verhalten erkennen, das wir als Unterwerfung bezeichnen oder zu erkennen glauben. Tatsache ist, daß sie diese Gesten der Unterwerfung liebt. Wenn sie bestimmten Hunden begegnet, führt sie einen kleinen Tanz auf und leckt ihnen die Schnauze, winselt, blickt demonstrativ zur Seite und wälzt sich am Schluß kriecherisch auf dem Rücken. Das alles sind die klassischen Merkmale aktiver Unterwerfung. Sie beendet die Annäherung mit einer Geste der passiven Unterwerfung, indem sie eine Haltung einnimmt, die »volles Vertrauen, Ergebenheit und sichtbare Hilflosigkeit« widerspiegelt.[1]

Dieses Verhalten finden die meisten Menschen »niedlich«; es fällt, wie ich beschrieben habe, in die Rubrik Neotenie oder Kindchenschema, denn es ähnelt dem eines Kleinkindes. Unterwerfung ist eine Möglichkeit, die eigene Kindhaftigkeit oder fehlende Aggressivität deutlich zu signalisieren. Rudolf Schenkel, einer der ersten Wolfsexperten in Deutschland, spricht vom »überwältigenden Angebot freundlicher Gefühle«. Durch das »Sich-Andienen oder Lieb-Kind-machen« erwartet das unterwürfige Tier, akzeptiert oder zumindest geduldet zu werden. Diese Gesten der Unterwerfung sind Friedensangebote und haben Ähnlichkeit mit dem menschlichen Händeschütteln bei einer Begrüßung. Schenkel spricht von »symbolhaftem und ritualisiertem Welpenverhalten«. Vielleicht erinnert das Wolfs- oder Hundejunge einen Artgenossen an die Zeit, als auch er ein Jungtier war, oder es appelliert an seinen mütterlichen oder väterlichen Instinkt. Ein dominanter Hund weist eine solche Geste der Unterwerfung selten zurück.

Manchmal erkennen wir diese Gesten der Unterwerfung nicht einmal, weil wir nach einem Verhalten Ausschau halten, das eher unseren eigenen Vorstellungen entspricht als denen eines Hundes. Rani ist beispielsweise die Freundschaftlichkeit in Reinkultur. Für sie gibt es nichts Schöneres als harmonische soziale Beziehungen, und interessanterweise läßt sie von allen meinen Hunden als einzige ein Verhalten erkennen, das viele Hundehalter bei ihren Tieren beobachtet haben und das unterwürfig sein könnte, weil sich dadurch die Wahrscheinlickeit eines Angriffs durch Artgenossen verringert: Sie wälzt sich mit offenkundigem Behagen in jeder grauenvoll riechenden Substanz, die sie findet. Dann läuft sie stolz zu den beiden anderen Hunden, um ihnen »unter die Nase zu reiben«, was sie gemacht hat. Sie entsprechen ihrem Wunsch, indem sie Rani lange und ausgiebig beschnüffeln.

Fachleute haben mir mehr als eine Erklärung für dieses seltsame Verhalten gegeben. Michael Fox, einer der führenden Experten für Hunde und verwandte Kaniden[2], ist folgender Meinung: Wenn Hunde mit einem fremden Geruch zurückkommen, lösen sie sanftere Nachforschungen bei gewissen Mitgliedern des Rudels aus, die sonst beginnen würden, ihre ranghöhere Position aggressiv zu behaupten. Mit anderen Worten: Vielleicht will sich Rani in den

Augen ihrer Freunde nur interessant machen. Desmond Morris ist ebenfalls der Ansicht, daß der Hund dieses Verhalten an den Tag lege, um die Aufmerksamkeit anderer Rudelmitglieder auf sich zu lenken, aber er sieht darin vielmehr eine Aufforderung zur Jagd.[3] Aus Laborexperimenten weiß man gleichwohl, daß Hunde sich auch gerne in Substanzen wälzen, die in der Natur nicht überall vorkommen – zum Beispiel Zitronenschalen, Parfüm, Tabak, verrottendem Abfall. Das spricht gegen die Theorie des Jagdrufs oder der Tarnung.[4]

Bei jedem Spaziergang mit einem Hund sehen wir, was Wissenschaftler als »inguinale Orientierung und Präsentation durch ein rangniedrigeres Tier zur Erleichterung der genitalen Erforschung« bezeichnen: Ausgewachsene Hunde umkreisen einander, bis der rangniedrigere dem Artgenossen gestattet, Anal- und Genitalbereich zu erkunden. Während er sich dem größeren mit abgesenktem Hinterteil und durchhängendem Rücken nähert (um so klein und harmlos wie möglich zu erscheinen), streckt der kleinere Hund die Zunge heraus, um seine Absicht zu bekunden, den Artgenossen zu lecken. So wie das »Niederstarren« eines anderen Hundes der Auftakt zum Kampf sein kann, blicken Hunde demonstrativ zur Seite, um zu signalisieren, daß sie keine Lust auf eine Rauferei haben, sondern in friedlicher Absicht kommen.

Von meinen drei Hunden verspürt nur Sima urplötzlich das zwanghafte Bedürfnis, Sashas Schnauze zu lecken und, wenn sie die Erlaubnis erhält, ihr kleines, spitzes Gesicht in Sashas riesigen Schlund zu schieben, zu winseln und vor Freude Luftsprünge zu machen. Sasha ist ungemein duldsam, aber nicht zu jener Reaktion bereit, die mit diesem Ritual ausgelöst werden soll: vorgekaute Nahrung hochzuwürgen. Auf diese Weise bringen Wolfsjunge die Mutter dazu, sie nach der Jagd zu füttern. Sie kommt gesättigt in den Bau zurück und würgt die Mahlzeit für ihre Jungen wieder hoch. Hunde kauen ihren Welpen die Nahrung nicht vor; Simas Verhalten ist vermutlich eher ein Begrüßungs- und Freundschaftsritual, eine sogenannte »phylogenetisch emanzipierte und ritualisierte soziale Geste«, ähnlich dem Händeschütteln bei Menschen, das anzeigt, daß man in der Hand keine Waffe verbirgt. Meines Wissens ist der Cape-Jagdhund die einzige Rasse, die bis ins Erwachsenenalter auf jene Weise Nahrung erbettelt und hervorwürgt. Bei diesen Hunden wird dadurch aber nicht die Rangordnung festgelegt, sondern der soziale Zusammenhalt durch gegenseitige Hilfe und Unterstützung gefestigt.

Hunde haben viele Möglichkeiten, ihre friedfertigen Absichten zu bekunden: Sie meiden Blickkontakt, schauen demonstrativ zur Seite, lecken sich die Lippen und geben deutlich zu erkennen, daß sie keine Bedrohung darstellen, sondern beim anderen Hund nur soziale Fellpflege betreiben wollen. Beinahe jeder Teil des Körpers übermittelt dem Artgenossen eine Botschaft, vor allem Schwanz und Ohren. Der Schwanz ist als subtiles Kommunikationsmittel hervorragend geeignet. Als ich meine Hundefamilie erwarb, war mir die Vielseitigkeit der Hundeohren noch nicht bewußt. Die Ausdrucksstärke von Sashas Ohren ist indes bemerkenswert. Sie kann genauso viel mit ihren Ohren sagen, wie wir Menschen mit dem Mund. Sasha hat eine ganz eigene Art, sich auf leisen Sohlen kleinen Kindern zu nähern und sie damit zu überraschen, daß sie ihnen die Lippen leckt. Ihre Ohren sind flach nach unten an den Kopf angelegt, was berückend aussieht und andeuten soll, daß sie nichts als liebevolle und sanfte Gefühle hegt. In ihren Augen breitet sich in einem solchen Augenblick ein unmißverständliches Leuchten aus, das unvorstellbare Freundlichkeit und Gutmütigkeit widerspiegelt. Ich weiß immer noch nicht, wie sie imstande ist, mit ihren Augen und Ohren so tief empfundene Gefühle zu übermitteln, aber es gelingt ihr, und jeder erkennt es auf den ersten Blick.

Noch wichtiger als jedes physische und möglicherweise mentale Merkmal ist das, was Menschen tun, um diese Eigenschaften und Verhaltensweisen zu fördern oder zu entmutigen. Hunde werden von Menschen »kontaminiert«; damit meine ich, daß sie durch den

Kontakt mit Menschen eine bestimmte emotionale Färbung annehmen. Deshalb kann man unmöglich wissen, wie Hunde wären, wenn sie nicht in enger Gemeinschaft mit Menschen lebten (im Gegensatz zu Gorillas, Schimpansen und sogar Elefanten lassen Wölfe keine Beobachtungen durch den Menschen zu). Es gibt keine ausführlichen Beschreibungen ihres Verhaltens in freier Natur, ganz zu schweigen von ihren möglichen Gefühlen, ein Punkt, der von Experten wie L. David Mech häufig betont wurde.

Bei dem Versuch, menschliche Sozialbeziehungen zu verstehen, werden oft Begriffe wie Dominanz und Unterwerfung verwendet; aber bei Wildhunden und Wölfen wird schon der Begriff »Tatsache« fragwürdig, weil sich Verhaltensbeobachtungen als schwierig erweisen. Es dauert mitunter Jahre, ja, sogar Jahrhunderte, bis man sich ein genaues Bild machen kann. Bei den Menschen werden jedes Jahrzehnt neue Biographien über bekannte Persönlichkeiten geschrieben, oft mit einer völlig anderen Bewertung ihrer »Größe« oder sonstiger Charaktermerkmale. Die Rangverhältnisse zwischen Hunden können sich im Lauf der Zeit verändern. Dazu kommt, daß eine soziale Beziehung, die wir als dominant beschreiben, Nachteile mit sich bringen könnte, ohne daß wir dies bedenken. Wir beobachten vielleicht, daß ein größerer Hund vor einem kleineren Tier frißt, das im selben Haushalt lebt. Daraus schließen wir, das größere müsse das ranghöhere sein und leite daraus gewisse Privilegien ab, aber eine vielschichtigere Dynamik könnte uns dabei entgehen. Es wäre nämlich durchaus denkbar, daß der Hund aufgrund dieser Dominanz unter Streßsymptomen leidet. Möglicherweise erschöpft es ihn, ständig auf der Hut sein zu müssen, um seinen Status zu verteidigen, was auf lange Sicht seine physische Kondition nicht gerade stärkt, ganz zu schweigen von seiner unmittelbaren Zufriedenheit.[5]

Ich will damit nicht behaupten, daß wir vorgefaßte Meinungen haben, die auf Menschen, aber nicht auf Hunde zutreffen. Auch auf der zwischenmenschlichen Ebene existieren Vorurteile. Unser Bedürfnis, alles zu vereinfachen, zu kategorisieren, hierarchisch zu gliedern, zu objektivieren und uns einzubilden, wir hätten etwas begriffen, wirkt sich auf unsere menschlichen Sozialbeziehungen ebenso nachteilig aus, wie es unsere Fähigkeit beeinträchtigt, eine andere Spezies zu verstehen.

In einem vielbeachteten Artikel von 1975 erinnert uns R. Lockwood daran, daß »wir zwar zu bestimmten Verallgemeinerungen bezüglich des Sozialverhaltens von Wölfen kommen können, aber uns vor Augen halten sollten, daß jeder Wolf wie jeder Mensch ein intelligentes, anpassungsfähiges Individuum und in vieler Hinsicht einzigartig ist.«[6]

Was bedeutet es für einen Menschen, überlegen oder dominant zu sein? Shelley schrieb 1817 über die Torheit des menschlichen Dominanzstrebens:

> »Mein Name ist Ozymandias, König der Könige.
> Sehet mein Werk, Ihr Mächtigen, und verzagt.
> Nichts bleibt davon
> Inmitten des Verfalls gewaltiger Ruinen.
> Grenzenlos und bloß
> Dehnen sich die einsamen Sandflächen bis zum Horizont.«

Bei näherer Betrachtung oder aus der Warte einer anderen Epoche erscheinen uns bestimmte Errungenschaften, vor allem, wenn sie die Unterwerfung eines Landes oder eines Menschen beinhalten, plötzlich in einem ganz anderen Licht. Nur wenn wir die gesamte Lebensspanne eines Hundes überprüfen, erkennen wir, welche Vor- und Nachteile er aus der Position herleitete, die er innehatte, ob sein Status letztlich gut für ihn war oder nicht. Er hat möglicherweise einen hohen Preis für seine Dominanz gezahlt (früher Tod, beispielsweise) und wenig Gewinn daraus gezogen.

Hundetrainer warnen uns: Laßt euch nicht von euren Hunden beherrschen. Die meisten von uns kennen Fälle, wo der Hund »die Hosen anhat«. Manche Vierbeiner fühlen sich in Gesellschaft ihrer

Artgenossen wohler, während andere lieber mit Menschen zusammen sind. In Frankreich sagt man oft: »*Il ne lui manque que la parole*« (»Ihm fehlt nur die Sprache«). Wenn sich ein Hundehalter damit brüstet: »Meine Hündin denkt, sie wäre ein Mensch«, bin ich nicht geneigt zu widersprechen. Einem Hund unterlaufen keine Fehler, was die »Artzugehörigkeit« angeht, zumindest nicht in der Weise, wie Philosophen Fehler begehen, wenn sie Begriffe bestimmten Kategorien zuordnen. Andrerseits könnte ein Hund durchaus das Gefühl haben, daß eine engere Verwandtschaft zu seinem Herrn als zu anderen Hunden besteht.

Sasha, die weiß, daß sie einem einjährigen Kind überlegen ist oder sein könnte, liebt Kleinkinder: Sie läuft zu ihnen und küßt sie, nicht unterwürfig, sondern mit Begeisterung. Ihr Verhalten spiegelt eine völlige Mißachtung der Rangordnung wider.

Wenn sich Hunde einen Anführer suchen – kanider oder menschlicher Art –, dem sie sich unterordnen, versuchen sie nur, mehr Spannung in ihr Leben zu bringen. Was wir als Unterwerfung betrachten, könnte für einen Hund eine aktive, rundum erfreuliche Erfahrung sein. Die englische Schriftstellerin Elizabeth von Arnim beschreibt in *Alle meine Hunde*, wie sie ihren zweiten Ehemann Francis Russell kennenlernte, den zweiten Herzog von Bedford und Bruder des berühmten Mathematikers und Philosophen Bertrand Russell, den sie Doom nannte. Ihr Hund, ein Schweizer Sennenhund, sehnte sich nach einem Mann im Haus, um mit ihm zu spielen und lange Spaziergänge zu unternehmen. Der Hund beschloß, daß es für sie an der Zeit sei, zu heiraten. Als der Herzog sie zum ersten Mal besuchte, »lief der Hund zu ihm, um den wichtigen Gast gebührend – sprich stürmisch – zu begrüßen. Er belegte ihn regelrecht mit Beschlag: ›Hereinspaziert, na mach schon, nicht so zaghaft! Das ist unser Zuhause, aber von jetzt an gehört es auch dir, mit allem, was sich darin befindet!‹, schien er sagen zu wollen, während er ausgelassen herumsprang, den Gast abschleckte, mit dem Schwanz wedelte und laut und glücklich bellte.«[7]

Dominanz muß bei einem Hund nicht zwangsläufig den Hierarchien gleichen, die man in den Vorstandsetagen der Unternehmen oder in Universitäten antrifft. Es handelt sich dabei vielmehr um eine Art sozialer Kontaktanbahnung, um eine Möglichkeit, eine harmonische Atmosphäre herzustellen, in der Friede und Freude herrschen.[8] Sie ist Teil eines Spiels und der Suche des Hundes nach einer Welt der positiven Gefühle, der Freundschaft und vor allem nach der Liebe, dem eigentlichen Lebenszweck eines Hundes.

Das wirksamste Mittel, um die Auswüchse der Rangordnung zu konterkarieren, könnte Dankbarkeit sein. Dankbarkeit unterstreicht die soziale Gleichstellung und höhlt die Dominanz aus. Wenn wir jemandem Dankbarkeit bezeugen, erkennen wir die Menschlichkeit, die uns miteinander verbindet, an, machen uns Grenzen bewußt und stärken die sozialen Bindungen.

Als Sanskrit-Student fand ich es verblüffend, daß Dankbarkeit in den altüberlieferten, religiös-philosophischen Texten, vor allem im indischen Epos *Mahabharata*, als eine der wertvollsten Emotionen und höchsten menschlichen Tugenden erachtet wird. Das Gefühl von Dankbarkeit sei allen bekannt, heißt es hier, aber die Fähigkeit, Dankbarkeit zu bekunden, kennzeichnend für die innere Größe eines Menschen, eine Art Umkehrung der Hierarchie. Damals fand ich diese Auffassung absurd; erst heute, da ich älter bin, habe ich den Sinn verstanden. Wenn wir jemandem einen großen Gefallen erweisen und der Betreffende unsere Anstrengungen nicht zur Kenntnis nimmt oder mit keiner Silbe seine Dankbarkeit zum Ausdruck bringt, sind wir gekränkt. Es ist ein gutes Gefühl, Anerkennung und Dankbarkeit zu erfahren. Das erwarten wir im Grunde von anderen Menschen, vor allem aber von unseren Freunden.

Ist ein Hund imstande, Dankbarkeit zu empfinden? Und wenn ja, erwarten wir von ihm, daß er sie bekundet? Erinnern wir uns: Es gibt nur wenige Gefühle, die ein Hund nicht zum Ausdruck bringen kann. Wir nehmen die betreffenden Signale vielleicht nicht wahr oder können sie nicht deuten, aber es ist fast ein begrifflicher Widerspruch zu behaupten, daß ein Hund etwas empfinde, es aber nicht zeige. Was ein Hund fühlt, zeigt er unmißverständlich, und was er zeigt, fühlt er wirklich und wahrhaftig.

Jeder, der mich besucht, macht eine Bemerkung darüber, wie gut es unsere Hunde bei uns haben. Ich gehe fünfmal am Tag mit ihnen spazieren, füttere sie ordentlich, rede und spiele mit ihnen oder leiste ihnen einfach nur Gesellschaft. Neulich fragte mich Leila: »Glaubst du, daß sie dankbar sind?« Ich begann, über die Entwicklung dieses Gefühls nachzudenken. Ich bezweifle nicht, daß meine Hunde glücklich sind, wenn ich mit ihnen spazierengehe, aber sind sie in der Lage, ihr Schicksal mit dem anderer Hunde zu vergleichen, zu erkennen, wie gut sie es im Vergleich zu anderen haben, und mir infolgedessen dankbar zu sein? Das halte ich für äußerst unwahrscheinlich, weil Hunde meiner Meinung nach keine abstrakte Vorstellung von Dankbarkeit haben, im Gegensatz zu Dankbarkeit infolge einer bestimmten Situation. Ich glaube, daß Hunde durchaus fähig sind, diese situationsspezifische Form der Dankbarkeit zu empfinden und zum Ausdruck zu bringen.

Wir nahmen die Hunde mit, als wir meine Eltern besuchten, die in Laguna Hills, wenige Kilometer nördlich von San Diego in Südkalifornien, leben. Es ist eine lange Fahrt mit dem Wagen, ungefähr acht Stunden, aber den Hunden gefiel es, auf ihrem Futon im hinteren Laderaum des Toyota Camry zu liegen, umgeben von Spielzeug und Leckerbissen, solange wir wenigstens alle zwei Stunden anhielten, um uns die Beine zu vertreten. Auf dem Rückweg hielten wir in der Wüste und gingen dort spazieren. Danach hatte Sima einen Dorn in der Pfote. Sie setzte sich hin und versuchte ihn mit den Zähnen herauszuziehen. Als es ihr nicht gelang, hinkte sie zu mir, hielt mir die Pfote hin, sah mich flehentlich an und begann zu winseln. Ich entfernte den Dorn, und sie sah mich erleichtert an und leckte mir die Hand. Mir schoß auf Anhieb der Gedanke durch den Kopf, daß sie mir für meinen Samariterdienst dankbar war. Einige Augenblicke später hatte sich Sasha ebenfalls einen Dorn eingetreten. Sie humpelte, kam aber nicht zu mir. Ich ging zu ihr, zog ihn heraus und wartete auf eine Reaktion. Sie würdigte mich keines Blickes.

Ihr Verhalten unterschied sich von Simas, so daß ich mir die Frage stellte: Fand sie, daß meine Hilfeleistung selbstverständlich war, ein Dienst, den ich ihr schuldete? Spielte sie die Tapfere, indem sie vorgab, der Schmerz mache ihr nichts aus, indem sie ihn leugnete, oder war ihr alles gleichgültig? Vielleicht genügte für sie das Wissen, daß sie Schmerzen gehabt hatte, die nun verschwunden waren, ohne daß sie einen Gedanken an die Ursache verschwendete. Einige Wochen später entdeckte ich, daß ich mich getäuscht hatte und Sasha durchaus fähig ist, Dankbarkeit zu empfinden.

Ich saß gerade im Garten und las. Sima und Rani spielten wie üblich »Tauziehen« mit einem Stock. Plötzlich hörte ich Sasha keuchen, es war ein merkwürdiger Laut, der klang, als würde sie stranguliert. Die beiden Hunde rannten zu ihr und blickten sie an. Als ich mich näherte, hatte sie den Ausdruck blanken Entsetzens im Gesicht, gab aber keinen Muckser von sich. Sie sah aus, als stünde sie kurz vor dem Ersticken – sie war mit ihrem Halsband in den Rillen unseres großen Eichentischs hängengeblieben, gefangen, konnte sich keine Handbreit bewegen. Rasch nahm ich ihr das Halsband ab und befreite sie so. Sie schenkte mir einen Blick voller Dankbarkeit, den ersten dieser Art. Die beiden anderen Hunde begannen sie zu lecken. Irgendwie schienen alle die Gefahr gespürt und den Ernst der Situation erkannt zu haben. Vielleicht war Sasha in der Lage, in Verbindung mit einer noch stärkeren Emotion Dankbarkeit zu empfinden (und zu zeigen), beispielsweise mit Angst. Ich fand das Geschehen ebenfalls beängstigend.

Was ist aber, wenn sich ein Hund die Verletzung nur einbildet? Rani kam neulich zu mir gelaufen und hinkte schwer. Sie hielt die Pfote hoch, damit ich sie begutachtete. Ich konnte nichts entdecken;

dann rubbelte ich ihr die Pfote, um sie zu wärmen, lobte sie, redete ihr gut zu, sagte ihr, nun sei alles gut, und schickte sie wieder zum Spielen. Sie lief los; ihr schien nichts mehr zu fehlen. Hatte sie die Verletzung nur vorgetäuscht? Oder täuschte sie vor, alles wäre wieder in Ordnung, als sie davonsauste? Wollte sie mir Krankheit oder Gesundheit vorgaukeln? Mein Kleinpudel Misha pflegte sich früher ähnlich zu verhalten: Er näherte sich mir humpelnd, wenn er argwöhnte, daß ich wütend auf ihn sein könnte, nachdem er etwas angestellt hatte. Eltern machen ähnliche Entdeckungen bei ihren Kindern. Dahinter verbirgt sich oft ein Bedürfnis nach Aufmerksamkeit. In *Animal Intelligence* beschrieb George Romanes diese Fähigkeit der Hunde, die er in die Rubrik »Täuschungsmanöver« einreihte: »Da er sich den Fuß verletzt hatte, lahmte er für eine gewisse Zeit, in der er mehr Anteilnahme und Aufmerksamkeit als gewöhnlich erhielt. Noch Monate nach seiner Genesung begann er, sobald man in scharfem Ton zu ihm sprach, im Raum umherzuhinken, als wäre er lahm und litte an Schmerzen in seinem Fuß.«[9]

Wir empfinden keine besondere Dankbarkeit gegenüber einem Menschen, der sich verpflichtet hat, bestimmte Dienstleistungen zu erbringen. Wir sind nicht immer dankbar, wenn ein Lehrer uns etwas beibringt, ein Automechaniker unseren Wagen repariert oder ein Zahnarzt den Zahnstein entfernt. Aber wenn mein Wagen mitten auf der Autobahn seinen Geist aufgibt, die Fahrerin hinter mir anhält und mir beim Beheben des Problems hilft, bin ich ihr zutiefst dankbar. Als Sashas Fuß schmerzte, blickte sie mich nicht vorwurfsvoll an, als wolle sie sagen: »Eigentlich sollte mir so etwas nicht passieren, wenn du in der Nähe bist. Bring das in Ordnung, aber dalli!« Sie machte eher den Eindruck, als würde sie sich sagen: »Das habe ich mir selbst eingebrockt, also werde ich auch versuchen, die Suppe auszulöffeln.«

Sasha hat schon mehrmals interveniert, wenn ein größerer Hund die kleine Sima einschüchterte. Danach pflegt Sima zu ihr zu laufen und ihr die Lefzen zu lecken. Das sieht für mich wie Dankbarkeit aus, wie die visuelle Entsprechung zum menschlichen »Dankeschön«.

Wir sind dankbar dafür, daß es unsere Hunde gibt, und ich glaube, daß sie ähnlich empfinden. Menschen und Hunde können für vieles dankbar sein. Es ist eines der größten Wunder der Natur, daß wir uns mit einer so innigen Zuneigung und Freundschaft begegnen, wie sie keine zwei anderen Spezies miteinander verbindet.

7

Die größten Hundeängste: Einsamkeit und verlassen zu werden

Ich erinnere mich noch gut an die Zoobesuche während meiner Kindheit. Es schien, als sähen die Tiere, von denen viele in Käfigen isoliert waren, einsam aus. Heute bin ich mir sicher, daß ich recht hatte. Das Personal in zoologischen Gärten weiß, daß Tiere nicht gerne allein sind, von ihren Artgenossen oder solchen Spezies getrennt, die in ihrem natürlichen Lebensraum eine Gemeinschaft bilden. Aber selbst wenn Wölfe, die sich zu Rudeln zusammenschließen, gemeinsam in einem Gehege untergebracht werden, sind sie nicht glücklich. Fern ihrer natürlichen Umgebung wirken sie gelangweilt. Wölfe möchten alles tun, was freilebende Artgenossen unternehmen. Auch wenn sich zwölf Wölfe ein Freigehege teilen, wirken sie abgestumpft, weil es ihnen verwehrt ist, sich wie in freier Wildbahn zu bewegen und zu verhalten.

Wer bestimmt, was ein Tier braucht, um sich nicht einsam zu fühlen? Wölfe müssen sich auf Wanderschaft begeben können. Es ist nicht ungewöhnlich für Wolfsrudel, eintausend Kilometer und mehr zurückzulegen. Vielleicht müssen sie auch das Zwitschern der Singvögel hören oder Blumen, Bäume, den Himmel, Flüsse, Berge und Täler sehen. Oder sie brauchen die Gesellschaft anderer Waldbewohner. Woher wollen wir wissen, ob Wölfe nicht das Spiel mit den Raben vermissen? In *The Wolves of Minong* erklärt Durward Allen, daß Wölfe Raben nie etwas zuleide tun, obwohl es ihnen ein Leichtes wäre, den Vögeln den Garaus zu machen. Er führte acht Jahre lang im Winter Beobachtungen durch und erlebte nur ein einziges Mal, daß ein Rabe durch einen Wolf zu Schaden kam.[1] Der Wolfsexerte David Mech sah mehrmals, wie sich Raben im Sturzflug dem Kopf oder Schwanz eines Wolfs näherten, der sich wegduckte, bevor er ihrer mit einem Sprung habhaft zu werden versuchte:

> »Einmal trippelte ein Rabe zu einem ruhenden Wolf, pickte ihm mit dem Schnabel in den Schwanz und sprang blitzschnell beiseite, als das Tier nach ihm schnappte. Als sich der Wolf rächte, indem er sich an den Raben heranpirschte, ließ der Vogel ihn gewähren, bis er ungefähr dreißig Zentimeter vor ihm stand, bevor er auf- und davonflog. Dann landete er knapp hinter dem Wolf und wiederholte die Kapriolen [...] Wie es scheint, haben Wolf und Rabe ein Gleichgewicht in ihrer sozialen Beziehung gefunden, insofern, als jedes Lebewesen durch die Gegenwart des anderen belohnt und sich der Fähigkeiten des anderen voll bewußt wird. Beide Arten sind außerordentlich gesellig, also müssen sie über die psychologischen Mechanismen verfügen, die für die Anbahnung sozialer Kontakte unabdingbar sind. Vielleicht haben einzelne Exemplare beider Spezies Mitglieder der anderen Spezies in ihre soziale Gemeinschaft aufgenommen und eine Beziehung zu ihnen entwickelt, ähnlich wie Wölfe, die von klein auf mit Menschen aufgezogen wurden, in der Lage sind, soziale Beziehungen zu ihnen zu knüpfen.«[2]

Reicht es aus, daß sie sich sattfressen können, oder sehnen sie sich insgeheim nach der Jagd, nach den wilden Querfeldeinrennen, der Bewegung, dem Anblick, den Geräuschen und Gerüchen ihres natürlichen Lebensraums? Selbst wenn sie diesen nie gesehen haben und in Gefangenschaft geboren sind, könnte die Sehnsucht nach einer Lebensweise angeboren sein, die natürlicher ist als alles, was ihnen der beste und progressivste Zoo anbieten kann. Sie müssen sich in der freien Natur aufhalten.

Menschen, die im Gefängnis oder im Exil sind, empfinden oft auf einer spirituellen Ebene Einsamkeit, und die gleichen Gefühle könnte die Gefangenschaft bei Tieren auslösen. Möglicherweise sehnen sich sogar Hunde, die domestiziertesten aller domestizierten Tiere, insgeheim nach der ursprünglichen wölfischen Freiheit. Hunde heulen gelegentlich, als vermißten sie etwas, das ihnen im Blut liegt, auch wenn sie es nur aus einer genetischen Erinnerung an ihr Wildtierleben in grauer Vorzeit kennen. Vielleicht sind auch Sie schon einmal um vier Uhr morgens mit einem seltsamen, unheimlichen Gefühl aufgewacht, mit der tief verwurzelten Sehnsucht nach einem anderen Leben. Könnte das ebenfalls eine atavistische Erinnerung an ein Leben in Hügeln, Dschungeln und Wäldern sein, umgeben von anderen freien Geschöpfen? Vielleicht vermissen wir es genauso wie unsere Verwandten in Tier- und Freizeitparks.

In der Einführung zu seinem Buch über die Sozialisation weist John Paul Scott darauf hin, daß Hunde der Prototyp einer hochgradig geselligen Art seien, deren Junge noch nicht voll ausgereift zur Welt kommen. Im Gegensatz zu Schafen, die sich Menschen nur dann eng anschlössen, wenn sie von den Eltern ihrer eigenen Spezies getrennt würden, knüpften Hunde in der Regel bereitwillig soziale Kontakte zu Hunden und Menschen.[3]

Wären wir den ganzen Tag lang in einem Verschlag eingesperrt, ohne Außenreize, die unser Interesse fesselten, dann fühlten wir uns schon bald gelangweilt und einsam, was sich in unserem Verhalten niederschlagen würde. Zahlreiche Bücher über die »Probleme« von Hunden wurden veröffentlicht[4], und eines der besten stammt von Carol Lea Benjamin. Ihrer Meinung nach werden Hunde unruhig, weil sie zu den in Rudeln lebenden Tieren gehören, und wenn sie viel allein gelassen werden, fühlen sie sich einsam, was wiederum Unruhe bei ihnen auslöst.[5]

Desmond Morris schreibt in *Dogwatching*: »Hunde sind kontaktfreudige, bindungsbedürftige und neugierige Wesen. Wenn sie zu selten in Gesellschaft von Menschen oder Artgenossen sein dürfen oder in einer reizarmen, monotonen Umwelt aufwachsen, leiden sie und entwickeln Neurosen. Die wohl schlimmste Strafe besteht für einen Hund darin, in einem engen Raum eingesperrt zu sein, in dem sich absolut nichts verändert.«[6]

In *Domestic Animal Behavior for Veterinarians and Animal Scientists* beschreibt der Autor den Fall eines ausgewachsenen, kastrierten Deutschen Schäferhunds, der im Keller eingesperrt wurde, wenn sein Besitzer arbeiten ging:

> »Der Hund zerriß den Teppichboden auf der Kellertreppe, dann begann er, das Holz der Stufen selbst anzunagen [...] Weder Beruhigungsmittel noch krampflösende Arzneien änderten etwas an diesem Verhalten [...] Der Besitzer versuchte wochenlang, auf den Hund einzuwirken, aber es trat keine Besserung ein, und so wurde der Hund eingeschläfert. Weder bei der allgemeinen noch bei der mikroskopischen Untersuchung des Gewebes sowie des zentralen Nervensystems wurden Anomalien festgestellt.«

Wen wundert es, daß sich die Qualen eines Hundes, der den ganzen Tag in einem engen Keller eingesperrt ist, in Zerstörungswut Luft machen? Selbst die Verfasser des Buches schreiben:

> »Es mag anthropomorphisch klingen, von gelangweilten Hunden zu sprechen, aber Tiere brauchen allem Anschein nach genau wie Menschen stimulierende Reize in ihrer

> Umgebung. Hunde sind so sehr auf die Gesellschaft anderer Hunde erpicht, daß sie beispielsweise harte Arbeit leisten, um eine Trennwand mit der Schnauze beiseite zu schieben; und andere Tiere streben nach Licht, um sich Zugang zu einer anderen Umgebung zu verschaffen oder um die Hirntätigkeit anzuregen. Hunde finden Kauen und Kratzen vielleicht weniger langweilig als einfaches Herumliegen. Wissenschaftlicher ausgedrückt: Sie stellen fest, daß solche Aktivitäten lohnenswert sind.«[7]

Einen Hund einschläfern zu lassen, weil er sich nach Gesellschaft sehnt, ist dumm und grausam. Hunde wollen und brauchen das gleiche wie wir: Freunde, Sonnenschein, Spiele und Liebe.

Vielleicht empfinden Hunde das, was wir als Einsamkeit bezeichnen, als Angst vor dem endgültigen Verlassenwerden. Die meisten Menschen haben schon einmal den panischen Gesichtsausdruck eines Hundes beobachtet, der nach seinem Herrchen oder Frauchen sucht. Ganz eindeutig hat er in diesem Augenblick intensive Gefühle, ähnlich einem Kind, das von seinen Eltern getrennt wurde. Die überschwengliche, oft an Hysterie grenzende Wiedersehensfreude, mit der uns ein Hund begrüßt, den wir nur wenige Minuten alleine gelassen haben, spricht Bände: Entweder hat der Hund ein anderes Zeitgefühl als der Mensch (was auf der Hand liegt), oder er glaubte, er wäre verlassen worden (natürlich ist es möglich, daß er wirklich nur seine Wiedersehensfreude zum Ausdruck bringt). Ungeachtet dessen, wie häufig ein Hund die Rückkehr seines Halters auch miterlebt haben mag, bereitet er ihm stets ein überschäumendes Willkommen, als wolle er sagen: »Gut, daß du wieder da bist! Ich hatte schon gedacht, ich würde dich nie wiedersehen!« Deshalb haben viele Leute ein schlechtes Gewissen, wenn sie ihren Hund den ganzen Tag allein lassen. Mit gesenktem Kopf und verwirrtem Blick scheint er zu fragen: »Gehst du für immer weg?« Viele Hundeexperten geben Ratschläge wie: »Es ist besser, dem Hund möglichst wenig oder gar keine Aufmerksamkeit zu schenken, bevor man das Haus verläßt, und die Begrüßung nach der Rückkehr sollte sich in Grenzen halten.«[8] Das ist mit unserer Intuition nicht zu vereinbaren. Wir möchten den Hund beschwichtigen, ihm versichern, daß wir zurückkommen, und ihm nach der Rückkehr zeigen, daß wir froh sind, ihn wiederzusehen. Auch er offenbart seine Freude darüber, uns wiederzusehen. Er begrüßt uns genauso überschwenglich, wie Wölfe die von der Jagd heimgekehrten Mitglieder ihres Rudels in Empfang nehmen.

Die Einsamkeit, die ein Hund empfindet, wenn ein geliebter Gefährte – Mensch, Artgenosse oder sogar Katze – verstorben ist, gleicht unseren Reaktionen in ähnlichen Situationen. Man kann (oder sollte) diesen natürlichen Zustand nicht mit Gewalt unterbinden. Zu trauern hat viele positive Aspekte, und es steht uns nicht zu, willkürlich zu entscheiden, welche Trauerzeit angemessen ist – weder für Menschen noch für Hunde.

Die meisten Probleme bei Hunden sind auf Ungerechtigkeiten zurückzuführen, die sie erdulden mußten. Menschen, die außergewöhnlich belastende oder traumatische Situationen erlebt haben, neigen später häufig zu Aggressivität oder selbstzerstörerischem Handeln. Hunde verhalten sich ähnlich. Einen Hund aus seinem Rudel herauszureißen, ohne ihm ein Ersatzrudel zu bieten, löst bei dem Tier großen Streß aus. Unter solchen Umständen wird ein Hund seiner Verzweiflung freien Lauf lassen und beispielsweise Polstermöbel oder andere Haushaltsgegenstände zerfetzen, überall tiefe Löcher graben, weglaufen oder sich sogar selbst verstümmeln, ein Verhalten, das zumindest eine Art Ablenkung bietet. (Wenn sich Menschen mit dem Messer Schnitte beibringen, ist das oft ein Ergebnis von körperlicher oder seelischer Mißhandlung in frühester Kindheit. Die Narben sind ein Beweis für eine Realität, die sich nicht leugnen läßt, sich tatsächlich zugetragen hat. In Fällen, wo Kinder über lange Zeiträume isoliert waren, kann die Selbstverstümmelung ähnlich wie bei Hunden eine Möglichkeit darstellen, die Monotonie durch stimulierende Reize aus der Außenwelt zu durchbrechen.)

Von allen Signalen, die Verzweiflung offenbaren, weckt das unaufhörliche Bellen, gepaart mit Aggressivität, in aller Regel als erstes die Aufmerksamkeit eines Experten für Verhaltensanomalien bei Hunden. Niemand kann mit absoluter Sicherheit sagen, warum Hunde überhaupt bellen, obwohl Charles Darwin behauptete: »Diese Gewohnheit verliert sich alsbald bei Hunden, wenn sie verwildern, und wird wieder aufgenommen, sobald sie aufs neue domestiziert werden.«[9] Nur der Hund hat diese Gewohnheit entwickelt. Es wurde vermutet, das Bellen sei ein Versuch, die Sprache des Menschen nachzuahmen, mit uns zu kommunizieren.[10] Der erste Impuls bei einem Hund, der allein gelassen wurde, besteht darin, empört zu bellen. Ganz sicher bemüht er sich, Aufmerksamkeit auf sich zu lenken: »Hilf mir, ich bin mutterseelenallein und fühle mich verlassen!« Ein Hund, der viel mit seinen Menschen spazierengeht und genügend Aufmerksamkeit und Zuwendung erfährt, wird selten ununterbrochen bellen. Hunde, die im Garten an der Kette liegen, kläffen dagegen nicht selten ohne Unterlaß. Sie bitten vielleicht nur darum, von der Kette befreit zu werden.

Man erkennt auf Anhieb, wenn ein Hund einsam ist, auch ohne ungewöhnliches Verhalten. Er fühlt sich einsam, wenn man ihn allein läßt, und Alleinsein ist öde. Wenn ein Hund, der häufig allein bleiben muß, regelmäßig mit seinen Haltern spazierengeht, Artgenossen kennenlernen und jeden Tag eine gewisse Zeit mit ihnen verbringen kann, stumpft er nicht so schnell ab. Lebt er indessen ganz ohne die Gesellschaft anderer Tiere, ist die Wahrscheinlichkeit größer, daß er sich langweilt. Ideal wäre es, wenn Hunde gemeinsam mit anderen Hunden oder Tieren unter einem Dach leben könnten. Sie sollten mehrmals am Tag Auslauf haben, und zwar in einer Umgebung, in der sie anderen Menschen und Hunden begegnen. Hunde müssen andere Menschen und Hunde kennen- und liebenlernen. Ein Hund, der viel Liebe gibt und empfängt, wird sich weder einsam noch gelangweilt fühlen.

8

Mitgefühl: Das A und O im Innenleben eines Hundes

In jüngster Zeit ist das Interesse am Thema Mitgefühl und Uneigennützigkeit bei Tieren sprunghaft gewachsen.[1] Bislang hatte man weithin angenommen, daß keine andere Spezies außer dem Menschen imstande sei, die Gefühle ihrer Artgenossen nachzuvollziehen oder Mitleid zu empfinden, geschweige denn, sich in die Angehörigen einer anderen Art hineinzuversetzen. Doch es gibt zahlreiche Beispiele, die das Gegenteil beweisen. In *A Natural History of Love* erzählt Diane Ackerman von einem jungen Paar, das auf der Ärmelkanalinsel Jersey lebte und mit seinem kleinen Sohn einen Zoo besuchte. Der Junge fiel von der Mauer und landete mitten im Gorillagehege. »Ein riesiger Silberrücken – das dominante Männchen – eilte herbei und setzte sich zwischen das Kind und die übrigen Gorillas; er rührte sich nicht vom Fleck und schirmte das Baby ab, bis ein Wärter herbeigerufen worden war.«[2] Unlängst wurde alle Welt von einer Meldung über einen dreijährigen Jungen aufgerüttelt, der drei Meter tief auf den Betonboden eines Gorillageheges im Brookfield-Zoo von Chicago fiel. Der Vorfall wurde von einem Amateurfilmer auf Video aufgezeichnet. Binti, ein siebenjähriges Weibchen mit einem Gorillababy auf dem Rücken, nahm das Kind in die Arme, wiegte es und setzte es dann neben der Tür ab, wo die Wärter es holen konnten. Das Kind überlebte den Unfall ohne bleibende Schäden.

Ich beobachtete einmal von einer Lodge in einem afrikanischen Nationalpark aus, wie eine kleine Impala-Antilope vor einer Herde Wildhunde flüchtete und in einen Fluß sprang, wo sie prompt von einem Krokodil angegriffen wurde. Plötzlich eilte ein Flußpferd herbei, um das benommene Tier zu retten. Das Krokodil ließ von seiner Beute ab; das Flußpferd schob die Antilope ans Ufer und folgte ihr ein paar Schritte, bis sie vor Erschöpfung umfiel. Doch statt nach getaner Tat seiner Wege zu ziehen, half das Flußpferd ihr wieder auf die Beine und hauchte, das riesige Maul weit aufsperrend, warme Luft auf die schreckensstarre Antilope. Es wiederholte seine »Wiederbelebungsmaßnahmen« viermal, bevor es im Unterholz verschwand. Für dieses bemerkenswerte Verhalten gibt es in meinen Augen nur eine Erklärung: Mitgefühl.

Der Primatologe Frans de Waal berichtete von einem Erlebnis im Primatenzentrum von Wisconsin. Die erwachsenen Männchen einer Horde stummelschwänziger Affen kümmerten sich geradezu rührend um ein altes blindes Weibchen namens Wolf. Immer wenn die Wärter versuchten, die Tiere zu einem Wechsel vom Innen- ins Freigehege zu veranlassen, standen die ausgewachsenen Männchen Wache zwischen den beiden Bereichen und postierten sich so lange an der Tür, die sie manchmal offenhielten, bis Wolf sie passiert hatte.[3]

Im Dezember 1995 quetschte sich eine verwilderte domestizierte Katze durch ein Loch in einem Weidenzaun in »Wildlife Images«. In diesem Naturschutzgebiet in Grants Pass, Oregon, mit riesigen Freigehegen wurde ein rund 280 Kilogramm schwerer Bär in Schranken gehalten. Die Katze näherte sich dem Koloß, als dieser gerade aus seinem Zwanzig-Liter-Eimer fraß. Sie war so hungrig, daß sie »auf Tuchfühlung« mit dem Bären ging und um Nahrung bettelte, wie Zuschauer beobachteten. Dave Siddon, der Gründer von Wildlife Images, befürchtete bereits, der Bär würde die Katze mit einem einzigen Prankenhieb töten. Doch weit gefehlt: Er fischte ein kleines

Stück Huhn aus dem Eimer und ließ es neben seine Vordertatze fallen. Die Katze stürzte sogleich herbei und vertilgte es. Danach waren Katze und Bär unzertrennlich: Sie fraßen, schliefen und tollten gemeinsam auf dem Gelände herum und wurden dicke Freunde.[4]

Skeptiker zögern vielleicht, diese Anekdote als Beispiel für die Fähigkeit von Tieren, Mitgefühl zu empfinden, zu akzeptieren. Vielleicht war der Silberrücken nur neugierig, könnten sie argumentieren. Möglich wäre auch, daß selbst ein so erfahrener Primatenforscher wie Frans de Waal in den Morast des Anthropomorphismus geriet und seine eigenen Empfindungen auf die stummelschwänzigen Affenmännchen projizierte. Und der Bär fühlte sich vermutlich einsam und war froh, Gesellschaft zu haben. Bei der Deutung tierischen Verhaltens scheinen sich manche Wissenschaftler nahezu automatisch an Morgans Gesetz[5] zu halten: niemals etwas auf einer höheren Ebene erklären, wenn eine niedrigere ausreicht. Das führt häufig zu einer weniger feinsinnigen Interpretation, als das Verhalten verdient hätte.

Mitgefühl zu bekunden und einfühlsam zu handeln macht jedoch auch aus der Warte der Evolution Sinn. Einzelgänger in der Tierwelt – Katzen beispielsweise – müssen kein Einfühlungsvermögen oder Mitgefühl entwickeln, um das Überleben ihrer Art zu gewährleisten, und Beispiele für ein solches Verhalten bei Katzen sind Ausnahmen. Menschen und Hunde zählen dagegen zu den geselligen Lebewesen, und alle Mitglieder einer sozialen Gemeinschaft müssen lernen, miteinander auszukommen, wenn sie überleben wollen. Wie der amerikanische Dichter W. H. Auden schrieb: »Wenn wir nicht lernen, einander zu lieben, werden wir sterben.«

Tiere, die in einer sozialen Gemeinschaft leben, erfahren am eigenen Leib, welchen Wert uneigennütziges Handeln hat. Ratten zögern, einen Hebel herunterzudrücken, mit dem sie sich Nahrung verschaffen können, wenn sie dadurch einen Elektroschock bei einem Artgenossen auslösen. Sie drücken unweigerlich den Hebel, von dem keine Gefahr droht, und verzichten lieber darauf, sich den eigenen Bauch zu füllen, wenn sie sonst ihren Freunden schaden.[6] Vielleicht sind Ratten deshalb so gute Spielgefährten für Kinder, und vielleicht kann *rattus Norvegicus* deshalb so kinderlieb sein. Wissenschaftler neigen gleichwohl dazu, ihr Augenmerk bei Tieren auf die weniger edlen Verhaltensmerkmale zu richten, wie Aggressivität, die sich leichter mit Labortests und nüchternen Zahlen ermitteln lassen.

Der Ethologe Irenäus Eibl-Eibesfeldt zog einen wilden Dachs auf, aber es gelang ihm nicht, ihm bestimmte Verhaltensweisen abzugewöhnen. »Wenn ich ihn schalt, weil er einen Schrank geöffnet und meine Tischdecken herausgezogen hatte, starrte er mich nur an, und wenn ich ihm einen Nasenstüber gab, ging er auf mich los. Er ordnete sich nicht unter. Ein Hund lernt dagegen schnell zu gehorchen.«[7]

Diese Beobachtung hat ihre Gültigkeit, aber sie geht am eigentlichen Punkt vorbei. Fügsamkeit, eine Eigenschaft, die von vielen Forschern als bloße Unterordnung angesichts eines höherrangigen Individuums gedeutet wird, basiert möglicherweise auf mehr als dem Instinkt, einem Befehl zu gehorchen, aus Angst vor Strafe oder Ehrerbietung gegenüber einem Überlegenen. (Eibl-Eibesfeld spricht in diesem Zusammenhang von dem Begriff »Ehr-furcht«.) Dieses unterwürfige Verhalten könnte mit Zuneigung, Mitgefühl und dem Bedürfnis, geliebt zu werden, in Zusammenhang stehen.

In Wörterbüchern wird der Begriff »Mitgefühl« als Anteilnahme, Rücksichtnahme und Einfühlungsvermögen in die mißliche Situation eines anderen definiert, Eigenschaften, die man dem menschlichen Erfahrungsspektrum zuordnet. Doch ich bin mir sicher, daß auch Hunde in der Lage sind, Anteilnahme und Mitleid zu empfinden. Allerdings könnte ich nicht mit hundertprozentiger Gewißheit behaupten, daß sie Anteil am Unglück eines Artgenossen nehmen können, zumindest nicht in einer für uns erkennbaren Weise. Neulich ging ich mit unseren drei Hunden spätabends Gassi, als Rani plötzlich verschwand. Ich suchte eine geschlagene Stunde lang nach ihr. Sie hatte sich verlaufen, so viel stand für mich fest. Sasha und Sima schienen sich nicht die geringsten Sorgen zu machen, doch als wir sie entdeckten und sie uns in Riesensätzen entgegengerannt kam, wurde sie von den beiden nicht nur mit der üblichen Zeremonie für ein Familienmitglied begrüßt, das sich kurz entfernt hatte. Ihr Verhalten deutete darauf hin, daß sie wußten, wie froh Rani war, wieder bei uns zu sein. Irgendwie spürten sie wohl anhand ihrer Reaktion, daß sie Schwierigkeiten gehabt hatte. Das bezeichne ich als Mitgefühl oder Anteilnahme.

Einfühlungsvermögen oder Mitgefühl unter Hunden scheint eng mit Empfindungen verbunden zu sein, die sich um Liebe oder Zuneigung ranken, wie Freundschaft, das Bedürfnis nach Geselligkeit, nostalgische Erinnerungen an gemeinsame Erlebnisse, Gutmütigkeit und die Bekundung des guten Willens gegenüber einem Mitglied der eigenen oder einer anderen Spezies.

Rick McIntyre erzählt von einem verletzten weißen Leitwolf, der lahmte und mit seinem Rudel nicht mehr Schritt halten konnte. Dann und wann setzte er zu einem rasanten Spurt auf drei Beinen an und hatte seine Gefährten im Nu wieder eingeholt. Sobald er wieder ein paar hundert Meter hinterherhinkte, warteten die Angehörigen des Rudels geduldig, bis er den Anschluß gefunden hatte.[8] Dieses Verhalten veranschaulicht in meinen Augen den komplexen Zustand, den wir als Einfühlungsvermögen oder Mitgefühl bezeichnen. In meinen Augen gehört das Warten auf den Alphawolf der gleichen emotionalen Ebene an, die wir auch bei Menschen beobachten. Wir können diese »Rücksichtnahme« mit der Begründung abtun, das Wolfsrudel habe das Leittier eben gebraucht und nur aus Eigennutz gewartet. Eine solche Erklärung läßt jedoch die emotionale Komponente eines solchen Verhaltens außer acht. Was immer die Wölfe auch gedacht oder gefühlt haben mögen, während sie auf den Nachzügler warteten, sie haben mit Sicherheit keine mathematische Kosten-Nutzen-Rechnung aufgestellt oder sich in Selbstgefälligkeit gesuhlt.

Mike Tomkies lebte mit Moobli, einem »sanften Hunderiesen« in einem entlegenen Winkel der schottischen Highlands, wo sie gemeinsam die endlosen Weiten einer unberührten Berglandschaft durchstreiften. Der Wolfshund behandelte die verletzten Tiere, die Hilfe bei ihm und seinem Herrn suchten, mit Sachverstand und ausgesuchtem Zartgefühl. Die Geschichte wird in Tomkies Buch *Moobli* erzählt, das Fotos von dem Hund enthält, der sich gerade um ein verletztes Rotwild kümmert.[9] Dieses artenübergreifende Einfühlungsvermögen und Mitgefühl ist ungemein anrührend.

Wenn einer meiner drei Hunde sich zu weit von den anderen entfernt und ich in Gedanken versunken ohne ihn weitergehe, bleiben die beiden anderen stehen und warten auf die Rückkehr ihres Gefährten. Sie blicken mich an, als wollten sie mir demonstrieren, wie man sich in einem solchen Fall richtig verhält, und daß es auch mir gut anstünde zu warten. Sie rühren sich nicht vom Fleck, bis unser Rudel wieder vollzählig ist. Dieses Verhalten deutet klar auf die Fähigkeit zur Rücksichtnahme hin, genauso wie bei Wölfen. Natürlich könnten wir andere Erklärungen finden. Es gibt immer ein ganzes Sammelsurium von Deutungsmöglichkeiten für Verhalten, egal, ob es sich um menschliches oder tierisches Mitgefühl beziehungsweise Einfühlungsvermögen handelt. Aber verbirgt sich dahinter wirklich Selbstinteresse oder kaschierter Eigennutz, gepaart mit der Hoffnung, daß sich der andere bei Gelegenheit erkenntlich erweist? Selbst wenn in solchen Erklärungen ein Körnchen Wahrheit stecken sollte, werden nicht alle Verhaltenselemente null und nichtig, die sich aus Liebe und Einfühlungsvermögen herleiten, denn diese Erklärungen können die Empfindungen nicht unter den Tisch fallen lassen, die mit solchen Handlungsweisen einhergehen.

Fast jeden Tag bringen Zeitungen oder Fernsehsender Berichte über Hunde, die einem Menschen das Leben gerettet haben. In der *St. Louis Post Dispatch* war im März 1996 auf der Titelseite zu lesen, daß zwei streunende Hunde, ein Dachshund und ein australischer Hütehund, einen geistig behinderten Jungen am Leben erhalten hatten, als dieser drei Tage lang bei eisiger Kälte durch die Wälder geirrt war. Die Mutter des Jungen bezeichnete die Hunde als »Engel, die der Himmel geschickt hat«, nachdem der zehnjährige Josh Carlisle, der am Down-Syndrom leidet, von einem berittenen Mitglied des Suchtrupps in einem ausgetrockneten Bachbett in Montana entdeckt worden war. Bei Temperaturen nahe dem Gefrierpunkt hatten die Hunde mit ihm gespielt und sich die Nacht über an ihn geschmiegt, um ihn zu wärmen. Josh nahm während dieser Zeit keine feste Nahrung zu sich, aber die Hunde führten ihn offenbar zu einer Wasserstelle, denn er war nicht völlig ausgetrocknet. Der Junge erlitt leichte Erfrierungen an allen zehn Zehen, weil er die erste Nacht allein bei leichtem Schneefall verbrachte, der den Boden überstäubte. Als man Josh zum Krankenwagen brachte, folgte ihm der Dachshund und sprang immer wieder hoch, um einen Blick durch die Fensterscheibe zu werfen. »Ich werde das Gesicht dieses Hundes mein Lebtag nicht vergessen«, gestand Dana Kammerloh, die zur Suchmannschaft gehörte. Beide Hunde fanden ein neues Zuhause bei der Familie des Kindes, und die Mutter erzählte den Reportern: »Sie haben meinen Sohn in jenen Tagen liebgewonnen.«[10]

Diese Hunde waren nicht gezwungen, neben dem Jungen zu schlafen, um sich selbst warm zu halten. Die knappste Erklärung für ihr Verhalten wäre, daß sie wußten oder spürten, daß der Junge ohne die Wärme ihres Fells erfroren wäre. In meinen Augen steht dahinter das Bedürfnis, einen Schwächeren zu beschützen, also Einfühlungsvermögen oder Mitgefühl.

Skeptiker könnten behaupten, daß es sich hier lediglich um eine Geste der Unterwerfung gehandelt habe. Eine solche Erklärung würde sich auf die Annahme stützen, daß sich Hunde in Gegenwart des Menschen immer unterwürfig verhalten und in diesem Fall ihre Unterwürfigkeit durch die körperliche Nähe zu einem Kind zum Ausdruck brachten. Barry Lopez erklärte, daß sich Wölfe »Hunden unterwerfen, mit denen sie aufgewachsen sind, ungeachtet ihrer Größe. Ich habe einen zahmen ausgewachsenen Wolf gesehen, der sich einem vier Kilo leichten Cairn-Terrier mit einer Demutsgeste näherte.«[11] Die streunenden Hunde hatten jedoch keinen Grund, sich dem behinderten Jungen zu unterwerfen. Sie waren ihm nie zuvor begegnet, kannten ihn nicht von früher. Außerdem schrecken Hunde oft vor Menschen zurück, deren Verhalten sie intuitiv als »anders« erkennen. Selbst in dem von Lopez geschilderten Fall scheint das Wort »Unterwerfung« unzutreffend zu sein. Vielleicht wurde das Verhalten der Hunde ebenfalls durch eine Form der Zuneigung oder Liebe motiviert. Nicht jede Wechselbeziehung zwischen dem Menschen und anderen Spezies beinhaltet eine hierarchische Komponente. Wir neigen dazu, Verhalten anhand von Rangordnungsbegriffen zu erklären, weil wir Menschen in solchen Kategorien denken. Damit befinden wir uns unter Umständen völlig auf dem Holzweg, was sowohl die Tiere als auch uns selbst betrifft. Unterwürfiges Verhalten ist möglicherweise nichts anderes als eine von vielen Ausdrucksformen der Liebe.

Hunde, die bei Rettungsaktionen eingesetzt werden, erlernen ihre Arbeit auf spielerische Weise. Sie lassen unbändigen Stolz auf ihre Tätigkeit erkennen, so daß viele Trainer meinen, sie hätten nicht nur Spaß daran, sondern wüßten auch, daß sie etwas leisten und Gutes tun. Deshalb könnte man sagen, daß sie aus Mitgefühl handeln.[12]

Hunde sind sogar imstande, Mitgefühl für Katzen zu empfinden. Ginny ist eine kleine »Bastardhündin«, die Katzen unter ihre Fittiche nimmt, »streunende Katzen, halbverhungerte Katzen, kranke Katzen und vor allem körperbehinderte Katzen.«[13] Die erste Katze, die Ginny rettete, war taub, die zweite hatte ein Auge eingebüßt, eine andere ihre Hinterpfoten.

Roger Caras war Zeuge einer bemerkenswerten Episode, die das Mitgefühl und die Uneigennützigkeit der Mischlingshündin Sheba beweist. Angie, ihre kleine Herrin, hatte als Baby hohes Fieber gehabt und einen Hirnschaden davongetragen, so daß sie an 13 Arten von Krampfanfällen litt, einschließlich Epilepsie. Die Anfälle traten zeitweilig bis zu einem Dutzendmal innerhalb von 24 Stunden auf. Während dieser Zeit setzte manchmal die Atmung aus, so daß ohne sofortige medizinische Behandlung Lebensgefahr bestand. Angie konnte nie allein gelassen werden, nicht einmal im Bad. Jedes Mitglied ihrer Familie mußte lernen, welche Maßnahmen im Notfall zu ergreifen waren. Die Familie stellte einen Antrag auf einen Hund mit einer speziellen Ausbildung, um Menschen mit bestimmten Behinderungen helfen zu können. Es fand sich jedoch kein Tier, dem man beibringen konnte, Angie die lebenswichtige medizinische Hilfe angedeihen zu lassen. Aber man gelangte zu der Schlußfolgerung, daß ein Hund auf der emotionalen Ebene als Gefährte hilfreich wäre.

Sheba lernte gleichwohl auf wundersame Weise, Angies Zustand genau zu überwachen. Sie läßt ihre Herrin keine Minute aus den Augen und spürt genau, wann sich ein Krampfanfall anbahnt. Dann bellt sie, packt Angies Hand mit der Schnauze, zieht sie zum Bett oder zur Couch und vergewissert sich, daß sie nicht zu Boden fallen wird. Sheba alarmiert nicht nur die Familie, sondern bellt auch auf ganz besondere Weise, wenn Angies Atmung bedroht ist.

Wie kann ein Hund das alles lernen? Gesichts-, Gehör- und Geruchssinn mögen eine Rolle spielen, ja, vielleicht sogar ein »eingebauter Infrarotdetektor«. Bei vielen Menschen kündigt sich ein Krampfanfall durch einen blitzschnellen Anstieg der Körpertemperatur an, wie eine kurze Fieberattacke, und vielleicht verströmen sie dabei einen anderen Geruch als sonst. Alle physiologischen Veränderungen finden innerhalb von Sekunden statt. Sheba hat noch nie Fehlalarm gegeben, und Angies Leben veränderte sich dadurch grundlegend. Sie darf inzwischen spazierengehen und draußen spielen, solange Sheba ihr Gesellschaft leistet.

Caras beobachtete Sheba nicht nur bei der Arbeit mit Angie, während das Mädchen einen Krampfanfall erlitt, sondern filmte dabei auch. Die Aufzeichnung wurde in der ABC-Nachrichtensendung »World News Tonight« gebracht. Caras betonte, er hätte es nie geglaubt, wenn er es nicht mit eigenen Augen gesehen hätte.[14]

9

Würde, Erniedrigung und Enttäuschung

Bestimmte Dinge sind einfach unter der Würde eines Hundes. Die meisten Menschen haben schon einmal einen älteren Hund gesehen, der sich um keinen Preis dazu herabläßt, an dem kindlichen Spiel jüngerer Gefährten teilzunehmen. Betagte Hunde und ihre Wechselbeziehungen zu Welpen zu beobachten, ist außerordentlich interessant. Sie lassen Geduld im Umgang mit dem »jungen Gemüse« erkennen, aber es scheint ihnen auch peinlich zu sein, wenn sie dabei ertappt werden, daß sie sich mit ihnen abgeben. Wenn man davon ausgeht, daß Hunde Würde besitzen – und niemand, der mit Hunden arbeitet, könnte das leugnen –, stellt sich natürlich die Frage: Kann diese Würde verletzt werden? Und empfindet der Hund danach so etwas wie Demütigung oder Erniedrigung?

Woraus besteht Würde für einen Hund? Ist es das Bewußtsein, beobachtet zu werden und bestimmten Verhaltensnormen entsprechen zu müssen? Wenn ich meine drei Hunde beispielsweise mit zur Bank nehme und sie draußen vor dem Gebäude anbinden will, beginnen die beiden Welpen, herumzutollen und zu spielen. In solchen Momenten nimmt Sashas Gesicht einen Ausdruck an, der Passanten signalisiert, daß sie nicht zu dieser Meute gehört und sich nie zu so kindischen Kapriolen herablassen würde. Sie blickt angelegentlich in die entgegengesetzte Richtung, auf ein Objekt in weiter Ferne, wobei sie so tut, als nähme sie keinerlei Notiz von ihren beiden lärmenden und tobenden Gefährten. Sie sieht würdevoll aus, was ihr sogar Passanten bescheinigt haben.

Wenn Sasha jedoch etwas im Schilde führt, beispielsweise einen anderen Hund zu jagen, um ihn einzuschüchtern (was für ihre Rasse leider charakteristisch sein könnte, genau wie Ranis Halsstarrigkeit für Ridgebacks typisch ist), wirft sie stets einen kurzen Blick in meine Richtung. Es scheint, als erwarte sie meinen Tadel, denn sie weiß, daß ich dieses Verhalten nicht mag. Dann legt sie die Ohren zurück, tänzelt zu mir herüber, senkt den Kopf und versucht mich zu beschwichtigen. Sobald ich die Entschuldigung annehme, ist sie glücklich, und wenn nicht – weil ich immer noch wütend auf sie bin –, setzt sie eine hilflose, demutsvolle Miene auf. Sie hat gewußt, daß mir solche Verfolgungsjagden nicht gefallen, doch kam sie einfach nicht gegen ihren Trieb an.

Viele Philosophen und sogar Menschen, die in enger Gemeinschaft mit Hunden leben, gestehen nur zögernd ein, daß Hunde zu einer so vielschichtigen Empfindung wie dem Gefühl, gedemütigt worden zu sein, fähig sein könnten. Auch der Philosoph Ludwig Wittgenstein läßt trotz seiner genialen Fähigkeiten einen gewissen Mangel an Feingefühl erkennen, was das Gefühlsleben von Hunden betrifft: »Warum kann ein Hund Angst, aber keine Schuldgefühle haben?« schrieb er. »Wäre es richtig, darauf zu antworten: ›Weil er nicht sprechen kann?‹«[1] Wittgenstein scheint damit anzudeuten, daß »primitive« Gefühlsregungen wie Angst und Wut nicht durch Sprache übermittelt werden müssen, im Gegensatz zu den »höheren« Empfindungen wie Liebe und Reue. Da der Hund keinen Zugang zur Sprache hat, ist er nach Wittgensteins Auffassung nicht imstande, Scham zu empfinden. Ich glaube, daß Wittgenstein irrt. Das Gefühl, jemanden erniedrigt zu haben, führt bei Menschen oft zu Selbstvorwürfen, und ich glaube, das gilt gleichermaßen für den Hund. Als ich im März 1996 der Hundestaffel des Oakland Police

Department einen Besuch abstattete, erzählte mir einer der Trainer, daß sein Hund ihn versehentlich gebissen habe. Als der Hund den Irrtum bemerkt habe, sei er völlig zerknirscht gewesen. Er habe sich auf den Boden des Wagens fallen lassen, der Inbegriff des schlechten Gewissens, als würde er immer wieder in seinen Bart murmeln: »Es tut mir leid, es tut mir leid, mein Gott, was habe ich bloß getan?«

»Und? Haben Sie ihm verziehen?« fragte ich.

»Auf der Stelle. Es war meine Schuld, denn ich hatte die Hand ohne Warnung in den Wagen gesteckt.«

»Und wie hat er auf Ihre Entschuldigung reagiert?«

»Er war auf Anhieb beruhigt, und die leidige Angelegenheit war ein für allemal vergessen.«

Hunde mögen es, wenn man ihnen verzeiht. Sie selbst sind nicht nachtragend, und sie sind glücklich, wenn sie sehen, daß der Mensch keinen heimlichen Groll gegen sie hegt.

Viele Hundehalter haben mir berichtet, daß ihr Hund eine reumütige oder zerknirschte Miene aufsetze, wenn er sie versehentlich verletzt habe. Meiner Erfahrung entspricht das nicht. Einige Monate, nachdem Sasha zu uns gekommen war, ging ich mit den Hunden spätabends in einem Park spazieren, ein paar Häuserblocks entfernt. Sasha hetzte Rani in Kreisen, die sie zunehmend enger zog. Plötzlich hatte ich das Gefühl, als wäre ich von einer Kugel getroffen worden: Sasha hatte sich mir in vollem Tempo von hinten genähert und war mit mir zusammengeprallt. Ich ging zu Boden, spürte einen brennenden Schmerz. Vermutlich hatte ich mein gesamtes Körpergewicht (rund achtzig Kilo) auf den rechten Fuß verlagert und das Gleichgewicht verloren. Ich versuchte aufzustehen, fiel aber sofort wieder hin. Der Schmerz war unerträglich. Kurz bevor ich ohnmächtig wurde, dachte ich noch erbittert, was für ein miserabler Blindenhund Sasha geworden wäre und daß die Trainer zu Recht einen »Berufswechsel« empfohlen hatten. Zum Glück befand sich meine Frau Leila in der Nähe. Sie lief los, um den Wagen zu holen, und wir schafften es irgendwie, nach Hause zu gelangen. Ich konnte keinen Schritt mehr vor den anderen setzen, schleppte mich ins Bett und betete, daß am Morgen alles wieder gut sein würde. Aber die Schmerzen wurden in der Nacht immer schlimmer, da der Fuß anschwoll. Es dauerte sechs Wochen, bis ich wieder laufen konnte, und einige Zeit länger, bis ich nicht mehr hinkte.

Es ist schwierig, in einer solchen Situation, die bei einem Menschen, aber nicht zwangsläufig bei einem Hund Emotionen auslöst, Rückschlüsse auf Gefühle zu ziehen. Während ich auf dem Boden lag und mich vor Schmerzen krümmte, war bei Sasha keinerlei Besorgnis zu erkennen gewesen und keine Spur von Gewissensbissen oder Schuldgefühlen. Sie hatte fröhlich mit den beiden anderen Hunden weitergespielt, die an dem stöhnenden, sich auf dem Boden windenden Menschen gleichermaßen desinteressiert waren. Ich glaube nicht, daß sie Reue empfand. Oder war ihr einfach nicht klar, was sie angestellt hatte? Es fällt schwer zu glauben, daß sie es nicht wußte. Andererseits ist das nun einmal die Art, wie Hunde spielen, und solche Mißgeschicke sind in der Hundewelt eben unbekannt.

Welche Schuldgefühle ich bei Sasha mit Vorwürfen auch ausgelöst hätte, sie wären aufgesetzt gewesen: Sie hätte nur deshalb Reue gezeigt, weil ich es von ihr verlangt hätte. Und wenn sie tatsächlich echt gewesen wäre, dann hätte dieses Gefühl nur kurze Zeit angedauert. Meine Schmerzen, die Unannehmlichkeiten, die mit dem Unfall verbunden waren, selbst meine Wut auf Sasha hielten sechs Wochen und länger vor. Trotzdem konnte ich nicht von ihr erwarten, daß sie mich am zehnten Tag ansah und sich daran erinnerte, was sie getan hatte. Ich spürte sogar eine gewisse Ungeduld ihrerseits, als wollte sie sagen: »Stell dich nicht so an, Masson. Es reicht.«

Mit anderen Worten: Ich hätte ihr Schuld- oder Schamgefühle einimpfen können, aber der Grund wäre für sie nicht ersichtlich gewesen. Andererseits gibt es Tiere, die es hassen, wenn man über sie lacht. Zu ihnen gehören die großen Affen, Elefanten und Hauskatzen. Hunde werden in dieser Liste in aller Regel nicht aufgeführt, aber Menschen, die einmal mit ihnen unter einem Dach gelebt haben, zweifeln keinen Augenblick daran, daß die Würde eines Hundes verletzt werden und er sich gedemütigt fühlen kann. In *The Mind of the Dog* schreibt R. H. Smythe:

> »Jeder Hund ist außerordentlich empfindlich gegenüber Spott. Er liebt Lachen, vorausgesetzt, man lacht mit ihm, aber er fühlt sich ungemein erniedrigt und unglücklich, wenn er den Verdacht hegt, daß man über ihn lacht. Ich hatte einmal einen seltsam aussehenden Mischlingshund mit einem gedrungenen Kopf und Körper und den kurzen, krummen Beinen eines Basset. Ich liebte diesen Hund, Richard, sehr und war stets bemüht, seine Gefühle nicht zu verletzen, doch immer, wenn ich mit ihm im Schlepptau einen Tag lang auf Hasenjagd ging, brachen die Männer, die uns begleiteten, in schallendes Gelächter aus. Richard kannte den Grund und versuchte sich zu verstecken. Schließlich verschwand er und tauchte nie mehr auf.«[2]

Anschließend beschreibt Smythe, daß bestimmte Hunde, vor allem überzüchtete Rassen, mit der Rute auf- und abwedeln, wenn sie Scham- oder Schuldgefühle empfinden oder wissen, daß sie gescholten werden, und sich auf den Boden fallen lassen, während der Schwanz nach unten geht. Ein Hund, der ein solches Verhalten an den Tag legt, erwartet Strafe und verharrt in dieser Demutsposition. Manchmal betrete ich mein Schlafzimmer, und Rani liegt reglos da: Ihre Rute trommelt auf den Boden, sie schaut zu mir hoch, so daß das Weiße in ihren Augen sichtbar ist, und wendet den Blick gleich darauf wieder ab. Dann weiß ich, was im Busch ist: Sie hat wieder einmal eines meiner Kleidungsstücke ergattert und es genüßlich zerfetzt und zerkaut.

George Romanes erzählt in seinem Buch *Animal Intelligence* eine Geschichte, die er selbst erlebt hat:

»Der Terrier liebte es, Fliegen an der Fensterscheibe zu fangen, und sobald man ihn verspottete, weil seine Jagd vergebens geblieben war, wurde er auffallend ärgerlich. Einmal lachte ich unbändig bei jedem fehlgeschlagenen Unterfangen, nur um zu sehen, was er tun würde. Es trug sich zu, daß diese Mißgriffe mehrmals hintereinander geschahen, nicht zuletzt, wie ich glaube, als Folge meines Gelächters. Schließlich geriet er in solchem Maß unter den Zwang, mit einer Beute aufzuwarten, daß er vorgab, die Fliege gefangen zu haben. Dabei befleißigte er sich aller angezeigten Bewegungen mit Lippen und Zunge, um sodann die Schnauze über den Boden zu reiben, als wollte er seinem Opfer den Garaus machen: Danach blickte er mich ob des Erfolgs mit triumphierender Miene an. So gut wurde der gesamte Handlungsablauf nachgeahmt, daß ich getäuscht worden wäre, wenn ich nicht mit eigenen Augen gesehen hätte, daß sich die Fliege noch auf der Fensterscheibe befand. Folglich lenkte ich seine Aufmerksamkeit auf diesen Sachverhalt, ebenso wie auf das Fehlen jedweder Beute auf dem Fußboden; und als er sah, daß sein Betrug entdeckt war, verkroch er sich unter einem Möbelstück, offenbar beschämt über sein Benehmen.«[3]

Es fällt schwer, die »triumphierende Miene« für bare Münze zu nehmen. Romanes überträgt vielleicht einen Teil seiner eigenen Listigkeit auf den Hund. Oder das Verhalten war als Scherz gemeint, obwohl Romanes nicht daran glaubt. Welche Bedeutung es auch immer haben mag – falls der Bericht der Wahrheit entspricht –, die Reaktion des Hundes läßt ein bemerkenswert hoch entwickeltes Bewußtsein für menschliche Denkprozesse und Gefühle erkennen. Romanes erniedrigte den Hund mit seinem Spott, und der Hund wollte diese Demütigung nicht hinnehmen.

Mit einem Hund zu lachen steht natürlich auf einem ganz anderen Blatt. Viele Hunde besitzen eine gehörige Portion Humor. Henri Bergson erklärte, Lachen sei ein einzigartiges Vorrecht des Menschen.[4] Er irrte sich, wie viele Hundekenner bestätigen können. Konrad Lorenz schreibt in *Über das Verhältnis zwischen Hund und Mensch*, daß manche Hunde beispielsweise lachen, wenn sie mit einem bewunderten menschlichen Gefährten spielen.

Erkennen Hunde, daß wir lächeln? Ja, sagt Barbara Woodhouse: »Wenn ich von ›Mimik‹ spreche, meine ich, daß Hunde beobachten, ob unser Gesicht zu einem Lächeln verzogen oder ernst ist. Wenn ich meiner Hündin nicht aufmunternd zulächle, bevor sie ihre Gehorsamkeitsprüfung ablegt, versagt sie hoffnungslos im Test, und sie wirkt bekümmert, wenn ich sie während des Trainings traurig ansehe, sobald sie etwas falsch macht.«[5]

Einmal lud mich die Oakland Zoological Society als Gastredner ein; ich bat um die Erlaubnis, meine Hunde mitzubringen, in der Annahme, der Vortrag würde in einem kleinen Raum stattfinden. Wie sich herausstellte, waren mehr als zweihundert Zuhörer gekommen, und ich sollte auf einer richtigen Rednertribüne stehen. Ich beschloß, die Hunde von der Leine zu lassen. Sie kämpften spielerisch miteinander, tollten herum und führten sich so ausgelassen auf wie Welpen, sehr zum Vergnügen der Veranstaltungsteilnehmer. Die drei setzten sich dabei nicht bewußt in Szene, sondern hatten die Menschen ringsum vergessen und scherten sich keinen Pfifferling darum, was diese von ihrem Verhalten denken mochten. Diesen augenscheinlichen Mangel an Selbstbewußtheit und die völlige Gleichgültigkeit gegenüber der Möglichkeit, getadelt zu werden oder Mißfallen zu erregen, fand ich erstaunlich. Es schien sie nicht zu interessieren, ob die Menschen über sie oder mit ihnen lachten. Sie hätten sich genausogut mutterseelenallein auf einer einsamen Wiese befinden können, so wenig Beachtung schenkten sie mir und den Zuhörern. Vielleicht bin ich nicht frei von der Neigung zur Vermenschlichung und übertrage Begriffe wie »Mißfallen erregen« in die Hundewelt, die wohl eher zu den menschlichen als zu den kaniden Kriterien gehören.

Auch wenn sich Hunde gedemütigt fühlen, scheinen sie keinen Groll gegen eine bestimmte Person (oder ein anderes Tier) zu hegen, den Auslöser der streßbefrachteten Emotion. Es sieht so aus, als wäre der Hund wieder einmal die Liebe in Reinkultur und imstande, das eine fein säuberlich vom anderen zu trennen. Ich glaube, das gilt auch für Enttäuschungen. Hunde sind ungemein empfindlich, was Enttäuschungen angeht, aber sie bringen diese selten mit Menschen und Freunden in Verbindung, die sie lieben. Sie scheinen frei von der Neigung zu sein, nach einem Sündenbock für das eigene Pech zu suchen.

Um noch einmal auf die Philosophen zurückzukommen – Ludwig Wittgenstein hat behauptet: »Man kann sich vorstellen, daß ein Tier wütend, verängstigt, unglücklich, glücklich, verblüfft reagiert. Aber hoffnungsvoll? [...] Ein Hund ist überzeugt, sein Herr sei an der Tür. Aber kann er außerdem überzeugt sein, daß sein Herr übermorgen zurückkommt?«[6] Wittgenstein hat ein berechtigtes Argument angeführt, aber auch hier möchte er die Emotionen eines Hundes wieder auf den einfachsten psychologischen Nenner bringen. Wenn ein Hund keine Hoffnung empfinden kann, dann hätte Wittgenstein auch anführen müssen, er sei unfähig, Enttäuschung zu verspüren. Für Wittgenstein gehören beide Empfindungen derselben Kategorie an und setzen ein gewisses Zeitgefühl voraus, selbst wenn sich dieses nur auf einen angekündigten Spaziergang bezieht, der plötzlich ins Wasser fällt.

Obwohl ein Hund höchstwahrscheinlich nicht in der Lage ist, sich vorzustellen, daß sein »Herr« zu einer bestimmten Zeit zurückkommen wird, sagen wir, binnen fünf Stunden, glaubt er mit Sicherheit doch, daß er irgendwann in absehbarer Zukunft wieder da sein wird, je früher, desto besser. Ist das nicht der Fall, reagiert er bekümmert. Daß Hunde bekanntermaßen fähig sind, Enttäuschung zu empfinden, ist in meinen Augen ein Beweis dafür, daß sie eine vage Vorstellung von der Zukunft haben, auch wenn diese nur die nächsten Sekunden umfaßt. Daß Hoffnungen oder Erwartungen enttäuscht werden, ist für Hunde eine nicht gerade seltene

Erfahrung. Viele Menschen – mich eingeschlossen – sind der Ansicht, daß kein Tier so enttäuscht reagiert wie ein Hund. Wir können dieses Verhalten jeden Tag bei unseren Hunden beobachten. Heute morgen hörten Sima, Sasha und Rani beispielsweise, wie ich mir den Schlüsselbund schnappte und zur Tür ging. Sie befanden sich gerade in einem anderen Teil des Hauses, rannten aber sofort mit Getöse zur Tür, vor lauter Aufregung wild mit dem Schwanz wedelnd und winselnd. Die Aufforderung »Ja, ja, laß uns einen Spaziergang machen!« war ihnen ins Gesicht geschrieben.

»Nein«, teilte ich ihnen bedauernd mit. »Jetzt machen wir keinen Spaziergang. Ich muß eine Weile weg, aber danach gehen wir Gassi.«

Die zweite Hälfte des Satzes hätte ich mir sparen können. Es reichte aus, daß sie »nein« und »keinen Spaziergang« hörten. Sie standen reglos da, zur Salzsäule erstarrt, und blickten mich an, als hätte ich ihnen eine Ohrfeige verpaßt. Die Ohren waren hoch aufgerichtet, als könnten sie nicht glauben, was sie gerade gehört hatten. Dann ließen sie sich auf den Boden plumpsen, mit herabhängenden Ohren. Das Weiße in ihren Augen wurde sichtbar und sie blickten demonstrativ zur Seite, wie nur ein Hund dreinschauen kann, der zutiefst enttäuscht ist. Sie waren der Inbegriff tiefster Enttäuschung. Niemand hätte diesen Anblick anders gedeutet.

Manche behaupten, Enttäuschung sei eine den Menschen vorbehaltene Empfindung, zu der ein Hund nicht fähig sei. Zu sagen, ein Hund sei enttäuscht, ist in ihren Augen reine Projektion. Wie soll man diesen Einwand entkräften? Nehmen wir einen Menschen als Beispiel. Wenn ich meiner Tochter verspreche, daß ich in einer Stunde mit ihr spazierengehe, und ihr später mitteilen muß, daß mir etwas dazwischengekommen ist, läßt sie ein Gebaren erkennen, das auch ein Hund zeigt, so daß ich die Enttäuschung an ihrem Gesicht und ihrer Körpersprache erkenne. Der einzige Unterschied zwischen ihrer Reaktion und der der Hunde ist möglicherweise die Intensität des Ausdrucks. Sie kann ihre Gefühle verbergen, die Hunde nicht. Aber ich bin imstande, etwas zu klären, was mit den Hunden nicht möglich ist. Ich kann sie fragen: »Simone, Schätzchen, bist du jetzt enttäuscht?« Und sie kann meine Frage bejahen. Aber was wäre, wenn Simone eigentlich gar keine Lust gehabt hätte, mit mir spazierenzugehen, weil sie zu persönliche Fragen fürchtete, die sie lieber nicht beantworten wollte? Dann wäre sie vermutlich erleichtert, obwohl sie mir erzählte, sie sei enttäuscht. Oder sie weiß nicht, daß sie Enttäuschung empfindet: »Bin ich erleichert!«, denkt sie vielleicht, obwohl sie tief in ihrem Inneren spürt, daß ich ihr falsche Hoffnungen gemacht habe. Sprache ist, mit anderen Worten, keine Gewähr für Wahrhaftigkeit, und das Fehlen einer menschlichen Sprache kein Grund zu erklären, daß Gefühle deshalb nicht möglich seien.

Wenn das für Menschen gilt, warum sollte es bei Hunden anders sein? Enttäuschung ist ein Wort, das wir benutzen, um auf ein Gefühl hinzuweisen, das wir alle kennen und anderen auf verschiedene Weise offenbaren. Das gleiche Gefühl, das wir anderen Menschen am Gesicht ablesen können, spiegelt sich im Gesicht eines Hundes wider, in seinen Augen, Ohren, in seiner Körperhaltung. Es ist keine Vermenschlichung, wenn man die gleichen Anzeichen für diese Empfindung bei ihnen beobachtet, die wir auch bei anderen Menschen entdecken. Das Ausmaß der Enttäuschung bei Hunden und der Grad der Intensität, also die Gefühlsqualität, mag sich von der Erfahrung eines Menschen unterscheiden. Es könnte bei dieser Gefühlsregung sogar Abstufungen geben, die uns entgehen, aber sie gehören dennoch in die gleiche Gefühlswelt und sind unserer Enttäuschung nicht unähnlich.

Nach Ansicht der Trainer, die Hunde für Rettungsaktionen ausbilden und zum Beispiel unter Lawinen oder in den Trümmern eingestürzter Gebäude nach Verschütteten suchen, müssen die Hunde eine gewisse Anzahl von Lebenden finden, damit sie motiviert sind, ihre Arbeit fortzusetzen. Nach dem Bombenattentat in Oklahoma City stellte eine Angehörige der Rettungsmannschaften fest, daß ihr Suchhund niedergeschlagen wirkte, weil er keinen Erfolg gehabt hatte. Deshalb beschloß sie, einen lebendigen Menschen in den

Ruinen zu verstecken, den ihre Hundedame »entdecken« sollte. Das munterte diese beträchtlich auf, und sie machte sich wieder glücklich und erleichtert an die Arbeit.

Jeder Hund hat gewisse Erwartungen bezüglich der Stetigkeit. Ohne sie würde er ein todunglückliches Leben führen.[7] Würde ein Hund in einer chaotischen Welt leben und nie wissen, ob er damit rechnen kann, mit seinem Halter spazierenzugehen, würde er depressiv und möglicherweise sogar traumatisiert. Hunde lieben Regelmäßigkeit und Stabilität, weil sie dadurch ihre eigenen Erwartungen an die Realität anpassen können. Natürlich gibt es keine Zeit, in der ein Hund nicht zu einem Spaziergang bereit wäre, aber wenn ich jeden Tag um Punkt 16 Uhr mit ihm Gassi ginge, würde es niemanden erstaunen, wenn er mir um genau diese Uhrzeit die Leine brächte. Er hofft dann auf einen Spaziergang. Seine Hoffnungen haben möglicherweise wenig mit einem konkreten Zeitgefühl zu tun, in dem Sinne, wie wir das Wort verstehen. Aber es besteht eindeutig ein Zusammenhang mit seinen Gefühlen: mit dem Vergnügen, das er für sich selbst erwartet, mit der Vorfreude auf die Gesellschaft seines Freundes und der Begeisterung, bald an der frischen Luft zu sein und in der großen weiten Welt herumzustromern. Die Vorahnung von Zeit ist für den Hund nicht wichtig, wohl aber die Vorahnung seiner eigenen, positiven Gefühle.

In ihrem Buch *Operating Instructions* schreibt Anne Lamott über ihren Sohn, der im Alter von sechs Monaten Angst vor Fremden entwickelte und nur noch die Mutter akzeptierte:

> »Wenn ich mich ihm nähere, gerät er völlig aus dem Häuschen, als hätte er mich für tot gehalten. Es ist genauso, wie in George Carlins Personifizierung eines Hundes – er zappelt und kann sich vor Erleichterung kaum halten, daß sein Mensch endlich zurückgekehrt ist. Als wollte er sagen: ›O Gott, bin ich froh, daß du wieder da bist! Ich war kurz davor, den Verstand zu verlieren, ich hätte es keine Vier-

> telstunde mehr ausgehalten‹, und sein Mensch erwidert darauf: ›Ich bin doch nur zurückgekommen, um meinen Hut zu holen, zum Kuckuck!‹«[8]

Manche Menschen behaupten, ein Hund empfinde nicht Enttäuschung, sondern eher Verzweiflung. Wenn ich ihn vertröstete, indem ich sagte: »Jetzt gehen wir nicht Gassi, aber bald!«, könne er die zweite Hälfte des Satzes nicht begreifen. Er habe keine Vorstellung von dem Begriff »bald«, sondern nur vom »Jetzt«. Das ist Wittgensteins Theorie: Er glaubte, ein Hund sei außerstande, ein imaginäres Ereignis in die Zukunft zu projizieren, da er kein Gefühl für das Zeitmaß habe, mit Ausnahme der natürlichen Zyklen oder Rhythmen. Es stimmt, daß sich für den Hund alles im Hier und Jetzt, in der unmittelbaren Gegenwart abspielt. Unter anderem das meinte Wittgenstein. Ein Hund besitzt nach seiner Meinung kein Zeitgefühl. Er begreift, was »jetzt« bedeutet, kann aber nichts mit Begriffen wie »in einer Stunde«, »nächste Woche«, »nächsten Monat« oder »nächstes Jahr« anfangen. Dieses Argument hat etwas für sich, aber dennoch überzeugt es mich nicht ganz. Ich sehe das Problem darin, daß Wittgenstein und andere Philosophen, die Menschen und Tiere zum Nachteil letzterer miteinander vergleichen, beharrlich mit menschlicher Elle messen. Obwohl der Hund unsere willkürliche Zeiteinteilung (oder subtile, je nachdem, aus welcher Warte man es betrachtet) nicht verstehen kann, hat er durchaus ein eigenes Zeitgefühl, mit dem er das Leben hervorragend meistert.

Hunde haben schließlich einen zirkadianischen Biorhythmus, das heißt, sie gehören zu den Lebewesen, die in der Morgen- und Abenddämmerung besonders aktiv sind. Auch sie verfügen über eine innere Uhr, obwohl diese anders geht als die des Menschen. Dazu kommt, daß eine Hündin, auch wenn sie mit dem Wort »bald« nichts anzufangen weiß, allein am Tonfall einer freundlichen, Hoffnung vermittelnden Stimme erkennt, daß sie mehr als eine glatte Abfuhr erwarten kann. Erwartungen haben im Leben eines Hundes einen extrem hohen Stellenwert. Es besteht ein merklicher Unterschied zwischen dem Verhalten eines Hundes, der mich beim Essen beobachtet und damit rechnet, daß ein Häppchen für ihn abfällt, und dem eines anderen, der weiß, daß er leer ausgeht. Ein Hund besitzt ein ungemein feines Gespür, das ihn befähigt, zwischen den subtilsten Schattierungen in der Bedeutung von Signalen zu unterscheiden. Warum sollten Hunde, wenn sie nichts von der Zukunft erwarten, stundenlang vor der Tür sitzen und darauf warten, daß Herrchen oder Frauchen zurückkehrt? Es mag richtig sein, daß Hunde in weit höherem Maß als wir im Hier und Jetzt leben, aber sie haben auch ihr eigenes Zeitgefühl. Sie wissen zum Beispiel bei der Jagd genau, wann sie ein Kaninchen schlagen müssen, ob gleich oder lieber später, in eben diesem Moment oder im nächsten.

In einem Gedicht mit dem Titel »Hund« beschreibt Harold Monro den Augenblick, in dem ein Wort wie Gassi »mittels seltsamer Wege (halb gerochen, halb gehört) das vierbeinige Gehirn eines Spaziergang-begeisterten Hundes erreicht.«

Die Ankündigung »Jetzt nicht, aber später« löst häufig eine sonderbare Reaktion bei Sasha aus. Sie spitzt ihre Ohren auf jene Weise, die Hunden eigen ist, wenn sie mit uneingeschränkter Aufmerksamkeit zuhören, und ein verdutzter Ausdruck huscht über ihr Gesicht. Sie lauscht gespannt. Was erwartet sie zu hören? Vielleicht eine Erklärung, was ich mit diesen Worten gemeint haben könnte. Es scheint, als versuche sie, die Botschaft zu entschlüsseln. Und ich glaube, daß ihr dies bis zu einem gewissen Grad auch gelingt. Ob sie den Sinn am Ton meiner Stimme erkennt, aus meinem ganzen Gebaren oder aus irgendeinem Duft, den ich unbewußt verströme, oder ob sie ein geheimnisvolleres Sinnesorgan als das Gehör benutzt, weiß ich nicht, aber irgendwie erfaßt sie die Bedeutung der Worte. Sie wirkt besänftigt. Ihre Enttäuschung ist zwar immer noch real vorhanden, aber sie spitzt sich nicht zu, ist nicht endgültig, zerstört nicht alles, was zwischen uns war. Sasha pflegt in solchen Augenblicken häufig zu seufzen, als wolle sie sagen: »Na gut, vielleicht nicht jetzt, aber später!«

10

Hundeträume

Viele Jahre lang hatte ich einen Traum, der sich ständig wiederholte, einen Traum, dessen Schauplätze mir so vertraut waren wie ein Ort, den ich in der Kindheit gekannt und erst nach geraumer Zeit, als Erwachsener, wiedergesehen hatte. Die Szenerie in meinem Traum ist ein tropischer Urwald, eine einsame Insel oder eine abgelegene Berglandschaft. Ich durchstreife das Gelände stets in Begleitung eines Menschen, den ich liebe, und eines Hundes, der mir sehr nahesteht. Wir begegnen einer bunten Menagerie von Jungtieren – wilden Ziegen, Panthern, Elefanten, Schimpansen –, die ausnahmslos friedlich sind, mich in ihre Mitte nehmen und mir bei meiner Wanderung durch die Hügellandschaft Gesellschaft leisten. Ich hoffe immer, daß sie mich heimbegleiten, so daß ich Freunden und Fremden gleichermaßen demonstrieren kann, wie ungefährlich der Kontakt mit »Wildtieren« in Wirklichkeit ist, aber es kommt nie so weit. Bevor ich nach Hause gelange, haben sich die Tiere in sämtliche Himmelsrichtungen zerstreut.

Freud hat einmal gesagt, daß Träume, die häufig wiederkehren, auf verdrängte Erinnerungen an reale Erlebnisse hindeuten. Könnte dieser Traum ein Versuch sein, die atavistische Erinnerung an ein verlorenes Paradies, eine Art Galapagos heraufzubeschwören, in dem die Menschheit einst lebte? Wenn ich an Gott und der Welt zweifle, halte ich es für reines Wunschdenken meinerseits, für die

Sehnsucht, ein Leben in Eintracht und Harmonie mit mir selbst und der Natur zu führen. Lasse ich meiner Phantasie freien Lauf, dann frage ich mich, ob meine Hunde auch solche Träume haben, Träume, die den Kontakt zu ihrer eigenen Vergangenheit oder sogar zur übergeordneten Geschichte der Kaniden herstellen. Wer traut sich schon, Mutmaßungen über die Träume von Hunden anzustellen, wenn wir unsere eigenen Träume mit Argwohn betrachten? Ein Säugling verschläft rund zwei Drittel des Tages, und ungefähr die Hälfte dieser Zeit befindet er sich in der REM-Phase (*rapid eye movement*, ein Stadium der lebhaften Traumtätigkeit, das von raschen Augenbewegungen begleitet wird). Wir werden vermutlich nie wissen, wovon ein Neugeborenes träumt, und ebensowenig erfahren, aus welchem Stoff Hundeträume sind.

Neuere Forschungsergebnisse enthüllen, daß unsere Träume extreme Gefühle enthalten. Das ist eine Funktion der Traumtätigkeit: Menschen, die Probleme damit haben, ihre Empfindungen im aktuellen Tagesgeschehen zum Ausdruck zu bringen, können sie in der Sicherheit eines Traumes ausleben (diese Aufarbeitung von Sinneseindrücken und Tagesresten ist eine Voraussetzung für die psychische Gesundheit). Auf diese Weise kommt kein anderer Mensch unseren geheimsten Gefühlen auf die Spur, und wir sind nicht gezwungen, unsere Träume in reales Handeln umzusetzen. Angst ist die im Traum am weitesten verbreitete Emotion, gefolgt von ekstatischer Freude und Hochstimmung. Mehr als die Hälfte aller Traumgefühle sind extrem, das heißt, ungeheuer grauenvoll oder ungeheuer schön. In einem Experiment, das vom Leiter des Neurophysiologischen Instituts des Massachusetts Mental Center of Health der Medizinischen Fakultät in Harvard durchgeführt wurde, sollten die Teilnehmer ihre Traumgefühle quantifizieren. Sie führten »Strichlisten« und gelangten zu einem Ergebnis, das weit höher lag, als man angenommen hatte. Das lag einfach daran, daß die Versuchspersonen in früheren Traumstudien nicht eingehend nach ihren Empfindungen befragt worden waren.[1] Nur wenige Träume scheinen ohne wie auch immer geartete Emotionen zu verlaufen.

In der Wissenschaft ist infolge der Möglichkeit, elektrophysiologische Untersuchungen durchzuführen, seit einiger Zeit bekannt, daß fast alle Säugetiere träumen.[2] Forscher haben die Schlafgewohnheiten von mehr als 150 Arten studiert und festgestellt, daß nur der Delphin nie zu träumen scheint. Bei Jungtieren ist die Traumtätigkeit reger als bei den älteren Exemplaren einer Gattung. Während der ersten zehn Lebenstage verbringen neugeborene Katzen neunzig Prozent ihrer Zeit in einem Zustand, den Wissenschaftler als paradoxen Schlaf bezeichnen (die Entsprechung zur menschlichen REM-Phase), beinahe wie ein Überbleibsel aus dem fetalen Leben, eine Art fetaler Schlaf.[3]

Hunde träumen, so viel steht fest. Selbst ohne ausgeklügelte technische Ausrüstung können wir beobachten, wie im Schlaf ihre Läufe, Ohren und Barthaare zucken, daß sie mit dem Schwanz wedeln, bellen, winseln, stöhnen, ächzen und knurren (letzteres habe ich allerdings nie gehört). Angeschlossen an entsprechende Aufzeichnungsgeräte, lassen Hunde alle Anzeichen für Aktivität in der REM-Phase erkennen, die bei Menschen auf eine Traumtätigkeit hinweisen.[4] Auf die REM-Phase entfallen bei Hunden ungefähr 36 Prozent des gesamten Schlafs, wie in elektrographischen Untersuchungen gemessen wurde.[5] Nach Angaben des Physiologen Frederick Snyder verbringen Menschen weniger Zeit in der REM-Phase als Katze oder Opossum. Der Schlafforscher William Dement und seine Co-Autoren weisen darauf hin, daß Frühgeborene (dreißigste Schwangerschaftswoche) bis zu hundert Prozent ihrer Schlafzeit »verträumen«. Bei einem voll ausgetragenen Säugling sind es nur fünfzig Prozent. Zwischen dem zehnten und zwanzigsten Lebensjahr verbringen wir zwanzig Prozent des Schlafs mit Träumen, und im Alter schrumpft der Anteil der Traumtätigkeit auf 13 Prozent.[6] In ihrem neuesten Gemeinschaftswerk schrieben James L. Gould, Professor der Evolutionsbiologie an der Princeton University, und

Carol Grant Gould, Verfasserin wissenschaftlicher Literatur: »Wenn man davon ausgeht, daß die natürliche Auslese zur Traumtätigkeit geführt hat, erscheint der Gedanke logisch, daß ein Tier mehr davon profitieren könnte, die Folgen seiner Handlungsalternativen in der Phantasie zu erkunden, statt passiv die mentalen Videofilme vom Tagesgeschehen abzuspulen. Auch das deutet wieder auf ein gewisses Maß an Vorstellungsvermögen und Planung hin, aber bisher gibt es noch keine Möglichkeit, ein Tier zu fragen, was es träumt.«[7]

Bei einem Besuch der Medizinischen Fakultät der Stanford University lernte ich Dr. E. J. M. Mignot, den Forschungsleiter im Sleep Disorders Center, und seinen Kollegen Dr. Seijshi Nishino kennen. In diesem Institut, das sich mit Schlafstörungen befaßt, wollte ich mehr über beider Arbeit mit Hunden erfahren, die an Narkolepsie leiden. Jeder tausendste Mensch leidet an diesem neurologischen Problem, zu dessen Symptomen extreme Schläfrigkeit (in der wissenschaftlichen Literatur spricht man von »Schlafattacken«), Kataplexie (plötzliche, vorübergehende Lähmung infolge eines starken emotionalen Reizes) oder hypnagoge (ein Dämmerzustand zwischen Wachen und Schlafen) Halluzinationen und Schlafparalyse gehören. 1974 wurde der gleiche Zustand von Dement und seinen Kollegen bei einem Hund diagnostiziert (einem Pudel).[8]

Nach einem Besichtigungsrundgang, bei dem man mir eine Hündin zeigte, die schon seit mehreren Jahren an dieser Erkrankung litt, wollte ich mehr über Hundeträume erfahren. Dr. Mignot erklärte mir, daß seine Hündin im Traum ständig mit der Rute wedele. Obwohl beide Wissenschaftler keinen Zweifel daran hegten, daß Hunde während der REM-Phase des Schlafs ausgefeilte Träume haben, wird es ihrer Meinung nach noch lange dauern, bis wir etwas über die Trauminhalte herausfinden.

Wenn wir sagen: »Ich weiß, daß mein Hund neulich nachts von der Jagd auf Eichhörnchen geträumt haben muß; seine Beine zuckten nämlich pausenlos«, sprechen wir lediglich eine vage Vermutung aus. Vielleicht hat er in Wirklickeit von seiner Kindheit geträumt oder von einem Freund, von dem er vor langer Zeit getrennt wurde. Frühere Aktivitäten können als Einstieg in einen Traum dienen, genau wie beim Menschen. Solche Traumauslöser werden in der Fachsprache als »Tagesreste« bezeichnet. Tagesreste können freilich weiteren Erinnerungen Vorschub leisten, die weit über das aktuelle Tagesgeschehen hinausführen und das Langzeitgedächtnis aktivieren, indem sie an Jahre zurückliegende Ereignisse anknüpfen. Wenn Erinnerungen beim Menschen die Trauminhalte beeinflussen, warum sollte es dann bei Hunden anders sein? Und wenn Erinnerungen die Bausteine der Träume sind, warum sollte ein Hund dann nicht auch zu komplexen Träumen fähig sein? Seine kognitiven Fähigkeiten mögen sich von denen des Menschen unterscheiden, aber sie sind mit Sicherheit vielschichtig und imstande, während der Nacht innere Aktivitäten zu bewirken.

Virginia Woolf schrieb über die Träume ihres Hundes Flush:

> »Sein Schlaf war voller Träume. Er träumte, wie nicht mehr seit den alten Zeiten in Three Mile Cross, von Hasen, die aus dem hohen Gras aufsprangen, von Fasanen, die mit schleppenden Schwanzfedern aufflogen, von Rebhühnern, die sich schwirrend aus den Stoppeln erhoben. Er träumte, das er jage, daß er hinter eine gefleckten Spanielhündin her sei, die vor ihm floh, die ihm entwischte. Er war in Spanien; er war in Wales; er war in Berkshire; er flüchtete vor den Knüppeln der Wächter im Rengent's Park. Dann öffnete er die Augen. Wa waren keine Hasen da und keine Rebhühner; keine Peitschen knallten, und keine dunkelhäutigen Männer riefen »Span! Span!« Nur Mr. Browling war da, in dem Lehnstuhl, und redete mit Miss Barret, die auf dem Sofa lag.«[9]

Meine Hündin Sima begrüßt bestimmte Bekannte mit einem hohen Winseln, während sie aufgeregt im Kreis umherläuft. Sie scheint selig zu sein, aber die Gefühlsregung ist auch beunruhigend intensiv, als hätte sie nicht erwartet, diesen Menschen jemals in ihrem Leben wiederzusehen, oder als wäre er mit knapper Not dem Tod von der Schippe gesprungen. Gegenüber Fremden verhält sich Sima anders; das intensive Begrüßungsritual ist ausschließlich Menschen vorbehalten, die sie kennt. Mit anderen Worten: Ihre Aufregung ist ein Produkt ihrer Erinnerung. Sie erinnert sich an sie und findet das Wiedersehen überwältigend. Gedächtnis und Emotionen sind bei ihr also eng miteinander verbunden.[10]

Hunde besitzen ein ausgezeichnetes Gedächtnis. Sie erinnern sich oft an Orte oder Personen, die sie jahrelang nicht gesehen haben. Seine Aufregung beweist, daß sich ein Hund erinnert, und diese Erinnerungen sind eindeutig mit bestimmten Gefühlen oder Gefühlszuständen verbunden. Wenn wir länger von einem uns nahestehenden Menschen getrennt sind, beginnen wir, immer häufiger von ihm zu träumen. Ich bin überzeugt, daß es sich bei Hunden nicht anders verhält. Es wäre ein interessantes Experiment, das Schlafmuster (Traummuster) eines Hundes während der Abwesenheit eines heißgeliebten Menschen oder Artgenossen zu beobachten. Träumt er in dieser Zeit häufiger? Wenn ja, würde das nicht in gewissem Maß darauf hindeuten, daß der Hund von dem abwesenden zwei- oder vierbeinigen Gefährten träumt? Da wir wissen, daß ein enger Zusammenhang zwischen Träumen und Gefühlen besteht, können wir davon ausgehen, daß ein Hund mit einem guten Gedächtnis ebenfalls komplexe, emotionsgeladene Träume hat. Der Tierarzt und Chirurg R. H. Smythe behauptet, daß Hunde träumen, »so lange sie jung und unerfahren sind, aber allem Anschein nach nicht mehr, sobald sie das Alter der Reife erreicht haben [...] Zu einem späteren Zeitpunkt im Leben wird er [der Greyhound] seine Träume immer noch genießen, wie ich meine, aber es ist unwahrscheinlich, daß er dabei die gleichen äußeren Anzeichen der Traumtätigkeit erkennen läßt.«[11]

Wenn Hunde tatsächlich von uns träumen, wie treten wir dann in ihren Träumen in Erscheinung? Das ist eine Frage, die mir meine 22jährige Tochter neulich stellte, und wir dachten gemeinsam darüber nach, wie uns Hunde in ihren Träumen erleben mögen. Sie war der Ansicht, daß wir darin als Duft vorkommen, da der Geruchssinn im Leben eines Hundes, wie wir gesehen haben, eine immens große Rolle spielt. Als ich bei Freunden Erkundigungen einzog, stellte ich fest, daß sich nur wenige Menschen an bestimmte olfaktorische Wahrnehmungen in ihren Träumen erinnern (genauso, wie wir in unseren Träumen selten essen und trinken). Wir sehen und hören, aber Geruchs- oder Geschmackssinn sind selten gefordert. Wahrscheinlich sehen uns unsere Hunde in ihren Träumen, denn sie sind hochgradig visuelle Wesen (wenn auch nicht in einem solchen Maß wie wir), obwohl sie uns in erster Linie über den Geruch wahrnehmen.

Als ich unlängst in London für eine Radiosendung der BBC zum Thema Tierträume interviewt wurde, haben mich zwei Fragen nachdenklich gemacht. Die erste lautete: Können sich Hunde nach dem Aufwachen an ihre Träume erinnern? Wenn ja, dann gibt es keinen Grund anzunehmen, daß sie während des Tages nicht an den Inhalt eines Traumes denken. Das gelegentliche Schnüffeln könnte mit den Gerüchen in ihren Träumen in Zusammenhang stehen, und einige Trauminhalte sind vielleicht so machtvoll, daß ihre Spuren monate- oder sogar jahrelang erhalten bleiben. Es ist nicht auszuschließen, daß sich ein Hund an einen besonders lebhaften Traum aus seiner Welpenzeit erinnert. Er kann von einem Alptraum heimgesucht werden, der ihn seit Jahren quält, genau wie ein erwachsener Mensch unter einem immer wiederkehrenden Traum aus seiner Kindheit leidet.

Die zweite Frage lautete: Träumen Hunde, die andere Tiere mit anders ausgeprägten Sinnen und Fähigkeiten außerordentlich intensiv wahrnehmen, daß auch sie ein solches Potential besitzen? Träumen Hunde, wie wir Menschen, daß sie fliegen oder sich wie ein Fisch in den Wellen tummeln können? Merkwürdigerweise scheinen Menschen nie davon zu träumen, daß sie über den hervorragenden Geruchssinn eines Hundes verfügen (zumindest habe ich nie von einem solchen Fall gehört).

Werden wir jemals genau wissen, wovon Hunde träumen? Mir ist nicht klar, wie wir den Trauminhalten auf die Spur kommen könnten. Irgendwann in ferner Zukunft werden sich vielleicht elektrische Impulse im Gehirn unmittelbar in Bilder übersetzen und mittels Videokamera aufzeichnen lassen. Dann gibt es vielleicht ganze Archive, in denen wir die Trauminhalte unserer vierbeinigen Gefährten für die Nachwelt erhalten.

Menschen haben die lästige Angewohnheit, anderen ihre Träume zu erzählen, vor allem dann, wenn der Zuhörer darin vorkommt. Selbst wenn ein Hund diesen Mitteilungsdrang hätte, wäre uns das nicht bewußt. Die Vokalisierung bei einem träumenden Hund ist zwar eingeschränkt, aber sie läßt sich deutlich vernehmen: Wir hören, daß er wimmert, winselt und bellt, und manche Halter behaupten sogar, ihr Hund habe geknurrt. Hunde träumen zweifellos von ihresgleichen und müssen folglich Situationen aus eigener Erfahrung nachvollziehen, zum Beispiel Kraftproben mit einem Artgenossen, die mit intensiven Drohgebärden einhergehen. Der einzige Grund dafür, daß lautes Knurren eine Ausnahme darstellt, könnte eine ähnliche Hemmung sein wie die verhaltenen Bewegungen bei einem träumenden Menschen. Im Traum stellen wir keinen Geschwindigkeitsrekord auf. Das Knurren ist vielleicht eine gleichermaßen große Anstrengung des gedämpften physiologischen Systems, das sich während des Schlafs im Ruhezustand befindet.

Es hat jedoch den Anschein, als bemerkte es ein Hund, wenn ein Artgenosse träumt, und als empfände er ein gewisses Maß an Mitgefühl, falls dieser in einem Alptraum gefangen ist. Unlängst stöhnte Sima im Schlaf, und Rani gesellte sich zu ihr und leckte sie. Ich glaube, Rani wußte aus eigener Erfahrung, daß Sima einen Alptraum hatte, und versuchte die Angst ihrer Gefährtin zu mindern. Dahinter steckte mehr als Einfühlungsvermögen: Rani wußte nicht nur auf der kognitiven Ebene, was Sima in diesem Augenblick widerfuhr, sondern bemühte sich auch, etwas dagegen zu unternehmen. Ein solches Verhalten ist kennzeichnend für Mitgefühl, eine Empfindung, die einer höheren Ordnung angehört als bloßes Einfühlungsvermögen, das an sich bereits höher als die meisten anderen Emotionen anzusiedeln ist.

11

Anlagebedingt oder antrainiert? Arbeits- und Spielverhalten

Was mich immer wieder fasziniert, sind Hinweise auf die »Natur oder Veranlagung eines Hundes«, die in unterschiedlichen Zusammenhängen fallen: »Der Jagdinstinkt ist dem Hund angeboren«, »Das ist wider die Natur eines Hundes«, oder »Er kann nichts dafür, das ist bei einem Hund Veranlagung«. Ich frage mich, wie gründlich wir über solche Sätze nachgedacht haben. Woher wollen wir wissen, wie ein Hund wirklich beschaffen ist? Ist diese Struktur ausschließlich ein Produkt der Gene, ein einfaches Beispiel für die programmierte biologische Vernetzung in einem Lebewesen? Menschen, die dies glauben, tun so, als wäre der Hund ein Computer. Das erinnert mich an Descartes' Vorstellung von einem roboterähnlichen, programmgesteuerten Hund, einer *machina animata*. Er rechtfertigte die grauenvollen Vivisektionen mit der Begründung, die Hunde spürten nichts, wenn sie zu Forschungszwecken bei lebendigem Leibe seziert würden.

Andererseits kann man den genetischen Bestimmungsfaktor im Hundeverhalten nicht völlig unter den Teppich kehren. Sasha erschien mir immer so sanftmütig und folgsam, daß ich mich fragte, warum ich überhaupt ein Halsband für sie brauchen sollte. Sie würde nie hinter jemandem oder etwas herlaufen, wenn ich es ihr untersagte – dachte ich zumindest.

Eines Tages machte ich mit meinen drei Hunden und einer Bekannten einen Dauerlauf. Alles lief normal, bis plötzlich ein Reh auftauchte. Die Reaktion erfolgte auf der Stelle und mit Macht: Sasha begann zu zittern, winselte, und jeder Muskel im Körper bebte vor Anspannung. »Nein!« rief ich. Sie sah mich an, als wollte sie sagen: »Wie bitte? Das kann doch nicht dein Ernst sein! Mist! Das ist mein allererstes Reh!« Das war es wirklich – meines Wissens hatte Sasha nie zuvor ein Reh gesehen. Ich gab nicht nach: »Bei Fuß!« befahl ich ihr streng.

Ihre Erregung steigerte sich offenbar ins Unerträgliche. Plötzlich sprang sie wie ein zurückschnellender Ast mit einem Satz nach links in einen Garten, rannte wie ein geölter Blitz davon und war verschwunden. Ringsum wurde es mucksmäuschenstill. Kein Laut zu hören. Alles Rufen oder Pfeifen blieb ohne Erfolg. Dann, in weiter Ferne, vernahm ich das Bellen von Hunden. Konnte sie die Ursache sein, so weit weg? Ich war verzweifelt. Zehn Minuten lang stand ich da und versuchte zu entscheiden, was ich nun machen sollte. Die Freundin meiner Frau, die gerade erst zu uns aufgeschlossen hatte und ein ausgezeichnetes Gehör besitzt, bat mich, einen Moment still zu sein. »Hör mal, ein Glöckchen«, sagte sie. Plötzlich krachte es im Unterholz; Sasha war zurückgekehrt!

Was habe ich aus dieser Erfahrung gelernt? Mike aus der Blindenhundschule wies mich mit Nachdruck auf eine Regel hin: »Nie einen Hund von der Leine lassen, bis man absolut sicher ist, daß er pariert und auf Kommando zurückkommt.« Aber wie hätte ich das ertragen sollen? Und wie hätte ich ihr nach der Rückkehr beibringen sollen, was sie falsch gemacht hatte? Sie hätte meine Belehrungen nicht verstanden und Rückkehr mit Strafe verbunden. Wie läßt sich der Wunsch, das instinktive Verhalten eines Hundes zu ändern, rechtfertigen oder umsetzen?

Wir glauben, die Wesensart von Hunden zu kennen, und bilden uns ein, ihr Verhalten vorhersehen zu können. Ich zumindest war dieser Meinung, bis ich eine Bekannte und ihren Lebensgefährten besuchte, die nördlich von Berkeley mit vier kleinen Berg- und Lamanchaziegen auf dem Land leben. Sie wirkten ein wenig beunruhigt, als wir dort mit Sasha, Sima und Rani im Schlepptau eintrafen.

»Die meisten jungen Ziegen, die sterben, werden von Hunden getötet«, klärte man mich mit düsterer Miene auf.

Ich versicherte ihnen: »Diese drei sind die Sanftmut selbst; von ihnen droht keine Gefahr. Aber damit ihr beruhigt seid, werde ich sie an die Leine nehmen.«

Eine weise Entscheidung, denn in dem Augenblick, als sie die Ziegen sahen und rochen, begannen die Hunde, an der Leine zu zerren. Vielleicht wollten sie die Ziegen zur Begrüßung nur abschlecken, aber die Laute, die sie von sich gaben (das gleiche hohe Winseln, das Sasha ausstößt, wenn sie Katzen und Kaninchen entdeckt), waren so eindringlich, die Erregung so sichtbar, und sie zerrten so heftig am Halsband, daß ich meine gesamten Kräfte aufbieten mußte, um sie zurückzuhalten. Die Ziegen waren neugierig und zeigten nicht die geringste Angst, aber wir konnten es nicht riskieren, die Hunde frei laufen zu lassen. Wie sollte ich reagieren, wenn sie plötzlich eines der Zicklein anfielen und verletzten? Wie sehr ich mich auch bemühte, sie zu disziplinieren und im Zaum zu halten, sie waren außer Kontrolle geraten, als würde ihr Verhalten von einer Macht gesteuert, der sie sich nicht zu widersetzen vermochten. Ich weiß nicht, ob ihr Jagdinstinkt oder eine genetische Erinnerung an die Beziehung zwischen Räuber und Beute erwacht war, aber die Hunde waren außer Rand und Band. Ich spürte, daß sie sich binnen Sekunden von den Geschöpfen, die ich genauso gut zu kennen glaubte wie mich selbst, in mir völlig rätselhafte Kreaturen verwandeln konnten. Dann würden sie mich im Licht einer völlig anderen Seinsordnung betrachten, zu der ich niemals Zugang finden würde.

Welche erzieherischen Aufgaben haben wir als Menschen, die wir für einen Hund »Elternstelle« einnehmen? Bis zu welchem Grad sollten wir dem Hund abverlangen, sich einer Welt menschlicher Vorstellungen anzupassen, und in welchem Maß können wir es ihm gestatten, Hund zu bleiben und nach seiner eigenen Fasson selig zu werden? Für einige Besitzer (»Besitzer« ist hier das Schlüsselwort) ist die Erziehung ausschlaggebend und der Grund, sich einen Hund anzuschaffen. Es gibt andere (Halter, die bei dem Gedanken an die Implikationen des Begriffs »Besitzer« erschaudern), die genauso energisch den entgegengesetzten Standpunkt vertreten: In ihren Augen ist ein solches Training wider die Natur des Hundes. Ich kann beide Positionen und die Berechtigung der Argumente verstehen, dennoch erscheint mir keine von beiden hundertprozentig richtig zu sein. Der Hund ist kein Wolf. Hunde sind keine Wildtiere und müssen sich bis zu einem gewissen Grad in unsere Gesellschaft einfügen, sonst besteht das Risiko, daß ihr Leben ein tragisches Ende findet. Man denke nur an streunende Hunde, die Nutzvieh oder Hühner töten. Und wenn ihm der Raubtierinstinkt nicht zu schaffen macht, könnte ein unerzogener Hund auf die Straße laufen. Dann nutzen alle Versuche nichts, ihn zurückzurufen, um zu verhindern, daß er überfahren wird. Hunde, die nach Herzenslust herumstromern, haben in aller Regel ein kurzes Leben; die meisten kommen unter die Räder, werden Opfer eines Autounfalls. Andererseits führt ein Hund, der seine ureigene Natur nie ausleben darf, sich immer wohlerzogen gibt und anderen Menschen zeigt, wie brav er den Befehlen seines Herrn Folge leistet, ein verarmtes Leben. Es war nicht leicht für mich, bei meinen Hunden ein Gleichgewicht zu finden und das Ausmaß an Erziehung, das sie befähigt, sich als gute oder erträgliche Mitglieder unserer Gesellschaft zu erweisen, und das Ausmaß an Freiheit, das es ihnen ermöglicht, ein erfülltes Leben als Einzelwesen zu führen, bestmöglich auszutarieren.

Arbeitshunde führen häufig ein erfülltes Leben. Jeder, der einmal bei Gehorsamkeitsprüfungen zugeschaut hat, wird das Gefühl haben, daß die Hunde dabei ungemein wettbewerbsorientiert sind und viel Spaß haben (was sich natürlich schwer beweisen läßt). Auch wenn sie sich selbst überlassen bleiben, steht das spielerische Kräftemessen im Vordergrund. Immer wenn Sima bemerkt, daß Rani einen Stock aufhebt, gesellt sie sich zu ihr und versucht, ihr das Spielzeug zu entreißen. Rani macht es umgekehrt genauso, wenn Sima einen Stock findet. Sie veranstalten im Park ein Wettrennen, den heißumkämpften Stock zwischen sich, zur großen Freude der Passanten. Trotz dieses Ehrgeizes war Sasha als Blindenhund nicht mit ihrem Leben zufrieden. Das war unter anderem vermutlich damit gemeint, als man mir erklärte, sie sei »zu weich« für das Trainingsprogramm. Ihre wahre Persönlichkeit hatte sich erst im Laufe der Zeit bei mir herauskristallisiert, als hätte sie erst die Lektionen abschütteln müssen, die ihr als Blindenhund eingetrichtert worden waren. Ich sage »wahre« Persönlichkeit, weil Sasha mit wachsendem Selbstvertrauen verspielter, glücklicher, sorgloser wirkte; kurzum: Sie verhält sich so, wie ich es mir bei einem Hund vorstelle, der niemandem gefallen muß außer sich selbst oder einem guten kaniden Gefährten. Hunde sind Individuen, genau wie Menschen, und was für den einen gut ist, kann sich für einen anderen als völlig falsch erweisen. Daß Sasha lieber kein Blindenhund ist, bedeutet nicht, daß ein anderer Hund nicht froh wäre, mit einer so nützlichen Aufgabe betraut zu werden. Ich war als Psychotherapeut nicht besonders nützlich, aber einige meiner Freunde scheinen für diesen Beruf geradezu prädestiniert zu sein.

Ich bemühe mich nach besten Kräften zu verhindern, daß meine Ziele und mein Ego meine Interpretation der Ereignisse beeinflussen. Einmal war ich wütend auf Rani. Nach einem ausgedehnten Spaziergang kehrten wir zum Bootshafen von Berkeley zurück, wo ich den Wagen geparkt hatte, als Rani plötzlich auf eine Familie zulief, die auf dem Gelände gerade Picknick machte. Ich rief sie zurück, aber sie ignorierte mich. Statt dessen setzte sie sich auf die Hinterpfoten und begann zu betteln. Ich ging weiter, zu meinem

Wagen, völlig sicher, daß sie jetzt folgen würde. Fehlanzeige. Schließlich kehrte ich zurück. Sie sah mich kommen, schenkte mir aber keinerlei Beachtung, nicht einmal, als ich dann direkt vor ihr stand. Sie blickte drein, als hätte sie mich noch nie im Leben gesehen. Die Familie bedachte mich daraufhin mit argwöhnischen Blicken, als wäre ich ein Hundedieb, und deutete an, ich solle mich als Halter ausweisen. Ich war entrüstet. Natürlich gehörte mir der Hund. »Rani, komm, wir gehen.« Aus ihrem Mienenspiel ließ sich unmißverständlich die Botschaft ablesen: »Kennt jemand diesen Kerl? Und wer weiß, weshalb er mich mit diesem seltsamen Namen anredet?« Ich kochte vor Zorn. Als wir später allein waren, übermittelte ich ihr unmißverständlich die Botschaft, daß mir ihr Verhalten zutiefst mißfallen hatte. Aber mit welchen Augen betrachtete sie es? Ist sie einfach zu gierig, um einer guten Mahlzeit zu widerstehen? Und warum fühlte ich mich so gedemütigt?

Warum unterstelle ich Rani, sie sei verstockt, statt einfach von dem Wunsch beseelt, Hund zu sein? Warum betrachte ich es als Halsstarrigkeit, wenn sie tun möchte, worauf sie Lust hat? Am Tag darauf quetschte sie sich unter ein parkendes Auto, weil sie dort etwas Genießbares entdeckt hatte, und weigerte sich, herauszukommen. Ich geriet wieder in Rage, und als sie endlich auftauchte, packte ich sie unsanft an der Schnauze und hielt ihr eine Standpauke. Sie war erschrocken, aber nicht zerknirscht, und versuchte sofort, mich zu beschwichtigen. Ich hatte die Nerven verloren. So erbost war ich schon lange nicht mehr gewesen. Meine Reaktion überraschte mich selbst. Der Grund war mir immer noch nicht bewußt. Lag es nur daran, daß es mir nicht gefiel, wenn Rani meinen Willen durchkreuzte? Die meisten Hundetrainer würden sagen, es sei meine eigene Schuld, ich hätte sie nicht richtig erzogen. So etwas dürfe nicht passieren, und dem Hund könne man keinen Vorwurf machen.

In jeder größeren Buchhandlung findet man ausreichend Lektüre zur Erziehung von Hunden. Nachdem ich einige Ratgeber gelesen hatte, gelangte ich zu der Schlußfolgerung, daß sie alle gut waren und Methoden empfahlen, die funktionierten. Der Hund, der nach einem solchen »Knigge« erzogen wird, lernt, genau das zu tun, was man von ihm erwartet. Es scheint keine unüberbrückbare Kluft zwischen »Verhaltenskorrektur« (*The Koehler Method of Dog Training*[1]) und reiner Belohnung des Lernerfolgs zu geben, ob nun verbal oder in Form von Leckerbissen. Die Trainer der Blindenhundschule Guide Dogs for the Blind, die sich an der Verhaltenskorrektur-Methode orientiert, sparen auch nicht mit Lob, und das Lerntempo ist bei beiden Methoden etwa gleich. Menschen reagieren empfindlich, wenn es um so vielschichtige Themen geht. Einige Hundehalter finden es unangenehm, bisweilen sogar unerträglich, ihre Hunde ständig zurechtzuweisen. Sie halten dies für eine Strafe, auch wenn die Befürworter der Methode das Gegenteil behaupten. Andere wiederum sind der Ansicht, wenn ein Hund lediglich der Belohnung wegen gehorche, sei das Training nicht mehr als eine Art Bestechung, und da wollten sie nicht mitmachen. Natürlich wäre es uns allen am liebsten, wenn ein Hund Wohlverhalten zeigte, weil er uns mag und uns eine Freude machen will. Diese Form der Motivation wird in vielen Büchern und von den meisten Trainern erwähnt (außer von Koehler), als wäre sie selbstverständlich. Aber ist sie das wirklich? Was veranlaßt den Hund, uns zu gehorchen? Zum Teil Angst, im weitesten Wortsinn – beispielsweise die Angst, unser Mißfallen zu erregen. Wir sind schließlich Teil des Rudels, und er möchte mit den anderen Mitgliedern seiner Gemeinschaft auf gutem Fuß stehen. Ich habe nicht oft das Gefühl, als Alpha- oder Leittier anerkannt zu werden, obwohl ich das laut Lehrbuch sein sollte, aber ich bin sicher, daß wir Menschen zum Rudel gehören, wenn auch auf eine rätselhaftere Weise, als wir ahnen.

Zu den besten Büchern, die über die Erziehung von Hunden geschrieben wurden, gehört meiner Meinung nach *How to Be Your Dog's Best Friend* aus der Feder der Mönche von New Skete, und Carol Lea Benjamins *Mother Knows Best* (»Mutter« bezieht sich hier auf die Hundemutter; sie ist der beste Lehrer, den ein junger Welpe haben kann). Beide Bücher betonen die natürlichen Gefühle eines Hundes (Stolz, beispielsweise) und weisen darauf hin, wie wichtig es ist – vielmehr, was für ein Wunder es ist –, daß wir so viele Emotionen mit Hunden gemein haben. Es erscheint mir sinnvoll, sich diese Tatsache bei der Erziehung von Hunden zunutze zu machen.

So viel zur Erziehung. Was verstehen wir aber unter einem »domestizierten« Hund?

Hunde haben die Neigung, mit nahezu allem zu spielen. Erstaunlicherweise kommt es vor, daß große Raubtiere wie der Polarbär (wie auf einer Titelseite der Zeitschrift *National Geographic* aus dem Jahre 1994 abgebildet[2]) mit einem Hund spielen, ihn ein anderes Mal jedoch als Beute betrachten (ein Polarbär hat nur einen natürlichen Feind, nämlich den Killerwal, er ihn mit einem einzigen Hieb seiner mächtigen Schwanzflosse von einer Eisscholle herunterfegt wie eine Kugel Speiseeis von der Waffel). Wenn ich mit meinen drei Hunden im Bootshafen von Berkeley spazierengehe, vor allem morgens in aller Herrgottsfrühe, schwirrt häufig eine Schwalbe um Simas Kopf, als wollte sie Fangen mit ihr spielen. Sima nimmt die Herausforderung stets an, und der Vogel fliegt ihr ein Stück voraus, entfernt sich aber nie zu weit, damit das Spiel weitergehen kann. Sobald Sima keine Lust mehr hat und sich trollt, fliegt der Vogel noch näher an sie heran, um ihr Interesse aufs neue zu wecken, was ihm gewöhnlich auch gelingt. Für beide handelt es sich ganz klar um ein Spiel. Was würde geschehen, wenn Sima den Vogel versehentlich erwischte? Ich denke, daß beide enttäuscht wären – der eine freilich mehr als der andere. Wie Woody Allen einmal sagte: »Und es wird dereinst geschehen, daß sich der Löwe zum Lamm legt. Aber das Lamm wird nicht viel Schlaf finden.«

Kaspar Hauser, das wohl berühmteste Findelkind, wurde vermutlich 1812 geboren und wuchs während der ersten 16 Lebensjahre völlig isoliert und »verwildert« in einem Kellerverlies auf. Er war in seiner Entwicklung zurückgeblieben und konnte weder sprechen noch laufen, als man ihn freiließ. Er lernte schließlich die menschliche Sprache und schrieb sogar seine Autobiographie, doch das kurze Leben, das ihm beschieden war, zuerst im Verlies und danach, außerhalb desselben, entpuppte sich als einzige Tragödie. 1833 wurde er von einem Unbekannten erstochen, als er gerade 21 Jahre alt war. Die einzige Tätigkeit im »finsteren Loch«, an die er sich erinnern konnte, war das Spiel mit einem Holzpferdchen und einem Holzhund. In den Jahren nach seiner Freilassung (die genauso geheimnisumwoben waren wie die seiner Gefangenschaft) lernte er, sich verständlich auszudrücken, mit einem Besteck zu essen, Klavier zu spielen, zu malen und in Gesellschaft über allerlei Dinge zu »parlieren«, die man damals in Deutschland für einen zivilisierten Menschen als wichtig erachtete. Man war der Meinung, in seinem Kerker habe er genug gespielt. Niemand schien auf die Idee gekommen zu sein, daß Kaspar Hauser in den 16 Jahren seiner Gefangenschaft vor allem eines gefehlt haben könnte: Freude am gemeinsamen Spiel mit anderen menschlichen Wesen. Folglich brachte man ihm nie bei, mit anderen Kindern zu spielen, und ermutigte ihn auch nie dazu.[3]

In einem der durchdachtesten und fachkundigsten Bücher über das Spielverhalten von Tieren, *Animal Play Behavior*, schreibt Robert Fagen: »Früher sahen sich Forscher, die bisweilen auch das Spielverhalten studierten, von großer Feindseligkeit seitens der Kollegen und der breiten Öffentlichkeit konfrontiert«[4] (obwohl Konrad Lorenz Ethologen ermutigte, »spielerisches Interesse an Tieren« zu entwickeln). Das Spiel ist ein natürliches Verhalten bei gesunden Säugetierjungen, gleich ob zur Gattung Mensch oder zu den Tieren gehörig. Selbst Tiere, die nicht zu den Säugern zählen, zum Beispiel Jungvögel, lassen ein solches Spielverhalten erkennen. (Insekten scheinen eine Ausnahme zu sein, obwohl ich mir auch da nicht ganz sicher wäre.) Erwachsene Menschen, von denen die meisten in jungen Jahren selbst gespielt haben, scheinen dem Spiel wenig Wert beizumessen. Jungtiere spielen häufiger und oft intensiver als Menschenkinder. Obwohl *Homo sapiens* die einzige Spezies ist, von der man weiß, daß sie im Spiel mit ihren Nachkommen Gegenstände benutzt[5], könnten wir einiges vom Hund lernen, wenn es um die reine Freude am Spiel geht. Erik Zimen[6] beobachtete einmal fünf junge wildlebende Wölfe, die an einem See in British Columbia fünf Stunden lang ununterbrochen spielten. Die Wölfe veranstalteten eine wilde Verfolgungsjagd kreuz und quer über den Strand, übten sich im »Kiefer-Drücken«, spielten den Burgherrn, der sich in seinem Wasserschloß auf einem großen Stein im See verschanzte, und nutzten die Atempausen, um sich gegenseitig spielerisch zu beißen oder sich mit verschiedenen Objekten zu amüsieren.

Manchmal fällt es mir nicht leicht, bei meinen Hunden zwischen Spiel und Ernst zu unterscheiden. Wenn ich morgens im Bootshafen von Berkeley joggen gehe, begleitet mich Leila häufig. Wir gehen ein paar Minuten in gemäßigtem Tempo, Seite an Seite, bevor ich ankündige, daß ich jetzt ein Stück laufen werde. Sobald ich lospresche, rennen die Hunde hinter mir her, aber nach ein paar Schritten bleiben sie stehen, um einen Blick auf Leila und danach auf mich zu werfen. Sie sehen verdutzt aus. Sie laufen erneut ein paar Meter und kehren dann, als hätten sie einen Entschluß gefaßt, zu Leila zurück, um sie zu begleiten, während ich weiterlaufe. Leila hat mir erzählt, daß sie danach jeden Jogger ins Visier nehmen, der mir ähnelt (blaue Laufshorts und T-Shirt), und ihm nachjagen, um sich dann enttäuscht wieder zu ihr zu gesellen. Am Ende meines Laufs, der dreißig Minuten dauert, treffen Leila und ich uns an einer verabredeten Stelle. Sobald mich die Hunde erspähen oder meine Stimme hören (ich rufe sie leise), laufen sie mir, alles ringsum vergessend und überglücklich, entgegen. Ich bin zurückgekehrt, das Rudel ist wieder komplett. Halten sie mich und sich selbst zum Narren, oder haben sie wirklich befürchtet, daß ich ein für allemal das Weite gesucht hätte? Ich weiß es einfach nicht. Es könnte ein Spiel sein, aber auch eine tiefverwurzelte Angst. Ihre Gefühle wirken echt: völlige Ratlosigkeit, wenn ich weggehe, schiere Freude, wenn ich zurückkehre. Ich würde einiges darum geben, wenn es mir möglich wäre, Zugang zu ihrer Gefühlswelt zu finden und über jeden Zweifel hinaus zu erfahren, was sie in solchen Augenblicken wirklich empfinden.

Während wir Spielzeug besitzen, steht Hunden die gesamte Natur zur Verfügung. Interessanterweise fühlen sich Kinder pudelwohl, wenn man ihnen die Wahl des Spiels selbst überläßt, unbehindert von den Vorstellungen der Erwachsenen, was Hygiene und kindgerechtes Spiel angeht. Im allgemeinen ziehen sie den Aufenthalt im Freien vor und finden dort, wie Hunde, eine uneingeschränkte Anzahl natürlicher Spielsachen. Hunde jagen Zweigen, Blättern, dem eigenen Schwanz, Wassertropfen und Schmetterlingen hinterher. Sie machen Luftsprünge und buddeln sich im Sand ein, graben Löcher und stürzen sich mit Elan in die Wellen. Welches Kind hätte keinen Spaß an solchen Vergnügungen? Vielleicht können sich Kinder und junge Hunde deshalb stundenlang miteinander im Garten oder am Strand die Zeit vertreiben. Ihr Spielverhalten ist beinahe gleich.

Tierverhaltensforscher haben herausgefunden, daß Spielen ein Zeichen für physisches und mentales Wohlbefinden eines Tieres ist. Die Art des Spiels sagt etwas über sein Befinden aus. Ethologen haben »unzulängliches, bruchstückhaftes, regressives oder unregelmäßiges Spielverhalten bei verwaisten, behinderten, verletzten oder schwer erkrankten Primatenjungen festgestellt.«[7] Robustes, abgeschlossenes, altersgemäßes und häufiges Spielen zeigt an, daß die Jungen gedeihen. Ein solches Spielverhalten deutet außerdem darauf hin, daß ein Jungtier zu liebevollen Gefühlen fähig ist, denn das Spiel dient als »Kontaktbörse« und bietet eine Möglichkeit, Freundschaften zu schließen. Das Spiel trägt dazu bei, Beziehungen anzubahnen, und die fortlaufenden Interaktionen vertiefen diese Bindungen.

Dazu kommt, daß Spiele, die nicht stereotyp sind (also Abweichungen von einem festgelegten Muster erkennen lassen[8]) und zur freien Entfaltung der Phantasie anspornen, die psychische und physische Gesundheit fördern. Bei Menschen und anderen Arten hat das »so tun als ob« im Spiel einen hohen Stellenwert. Solche Illusionsspiele erlauben es uns, Verhaltensweisen auszuprobieren, die über den Rahmen unserer herkömmlichen Lebenserfahrungen hinausreichen. Normalerweise gilt das bewußte Täuschen eines anderen als verwerflich, aber es ist oft ein Spielelement. Das Spielverhalten von Hunden wurde als fintenreich oder findig beschrieben: Sie inszenieren Ablenkungsmanöver und Scheinangriffe, schlagen blitzschnell Haken oder stellen sich tot. Solche Spielstrategien sind für Hunde vollauf annehmbar. Wenn ein Hund einem anderen unmittelbar in die Augen starrt, ist das normalerweise ein Zeichen von Aggression, eine Herausforderung. Erwidert der andere den Blick, kommt es zum Kampf. Im Spiel starren sich Hunde unentwegt gegenseitig »nieder«. Das gehört zum Spaß, die herkömmliche Ordnung wird dabei auf den Kopf gestellt. John Paul Scott und sein Mitarbeiter entdeckten, daß spielerische und ernstgemeinte Aggressivität nicht unbedingt korrelieren[9]: Ein Hund, der im Spiel Angriffslust erkennen läßt, verhält sich bei Begegnungen in der »realen Welt« oft friedfertig und freundlich, während ein aggressives Tier nicht immer bereit ist, sich auf ein Spiel einzulassen, selbst wenn es sich um ein rauhes Kräftemessen handelt.

Diese Form der Umkehrung von Handlungsabläufen könnte der Vorstellung entsprechen, die ein Hund von Humor hat. Spiel setzt ein gewisses Maß an Frohsinn voraus, und der Hund läßt diese Eigenschaft im Übermaß erkennen. Zu Beginn des Buches *In Praise of Wolves* von R. D. Lawrence wird die Begegnung zwischen dem Verfasser und einem Wolf beschrieben, der ihn foppte und zum Spielen aufforderte. Lawrence schrieb: »[…] Er hielt inne, um mich genauer in Augenschein zu nehmen; seine Augen spiegelten noch den Abglanz des mutwilligen Humors wider, der so charakteristisch für Wölfe ist, die gerne und häufig ihre Scherze treiben.«[10] Thomas Mann merkte in »Herr und Hund« (1918) an:

»Oder wir unterhalten uns, indem ich ihm auf die Nase schlage und er nach meiner Hand schnappt wie nach einer Fliege. Dies bringt uns beide zum Lachen – ja, auch Bauschan muß lachen, und das ist für mich, der ebenfalls lacht, der wunderlichste und rührendste Anblick von der Welt. Es ist ergreifend, zu sehen, wie unter dem Reiz der Neckerei es um seine Mundwinkel, in seiner tierisch hageren Wange zuckt und ruckt, wie in der schwärzlichen Miene der Kreatur der physiognomische Ausdruck des menschlichen Lachens [...] erscheint.«[11]

Roger Caras erzählt von der schwarzen Pudelhündin Biddie, mit der er eine Varieténummer einstudiert hatte: Sie pflegte sich auf seinen Schoß zu setzen, die Vorderpfoten gegen seine Brust gestemmt, und er sagte: »Brigitte: Schau mir in die Augen, *Petite Noire*. Du bist müde, wirst immer müder, du schläfst ein.« Daraufhin schloß die Hündin ihre Augen und ließ den Kopf auf seine Brust sinken, als wäre sie hypnotisiert. Die Gäste hatten ihre helle Freude daran, und auch für Biddie schien das Ganze ein herrlicher Spaß zu sein. Sie bettelte immerfort, das Kunststück wiederholen zu dürfen, und wurde damit so lästig, daß man sie aus dem Raum verbannen mußte. Caras erklärt: »Jeder, der diese kleine Pudelhündin sah und nicht überzeugt war, daß sie Humor hatte, besaß selber keinen. Er spiegelte sich in jeder Pose, in jeder Bewegung, deutlich wider.«[12]

Alle Hunde necken einander und mögen es, wenn Menschen mit ihnen scherzen. Sie zahlen es ihnen mit gleicher Münze heim. Das Mienenspiel des Hundes unterscheidet sich dabei von dem Gesichtsausdruck, den man beim Spiel beobachten kann: Es wirkt eine Spur weniger entspannt, als überlegte er, ob er wirklich ungestraft davonkommt. Das ist ein weiteres Beispiel für eine Umkehr der Rollen, eine Möglichkeit, Spiel-Dominanz zu beweisen (hier dauert die Vorrangstellung nur so lange wie das Spiel an).[13] Wenn Hunde zu

Täuschungsmanövern greifen, versuchen sie arglos zu foppen, was auf einem anderen Blatt steht, als arglistig zu betrügen. Hunde ziehen keine Vorteile auf Kosten anderer aus einem Spiel, legen es nicht darauf an, jemandem zu schaden. Das kann man von menschlichen Spielen nicht immer behaupten.

Sasha wiegt 35 Kilogramm und ist bei weitem der imposanteste und kräftigste unserer Hunde. Wenn die drei miteinander Fangen spielen, kehrt sie die Rollen zur Abwechslung oft um, was mehr Spaß macht, und gestattet den anderen, hinter ihr herzuhetzen, obwohl sie wesentlich schneller als ihre beiden Verfolgerinnen laufen kann. Sie spielt die Schwächere und drosselt oft ihr Tempo, damit die anderen sie einholen oder sogar fangen können. Als ich sie das erste Mal dabei beobachtete, dachte ich, das wäre eine Ausnahme. Doch dann entdeckte ich, daß ein solches Verhalten bei vielen Säugetieren verbreitet ist. Bei Affen scheint es sogar gang und gäbe zu sein. Der Primatologe S. A. Altman entdeckte spezifische Regeln, die dafür sorgen, daß Spiele bei Affen allseits erwünscht sind und fair ablaufen.[14] Der Experte Marc Bekoff nahm diese stillschweigenden Übereinkünfte bei Hunden unter die Lupe. Ich frage mich, ob es bei allen Tieren, die gerne spielen, ähnliche Signale oder Prinzipien gibt.

Die Spiel-Kämpfe zu beobachten, die meine Hunde miteinander austragen, kann beängstigend sein. Letztere packen den Gegner im Nacken und schütteln seinen Kopf mit einer solchen Wucht hin und her, als wollten sie ihm das Genick brechen.[15] Als ich zum ersten Mal Zeuge einer solchen Szene wurde, griff ich ein, aus Angst, das Spiel könnte außer Kontrolle geraten und sich in blutigen Ernst verwandeln. Das geschah jedoch nie, und nach einer Weile sah ich, daß Nackenbiß und Schütteln nicht gefährlich, sondern ein gehemmtes Instinktverhalten waren. Die Hunde wußten, was sie taten. Ich hatte nicht begriffen, daß diese Aktionen, die unter anderen Umständen Feindseligkeit signalisierten, hier zum Spiel gehörten. Einen Artgenossen »niederzustarren« ist normalerweise der

Auftakt zum Kampf oder zumindest eine Drohgebärde, die im Spiel als Schabernack gilt. Es wurde sogar beobachtet, wie Hunde im Spiel die Zähne mit den Lefzen bedeckten, um zu gewährleisten, daß niemand Schaden nahm. Allem Anschein nach wissen sie, wie empfindlich der Körper ist und wie schnell es zu einer Verletzung kommen kann, selbst beim Spiel. Ich habe festgestellt, daß Hunde beim »Tauziehen« mit einem neutralen Gegenstand aggressiver sind als im Umgang mit dem Körper eines anderen Hundes.

In *A Dog Is Listening* berichtet Roger Caras von Sirius, einem Greyhound, der seine Rettung der Fähigkeit zu lächeln verdankte. »Er rollt die Lippen zurück und zeigt seine Zähne, während er ein breites Lächeln aufsetzt. Das macht er, wenn er jemanden begrüßt, unmittelbar, bevor er einen Keks erhält, und wenn man ihn darum bittet.« Caras, der als Tierarzt gezwungen war, 21 gesunde Greyhounds einzuschläfern, schreckte davor zurück, Sirius zu töten: »Wie bringt man einen Hund um, der einen jedesmal anlächelt, wenn man sich ihm mit der Spritze nähert?«[16] Der englische Naturforscher Brian Vesey-Fitzgerald beschreibt einen seiner Hunde, der ihm »schwanzwedelnd, sich schlängelnd und grinsend, sozusagen mit dem ganzen Körper lächelnd«, entgegenzukommen pflegte.[17]

Im Spiel haben Gehorsam, Unterwerfung, Rangordnung und alle anderen Unterscheidungsmerkmale, die in einer Hundegesellschaft normalerweise wirksam sind, eine andere Bedeutung. Das Spiel vermittelt ein Maß an Freiheit, wie es in keinem anderen Bereich des Hundelebens gewährleistet ist. Kein Wunder, daß ein Hund diese »Auszeit« genießt und so oft wie möglich spielen möchte.

Wie übermitteln Hunde ihren Artgenossen, daß ihr Gebaren zu einem Spiel gehört und nicht nach den konventionellen Verhaltensmaßregeln zu deuten ist? Marc Bekoff hat bestimmte Rituale entdeckt, die wie Interpunktionszeichen in der Grammatik funktionieren. Sie signalisieren, daß alle nachfolgenden Handlungen Elemente einer besonderen Form des Dialogs sind, des Spiels. Genau das ist die »Spiel-Verbeugung« des Hundes: ein Mittel, um dem Artgenossen begreiflich zu machen, daß bei allem, was er gleich zu Gesicht bekommen wird, andere Regeln herrschen, nämlich die Regeln des Spiels. Um diesen Wechsel anzukündigen, setzen Hunde eine Miene freudiger Erwartung auf: Die Schnauze steht offen, die Zunge ist entspannt, die Augen leuchten (der Fachausdruck dafür lautet »Spielgesicht mit offener Schnauze«[18]), sie heben das Hinterteil an, wobei die Vorderpfoten leicht gespreizt sind, und wedeln heftig mit dem Schwanz. Wie könnte man die Bedeutung mißverstehen? Es handelt sich um die klare Aufforderung: »Komm, spiel mit mir!«

Ich habe beobachtet, daß Hunde sich weigern, auf eine Spiel-Verbeugung zu reagieren, aber ich habe nie erlebt, daß ein Hund die Absicht verkannt hätte. Warum fällt es uns so viel schwerer, die Signale unserer Mitmenschen zu deuten? Liegt es daran, daß wir uns häufig hinter Ironie und Sarkasmus verschanzen, die im emotionalen Wortschatz eines Hundes offenbar fehlen?

Ein interessantes Merkmal des Spielverhaltens von Hunden sind die Pausen, die zwischen den Spielphasen erfolgen. Die Rückkehr zu den andersgearteten Regeln des Alltags, die während dieser Zeitspanne stattfindet, ist nicht zu übersehen. Vermutlich werden die Pausen deshalb so kurz gehalten, damit niemand Gefahr läuft, einen Fehler zu begehen. Die Hunde neigen dazu, während der Spielunterbrechung demonstrativ zur Seite zu blicken, damit ein unmittelbares Anstarren in dieser »Normalzeit-Phase« nicht fälschlicherweise als Aggression verstanden wird.

Viele Tiere spielen, ohne daß wir es erkennen. Bei Hunden sind Zweifel gleichwohl nicht möglich. Manche Halter glauben, ihre Hunde täten *nichts anderes* als spielen, selbst wenn dabei Blut fließt, während andere den Spieltrieb ihrer Vierbeiner nach Möglichkeit unterbinden, mit der Begründung, ein solches Verhalten sei nur verdeckte Aggression. Die Theorie des Sozialpsychologen Bruno Bettelheim über die Aggression bei Kindern gilt noch heute als Prüfstein für das letztgenannte Verhalten. Er hielt die Entschuldigung

»Tut mir leid, das war doch nur ein Spiel« für unannehmbar. Anhand bestimmter Kriterien entschied er, wann Gewaltbereitschaft unbewußt, verdeckt oder offen vorhanden war. Das ist typisch für viele Analytiker. Aber Hunde lassen sich nicht auf spielerische Kämpfe ein, die echte Kämpfe bemänteln oder tarnen sollen. Sie täuschen einander nicht auf diese Weise. Ganz gleich, ob in der realen Welt oder in der Phantasiewelt, die sie in ihrem Spiel schaffen: Hunde sind immer ehrlich und aufrichtig.

Erasmus Darwin, der Großvater von Charles Darwin, wollte der überlieferten Vorstellung entgegenwirken, daß Tiere keinerlei Rechte hätten, weil sie keine Verträge abschließen können: »Überzeugt uns die tägliche Beobachtung nicht davon, daß sie sehr wohl imstande sind, freundschaftliche Beziehungen zu knüpfen und durch einen Pakt mit ihresgleichen und der Menschheit zu besiegeln? Herrscht im friedlichen Spiel zwischen Hunde- und Katzenjungen nicht die stillschweigende Übereinkunft, einander keinen Schaden zuzufügen? Und erwartet unser heißgeliebter Hund nicht, daß wir uns an das Abkommen halten und ihm sein täglich Brot geben, als Gegenleistung für seine Dienstbarkeit und Aufmerksamkeit?«[19]

12

Hunde und Katzen

1845 ritt Charles Darwin durch die argentinische Pampa, meilenweit von jeder menschlichen Ansiedlung entfernt, als er eine Schafsherde gewahrte, die von einem einzigen Hund bewacht wurde. Dieser Hütehund war mit Schafen aufgewachsen, von einer Schafsmutter gesäugt worden und hatte im Schafstall in einem wolligen Bett geschlafen. Der Hund war kastriert und wurde als »ranghöchster Bock« in der Herde anerkannt; die Schafe folgten ihm auf Schritt und Tritt. Am Abend kehrte er zum Farmhaus zurück, um zu fressen, die Schafe im Schlepptau. Bis auf die abendliche Fütterung hatte er keinen Kontakt mit Menschen. Die anderen Hunde des Hauses jagten jedesmal hinter ihm her, bis er seine Schafherde erreicht hatte. Dann wandte er sich um, und die Hundemeute trat den Rückzug an. Sie griffen die Herde nicht an, solange sich der Hund in der Nähe befand. Warum? Darwin schrieb: »Für den Hütehund haben die Schafe den Rang von Ziehbrüdern und somit sein Vertrauen. Und die wilden Hunde, die zwar wissen, daß die einzelnen Schafe keine Hunde sind, aber köstliche Nahrung darstellen, stimmen unweigerlich mit seiner Auffassung überein, wenn sie die Schafe in einer Herde mit einem Hütehund an der Spitze erblicken.«[1]

Was für ein unausgesprochener Moralkodex verbirgt sich hinter dieser bemerkenswerten Beobachtung, daß wilde Hunde darauf verzichten, eine Schafherde anzugreifen, weil der Hütehund sich mitten unter seinen Schützlingen befindet? Ein Skeptiker könnte behaupten, hier handle es sich lediglich um die Abgrenzung eines Territoriums, aber es scheint mehr dahinter zu stecken, wie Darwin mit dem Wörtchen »übereinstimmen« anzudeuten scheint.

In meiner Kindheit wurden Hunde und Katzen gemeinsam aufgezogen. Als ich zum ersten Mal den Ausspruch »Die beiden sind wie Hund und Katze« hörte (der sich auf das fünfzehnte Jahrhundert zurückdatieren läßt), hatte ich keine Ahnung, was damit gemeint war, da sich meine Hunde und Kater nie in die Haare gerieten. Als ich in Toronto lebte und mir Misha zulegte, eine Kleinpudelhündin, gab es in unserem Haushalt bereits eine mit allen Wassern gewaschene Katze namens Megals. Misha pflegte sie am Genick zu packen und sie wie einen Ball die Treppe hinunterzustupsen. Sobald sie unten angekommen waren, legte sie sich auf den Boden und begann, an Megals' Nacken zu knabbern. Als ich dieses Verhalten zum ersten Mal beobachtete, lief ich eilends hin, aus Angst, Megals' letztes Stündlein hätte geschlagen. Beim Näherkommen hörte ich jedoch ein Geräusch, das wie ein Porschemotor im Leerlauf klang: Megals schnurrte vor Wonne. Selbst als beide Tiere schon erwachsen waren, pflegte die Hündin Megals am Genick zu packen und zu schütteln. Der Körper der Katze wurde daraufhin völlig schlaff, und sie genoß die rauhe Behandlung. Beide Tiere wußten, daß es sich um ein Spiel handelte. Zu meiner Verblüffung macht Sima das gleiche mit meinem getigerten Kater Saj, der genau wie Megals reagiert.

Welche Bedeutung hat dieses artenübergreifende Spiel, das große Ähnlichkeit mit dem Verhalten Räuber/Beute besitzt? Laut Lehrbuch stammen Hunde und Katzen von völlig unterschiedlichen wilden Vorfahren ab. Hunde gehören einer gesellig lebenden Spezies an und entwickeln daher enge Sozialbeziehungen, während Katzen Einzelgänger sind und sich niemandem anschließen. Früher glaubte man, daß Tiger zu den völlig solitären Lebewesen gehören, aber neuere Forschungen deuten darauf hin, daß wir lediglich nicht immer an Ort und Stelle sind, um die Häufigkeit der Sozialkontakte mit ihren Artgenossen zu beobachten. Wer kann schon wissen, mit wem sich Tiger im Dschungel anfreunden, wenn es keine Augenzeugen dafür gibt?

Billy Arjan Singh lebt seit 35 Jahren auf einer entlegenen Farm am Rande des Dschungels in Uttar Pradesh, unweit der Grenze zwischen Indien und Nepal, in hautnahem Kontakt mit Tigern und Leoparden. Er brachte einen bemerkenswerten kleinen Mischlingshund nach Hause, Eelie. Der Hund wurde ein unzertrennlicher Gefährte der drei Leoparden, die Arjan Singh hielt, und einer rasch wachsenden Tigerin namens Tara. Auch als erwachsene Tiere duldeten die Großkatzen den kleinen Hund nicht nur, sondern spielten mit ihm und verletzten ihn dabei nicht ein einziges Mal. Die Fotos in seinem Buch *Eelie and the Big Cats* zeigen das beidseitige Vertrauen, das sich zwischen Arten entwickeln kann, von denen man gemeinhin annimmt, daß sie einander »natürliche Feinde« seien.[2]

Hunden und Katzen gefällt es offenbar, so zu tun *als ob* – das nachgeahmte Fressen und Gefressenwerden. Beide Spezies wissen, daß es sich um ein Spiel handelt, und beide kennen die Grenzen. Manchmal wird Sima zu grob, dann protestiert Saj mit einem kläglichen Maunzen und beendet das Spiel. Ich habe auch beobachtet, daß Saj lieber mit Sima als mit mir spielt. Zugegeben, Sima ist bisweilen ein bißchen zu ruppig, aber es macht dem Kater allem Anschein nach trotzdem mehr Spaß, mit der Hündin zu spielen, denn ich kann sein Interesse nicht gleichermaßen fesseln.

Ich habe mehrere Hundehalter, die Katzen haben, nach ähnlichen Beobachtungen gefragt. Die meisten kannten dieses artenübergreifende Spielverhalten. Hunde lieben es, Katzen am Genick zu packen und zu knabbern, und Katzen finden das wundervoll.

Dieses nachgeahmte, spielerische Räuber-Beute-Verhalten wurde meines Wissens in der freien Natur nie beobachtet – was nicht heißt, daß es nicht vorkommt. Was befähigt Hund und Katze, zwei völlig unterschiedliche Spezies, sich auf eine so vielschichtige Interaktion wie einen Scheinkampf einzulassen, und warum macht es ihnen Spaß? Um die zweite Frage als erstes zu beantworten: Ich habe nie gesehen, daß Katzen dieses Spiel miteinander spielten, und ebenso wenig scheint es unter Hunden verbreitet zu sein. Eben dieses Bewußtsein, daß sie verschiedenen Arten angehören, erlaubt es ihnen, sich auf ein so gewagtes Spiel einzulassen. Der Grund für die Freude an solchen Vergnügungen ist meiner Meinung nach das Wissen, daß es ein Akt der Phantasie, nicht real ist. Sie haben Spaß an ihrem Vorstellungsvermögen, an der Fähigkeit zu erkennen, wie sonderbar es für die Angehörigen zweier unterschiedlicher Arten ist, einträchtig miteinander zu spielen. Diese Theorie mag an den Haaren herbeigezogen scheinen, aber ich weiß, daß ich Hunden und Katzen beim Spielen gerne zuschaue, weil mich die komplexen Wechselbeziehungen faszinieren, die artspezifische Schranken überwinden. Ich kann mir vorstellen, daß Katzen und Hunde diese Aktivitäten aus annähernd dem gleichen Grund genießen.

Die Thriller-Autoren Frances und Richard Lockridge schreiben in ihrem Buch *Cats and People*: »Der Mensch fühlt sich unwohl in seiner Haut. Er findet die Möglichkeit beunruhigend, daß Katzen und Hunde meinen könnten, es lohne sich, über ihn nachzudenken und ihn zu beobachten, da sich viele Gelegenheiten dazu bieten.«[3] Die Frage »Was denken Hunde darüber, wer oder was wir sind?« läßt sich auch auf Katzen ummünzen. Was stellt eine Katze in den Augen eines Hundes dar? Welcher Kategorie von Lebewesen ordnet dieser eine Katze zu? Koko, ein in Gefangenschaft lebendes Tiefland-Gorillaweibchen, das die Taubstummensprache erlernte, war in der Lage, das Wort »Katze« per Zeichen zu übermitteln und besaß sogar eine »Hauskatze«.[4] Aber niemand fragte sie, was eine Katze ist. Der Begriff »Haustier« ist Menschen vorbehalten. Andere Tiere schließen Freundschaften. Hund und Katze stehen oft auf freundschaftlichem Fuß miteinander, aber Hunde betrachten Katzen nicht als ihre Haustiere. Obwohl wir versucht sein mögen zu behaupten, daß sich Katzen überhaupt keine Gedanken über Hunde machen, kann das nicht sein: Katzen unterscheiden sorgfältig zwischen friedvollen und gefährlichen Hunden. Ich glaube, daß viele Tiere ihre Artgenossen oder andere Spezies bestimmten Kategorien zuordnen, aber wie ausgeklügelt und abgestuft diese sind, weiß niemand.

Hinsichtlich der Fähigkeit von Katzen und Hunden zu solchen Unterscheidungen muß die Sozialisation in der Frühphase eine Rolle spielen. Ich habe nie gehört, daß sich ein betagter Hund und eine ältere Katze, die erst in einem späteren Lebensabschnitt Hausgenossen wurden, auf ein Spiel eingelassen hätten, das so viel Nähe erfordert. Sie müssen miteinander aufgewachsen sein, um das Vertrauen zu entwickeln, das Voraussetzung dafür ist.[5]

Sima war noch sehr jung, als die Katzen zu uns kamen, und eines Tages entdeckte ich zu meinem Entsetzen, daß sie in aller Heimlichkeit Saj die Schnurrhaare abbiß, so blitzsauber wie mit einem Rasiermesser. Die Stoppeln fühlten sich an, als hätte der arme Kater einen Dreitagebart. Für Katzen kann eine solche »Rasur« lebensbedrohlich sein, da die Schnurrhaare als Tastorgan und beispielsweise als Entscheidungshilfe dienen, ob ein Raum groß genug für ihren Körper ist. Ohne Barthaare besteht die Gefahr, daß sie sich in einen Spalt hineinquetschen, in dem sie aufgrund der Enge bewegungsfähig und nicht mehr imstande sind, sich aus eigener Kraft zu befreien. Das war kein Spiel mehr. Sima kaute einfach auf allem herum, was ihr zwischen die Zähne geriet, und aus irgendeinem unerfindlichen Grund ließ der kleine Kater sie gewähren. Doch obwohl es kein Spiel war, enthielt dieses Verhalten auch keine bedrohliche, aggressive Komponente. Es war eine seltsame Form der Zerstreuung, die sich aus beidseitigem Vertrauen entwickelt hatte.

Dieses Vertrauen zwischen Hunden und Katzen zu beobachten, die miteinander aufgewachsen sind und unter einem Dach leben, ist anrührend. Oft schlafen meine drei Hunde und die beiden Katzen so eng aneinandergekuschelt, daß sie ein einziges riesiges

Knäuel bilden. Gestern lag Sashas lange Nase beispielsweise auf Rajs Bauch, Saj hatte sich an die beiden geschmiegt, und alle drei schliefen tief und fest. Diese nächtlichen Körperkontakte widersprechen allen Erwartungen – schließlich schlafen natürliche Feinde nicht auf engstem Raum nebeneinander. Andrerseits scheinen die Hunde Respekt vor Katzen zu haben. Wenn Sasha ihre Hundehütte betritt, um zu schlafen, und findet einen zusammengerollten Kater darin vor, zieht sie sich zurück, statt den »Hausbesetzer« davonzujagen, wie sie es mit den beiden anderen Hunden macht. Sie schläft dann vor dem Eingang zur Hundehütte, und der Kater darf ungestört sein Nickerchen beenden.

Sie scheint auch eine schier unerschöpfliche Geduld zu besitzen, wenn sie von den Katern drangsaliert wird. Während sie frißt, gestattet sie es keinem der Hunde, auch nur in die Reichweite ihres Freßnapfs zu kommen. Raj darf sich jedoch ungestraft nähern und sich über ihr Futter hermachen, während Sasha fragend, aber mit nachsichtiger Miene zuschaut. Oder Saj zwickt Sasha in die Nase, um sie zum Spielen aufzufordern, wenn die Hündin keine Lust dazu hat. Sasha verfügt über unendliche Langmut und wird nie wütend, auch wenn man merkt, daß sie den Quälgeist Saj zum Teufel wünscht. Ich frage mich, ob es ihr peinlich wäre, solche Nachsicht in Gegenwart befreundeter Hunde zu üben, ob sie befürchten müßte, von ihnen verspottet zu werden. Die Katze wird von ihr wie ein Kind behandelt, weniger wie ein Artgenosse.

Katzen sind neben Hunden die zweite große Gruppe domestizierter Tiere, aber ihre Umwandlung zum Haustier hatte ganz andere Ergebnisse. Katzen bilden eine »Wohngemeinschaft« mit Menschen, aber sie lassen sich nicht an die Kandare nehmen. Sie haben ihren eigenen Kopf und führen ein Leben nach eigenem Gutdünken, ohne sich jemandem unterzuordnen. Sie können, wie es in Carl Van Vechtens Klassiker *The Tiger in the House* heißt, »mit einer geringeren Anpassung der Werte wieder verwildern als jedes andere domestizierte Tier.«[6] Studien an verwilderten, in der freien Natur lebenden Katzen, beschrieben in *The Wildlife of the Domesticated Cat* von Roger Tabor,[7] enthüllen, daß sich die Hauskatze in ihrem Verhalten nur wenig von ihren wildlebenden Artgenossen unterscheidet. Maurice Maeterlinck glaubte, daß wir für die Katze nicht mehr seien als eine zu groß geratene, ungenießbare Beute; die unzähmbare Katze, die uns mit ihrer stillen Verachtung straft, dulde uns nur als Schmarotzer in unseren eigenen vier Wänden.«[8]

Dieses Urteil mag harsch klingen, aber es kann wenig Zweifel daran geben, daß Katzen uns ihre Liebe nicht so überschwenglich und bedingungslos entgegenbringen wie Hunde. Dennoch bin ich nicht der Ansicht, daß die Welt in die beiden klar voneinander abgegrenzten Lager der Hundeliebhaber und Katzenliebhaber gespalten werden muß; ich gehöre zu beiden. Carl Van Vechten schmettert in seinem Buch *The Tiger in the House* die üblichen Gemeinplätze als erstes mit folgendem Zitat ab: »James Branch Cabell hat uns freundlicherweise ein für allemal darauf hingewiesen, daß es ›für einen philosophisch orientierten Menschen gleichermaßen vernünftig wäre, die Teilnahme an einer Partie Billard mit der Begründung abzulehnen, Hering sei ihm lieber.‹«[9]

Es läßt sich nicht leugnen, daß Katzen uns dulden, während Hunde uns vergöttern. Für mich stellt sich die Frage, ob Hunde und Katzen imstande sind, sich zu lieben. Wegen der vielen glaubhaften Berichte über Hunde und Katzen, die nicht nur innige Freundschaften schließen, sondern auch den Tod des Gefährten betrauern, wage ich zu behaupten, daß es möglich ist. Manche Menschen behaupten, daß junge Katzen und Hunde nur aufgrund ihrer Unreife stundenlang einträchtig miteinander spielten; sie seien sich noch nicht der Tatsache bewußt, daß sie einer anderen Spezies angehören. Dagegen sprechen viele Berichte über langjährige, intensive Freundschaften zwischen erwachsenen Katzen und Hunden, bei denen fraglos keine Verwirrung über die Identität des Spielkameraden besteht. Solche engen Beziehungen scheinen jedoch etwas ganz Besonderes und individuell bedingt zu sein. Es sieht nicht so aus, als würden Hunde zwischen den Hauskatzen, die mit ihnen unter dem gleichen Dach leben, und anderen Katzen differenzieren. Sie betrachten letztere nicht als Feinde, behandeln sie aber nicht nur deshalb entgegenkommend, weil sie derselben Tierkategorie angehören wie ihr Hausgenosse.

Die meisten Hunde jagen Katzen. Ich sehe darin kein ernstgemeintes räuberisches Verhalten. Hunde laufen allem nach, was Beine hat, vornehmlich kleineren Tieren wie Kaninchen oder Eichhörnchen. Wenn ich mit meinen Hunden einen Spaziergang um den Block mache, warten die Katzen stets in der Auffahrt auf unsere Rückkehr, um sich von den Hunden ins Haus scheuchen zu lassen. Das ist ein Spiel; die gleichen Abläufe habe ich beobachtet, wenn die Hunde Katzen aus der Nachbarschaft jagen. In den seltenen Fällen, wo meine Hunde eine fremde Katze tatsächlich in die Enge getrieben haben, machen sie ein verdutztes Gesicht. Sie wissen offenbar nicht genau, was sie jetzt mit ihr anfangen sollen.

Als ich meine Pudelhündin Misha bekam, hatte sie großen Spaß daran, Katzen zu jagen, und so beschloß ich, eine »Aversionstherapie« durchzuführen, um sie ein für allemal von dieser Unart zu kurieren. Eines Tages brachte ich sie also zum Eingang einer Tierhandlung und sagte ihr, da drinnen befände sich eine Katze, auf die sie Jagd machen könne. Sie geriet völlig aus dem Häuschen, und ich ließ sie von der Leine; ich hatte vorher mit dem Besitzer gesprochen, der einen Käfig mit einem riesigen schwarzen Panther im Laden aufstellen sollte. Misha näherte sich dem Käfig und erspähte die »Katze«, die ein Fauchen nach Panther-Art von sich gab. Der Pudel raste wie ein geölter Blitz davon und ging nie wieder auf Katzenjagd! Wie Laurens van der Post in seinem Buch *A Story Like the Wind* schildert, haben Hunde in aller Regel keine Angst vor Leoparden: »Das Problem war, daß ein Hund, der auch nur eine Spur Selbstachtung besitzt, keinen Grund sieht, sich vor einem Leoparden zu fürchten. Ein Leopard ist kaum größer als er selbst und gehört in jedem Fall einer Katzenart an, die zu respektieren man von keinem Hund erwarten kann. Wenn sie sich einem Leoparden gegenübersahen, zögerten die Hunde nicht, ihn unverzüglich anzugreifen.«[10]

Rund die Hälfte der geretteten Greyhounds sind, wie ich bei der Beobachtung der Tiere erfuhr, notorische Katzenjäger, wohl deshalb, weil sie darauf gedrillt wurden, hinter Kaninchen herzulaufen, die im Windhundrennen als Köder dienen. Manche von ihnen töten Katzen sogar, wenn sie ihrer habhaft werden. Ist es möglich, daß ein Hund eine Katze liebt, die mit ihm unter einem Dach lebt, und eine andere auf der Straße tötet? Ich bezweifle es. Ich wäre entsetzt, wenn Sasha plötzlich unsere Kater als Feinde betrachten und sie mit der Absicht beißen würde, sie zu verletzen. Ich kann mir nicht vorstellen, daß das möglich ist. Schimpansen führen Krieg gegeneinander, und erwachsene Delphine zwingen den Weibchen, die ihnen zu entkommen trachten, ihre sexuelle Aufmerksamkeit auf, aber kein Tier schlachtet ein anderes in einer Weise ab, wie Menschen es tun. Können wir nicht lernen, wie es Hunden offensichtlich gelungen ist, mit anderen Kreaturen in Frieden zu leben, ohne sie zu quälen und zu töten, zu essen, auszubeuten oder zu mißachten?

13

Hunde und Wölfe

»Der gesamte Erdteil war, soweit das Auge reichte, eine einzige, trostlose Wildnis, in der Wölfe, Bären und noch wildere Menschen hausten [...] Nun sind die Wälder gerodet, und das Land ist mit Kornfeldern, mit Obstbäumen, die sich unter der Last der Früchte biegen, und mit den prachtvollen Behausungen vernunftbegabter, gesitteter Erdenbürger bedeckt«, schrieb der sechste amerikanische Präsident, John Adams, im Jahre 1756, und in seinen Worten spiegeln sich einige der weitverbreiteten Vorurteile seiner Epoche wider. Er hätte im ersten Satz »Hunde« hinzufügen sollen, denn in Landstrichen, wo einst Wölfe durch die Wälder streiften, leben wir heute mit unseren Hunden. Viele Halter haben sich gefragt – vielleicht, nachdem sie Hunde bei einem Kampf beobachtet haben –, ob ihr Hund nicht doch ein verkappter Wolf sein könnte. In Wirklichkeit verhält es sich genau andersherum: Der Wolf ist ein großer Wildhund, der ursprüngliche Hund, wie L. David Mech, einer der namhaftesten Wolfsexperten, erklärt.[1]

Vor 10000 bis 20000 Jahren wurden Wölfe von Menschen domestiziert und allmählich zu Haushunden.[2] Jeder Hund – vom winzigsten Miniatur-Dachshund bis zu den sanften Riesen, den Neufundländern und Bernhardinern – stammt von einem wolfähnlichen Vorfahren ab. Die mehr als vierhundert Hunderassen, die es heute weltweit gibt, gehören alle einer einzigen Spezies an, die von

Linnaeus im Jahre 1758 als *Canis familiaris* bezeichnet wurde. Der Hund ist eng verwandt mit dem Wolf (*Canis lupus*), dem Kojoten (*Canis latrans*) und dem Schakal (*Canis aureus*), vor allem dem Gold- oder Wolfsschakal. Zu anderen Mitgliedern der Kaniden-Familie wie dem Fuchs (*Vulpes vulpes*), dem afrikanischen bunten Hyänenhund (*Lycaon pictus*) und dem Rothund (*Cuon alpinus*) bestehen entferntere verwandtschaftliche Beziehungen.[3]

In welchem Ausmaß unterscheiden sich Hunde und Wölfe voneinander? fragt John Paul Scott. »Überzeugende Anhaltspunkte legen die Schlußfolgerung nahe, daß jedes grundlegende Verhaltensmuster, das man bei Hunden findet, auch bei Wölfen vorkommt. Das bedeutet, daß es bei Hunden trotz jahrhundertelanger Selektion nichts Neues in puncto Verhaltensentwicklung gibt.«[4] Peter Steinhart, Verfasser des Buches *Unter Wölfen*[5], erzählte mir in einem Interview, daß sich Wölfe zwar wie Hunde verhalten, aber nicht umgekehrt. Ein Wolf tue vieles, was einem Hund nie in den Sinn käme. Wölfe sind nach seiner Ansicht auch ernsthafter als Hunde. Sie vermitteln dem Menschen das Gefühl der Zielstrebigkeit. Unbeirrt folgen sie einem bestimmten Weg, während Hunde gerne einen Abstecher machen oder sich leicht von ihrem ursprünglichen Vorhaben ablenken lassen. Wölfe müssen vieles wissen, um zu überleben. Hunde müssen nur wissen, zu welchem Menschen sie gehören. Wölfe entwickeln eine viel engere Beziehung zur Landschaft als Hunde. Für Hunde sind *wir* der »Lebensraum«. Sie erhalten von uns alles, was sie zum Leben brauchen. Der Wolf muß hart und beständig ums Überleben kämpfen. Ein Hund lernt, gehorcht und ahmt nach, während der Wolf imstande ist, Einsichten zu gewinnen. Ein Wolf ist empfänglich für alle nur erdenklichen Signale, zum Beispiel Vogelgezwitscher und die subtilen Geruchsstoffe von Pflanzen oder Tieren, die der Wind ihm zuträgt. Ihnen entnimmt er, wo er nach Beute oder nach einem Freßfeind Ausschau halten muß.

Peter Steinhart zitiert ein Gespräch mit Dr. Harry Frank, einem Psychologieprofessor an der University of Michigan in Flint. Auch Frank ist Wolfsexperte. Er zog ein weibliches Wolfsjunges aus einem zoologischen Garten in Chicago auf. »Es ist wesentlich vorteilhafter [für den Hund], das menschliche Verhalten möglichst gut zu verstehen und seine Wünsche einem Menschen begreiflich zu machen, weil der Mensch das wichtigste Merkmal in seiner Umgebung ist und über zahlreiche visuelle und auditorische Wundermittel verfügt.« Und Steinhart fügt hinzu: »Im Zuge der Evolution hat sich nicht die Fähigkeit eines Hundes verbessert, Probleme zu lösen, sondern vielmehr die, das Verhalten von Menschen zu deuten.«

Es gibt noch andere Unterschiede zwischen Hunden und Wölfen. Bei männlichen Wölfen tritt die sexuelle Reife beispielsweise wesentlich später als bei Hunden ein. L. David Mech, der Wolfskenner, schreibt, daß der Wolf auf der hormonellen Ebene bis zum fünften Lebensjahr nicht voll ausgereift, sondern mit einem 25jährigen Menschen vergleichbar sei. Bei vielen Hunden beginnt die Reifephase bereits mit sieben Monaten. Wolfsweibchen haben nur einmal im Jahr einen Hitzezyklus, Hündinnen sind im Schnitt alle sieben Monate läufig. Bei einem Bernhardiner, der doppelt so groß wie ein Wolf werden kann, sind Zähne und Kiefer kleiner als bei einem Wolf. Und Hunden fehlt die Schwanzdrüse, die Wölfe besitzen.

Auch wenn die Monogamie unter Wölfen übertrieben dargestellt wurde, wechseln sie ihre Sexualpartner nicht so häufig wie die meisten Hunde. Könnte dieser Hang zur »Einehe« mit der Tatsache zusammenhängen, daß ihr Gehirn um dreißig Prozent größer als das eines Hundes ist? Harry Frank hat Wölfe und Hunde gemeinsam aufgezogen. Die Wölfe beobachteten genau, wie die Menschen Türen öffneten, und lernten schnell, den Knauf zu drehen. Bei seinen Hunden sah er dieses nachahmende Verhalten nicht ein einziges Mal.[6] Das Gehirn besitzt, wie verlautet, bei allen Hunderassen das gleiche Gewicht, ungeachtet dessen, ob es sich um einen winzigen Chihuahua oder einen kompakten Neufundländer handelt, und trotz der beträchtlichen Unterschiede in der Statur. Bei einem Wolf sind nur die Teile des Gehirns größer, die mit der Verarbeitung sensorischer Wahrnehmungen befaßt sind. Der primitivere zerebrale Bereich, als Zentrum der Emotionen oder »gefühlsmäßigen Reaktionen« bekannt, ist bei Hunden und Wölfen gleich geblieben.

Durch die über Generationen erfolgte Umwandlung des Wolfs in einen Haushund hat der Mensch die physischen Merkmale nicht verbessert: Degenerationserscheinungen wie Hüftdysplasie und das Gros der genetischen Defekte, unter denen Hunde leiden, sind bei reinrassigen Wölfen unbekannt. Auch bei der Kommunikation der Kaniden haben wir keine Fortschritte erzielt: Während Wölfe nur hin und wieder ein kurzes, scharfes Bellen als Warnung von sich geben, kläffen manche Hunde den ganzen Tag (oder die ganze Nacht). Wölfe nehmen sich ihrer kranken, verletzten oder alten Artgenossen an. Soweit mir bekannt ist, lassen verwilderte Hunde, die sich zu einem Rudel zusammenschließen, selten ein fürsorgliches Verhalten gegenüber anderen Mitgliedern ihrer Gemeinschaft erkennen.

Wölfe entwickeln eine Rangordnung, die einen Großteil ihres Verhaltens im alltäglichen Zusammenleben bestimmt. Das Alphatier, der Anführer des Rudels, besitzt deutlich sichtbare physiologische Merkmale, die ihn von rangniederen Tieren unterscheiden. Seine Herzfrequenz ist beispielsweise höher, vermutlich infolge der Führungsverantwortung, die mit einigem Streß einhergeht. Oft sind solche Dominanzmerkmale ansatzweise auch bei Hunden zu finden, aber in wesentlich schwächerer Form und in zahlreichen Spielarten. Es ist nicht zuletzt auf die Inkonsequenz des Menschen zurückzuführen, der das Leittier ersetzt, daß manche Hunde ständig in Verwirrung geraten, was die Positionen in der Hierarchie betrifft. Ein positiver Aspekt ist, daß Hunde die Fähigkeit entwickelt haben, alles zu verzeihen. Ein Wolf vergibt und vergißt nie einen Fehler, und ihn auch nur ein einziges Mal zu schlagen, würde die Beziehung zu ihm ein für allemal zerstören. Frei umherziehende Wölfe folgen dem Leittier, in aller Regel dem größten und stärksten Männchen, doch ist dessen Rolle zeitlich begrenzt, genauso wie das Zusammenleben des Rudels in seiner ursprünglichen Formation.[7]

Wie schon häufiger in diesem Buch erwähnt, ist der Hund bis an sein Lebensende juvenil, denn eben die Merkmale ewiger Jugend waren sein größter Trumpf im Prozeß der künstlichen Auslese und Zucht. Ein Wolf verhält sich nur so lange wie ein Jungtier, wie er tatsächlich eines ist; deshalb kann man einen Wolf letztendlich auch nicht wirklich zähmen. Ein Wolfsjunges gehorcht seinen Eltern für eine kurze Zeitspanne in seinem Leben, während sich ein Hund dem Menschen sein Leben lang unterordnet.

Abgesehen von diesen Unterschieden, die im Vergleich zur gesamten Persönlichkeit gering sind, stimmt das Verhalten von Hunden und Wölfen nahezu in allen Punkten überein. Nach Ansicht des deutschen Experten Erik Zimen, der das Verhalten von Wölfen studiert und selbst viele Wölfe und Wolfshybriden aufgezogen hat, gibt es kein Element im Verhalten des Hundes, das nicht auch beim Wolf vorhanden ist.[8] In Berichten über Wölfe schien mir die Ähnlichkeit manchmal so augenfällig zu sein, daß ich manchmal dachte, es handle sich um eine Beschreibung meiner Hunde. Sima begrüßt beispielsweise Leute, die sie lange nicht gesehen hat, mit großem Überschwang: Sie winselt, leckt, wälzt sich auf dem Rücken hin und her und wedelt ununterbrochen mit dem Schwanz. John Fentress stellte fest, daß sich sein von Hand aufgezogener Wolf ähnlich verhielt: »Personen, die er kannte, wurden enthusiastisch begrüßt, selbst wenn sie ihn mehrere Wochen nicht mehr zu Gesicht bekommen hatten. Es waren typische Verhaltensmuster zu beobachten: Winsellaute, Wedeln mit der Rute, wobei das Hinterteil während des Näherkommens abgesenkt wurde, Pföteln, Lecken und sich auf dem Rücken hin- und herwälzen.«[9] Wir sollten uns vor Augen halten, daß der Hund bereits in frühestem Alter beginnt, mit dem Schwanz zu wedeln, und diese Gewohnheit ein Leben lang beibehält. »Es hat keine andere Funktion als eine soziale, und in dieser Hinsicht besitzt es große Ähnlichkeit mit dem menschlichen Lächeln.«[10]

Viele Eigenschaften, die wir bei Hunden lieben, sind auch bei Wölfen zu finden. Michael Fox schreibt: »Akzeptanz, die Bereitschaft zu verzeihen, Loyalität, Ehrlichkeit und Offenheit, Ergebenheit und bedingungslose Liebe sind Merkmale, die auch in Wolfsfamilien vorkommen, bei den reinrassigen Vettern des Hundes, die von menschlicher Einmischung verschont geblieben sind.«[11] So verhält sich der Wolf gegenüber seinem eigenen Clan. Wir lieben Hunde, weil sie sich uns gegenüber genauso verhalten. Trotz der Berichte von Wölfen, die ausgesetzte Kleinkinder aufgezogen haben (vermutlich eine Phantasievorstellung, die für unsere Spezies typisch ist), könnte ein Mensch nie ein vollwertiges Mitglied in einem Wolfsrudel werden. Doch für Hunde sind *wir* unerläßlicher Bestandteil des Rudels. Das heißt, das Rudel ist vollzählig, sobald ein Mensch zu ihm gehört.[12] Genauso, wie das Leittier in einem wildlebenden Wolfsrudel das Sagen hat und alle wichtigen Entscheidungen trifft, beispielsweise, wo gejagt und wo gerastet wird, überläßt der Hund uns die Führung. Wie der unausrottbare Mythos von Wölfen, die ein Findelkind in der Wildnis gesäugt und aufgezogen haben, zeigt, empfinden Menschen noch heute ein wohliges Schaudern bei dem Gedanken, einem wilden Rudel anzugehören. Es gibt, wie verlautet, sogar Wolfskulte. Die Freude an der Gesellschaft eines Hundes leitet sich nicht zuletzt daraus ab, daß wir dadurch an Ritualen teilhaben können, die sich auf das urzeitliche Rudelverhalten zurückführen lassen. Die soziale Gemeinschaft mit einem Hund ähnelt dem Zusammenleben zwischen einem Menschen und einem hochgradig gezähmten Wolf, jedoch ohne Gefahren. Es ist eine Art Ehre, mit einem Hund die Straße entlangzugehen. Das spüre ich jedesmal, wenn ich mit Sima, Sasha und Rani um die Wette laufe. Wir gleichen einem kleinen Rudel, in dem ich den Rang eines männlichen Leittiers innehabe. Ein seltsames Gefühl.

Diese Gemeinsamkeit überrascht vielleicht weniger, wenn man bedenkt, wie sehr sich Wölfe und Menschen ähneln: Beide Spezies sind soziale, gesellige Wesen, ja sogar ausgesprochene »Herdentiere«; beide entwickeln ihre Rangordnung rückbezüglich; beide stehen an der Spitze der Nahrungskette. Wölfe besitzen keine anderen natürlichen Feinde als die Menschen, und die Menschen pflegten in grauer Vorzeit ähnlich wie Wölfe zu jagen. Wir benutzen Laut- und Körpersprache, um uns mit unseresgleichen zu verständigen; wir betreiben Brutpflege; wir sind körperlich symmetrisch gebaut und bisweilen aggressiv gegen unsere Artgenossen. Aber gibt es Säugetiere, die sich anders verhalten? Wir haben vermutlich größere Ähnlichkeit mit Präriehunden, als uns lieb ist.

Selbst die Mimik eines Wolfs ähnelt der unseren und ist nicht schwer zu entschlüsseln: das aufmerksame und zufriedene Gesicht, das freundliche Lächeln, die geschlossenen Augen als Zeichen schierer Freude. Das beflissene, unterwürfige Gesicht und das ebenso unterwürfige Lächeln (mit zurückgelegten Ohren) wurde bereits von Rudolf Schenkel entdeckt, einem Wolfsexperten der ersten Stunde. Dieses Ausdrucksverhalten umfaßt leicht zu deutende Signale, im Gegensatz zur Mimik einer Graugans, für deren richtige Auslegung selbst Konrad Lorenz einige Jahre brauchte.[13]

Genau wie der Mensch haben auch Wölfe in der Urzeit fast überall auf der Erde gelebt: von Saudi-Arabien bis Zentralindien und zum Nordpolarmeer, von Japan bis Grönland, in Europa, Nordamerika und Mexiko. Sie sind, genau wie wir, hochgradig anpassungsfähige Generalisten, was ihren Lebensraum betrifft: Man findet sie überall dort, wo es Nahrung und Wasser gibt.

Peter Steinhart schreibt: »Wölfe besitzen eine wesentliche Ähnlichkeit mit uns. Sie sind ein Spiegel, in dem wir uns selbst auf eine Weise überprüfen können, wie es mit keinem anderen Lebewesen möglich wäre. Wir entdecken in ihnen ein Abbild des Guten oder Bösen, das uns innewohnt, unsere eigene Fähigkeit zu selbstloser Liebe und verblüffender Gewalttätigkeit. Wir sehen uns, wie wir sind und wie wir sein könnten.«[14]

Solche Ähnlichkeiten sollte man gleichwohl nicht übertrieben unterstellen, weil wir in Wirklichkeit sehr wenig über das Verhalten wildlebender Wölfe wissen. Sie entziehen sich unserem Zugriff, und sie aus nächster Nähe zu beobachten hat sich als schwierig erwiesen. Selten bekommt man einen Wolf in freier Natur zu Gesicht. Infolgedessen läßt sich nicht mit endgültiger Sicherheit klären, wie sich ein Wolfsrudel fern jeder Beeinflussung durch den Menschen formiert. In aller Regel besteht es aus Tieren, die dem gleichen Wurf angehören, aber gelegentlich wird auch ein fremdes Tier akzeptiert. Bis heute weiß jedoch niemand, welche Voraussetzungen für eine solche Aufnahme ins Rudel erfüllt sein müssen. Liegt es daran, daß man bestimmte Wölfe eben mag und andere nicht, oder gibt es rätselhafte »Zulassungsbedingungen«, von denen wir nichts ahnen? Ebensolche Rätsel gibt uns die Frage auf, welche Unterschiede Hunde unter ihresgleichen in puncto Vorlieben und Abneigungen machen. Ich beobachte immer wieder mit Erstaunen, daß Sima, Sasha und Rani manche Hunde auf Anhieb sympathisch finden, während sie anderen gegenüber Feindseligkeit oder Gleichgültigkeit erkennen lassen. Es ist mir nie gelungen, die Gründe für diese scheinbar willkürlichen Entscheidungen herauszufinden – ein weiteres Indiz dafür, daß Hunde vielschichtige, verborgene Mechanismen aufweisen, genau wie wir.

Es dauerte mehr als 10 000 Jahre, den Wolf im Hund auszumerzen, und nun fragen wir uns bisweilen, ob wir gut daran getan haben. Menschen, die Wolfshybriden besitzen, bewundern vor allem den Wolf in ihrem Hund, das ursprüngliche Verhalten des Wildtieres. Ein Teil dieses ungezähmten atavistischen Verhaltens, das bei Haushunden fehlt[15], ist wirklich anerkennenswert. Forscher, die versuchten, Wölfe an Menschen zu gewöhnen, stellten fest, daß die Tiere, bei denen sie Erfolg hatten, nicht wieder in ihr ungezähmtes Verhalten zurückverfielen, selbst wenn sie jahrelang keinen unmittelbaren Kontakt mit Menschen hatten. Man nimmt an, daß Wölfe in einem solchen Fall ihre angeborene Freundlichkeit auf alle Menschen übertragen, von denen sie angemessen behandelt werden. Ihr großer Hang zur Geselligkeit ermöglicht es ihnen, allen Menschen friedfertig zu begegnen, und nicht nur denen, die sie kennen. Hunde sind nicht zu solchen Verallgemeinerungen fähig, und manche bleiben sogar ein Leben lang auf einen einzigen Menschen »fixiert«. Im Gegensatz zu einem Hund kann der Wolf das »Familienkonzept« indes nicht auf eine andere Sippe übertragen, was Hunden allem Anschein nach problemlos gelingt. Die meisten Hunde, die Artgenossen aufgeschlossen begegnen, zeigen sich allen Hunden gegenüber friedfertig – oder zumindest nicht aggressiv. Ein Beispiel ist das Verhalten von Hunden beim Spielen im Park. Bei Wölfen würden solche Begegnungen in vielen, wenn nicht sogar in den meisten Fällen tödlich verlaufen.

In ihrem Buch *Adam's Task* weist Vicki Hearne darauf hin, daß ein Wolf

> »nicht den Mut eines guten Hundes besitzt, einen Mut, der aus der Begeisterung des Hundes für die Formen und Bedeutungen unserer häuslichen Tugenden erwächst. Die Fremdenfeindlichkeit ist nur dem Wolf eigen. Anderen Wölfen gegenüber kann er natürlich respektvoll, edelmütig, tapfer und zuvorkommend sein. Der Wolf hat die sozialen Fähigkeiten eines Wolfs, weshalb wir sagen, daß ein Wolf ein wildes Tier ist. Und da Menschen schon aus rein praktischen Gründen nicht die sozialen Fähigkeiten eines Wolfs besitzen, betrachtet der Wolf den Menschen als wildes Tier, und er hat recht. Er traut uns aus gutem Grund nicht über den Weg.«[16]

Hunde leben schon seit so langer Zeit in der Gesellschaft des Menschen, daß viele ihrer Charaktereigenschaften praktischerweise menschlich sind. Wir haben sie durch künstliche Auswahl genetisch fixiert. Wenn wir diese Tatsache ignorieren, befinden wir uns auf dem Holzweg, genau wie Konrad Lorenz, der zwischen »*Aureus*-Hunden« und »Wolf-Hunden« unterschied. Er war der Ansicht, daß sämtliche Hunderassen, die jedermann freundlich behandelten, vom Schakal abstammten (*Canis aureus*), während diejenigen, die nur einen Herrn akzeptierten, Nachfahren des Wolfes seien (*Canis lupus*). Für Lorenz war der »Schakal-Hund«, der in seinem »Herrn« eine Mischung aus Vaterfigur und gottgleichem Wesen sah, kindhaft und unterwürfig, während der »Wolf-Hund« weder unterwürfig noch gehorsam ist und seinen Herrn wie einen Gleichrangigen behandelt. Die Bindung des ersteren sei enger und seltener auf eine andere Person übertragbar. Zweifellos ist dieser Hund von einem Kaliber, das Lorenz vorzieht.[17]

Lorenz erkannte erst viel später, daß er sich geirrt hatte: Wölfe und Hunde sind zwar hochgradig soziale Wesen, aber »Schakale bilden, wie Kojoten, in aller Regel keine größeren Gruppen als ein zusammengehöriges Paar«. Dazu kommt, daß die Lautbildung bei Hunden und Wölfen sehr ähnlich ist, während sie bei Schakalen weit komplexere Muster umfaßt. Diese Entdeckungen überzeugten Lorenz, der das theoretische Kartenhaus der Abstammung vom Schakal allem Anschein nach selbst zum Einsturz brachte.[18] Dennoch erklärt Dr. Ian Dunbar: »Man kann unmöglich mit Sicherheit behaupten, daß Schakale, Kojoten und andere wildlebende *Canidae* keine Rolle [bei der Domestizierung des Hundes] spielen, vor allem, seit bekannt ist, daß sich der Schakal immer noch freizügig mit herrenlosen Paria-, Shenzi- und dingoähnlichen Hunden paart, ähnlich wie einige nördliche Rassen, beispielsweise Huskies und Malamutes, die mit Wölfen rückgekreuzt sein könnten.«[19]

Ich habe Sima, Sasha oder Rani nie heulen hören, meine Pudelhündin Misha dagegen fortwährend. Viele Halter kennen das von ihren Hunden. Es ist unheimlich, aber gleichzeitig auch faszinierend und entnervend. Meines Wissens war das Hundegeheul noch nie Gegenstand einer wissenschaftlichen Untersuchung. Das Wolfsgeheul wurde dagegen eingehend studiert, und wir erfahren immer mehr über seine vielschichtigen Bedeutungen. Das Heulen des Wolfs zielt darauf ab, territoriale Grenzen zu markieren und andere darauf aufmerksam zu machen. Es dient außerdem als eine Art Entfernungsmesser, der verhindert, daß Wolfsrudel einander »in die Quere« kommen. Wölfe brauchen viel Raum, um zu überleben. Es ist verbüffend, wie weit ihr Geheul zu hören ist. Ich bin sicher, daß ein einziger Heulton in stillen Nächten die Anwesenheit eines Rudels in einem Umkreis von 130 bis 360 Quadratkilometern anzeigen kann.[20] Nur hochgradig soziale Tierarten heulen, zum Beispiel der Dingo, der afrikanische bunte Hyänenhund, der asiatische Windhund und der Timberwolf. Das Heulen, das oft als territoriales Markierungszeichen dient, übermittelt außerdem die genaue Stimmung des Heulenden, wie Desmond Morris erklärt. Er schreibt, ein domestizierter Hund heule nur, wenn man ihn allein zu Hause einsperre. Das »Heulen aus Einsamkeit« übermittelt die Botschaft: »Komm, leiste mir Gesellschaft!«[21] Wölfe heulen auch, weil sie sich einsam fühlen, um andere Wölfe während der Pirsch »zusammenzutrommeln«, um den Jungen im Bau ihre Rückkehr von der Jagd anzukündigen, oder aus reiner Freude, weil sie beisammen sind.

Genau wie »ein Hund kein vierbeiniges Menschenkind ist, das sich mit einem Pelz herausgeputzt hat«[22], sollten wir uns den Wolf nicht als Hund mit einem rauheren Fell vorstellen. Obwohl der Hund entwicklungsgeschichtlich von Wölfen abstammt, besteht ein großer Unterschied zwischen einem domestizierten und einem wild lebenden Tier. Selbst ein Wildtier, das gezähmt wurde und seine Instinkte bewahrt hat, kann ohne Warnung wieder verwildern. Manchen Menschen scheint das nicht bewußt zu sein. Ich erinnere mich, daß meine Tochter vor ungefähr 15 Jahren eines Tages aus der Schule heimkehrte und erzählte, ihr Lehrer suche für einen Wurf Wolfsjunge ein liebevolles Zuhause. Sie wollte wissen, ob wir nicht eines nehmen könnten. Es war eine große Versuchung, bis ich Charles Berger anrief, einen Tierarzt in Berkeley und Fachmann für Wölfe. Er riet mir dringend davon ab. Seither habe ich mehrmals Berichte über schreckliche Tragödien in Familien gelesen, die einen Wolf als Haustier hielten.

Ungeachtet dessen, wieviel Zeit man auch mit einem Wolfsjungen verbringen mag, die Gewöhnung an den Menschen steht immer auf tönernen Füßen. Ein zahmer Wolf ist kein Hund: »Zahme Wölfe bleiben von der Person kontrollierbar, die sie von klein auf mit der Flasche großgezogen hat, aber sie können ab dem sechsten Lebensmonat Fremden gegenüber furchtsam und manchmal aggressiv reagieren [...] [Einige] wenige Generationen der Zucht innerhalb der von Menschen bestimmten Grenzen können die wilden Urinstinkte eines Wolfs nicht auslöschen. Um einen Wolf zu domestizieren, braucht man rund zehntausend Jahre.«[23]

Es scheint in den USA nicht ein einziges Mal vorgekommen zu sein, daß ein gesunder, nicht tollwütiger, wildlebender Wolf einen Menschen nachweislich angegriffen hätte. Aus irgendeinem Grund respektieren Wölfe den Menschen (oder haben ihn vielleicht zu fürchten gelernt). Angeblich hat der europäische Wolf (vor allem in Rußland) Menschen angefallen, aber der Wahrheitsgehalt dieser Berichte ist zweifelhaft. Vielleicht handelte es sich bei den Angreifern um Wolf/Hund-Hybriden. In den skandinavischen Ländern leben nur noch wenige reinrassige Wölfe, aber hier kennt man viele Märchen und Legenden, die vor dem bösen Wolf warnen. Erkki Pulliainen schreibt: »Es gab in Finnland im Verlauf dieses Jahrhunderts keinerlei stichhaltige Beweise dafür, daß Wölfe dem Menschen gefährlich werden können. Trotzdem hat sich so gut wie nichts an der Feindseligkeit geändert, die der Mensch dem Wolf in den ländlichen Gebieten Finnlands entgegenbringt.«[24] Jede Art hat ihre eigene Vielfalt und besteht aus den unterschiedlichsten Individuen, was gewaltbereite, leicht reizbare Exemplare einschließt. Wenn das für Menschen gilt, warum nicht auch für Wölfe? Man stelle sich eine Wolfsmutter vor, die ihrem Jungen einzubleuen versucht, daß es um alle Menschen einen großen Bogen machen muß, weil früher irgendwann einmal auf sie geschossen wurde, aber der kleine Wolf widerspricht und weist sie auf die Freundschaft hin, die er mit dem Sohn des Jägers geschlossen hat.

Einige Leute meinen, daß sie ihr Scherflein zur Rehabilitation des Wolfs beitragen, wenn sie einen Wolfshybriden halten, oder daß sie einen Traum wahrmachen, da sie in enger Gemeinschaft mit einem ungezähmten Tier leben. Ersteres entspricht nicht den Tatsachen, wohl aber letzteres, und genau da liegt das Problem. Die meisten Menschen, die Mischlinge haben, sehen sich ernsthaften Schwierigkeiten gegenüber, sobald die Tiere drei Jahre alt sind, erklärt Randall Lockwood, Vizepräsident der Organisation Humane Society of the United States. Richard Polsky hat alle, die damit liebäugeln, sich einen Wolfshybriden anzuschaffen, davor gewarnt, »sich infolge des freundlichen Verhaltens gegenüber Familienmitgliedern nicht in einem falschen Sicherheitsgefühl zu wiegen [...] Stark ausgeprägte Raubtierinstinkte sind Teil der Natur des Mischlings, und sie machen ihn zu einem potentiell gefährlichen Tier, wenn er als Haustier in einer urbanen Umgebung gehalten wird.«[25]

Selbst kundige Besitzer sind vor jähen und unerwarteten Attacken seitens ihrer »Haustiere« nicht gefeit. Beth Duman, Biologin und Wolfliebhaberin, pflegte mit ihrem reinrassigen Wolfsweibchen Schulen zu besuchen, um den Kindern zu zeigen, was für wunderbare Geschöpfe diese Tiere in Wirklichkeit sind. Die Wölfin lebte schon vier Jahre bei ihr und ihrem Mann. An einem Nachmittag im Frühling waren beide im Zwinger, der sich im Garten hinter dem Haus befand; sie streichelten und kratzten der Wölfin gerade das Fell, als diese Beths Mann völlig unvermittelt und ohne Warnung gegen den Zaun stieß und ihm ihre Fangzähne tief in den Unterarm bohrte. Der Mann hatte Schmerzen im unteren Rückenbereich gehabt und hinkte an dem Tag, als er den Zwinger betrat. Wahrscheinlich hatte die Wölfin diese Schwäche bemerkt und eine günstige Gelegenheit gewittert, ihn zum Kampf herauszufordern, genauso, wie sie es mit einem Artgenossen gemacht hätte. Beth Duman erklärte, daß die meisten ihrer Freunde, die Wölfe halten, ähnliche Erfahrungen gemacht hatten.[26]

Da wildlebende Wölfe den Menschen nicht angreifen, mutet der Gedanke merkwürdig an, daß die Aggression der Wolfshybriden nicht auf das Wolfselement, sondern auf das Hundeelement zurückzuführen sein könnte. Die Gefangenschaft verändert das Verhalten der Tiere gleichwohl beträchtlich. Fast alle Menschen, die jemals einen Wolf gehalten haben, stimmen darin überein, daß mit Wölfen in der Gefangenschaft nicht gut Kirschen essen ist. Das Buch *Wir heulten mit den Wölfen* von Lois Crisler – der vermutlich anschaulichste Bericht über das Zusammenleben von Wölfen und Menschen – könnte bei vielen den Wunsch geweckt haben, sich einen Wolf als Hausgenossen anzuschaffen. Es ist ein sehr gefühlvolles Buch, aber es sollte in Zusammenhang mit ihrem zweiten Buch, *Meine Wölfin*, gelesen werden, das seltener zitiert wird. Crisler zog mit ihren Wölfen und Wolfshybriden nach Colorado, mit tragischen Folgen. Sämtliche Wölfe und Mischlinge starben vorzeitig – einige wurden überfahren, andere erschossen, und ein paar mußten eingeschläfert werden.

Man spürt das Chaos, das die Tiere in Crislers Leben brachten, und die Zerstörung, die sie im Leben der Wölfe anrichtete, auch wenn sie sie vor dem Tod bewahrte, der ihnen sicher gewesen wäre, wenn man sie einfach in der Arktis ausgewildert hätte. Sie waren keine reinen Wildtiere mehr und hätten nicht überleben können. Terry Jenkins, Kuratorin des zoologischen Gartens in der kalifornischen Stadt Folsom, geriet in einen Kampf auf Leben und Tod mit einem Wolfsmischling, der sehr anhänglich war und Kleinkinder und Frauen zu lieben schien. Sie hatte versucht, die Führungsposition einzunehmen, jedoch ohne Erfolg: Der Hybride sprang sie an, biß ihr mehrmals in den Brustkorb und schnappte nach ihrer Kehle.[27]

Peter Steinhart beendet sein Buch *Unter Wölfen* mit der Anmerkung: »Der Wolf wurde früher weithin als Symbol aller Verderbtheit betrachtet, die einer ungezähmten Natur innewohnt. Heute gilt er bei vielen als Symbol der Erhabenheit in der Natur. Wir haben den Wolf beinahe ausgerottet, vornehmlich durch die Verwendung von Symbolen. Und vornehmlich durch die Veränderung dieser Symbole könnten wir ihn möglicherweise noch retten.«[28]

Eine weitere mögliche Ursache unserer neu entdeckten Liebe zum Wolf könnte das fortwährend hohe Maß an Anerkennung sein, das uns das wolfähnliche Verhalten unserer Hunde abnötigt. Wölfe lieben uns vielleicht nicht, wohl aber unsere Hunde. Zum ersten Mal scheinen wir Menschen die artspezifische Schranke überwunden zu haben. Eine solche Annäherung fand nie zuvor statt, mit keiner anderen Spezies. Es ist eines der großen, ungelösten Rätsel der Natur, aber wir sind Teil der ureigenen Welt der Hunde geworden.

14

Aggression bei Hunden: Real oder eingebildet?

Die amerikanische Romanautorin Linda Grey Saxton züchtet und hält Dalmatiner, mit denen sie auch an Hundeausstellungen teilnimmt. Sie erzählte mir die nachfolgende Geschichte, die eine gute Einführung in das Thema Aggression bei Hunden darstellt.[1] Rhiannon, ihre erste Dalmatinerhündin, kam in ihre Obhut, als diese ein Jahr alt war. Sie war für ihren Besitzer ein potentielles »Vorzeigeobjekt« und wie die anderen Hunde des Hauses bis zu 22 Stunden am Tag im Zwinger eingesperrt gewesen. Als rangniedrigstes Tier in der Meute hatte sie nur wenige Rechte. Doch als Mitglied von Lindas Haushalt veränderte sich ihr Leben grundlegend: Sie stand plötzlich im Mittelpunkt der Aufmerksamkeit, wurde geliebt, gehätschelt und den ganzen Tag gestreichelt. Dennoch blieb sie sehr scheu und unterwürfig. Es lebten zwar noch zwei Katzen unter dem gleichen Dach, aber sie war der einzige Hund. Sie absolvierte ein Gehorsamstraining und nahm an Hundeausstellungen teil. Ihre Bindung an Linda wurde immer enger; sie folgte ihr auf Schritt und Tritt, lag zu ihren Füßen, blickte sie stundenlang an, liebevoll, ergeben und außerstande, auch nur die kürzeste Trennung zu ertragen.

Linda wollte nichtsdestotrotz einen Welpen. Als Rhiannon annähernd drei Jahre alt war, kam Tia, eine sieben Wochen alte Dalmatinerhündin ins Haus, und zunächst schien es, als hätte das drollige kleine Geschöpf Rhiannons Herz im Sturm erobert. Rhiannon ließ ihr alles durchgehen, erlaubte ihr beispielsweise, sie ungestraft zu zwicken und auf ihr herumzutoben, und sie spielte mit dem Hundebaby, als wäre es ihr eigenes.

Als Tia rund 18 Monate alt war, bemerkte Linda, daß Rhiannon begann, ihren Anspruch auf bestimmte Reviere und Gegenstände geltend zu machen. Eines Tages, als Lindas kleiner Sohn Nick die Hunde neckte, indem er ihnen ein Gebäckstück unter die Nase hielt und gleich darauf wieder wegzog, versuchten beide Hunde, sich den Leckerbissen zu schnappen. Rhiannon knurrte, was bedeutete, daß Tia sich trollen solle, daß sie der »Boß« sei und das Gebäck ihr zustehe. Aber Tia war kein Welpe mehr und gab nicht nach, und plötzlich waren die beiden Hunde in einen gnadenlosen Kampf verstrickt. Ihre Schnauzen verkeilten sich ineinander, und sie ließen nur los, um die Rivalin an einer anderen Stelle zu packen. Sie richteten sich auf den Hinterläufen auf, um miteinander zu ringen, bissen und verteilten Prankenhiebe. Überall war Blut. Als sie schließlich gewaltsam getrennt wurden, hatten sie tiefe Fleischwunden im Gesicht und an den Läufen. Sie mußten sofort zum Tierarzt gebracht werden, wo größere chirurgische Eingriffe unter Narkose erfolgten.

Nachdem die beiden Hunde nach Hause zurückkehren durften, herrschte im Haus eine Atmosphäre wie in einem Kriegsgebiet. Hunde, die vorher aus demselben Napf gefressen und im selben Korb geschlafen hatten, konnte man jetzt nicht einmal mehr gleichzeitig aus ihren Zwingern herauslassen. Linda zog einen Tierpsychologen zu Rate und lernte die Körpersprache der Hunde auf neue Weise zu deuten. Eine Zeitlang schien die Situation wieder im Lot zu sein, bis Nick eines Tages ausrutschte und versehentlich auf Tias Schwanz trat: Tia kläffte, und Rhiannon sprang sie an. Der Kampf war blutig und endete wieder in der Tierarztpraxis mit einer Operation, die mehrere hundert Dollar kostete. Dieses Drama wiederholte sich noch viermal, bis sich Linda und der Tierpsychologe zusammensetzten und gemeinsam versuchten, das Verhalten zu analysieren. Ihnen wurde ziemlich bald klar, daß Rhiannon die Streitereien immer dann anzettelte, wenn sie läufig war: Sie betrachtete Tia in dieser Zeit nicht mehr als Welpen, dem man Geduld entgegenbringen mußte, sondern als Eindringling, der einen großen Teil von Lindas Zeit beanspruchte. Aus ihrer Liebe und Anhänglichkeit, die ihr während des ersten Lebensjahres im Zwinger fremd gewesen waren, leitete sich Eifersucht auf Tia ab, die eine unmittelbare Bedrohung für diese Zuwendung darstellte.

Obwohl Linda mit den beiden preisgekrönten Hunden eine Zucht beginnen wollte, wußte sie, daß ihr keine andere Möglichkeit blieb, als sie sterilisieren zu lassen. Das bedeutete, daß sie laut Reglement auch nicht länger an Ausstellungen teilnehmen konnten. Drei Monate lang trugen beide einen Maulkorb und wurden im gleichen Raum untergebracht, aber in sicherer Entfernung voneinander an den Knauf von zwei Türen gebunden, damit sie lernten, friedlich auf engem Raum miteinander zu leben. Linda lernte ihrerseits, als »Alphatier« Stärke zu zeigen und deutlich zu machen, daß sie Rangeleien gleich welcher Art nicht duldete, und die Hunde begannen, auf ihr Kommando zu hören. Inzwischen sind sie voll »resozialisiert«, aber Linda nimmt den wiederhergestellten Frieden und die Freundschaft zwischen den beiden nicht mehr als Selbstverständlichkeit hin. Sie weiß jetzt aus eigener Erfahrung, daß starke Zuneigung mit starker Aggression gepaart sein kann.

Aus dieser Geschichte lassen sich viele Lektionen ableiten, aber was mich am meisten beeindruckt, hat mit meiner Suche nach den Ursprüngen der Aggression zu tun. Welche Streßfakoren auch immer dazu beigetragen haben mögen, den Streit zwischen Rhiannon und Tia zu entfachen, es stellt sich die Frage, welche Erfahrungen in der Vergangenheit die aggressive Reaktion programmiert haben. Ich stimme Linda zu, die in der Angst vor dem Verlust der Liebe und Vorrechte den Auslöser bei Rhiannon vermutete.

John Paul Scott betont in seinem Konzept der kritischen Entwicklungsstadien im Leben eines Hundes, daß Tiere, denen während dieser prägenden Phasen die entsprechenden Außenreize fehlen, bestimmte soziale oder andere erlernte Fähigkeiten später nicht mehr richtig verinnerlichen. Scott definiert dieses kritische Stadium als »besondere Zeit im Leben, in der schon ein Minimum an Erfahrung große Auswirkung auf das spätere Verhalten hat.«[2] Diese Idee von den kritischen Stadien im Leben des Welpen hat sich als ungeheuer einflußreich erwiesen, sowohl in der Theorie als auch in der Praxis. Das ist beispielsweise der Grund, warum wir Welpen erst »adoptieren«, wenn sie ungefähr acht Wochen alt sind. In seinem Buch *Genetics and the Social Behavior of the Dog* (mit J. L. Fuller), das inzwischen als Klassiker gilt, weist Scott auf eine nachhaltige Verhaltensänderung bei drei Wochen alten Welpen hin, sobald diese also in der Lage sind, sich zu bewegen und zu fressen wie ein erwachsener Hund. Zu diesem Zeitpunkt, sind alle Sinnesorgane voll funktionsfähig, und es finden die ersten Assoziationen zwischen externen Ereignissen, zum Beispiel Fressen, und innerem Lustempfinden statt, wobei Gefühl und soziale Interaktion in Zusammenhang gebracht werden. Der Welpe lernt daraufhin schnell, Beziehungen zu anderen Tieren, Menschen und Orten herzustellen, und es bildet sich ein Verhaltensmuster heraus, das sich im späteren Leben auf beinahe alle Bereiche auswirkt. »Es wird später weitere Lebensabschnitte geben, in denen das Verhalten umgehend organisiert wird, etwa zur Zeit der sexuellen Reife und Geburt der Jungen, aber ihre Auswirkungen sind begrenzter.«[3]

Scott erkannte, daß dieser Schlüsselgedanke auch mit den Ursprüngen der Aggression zu tun hat. In seiner Autobiographie schreibt er von »fehlangepaßtem« Verhalten bei Hunden, die im Zwinger aufwuchsen und nur selten in Kontakt mit Menschen kamen. Sie fürchteten sich vor allem, was für sie neu war, und hatten Lernschwierigkeiten. Wenn sich später ein liebevolles Zuhause für sie fand – ein Versuch, sie zu »rehabilitieren« oder zu resozialisieren –, scheuten manche vor der Begegnung mit Menschen zurück oder bissen sogar. Scott war der Ansicht, es sei genetisch bedingt, ob ein bestimmtes Tier pathologische Scheu oder Aggressionen entwickle; ausschlaggebend seien die Hunderasse und deren spezifische Zuchtmerkmale. Aber beide Verhaltensweisen ließen sich in seinen Augen darauf zurückführen, daß die Hunde fünf Monate und länger in einem Zwinger verbracht hatten.[4]

Die Liste der Symptome ließe sich über die fehlende Kontakt- und Lernfähigkeit hinaus (Rhiannon war durchaus lernfähig) durch erhöhte Aggression gegenüber Artgenossen ergänzen. Wenn man die menschlichen Abwehrmechanismen einer Gefühlsverlagerung als Parallele nimmt, war Rhiannon zweifellos wütend auf Linda, weil diese die Nebenbuhlerin überhaupt erst ins Haus gebracht hatte; aber sie konnte ihrer Herrin dieses Mißfallen nicht direkt zeigen. Die Unerbittlichkeit des Angriffs auf Tia könnte mit dieser Unfähigkeit in Zusammenhang stehen, ihre Wut auf das eigentliche Ziel zu lenken. Wenn ein Hund nicht imstande ist, solche Zusammenhänge zu erkennen, könnte man zu der Schlußfolgerung gelangen, daß er lediglich die Gegenwart des Rivalen als unmittelbare Erfahrung verabscheut, ihn aber nicht mit dem abstrakten Kummer in Zusammenhang bringt.

In vielen Studien wird behauptet, daß Hunde, die isoliert aufwachsen, aggressiver seien als andere. Extreme Kontaktscheu mag zwar kennzeichnend für Isolation während der Aufzucht sein, aber man weiß weder genau, bei welcher Zeitdauer man von Isolation sprechen kann, noch wurden die Folgewirkungen der Zwingerhaltung im gleichen Umfang untersucht wie Isolation selbst. Aber ist aggressives Verhalten wirklich eine Frage der Züchtung?

Scott behauptet, die Aggressivität sei bestimmten Hunderassen angeboren.[5] Die von mir zu diesem Thema befragten Experten scheinen sich auf eine andere Auffassung verständigt zu haben: Keine Hunderasse ist von Natur aus aggressiv; dieses Verhalten wird in irgendeiner Form von der Außenwelt, im Rahmen der Aufzucht oder des Trainings, als wünschenswert untermauert. Demzufolge würde ein Dobermannpinscher, der von klein auf in einer friedlichen, freundlichen Atmosphäre aufgewachsen ist, in der Angriffshandlungen nicht belohnt, sondern als unerwünscht betrachtet und entmutigt werden, keine Aggressionen entwickeln, selbst wenn im Wurf erste Anzeichen für einen angeborenen Aggressionstrieb vorhanden wären. Daß der genetische Faktor eine wichtige Rolle spielt, geht auch daraus hervor, daß sich bei Menschen aufgewachsene Wolfsjunge beinahe genauso wie Hunde verhalten, bis sie das Stadium der sexuellen Reife erreichen; erst dann können sie meistens nicht länger im häuslichen Umfeld gehalten werden.[6]

Mungos, die von Geburt an ohne Außenbeziehungen aufwachsen, lassen bei der allerersten Begegnung mit Angehörigen ihrer eigenen Art Drohgebärden erkennen. Das gilt auch für den Siamesischen Kampffisch. Es scheinen keine früheren Erfahrungen erforderlich zu sein, um die aggressive Reaktion auszulösen. Stichlingsmännchen, die ab dem Eistadium in völliger Isolation leben, gehen nach der Geschlechtsreife beim ersten Kontakt mit männlichen Artgenossen zum Angriff über oder umwerben die Weibchen, denen sie zum ersten Mal begegnen.[7]

Daß die Aggressivität das größte Verhaltensproblem für Hundehalter darstellt und der Hauptgrund dafür ist, daß ein vielversprechender Blindenhund seine Schulung abbrechen muß, läßt ebenfalls die Schlußfolgerung zu, daß die genetische Komponente ins Gewicht fällt. Dennoch neigen viele Hundebesitzer und Psychologen dazu, extremes Angriffsverhalten mit früheren schlechten Erfahrungen oder Verteidigungsmechanismen verschiedener Art zu erklären. Natürlich kann man Spekulationen über die Angst eines Hundes anstellen – Trainer sprechen von »Angstbeißen«[8] – oder auf traumatischen Erlebnissen herumreiten. Aber für das Opfer macht es keinen Unterschied, welche psychologische Erklärung man für die Gewalttätigkeit findet. Für einen Fünfjährigen, der von einem Pitbullterrier angegriffen wird, ist das Wissen, daß der Hund von seinem Besitzer grausam gequält und geprügelt wurde, ein geringer Trost. Hundebisse, vor allem bei Kleinkindern, sind auch heute keine Seltenheit, sondern stellen in den USA und anderen Ländern eine ernsthafte Bedrohung für die Gesundheit dar. Schätzungen zufolge wurden 1994 rund 1,8 Prozent der amerikanischen Bevölkerung von einem Hund gebissen. Das sind ungefähr 585 000 Verletzungen, die eine medizinische Behandlung erforderten oder eine kurzfristig eingeschränkte Lebensführung für die Opfer zur Folge hatten. Angesichts solcher Zahlen überrascht es vielleicht, daß in den USA im Schnitt nur 18 Menschen im Jahr an Hundebissen sterben. Hauptopfer sind Kinder, und die meisten tödlichen Angriffe erfolgen auf schlafende Säuglinge.[9]

Ich mußte kürzlich meine eigenen Erfahrungen mit Aggressionen machen, als ich mit meinen drei Hunden Freunde besuchte, die eine gelbe Labradormischlingshündin namens Alice haben. Während wir einen Rundgang durch das neue Haus unternahmen, griff Alice plötzlich, ohne erkennbare Provokation, Sasha an und biß mit aller Kraft zu. Sasha schrie – zumindest klangen die Laute, die sie von sich gab, wie Schreien. Sie wehrte sich nicht, sondern rief um Hilfe. Es gelang mir, die beiden Hunde zu trennen, aber nicht, bevor Sasha ihren Darm entleert hatte; die Fäkalien besaßen einen eigenartigen, penetranten Geruch, der mir nie zuvor aufgefallen war. Vermutlich signalisierte er blankes Entsetzen.[10] Sie zitterte am ganzen Körper. Da Sasha normalerweise sehr eigenständig und die Ruhe selbst ist, überraschte es mich, daß sie Schutz bei mir suchte. Das bestätigt die Neotenie-These: Hunde bleiben in einer jugendlichen Phase der Entwicklung stecken, und wir sind der Elternersatz. Sima und Rani beobachteten das Treiben erstaunt. Sie konnten sich offenbar keinen Reim auf den Angriff machen. Uns erging es nicht anders. Ich hätte mich am liebsten sofort verabschiedet, aber Sasha, die genauso aufgelöst schien wie ich, war voller Begeisterung dabei, als wir einen Spaziergang im Park vorschlugen – gemeinsam mit der Angreiferin. Hunde sind nicht nachtragend: Sie verhalten sich Menschen und Artgenossen gegenüber gleichermaßen tolerant, wie man an diesem Beispiel sehen konnte. Doch im Park ging Alice erneut auf Sasha los, die diesmal so schockiert war, daß wir schnurstracks nach Hause fuhren. Ich glaube nicht, daß diese Erfahrung bleibende Schäden bei Sasha angerichtet hat. Wie gelingt es Hunden, solche traumatischen Erlebnisse unbeschadet zu verkraften? Sie besitzen die Fähigkeit zu verzeihen, die wir Menschen von ihnen lernen könnten.

Was sich zwischen Rhiannon und Tia, Sasha und Alice abspielte, läßt sich tatsächlich als Aggression definieren, weil dieser Ausdruck dem Kampf zwischen Artgenossen vorbehalten ist. Räuberisches Verhalten muß nicht unbedingt eine Aggression beinhalten. Wenn ein Hund ein Kaninchen hetzt oder eine Katze eine Maus fängt, kann man diese affektgesteuerten Handlungen nicht als aggressiv bezeichnen (eine subtile Unterscheidung, die Kaninchen und Maus allerdings wenig bringt). Rivalitäten werden in aller Regel innerhalb einer Spezies ausgetragen, bisweilen auch innerhalb der Familie, und ein großer Teil der Aggression richtet sich gegen einen Konkurrenten, egal, ob es dabei um Nahrung, Reviere oder einen Sexualpartner geht.

Für Psychologen hat das Thema Aggression nichts von seiner Faszination eingebüßt. Es gibt allein in der psychologischen Literatur mehr als 250 verschiedene Definitionen dieses Begriffs. Die menschliche Gewaltbereitschaft ist ein weites und beliebtes Feld für akademische Studien, was vielleicht in der Hoffnung wurzelt, dieses Merkmal irgendwann einmal ausmerzen zu können. Sind wir deshalb so gefesselt vom Angriffsverhalten der Hunde, weil wir uns überlegen fühlen, wenn wir Zeuge ihrer angeborenen Aggressivität werden?[11] Aggression ist oft das erste, was manchen Leuten einfällt, wenn sie an Hunde denken. Hunde und andere Fleischfresser sind ein Paradebeispiel, nicht nur, um menschliche Aggression zu verstehen, sondern auch, um zu lernen, Verhaltensweisen von anderen Lebewesen »abzuschauen«, denen es offenbar besser gelingt, ihre Gewaltbereitschaft zu zügeln.

Seit Konrad Lorenz *Das sogenannte Böse,* eine Abhandlung über die Naturgeschichte der Aggression, schrieb[12], haben wir uns an die Vorstellung gewöhnt, daß die Angriffslust bei Hunden ritualisiert ist.[13] Während der sogenannten »agonistischen« Begegnungen (sie umfassen den gesamten Komplex des Droh-, Angriffs-, Beschwichtigungs- und Vermeidungsverhaltens) findet eine Art formalisierter Tanz statt; hier werden Handlungsabläufe, die dem Gegner normalerweise Schaden zufügen würden, als Scheinmanöver durchgeführt. In solchen ritualisierten Begegnungen wird niemand wirklich verletzt. Das stärkere Tier, das in einer echten Konfrontation die Oberhand gewinnen würde, demonstriert seine Überlegenheit in ritualisierten Kampfhandlungen. Es ist eher eine Zeremonie, ein Schauspiel, als ein tödliches Duell. Solche ritualisierten Kämpfe scheinen bei allen in sozialen Gemeinschaften lebenden Spezies gang und gäbe zu sein, manchmal sogar beim Menschen, wie bei Box- oder Fußballveranstaltungen deutlich wird. Der Hund, der ein ungemein geselliges Geschöpf ist, kann nicht fortwährend Kämpfe auf Leben und Tod austragen, sonst wäre seine Art bald ausgerottet. Jungtiere, denen es definitionsgemäß an Stärke mangelt, hätten keine Überlebenschance, wenn es bei jeder aggressiven Auseinandersetzung um alles oder nichts ginge. Hunde lernen diese Lektion bereits in jungen Jahren von ihren Müttern und aus Scheinkämpfen oder spielerischen Rangeleien mit den Wurfgeschwistern, vor allem während der ersten sechs Lebenswochen. Fehlt ihnen die Gelegenheit, dies von klein auf zu lernen, können sie später nicht zwischen

Spielaggression und echtem Angriffsverhalten unterscheiden, wie Scott betont.

Konrad Lorenz hat behauptet, daß der Verlierer seine Verwundbarkeit demonstriere, indem er dem stärkeren Hund seine ungeschützte Kehle darbiete. Laut Forschungen aus jüngerer Zeit handelt es sich dabei aber nur um eine allgemeine Geste der Unterwerfung, die nichts mit der Erkenntnis zu tun hat, daß der Hals der empfindlichste Körperteil des Hundes ist. Das ist er nämlich nicht. Als ich zum ersten Mal beobachtete, wie Rani Sima am Nacken packte und schüttelte, als wäre sie ein Kaninchen, dem sie das Genick brechen wollte, war ich einer Panik nahe. Schließlich entdeckte ich jedoch, daß der Nacken genau deshalb gewählt wird, weil er kräftig und robust ist. Hunde packen sich im Spiel gegenseitig am Nacken, weil dabei keine Gefahr besteht.

Ähnlich bedeutet das Entblößen des Bauchs in einem ritualisierten Kampf nicht, daß ein Hund den verletzlichsten Teil seines Körpers darbietet (wie Lorenz und andere offenbar glaubten): Es handelt sich dabei um einen ritualisierten Akt der Unterwerfung, der in engem Zusammenhang mit Zuneigung steht. Wir sehen ein derartiges Verhalten bei Hunden ständig, wenn sie liebebedürftig sind und sich auf dem Rücken hin- und herwälzen. Es bringt in dreifacher Hinsicht Unterwerfung zum Ausdruck: Erstens hindert es uns daran, unseren Weg oder die Aktivitäten fortzusetzen, mit denen wir gerade befaßt sind; zweitens lenkt es unser Augenmerk auf den Hund; und drittens fordert er uns damit auf, ihn zu streicheln und zu liebkosen, ihm also den gewünschten Körperkontakt zuteil werden zu lassen. 1872 merkte Charles Darwin in seinem Klassiker *Der Ausdruck der Gemütsbewegungen bei dem Menschen und bei den Tieren* in dem Kapitel über Hunde an:

> »Das Gefühl der Zuneigung, das ein Hund gegenüber seinem Herrn verspürt, geht mit einer starken Neigung einher, sich zu unterwerfen, die der Furcht verwandt ist.

> Daher senken Hunde ihren Körper nicht nur ab und ducken sich, wenn sie sich ihrem Herrn nähern, sondern werfen sich bisweilen auch mit nach oben gekehrtem Bauch zu Boden. Diese Bewegung bildet den denkbarsten Gegensatz zu jeder Gebärde der Auflehnung. Ich besaß früher einen großen Hund, der nicht die mindeste Furcht kannte, wenn es galt, mit seinesgleichen zu kämpfen; doch ein wolfähnlicher Hütehund in der Nachbarschaft, obzwar nicht wild und nicht von so machtvoller Statur wie mein Hund, hatte einen absonderlichen Einfluß auf ihn. Wenn sie sich auf der Straße begegneten, pflegte mein Hund ihn eilends zu begrüßen, den Schwanz halb und halb zwischen die Beine geklemmt und die Nackenhaare nicht gesträubt; und dann warf er sich zu Boden, mit nach oben gekehrtem Bauch. Mit dieser Handlung schien er deutlicher als mit Worten zu sagen: ›Gemach, ich bin dein Sklave!‹«[14]

Diese Übertreibung der ritualisierten Aspekte des Kampfes verbindet die Aggression bei Hunden sowohl mit ihrem Spielverhalten als auch mit ihrer Liebe. Rani nähert sich jedem, indem sie sich auf den Rücken rollt und sozusagen um Zuwendung bettelt, die ihr unweigerlich zuteil wird. Sasha bekundet ähnliche Liebesbedürftigkeit mit den Ohren (es ist erstaunlich, wie ausdrucksstark die Ohren eines Hundes sein können), und Sima benutzt dazu ihr Hinterteil.

Offenbar ist sich der Hund der ritualisierten Aspekte der Aggression bewußt, und selten deutet er die Scheinmanöver eines Artgenossen falsch oder täuscht ihn über seine eigenen, wahren Absichten. Der Hund versucht dabei, so groß zu wirken wie möglich: Die Körperhaare sträuben sich (Piloerektion), Kopf und Rute sind hoch aufgerichtet; der Hund stellt sich also gewissermaßen »auf die Zehenspitzen«, um groß zu erscheinen. Wenn zwei Hunde Spielkämpfe austragen, geschieht das gleiche: Die Rückenhaare stellen sich auf, sie versuchen sich gegenseitig niederzustarren und spulen das gesamte Verhaltensrepertoire ab, das Teil eines echten Kampfes ist. Sie wissen natürlich beide, daß es sich um ein Spiel handelt (Menschen lernen ebenfalls schnell, zwischen beidem zu differenzieren). Falls zuvor keine Spielverbeugung erfolgt, stellt sich die Frage, wie die Kontrahenten das Kräftemessen einordnen. Die Atmosphäre in einem Scheinkampf hat keinerlei Ähnlichkeit mit der gereizten, aufgeheizten Stimmung, die in einer realen Auseinandersetzung herrscht. Hunde sehen, riechen und spüren den Unterschied.

Viele Tierarten, die Hörner besitzen, benutzen diese nur in ritualisierten Kämpfen. Deshalb scheinen viele ihre Geweihe ineinander zu verhaken. Sie können sich auf diese Weise nicht verletzen, wenn sie aber ihre Hörner dem Gegner in die Flanke rammen würden, könnte er getötet werden. Das verstieße eindeutig gegen die Regeln und kommt äußerst selten vor.[15] Klapperschlangen verwenden ihr Gift nur bei Angehörigen anderer Spezies, nicht im Kampf gegen Artgenossen, und Stinktiere verspritzen ihr ätzendes Sekret, das zum Erblinden führen kann, nicht in Auseinandersetzungen mit Rivalen der eigenen Art, sondern nur im Kampf mit anderen Tieren. Obwohl Wissenschaftler behaupten, daß diese »Regeln« im genetischen Code programmiert seien – bei Klapperschlangen neige ich dazu, ihnen zu glauben –, bin ich mir bei Säugetieren nicht so sicher. Meine beiden Kater finden es herrlich, mit ihren Pfoten an meinen nackten Beinen entlangzustreichen, wenn ich in Shorts auf einem Stuhl sitze. Beim ersten Mal rechnete ich mit schmerzhaften Kratzern, aber sie zogen immer ihre Krallen ein, und ich spürte nur das sanfte, liebevolle Streicheln der Pfoten auf meinen Beinen. Einmal kam Saj, nachdem er seine Krallen am eigens dafür aufgestellten Kratzbaum gewetzt hatte, zu mir, um die kosmetische Behandlung bei mir zu beenden. Als ich daraufhin laut stöhnte, lief er mit, wie mir schien, zerknirschter Miene davon. Er wußte mit Sicherheit, daß er sich ungebührlich betragen und gegen die eigenen Regeln verstoßen hatte.

Das gefährlichste Wild ist bekanntlich ein Muttertier, das sein Junges verteidigt. Die Liebe und Sorge um seinen Nachwuchs macht es aggressiv. Das zu verteidigen, was ihnen viel bedeutet, ist bei den Tieren ein weithin verbreitetes Merkmal. Unseren Hunden sind wir wichtig, und deshalb ist ihre Liebe eine alles beherrschende Empfindung, die Hand in Hand mit Aggression gehen kann. Eine Hündin würde ihr Leben aufs Spiel setzen, um ihre Menschenfamilie zu retten, und aggressiv reagieren, um sie zu verteidigen. Es gibt etliche Berichte aus dem Zweiten Weltkrieg, die das bezeugen. Einer der bekanntesten handelt von Chips, der 1943 einen Maschinengewehrbunker auf Sizilien aushob. Chips' Halter Rowell, von einem schweren Sperrfeuer aus dem Bunker der Italiener, die einen weitläufigen Abschnitt der Küste kontrollierten, in seinem Unterstand »festgenagelt«, fragte sich, ob er die Invasion überleben werde:

> »Chips knurrte und erhob sich. Trotz Rowells lautstarker Proteste rannte er ins Freie und den Strand entlang auf den Bunker zu. Die italienischen Schützen zielten auf den laufenden Hund; ihre Kugeln spritzen Sandfontänen hoch, die ihm die Sicht nahmen. Eine Kugel streifte Chips' Schädel. Eine weitere drang in seine Hüfte ein, er taumelte einen Moment lang, setzte dann aber unbeirrt seinen Weg zum Bunker fort. Rowell sah, wie Chips über eine Barrikade sprang und im Unterstand verschwand. Das Maschinengewehr verstummte. Einige Sekunden lang konnte Rowell nur raten, was sich innerhalb des Maschinengewehrnestes abspielte. Dann tauchte ein italienischer Soldat aus dem Bunker auf, schreiend. Chips hatte den Hals des Mannes mit tödlichem Griff gepackt, während dieser nach ihm zu schlagen und der Raserei des Angriffs zu ent-

> kommen suchte. Hinter dem ersten Mann marschierten nun noch drei weitere Soldaten heraus und bekundeten ihre Bereitschaft, sich zu ergeben.«[16]

Chips erhielt wegen seiner Tapferkeit den Silver Star; später konfiszierte das Kriegsministerium die Auszeichnung mit der Begründung, einem Hund könne man keine Medaille verleihen, die zu den höchsten in den USA zähle. Chips schien die Kränkung nichts auszumachen.

Während seiner letzten Lebensjahre im Exil schilderte Napoleon Bonaparte, wie gegen Ende des Italienfeldzugs ein Hund stundenlang neben der Leiche seines Herrn saß und dessen Hand leckte. Napoleon ging dieses Bild nicht mehr aus dem Kopf, und kurz vor seinem Tod schrieb er:

> »Vielleicht war es der Geist der Zeit und des Ortes, die mich so tief bewegten. Doch versichere ich, daß keine andere Begebenheit auf dem Schlachtfeld mich so nachhaltig zu beeindrucken vermochte. Ich hielt auf meinem Rundgang inne, um die Darbietung zu betrachten und über ihre Bedeutung nachzusinnen.
>
> Dieser Soldat hatte, wie ich erkannte, zu Hause und in seinem Regiment gewiß Freunde sein eigen genannt; doch lag er nun da, von allen verlassen, bis auf seinen Hund [...] Ich war, unbewegt, Zeuge von Schlachten geworden, die über die Zukunft ganzer Nationen entschieden. Tränenlos hatte ich Befehle erteilt, die Tausenden den Tod brachten. Doch bei diesem Anblick war ich gerührt, zutiefst gerührt, zu Tränen gerührt. Und wodurch? Durch den Schmerz eines Hundes.«[17]

Als die Nazis in Österreich einmarschierten, töteten sie alle Hunde, die sie in den Häusern der Juden fanden, mit der Begründung, es seien »jüdische« Hunde.

Der jüdische Schriftsteller Isaiah Spiegel verbrachte die Kriegsjahre in Polen, zum Teil im Konzentrationslager, zum Teil im Warschauer Getto. Er schrieb eine bewegende Geschichte über einen Hund, der im Getto lebte. Darin schildert er das Werk der Vernichtung aus der Warte einer alten, gebrechlichen, einsamen Witwe und ihres gleichermaßen altersschwachen Hundes. Als die Deutschen begannen, alle Hunde im Getto zu erschießen, konnte sie es nicht ertragen, den Hund allein seinem Schicksal zu überlassen. Sie folgte ihm auf das freie Feld hinter einem Pferch, wo die Hunde exekutiert wurden, die Leine um ihren Arm gewickelt wie den Gebietsriemen im religiösen Ritual der orthodoxen Juden.[18]

Viele Juden, die den Holocaust überlebten, haben heute noch Angst vor Deutschen Schäferhunden. Sie wecken schmerzliche Erinnerungen an die Konzentrationslager, wo die Tiere angehalten wurden, Juden anzufallen und zu töten. Auf Fotografien aus Auschwitz sind Juden zu sehen, die in Gruppen zusammengetrieben wurden und von bedrohlichen Schäferhunden umringt sind. Auffallend ist, daß niemand, nicht einmal ein Deutscher, etwas über diese Hunde geschrieben hat. In Filmen sehen wir die Nazi-Wachmannschaften mit ihren Hunden, und wir hassen und verurteilen die Schergen, nicht aber die Tiere. Auch die Opfer selbst gaben den Hunden keine Schuld. Warum nicht? Vermutlich, weil jeder erkennt, daß die Hunde darauf abgerichtet waren, Menschen anzugreifen; sie hegten keine angeborene Abneigung gegen Juden. Die Wachen waren ebenfalls auf menschenverachtendes Verhalten gedrillt worden, aber hinter ihrer Grausamkeit verbargen sich persönliche Motive. Hannah Arendts Argument, daß Adolf Eichmann nur ein Rädchen in einer Maschine, ein Mitläufer, und seine Niederträchtigkeit banal gewesen sei, hat mich nie überzeugt. Jedes Mitglied der Wachmannschaften im KZ wäre in der Lage gewesen, sich zu weigern, sich an den Greueltaten zu beteiligen, und hätte, im Gegensatz zu den Hunden, um eine Versetzung von seinem Posten nachsuchen können.[19] Falls diese Leute ihr Tun verabscheuten, ist darüber wenig bekannt geworden.

Ich frage mich, ob die Hunde jemals zögerten zu tun, was man von ihnen verlangte. Empfanden sie Mitleid mit den Opfern, oder fragten sie sich, warum diese Menschen ermordet wurden? Weigerten sich einige, den Befehlen Folge zu leisten? Ich bin sicher, daß es »Versager« gab, Hunde, die für diese Aufgabe nicht taugten, deren Leistungen zu wünschen übrigließen oder die partout nicht lernten, den Erwartungen zu entsprechen.

Ich habe mich über dieses Thema mit Sergeant Mestas unterhalten, einem mit allen Wassern gewaschenen, erfahrenen Trainer der Hundestaffel des Polizeipräsidiums von Oakland (inzwischen ist er der Abteilung Bekämpfung des Bandenwesens zugeteilt). Seine Tiere sind darauf abgerichtet, Drogen und Verdächtige aufzuspüren, vornehmlich durch den Geruch. Wenn Übeltäter gestellt werden, erhalten sie zuerst eine Warnung: »Ich habe einen Polizeihund bei mir. Hände hoch, oder ich lasse ihn von der Leine; er ist scharf und beißt.« Meistens gibt der Gestellte unverzüglich auf, vor allem, wenn er bereits Erfahrungen mit den K-9-Hunden hat. (Wenngleich einige Hundestaffeln ihre Tiere darauf abrichten, stehenzubleiben und zu bellen, statt zu beißen, laufen Hund oder Hundeführer dann Gefahr, von der Kugel eines bewaffneten Straftäters getroffen zu werden). Leistet der Verdächtige der Aufforderung nicht Folge, wird der Hund losgelassen: Er bewegt sich mit blitzartiger Geschwindigkeit und packt Beine, Oberschenkel, Gesäß oder Arm mit seinen scharfen Zähnen. Er sorgt dafür, daß sich der Verdächtige nicht vom Fleck rührt, und fügt ihm nur dann Bißwunden zu, wenn ein Kampf entbrennt. Die Person wird gewarnt, sich nicht zu bewegen, um schlimmere körperliche Verletzungen zu vermeiden. Ich wollte wissen, wie die Hunde der K-9-Staffel auf diese Aufgabe vorbereitet werden.

Mit einem leisen Schaudern erfuhr ich, daß alle sechs Hunde der Staffel aus Deutschland stammen, wo sie anfänglich abgerichtet worden waren. Es handelt sich ausnahmslos um Schäferhundrüden, die man nicht kastriert hat. Weibchen werden nicht eingesetzt, weil sie ihren Hundeführer zu sehr beschützen und zögern würden, sich von seiner Seite zu rühren, um eine Situation zu erkunden. Nicht jeder Hund ist für eine solche Aufgabe geeignet. Die Versagerquote liegt bei rund fünfzig Prozent.

Ich wollte von Sergeant Mestas wissen, was die Hunde bei ihrer Arbeit empfinden mögen. »Kommt auf die Arbeit an«, sagte er. »Das Training macht ihnen Spaß. Das ist der Sinn der Sache, es soll ihnen Spaß machen, wie ein Spiel, und für die Hunde *ist* es ein Spiel. Deshalb machen sie es ja. Ohne Feindseligkeit, Haßgefühle oder Aggression. Wenn man beispielsweise Drogenhunde ausbildet, ist es wichtig, während der Ausbildung für eine entspannte, streßfreie Atmosphäre zu sorgen. Der Trainer muß sich mit dem Hund vertraut machen.« Die Drogen (oder ein chemischer Ersatzstoff) werden in eine Socke eingewickelt, die der Ausbilder dem Hund unter die Nase hält, bevor er das »Spielzeug« versteckt. Dann nimmt der Hund die Spur auf und sucht, bis er sein Spielzeug und damit die Drogen findet. Als Belohnung darf er eine Zeitlang mit der Socke spielen.

Bei einem Angriff im Training prescht der Hund, einem (deutschen!) Kommando seines Ausbilders folgend, los, attackiert einen Mann, der einen dick gepolsterten Armschutz trägt, und packt diesen mit den Zähnen. Beim kräftigen Biß eines Schäferhunds wird ein Druck pro Quadratzentimeter Hautfläche ausgeübt, der 350 bis 750 Kilogramm entspricht. Sehr überzeugend! Es ist gleichwohl ein Spiel, und nach Beendigung freut sich der Hund, von dem Mann gestreichelt zu werden, der die Rolle des Gesetzesbrechers übernommen hat. Das Tier kann jedoch, wie mir die Hundeführer erklärten, in Wut geraten und wirklich gefährlich werden, wenn sich der Verbrecher törichterweise wehrt und den Hund verletzt. Die Hunde werden bei solchen Handgemengen selten getötet.

Bei der Arbeit verhielten sich die Hunde anders, versicherte mir Sergeant Mestas. Hier zögerten sie, so fest zuzubeißen, daß tiefe Fleischwunden entstehen.[20] Es ist, als wüßten sie, daß es sich um einen Ernstfall handelt, und manchmal blicken sie ihren Hundeführer fragend an, als wollten sie sagen: »Bist du ganz sicher?« Sie kennen den Unterschied zwischen einem Biß in einen Armschutz und einem Biß in menschliches Fleisch.

»Sind sie wütend?« wollte ich wissen.

»Aber nein! Wichtig ist hier die Kontrolle. Der Hundeführer muß immer die Kontrolle haben, so daß der Hund in dem Moment, wo wir ›Aus!‹ sagen, auf der Stelle gehorcht. Aber natürlich nehmen Hunde den Angstduft auf, auf beiden Seiten, und merken daran, daß es sich um eine reale Situation handelt.« Alle Polizeibeamten stimmten darin überein, daß die Hunde eine beinahe unheimliche Fähigkeit besitzen, die Empfindungen ihres Hundeführers zu erraten. Innere Anspannung, Nervosität, Erregung und Angst teilen sich ihnen innerhalb kürzester Zeit mit.

Am Ende ihres Arbeitslebens gehen diese Hunde in den »Ruhestand«. Sie beschränken sich auf ihre Rolle als Hausgenosse ihres Hundeführers.

Ich spielte mit einem der Hunde, die sich hinten auf der Ladefläche von Sergeant Mestas' Pickup befanden. »Achten Sie einmal darauf, wie anders sich das Tier verhält, wenn es arbeitet«, sagte er und brachte den Hund auf den Rücksitz seines Streifenwagens. Als ich mich näherte, knurrte er bedrohlich und warf sich mit seinem ganzen Gewicht gegen die Fensterscheibe – derselbe Hund, der sich ein paar Minuten vorher auf dem Rücken hin- und hergewälzt und mit mir gespielt hatte. Wenn Sergeant Masters nach Dienstschluß zu seiner Frau und seinen sieben Kindern zurückkehrt, spielen die Kleineren mit dem Deutschen Schäferhund »Verkleiden«, und der sechzig Kilo schwere Koloß läßt alles gutmütig über sich ergehen. Er ist glücklich, mit den Kindern zu spielen, absolut zuverlässig und harmlos.

Ein paar Tage später begleitete ich einen der Hundeführer, Officer Barry Hoffmann, bei der täglichen Streife mit seinem Hund Jasco. Jasco sei der freundlichste Hund in der gesamten Staffel, bekam ich zu hören. Ich verbrachte den Tag mit ihm und lernte ihn besser kennen. Jasco schien an seiner Tätigkeit nichts Aufregendes zu finden. Für ihn war dies eine Arbeit wie jede andere, die er gewissenhaft verrichtete, um seinen Lebensunterhalt zu verdienen, nicht mehr und nicht weniger. Er gehorchte aufs Wort. Barry erzählte mir, der Hund sei glücklich, wenn ihn jemand tätschele, den er gerade gebissen habe, und daß einige Tiere eine Beißhemmung hätten, die sich nicht leicht überwinden lasse.

»Machen wir doch ein Experiment«, schlug er heiter vor. »Ich werde meinem Hund sagen, daß er Sie beißen soll, während wir beide uns friedlich unterhalten. Das ist keine Situation, in der ich normalerweise einen solchen Befehl erteilen würde, also lassen Sie uns sehen, ob er zögert.«

Ich war verständlicherweise nicht gerade begeistert, aber Officer Hoffmann verbürgte sich dafür, daß er den Hund stoppen könne, bevor er mich anfalle, und so willigte ich ein. Hoffmann gab das Kommando. Jasco blickte ihn und danach mich an, und zum Schluß starrte er auf den Boden. Schließlich legte er sich mit einem Seufzer nieder, und es sah so aus, als würde er im nächsten Moment einschlafen! Mein Puls normalisierte sich wieder, doch Barry schien ein wenig enttäuscht zu sein. Nun, mir reichte der Beweis! Der Hund konnte allem Anschein nach einen gerechtfertigten von einem ungerechtfertigten Befehl unterscheiden. Oder er hatte gemerkt, daß Barry es nicht ernst meinte. Für mich stellte sich damit die Frage, ob Hunde ein Gespür für Recht und Unrecht besitzen. Ich fragte Barry, ob Jasco jemals auf eigene Faust einen Verdächtigen stellen würde. Würde er beispielsweise einen Dieb angreifen, den er auf frischer Tat ertappte? Wir lachten beide über die Frage, und die Antwort lautete offensichtlich nein. Die Gesetze und Ordnungsprinzipien des Menschen mögen aus Jascos Perspektive oder

der jedes anderen Hundes willkürlich erscheinen, aber Hunde haben eigene Regeln, die auf einem anderen Blatt stehen. Drogenhandel, Autodiebstahl, schwere Körperverletzung, all das sind für den Hund keine Themen von Belang. Von sich aus würde er solchen Straftaten nicht die mindeste Aufmerksamkeit schenken. Doch in Barrys Gegenwart und auf sein Kommando hin ist Jasco bereit zu gehorchen, sich als Partner durch dick und dünn zu erweisen. Das ist, wie Barry glaubhaft versicherte, die primäre Motivation des Hundes.

»Wir sind Kumpel. Wir passen aufeinander auf. Er weiß, daß ich für ihn einstehe, und er steht für mich ein. Wir sind die allerbesten Freunde.« Als ich mich verabschiedete und aus dem Wagen stieg, fügte er hinzu: »Ich bin den ganzen Tag mit meinem besten Freund unterwegs und werde dafür auch noch bezahlt! So sehe ich meine Arbeit.«

In einem Bericht von Vicki Hearne deutet alles darauf hin, daß Hunde einen Sinn für Ordnung und Moral haben, der sich vom menschlichen gar nicht so sehr unterscheidet. Es geht dabei um einen »brutalen Polizisten« namens Philip Beem und seinen wunderbaren Dobermann Fritz:

> »Eines Abends hielt Officer Beem eine junge schwarze Frau an, die verkehrswidrig die Straße überquert hatte, und begann, mit seinem Knüppel auf sie einzuprügeln, völlig ohne Grund, wie jeder Umstehende sehen konnte. (Es gab Zeugen.) Fritz griff an – nicht die Frau, sondern seinen Partner in Uniform, und entriß ihm kategorisch die Schlagwaffe.
>
> Nun war Fritz nicht nur ein von Natur aus guter Hund, sondern auch erstklassig ausgebildet. Er hatte ein sicheres Gespür dafür entwickelt, was seine Arbeit beinhaltete, was in diese spezifische kleine Hunde-Mensch-Kultur hineingehörte und was nicht. Tatenlos zuschauen, wie Men-

schen grundlos zusammengeschlagen wurden, paßte einfach nicht in dieses Bild. Es wäre zwar nicht völlig falsch, dieses Ereignis dahingehend zu deuten, daß Fritz in seinem Verhalten von Mitgefühl geleitet oder von einem Retter- oder Beschützerinstinkt motiviert war, aber es wäre auch nicht ganz richtig. Er kannte einfach seine Arbeit, besaß sein eigenes Wissen um das Gesetz in einem weiten Sinne des Begriffs ›Gesetz‹, und stellte die Ordnung in seiner Welt wieder her.«[21]

15

Hundekummer

Sicher bin ich nicht der einzige, der schon einmal die nachfolgende, unheimliche Erfahrung gemacht hat[1]. Ich spaziere mit meinen drei Hunden die Straße entlang. Sima und Rani laufen vor mir, Sasha bildet das Schlußlicht, ich gehe in der Mitte. Ich drehe mich nach Sasha um, und plötzlich ist sie weg. Linkerhand sehe ich einen schmalen Fußweg, der zu einem Hintergarten führt, von genau der Art, die Katzen bevorzugen. Ich rufe nach ihr. Ich rufe wieder. Keine Sasha in Sicht. Langsam mache ich mir Sorgen, da sie normalerweise sofort gehorcht, wenn ich sie zurückrufe. Wie weit könnte sie sich jetzt schon entfernt haben? Schreckensbilder drängen sich mir auf: Sie wurde von einem Auto angefahren; sie hat sich verlaufen und findet nicht mehr nach Hause zurück. Meine Unruhe wächst immer mehr; ich bin einer Panik nahe. Ich brülle aus vollem Hals: »Sasha! SASHA! SASHA!« Plötzlich merke ich, daß mich drei Augenpaare völlig verdattert anstarren, als wollten sie sagen: »Wen um Himmels willen rufst du eigentlich? Wir sind doch alle da!« Tatsächlich, so ist es.

Ich frage mich, ob Sasha die ganze Zeit bei uns war und ich lediglich einer optischen Täuschung unterlegen bin, oder ob sie sich wirklich heimlich aus dem Staub gemacht und sich dann unbemerkt wieder zu den anderen gesellt hat. Mir kommt es vor, als wäre sie wie in einem Zauberkunststück plötzlich wieder auf der Bildfläche erschienen, buchstäblich aus dem Nichts aufgetaucht. Wenn dies ein einmaliges Vorkommnis gewesen wäre, hätte ich es mit einem Schulterzucken abgetan, aber es wiederholt sich mindestens einmal pro Woche. Ich rufe und rufe, und plötzlich nehme ich wahr, daß der verschwunden geglaubte Hund vor mir steht und mir aufmerksam ins Gesicht sieht. Alle drei machen eine besorgte Miene, als fürchteten sie um meinen Verstand. Es ist eine beklemmende Erfahrung, ganz zu schweigen davon, daß ich den ganzen Wirbel, den ich unnötigerweise veranstalte, als peinlich empfinde. Inzwischen bin ich aus Erfahrung klug geworden und rufe erst, nachdem ich mich gründlich umgesehen und wenn möglich einen Augenzeugen zu Rate gezogen habe.

»Keine Sasha weit und breit, oder siehst du sie irgendwo? Na, dann werde ich sie mal rufen!«

Und Abrakadabra, schon ist sie wieder da; ein trickreicher Hund! Ich habe so etwas nur mit der größeren Sasha und der kleineren Sima erlebt. Daß man Sima nicht auf Anhieb entdeckt, leuchtet mir ein, da sie eine »halbe Portion« und aufgrund ihrer Färbung von der Umgebung oft nicht zu unterscheiden ist, aber einen ausgewachsenen Deutschen Schäferhund zu übersehen, erscheint mir kaum möglich.

Eines Tages brachte eine Kindheitserinnerung Licht in das Dunkel. Als ich ein kleiner Junge war, schlief mein Cockerspaniel Taffy jede Nacht auf meinem Bett. Wie viele Kinder in diesem Alter erschrak ich vor fremden Geräuschen, vor allem vor solchen, die ich nachts, wenn alles still war, zu hören meinte. Bald hatte ich den Bogen raus, zwischen Traum und Wirklichkeit zu unterscheiden: Ich mußte nur einen Blick auf Taffy werfen, und wenn sie weder anschlug noch sich rührte, wußte ich, daß ich mir das Ganze eingebildet hatte. Doch sobald Taffy mit einem Mal den Kopf hob und die Ohren spitzte, war meine Besorgnis gerechtfertigt, denn dann wußte ich, daß mir meine Phantasie keinen Streich spielte. Auch Taffy hatte etwas gehört.

Endlich hatte ich die Lösung des Rätsels gefunden: Ich konnte den beiden anderen Hunden am Gesicht ablesen, wenn einer fehlte. Sie sahen beunruhigt aus, wenn unser kleines Rudel nicht vollzählig und ein Mitglied fort war (die Mimik eines Hundes schließt Besorgnis ein; manchen scheint sie sogar als Merkmal ihrer Rasse ins Gesicht geschrieben zu sein). Letzte Woche dachte ich beispielsweise, Sasha befände sich mit den beiden anderen hinten in meinem Toyota Camry, doch als ich losfahren wollte, bellten zwei Hunde wie auf Kommando. Als ich mich umdrehte, spähten Sima und Rani hinaus auf die Straße: Dort stand die unglückliche Sasha und blickte dem sich entfernenden Wagen nach. Sie war nicht, wie ich vermutet hatte, ins Auto gesprungen, und die beiden anderen wollten verhindern, daß ich ohne ihre Freundin abfuhr.

Nervosität, erhöhte Reizbarkeit, Phobien und Panikattacken sind bei Hunden keine Seltenheit, aber daß Hunde sich zu Hypochondern entwickeln oder aufgrund von Persönlichkeitsstörungen unter Verfolgungswahn leiden, ist unwahrscheinlich. Vermutlich hat sich kein einziger Hund jemals in einer nihilistischen Weltuntergangsstimmung befunden. Ob Hunde unter Halluzinationen leiden können, läßt sich nicht mit Sicherheit sagen. Dr. Charles Berger, ein in Alaska praktizierender Tierarzt und Betreuer der Schlittenhunde bei den Iditarod-Rennen, erzählte mir von den lebhaften Halluzinationen, die sich bei den menschlichen »Fußreisenden« nach einigen Nächten ohne Schlaf einstellen. Schlittenhunde brauchen ihren Schlaf und holen ihn sich, folglich sind sie wahrscheinlich nicht in gleichem Maße ausgelaugt. Ich fragte Dr. Berger, ob Halluzinationen bei einem entkräfteten Hund überhaupt möglich sind. »Da müßten wir sie schon selbst fragen!« lautete die Antwort. Also werden wir es vermutlich nie wissen. Hunde jagen manchmal imaginären Feinden hinterher (oder Freunden), aber es ist nicht klar, ob es sich dabei um ein Spiel oder eine Halluzination handelt.

Sind Wahrnehmungsstörungen wie die Halluzination Kennzeichen einer schweren emotionalen Krise – beispielsweise einer Depression? Ganze Bibliotheken wurden mit Abhandlungen über die Depression beim Menschen gefüllt, und es gibt beinahe ebenso viele Theorien über die Ursachen und Behandlungsmethoden wie Bücher. In aller Regel unterscheidet man zwischen Traurigkeit (einem nicht-pathologischen Zustand) und einer Depression (einer Krankheit). Manche Psychiater versuchen zwischen einer »reaktiven« Depression, in der sich das Stimmungstief auf einen äußeren Anlaß zurückführen läßt, und einer Melancholie zu differenzieren (scheinbar biologischen Ursprungs, aber rätselhafter). Wenn wir Trauer empfinden, weil uns der Partner oder die Partnerin vor einer Woche verlassen hat, hilft keine Therapie, aber wenn wir noch immer einer Beziehung nachtrauern, die vor fünf Jahren in die Brüche gegangen ist, liegt eindeutig eine seelische Störung vor. Im offiziellen Handbuch der psychiatrischen Nomenklatur, das von der American Psychiatric Association herausgegeben wurde, werden folgende Symptome einer schweren Depression genannt: »Appetitlosigkeit, Gewichtsveränderung, Schlafstörungen, erhöhte oder verminderte psychomotorische Reizbarkeit, Energiedefizit, das Gefühl der Wertlosigkeit, exzessive oder unangemessene Schuldgefühle, Schwierigkeiten, logisch zu denken oder sich zu konzentrieren, wiederholte Gedanken an den Tod, Selbsttötungsvorstellungen oder -versuche.«[2] Zu den damit verbundenen Merkmalen gehören: Neigung zu Tränenausbrüchen, Schwarzmalerei, erhöhte Reizbarkeit, Sinnieren oder exzessives Grübeln, Fixierung auf die eigene physische Gesundheit, Panikattacken und Phobien. Wahnvorstellungen (daß man aufgrund einer moralischen Verfehlung oder einer persönlichen Unzulänglichkeit verfolgt werde) und Halluzinationen sind ebenfalls für dieses Krankheitsbild charakteristisch. Manche Menschen haben darüber hinaus Vorstellungen, daß die Welt zerstört werde oder sie in Armut endeten.[3]

Während man allgemein akzeptiert, daß Menschen depressiv sein können, stellen viele in Abrede, daß ein Hund von Natur aus oder genetisch bedingt zu Depressionen neigen könnte. Doch einige Primärsymptome oder die begleitenden Merkmale einer menschlichen Depression lassen sich bei Hunden gleichermaßen beobachten. Hunde, die traurig sind, fressen nicht, verlieren Gewicht, schlafen schlecht, gehen langsam, haben weniger Energie als andere. Nur ein kühner Anthropomorphist würde zu behaupten wagen, daß Hunde Minderwertigkeitsgefühle entwickelten (die Physiologie bestimmter Hunderassen, der Bluthunde beispielsweise, verleiht ihnen ein verlorenes, melancholisches Aussehen), aber viele Halter berichten, daß ihre Hunde imstande seien, übermäßige Schuldgefühle zu empfinden. Was die immer wiederkehrenden Gedanken an den Tod angeht, so werden wir niemals mit Sicherheit wissen, ob sie bei einem Hund vorkommen. Ich bin überzeugt, daß Hunde den Tod als solchen erkennen: Eine Foto in der Zeitschrift *The Animal's Voice*[4] zeigte eine große Anzahl von Hunden, die zusahen, wie ein Artgenosse eingeschläfert wurde. Jeder wartete auf seinen eigenen Tod. Man kann nur schwer behaupten, daß die Tiere sich ihres Schicksals nicht bewußt waren, und wenn sie es ahnten, so muß man davon ausgehen, daß sie dabei Empfindungen hatten. Halter, die ihre Hunde einschläfern lassen mußten, schwören, daß die Tiere spürten, was sie erwartete, und daß die Hunde ihnen verziehen, eine beinahe unerträgliche Erfahrung. Zum Glück leben Hunde so intensiv, daß sie ein volles Leben in die zehn oder 15 Jahre pressen, die sie zur Verfügung haben.

Eine Depression bei einem Hund kann einfach Traurigkeit über den Verlust eines geliebten Gefährten sein, der nicht leicht zu ersetzen ist. Ich halte es für möglich, daß Hunde aus Kummer sterben, und selbst wenn es nicht so weit kommt, können sie sich jahrelang sichtbar grämen. Ein bemerkenswertes Beispiel für diese Anhänglichkeit ist ein Skyeterrier, der für einen schottischen

Schäfer namens Old Jock arbeitete. Am Tag nach Jocks Beerdigung (an der kein einziger Mensch teilnahm, um ihn zu betrauern, nur sein struppiger Hund) im Jahre 1858 auf dem Friedhof der Franziskanerabtei in Edinburgh fand man Bobby schlafend auf dem Grab seines Herrn, wo er fortan 14 Jahre lang Nacht für Nacht verbrachte. An einer Straßenecke unweit des Friedhofs befindet sich heute ein Springbrunnen aus Granitgestein mit der Plastik eines Hundes, der Wache hält. Die dazugehörige Inschrift lautet: »Zur Erinnerung an die unvergängliche Zuneigung des Greyfriar Bobby. 1858 folgte dieser getreue Hund den sterblichen Überresten seines Herrn auf den Friedhof der Franziskaner und wich bis zu seinem Tod im Jahre 1872 nicht von der Stelle.«[5] In seinem Buch *A Dog Is Listening* ergänzt Roger Caras Bobbys Geschichte: »Freunde, deren Namen man verzeichnet findet, die offenbar wirklich lebten und keine Fiktion sind, brachten ihm Nahrung und Wasser, aber Bobby harrte dort im Winter und im Sommer aus. Vielleicht wartete er, vielleicht beschützte er das Grab seines Herrn.«[6]

Es gibt dokumentierte Fälle, nach denen sich Hunde aus Verzweiflung umbrachten, und manche sind herzzerreißend: »Nachdem der sechsjährige Lee Scott Campbell mit schweren Verbrennungen, die er erlitten hatte, als sein Cowboyanzug an einem Lagerfeuer in Flammen aufgegangen war, ins Krankenhaus gebracht worden war, verweigerte Lees Hund Woodsie jede Nahrungsaufnahme. Lee starb nach elf Blut- und Plasmatransfusionen. Woodsie starb zwei Stunden später im Haus der Familie Campbell.«[7]

Vor kurzem schrieb mir jemand aus New York von seinem Samoyeden, der infolge eines Bandscheibenvorfalls körperlich behindert war. »Obwohl sich sein Zustand besserte, starb er an einer ›psychologisch bedingten Lungenentzündung‹ – er verringerte einfach seine Herzfrequenz, bis sich seine Lungen mit Wasser gefüllt hatten. Der Arzt sagte uns, daß sich viele verletzte Hunde auf dem

Land in den Wald zurückziehen und sterben, damit sie ihrem Besitzer nicht zur Last fallen.«[8]

Dr. Robert Kirk kann dieser Deutung nicht zustimmen. Er glaubt, daß ein Hund kaum aus einer Überlegung heraus handelt und einfach nur allein sein will. Es stimmt, daß die meisten Hunde sich ein entlegenes Plätzchen suchen, wenn sie spüren, daß der Tod naht. James Thurber beschreibt dieses Verhalten mit bewegenden Worten: »Der Tod ist für einen Hund der finale, unvermeidbare Trieb, der letzte unabwendbare Geruch einer beängstigenden Fährte, aber er zieht es vor, ihm allein zu begegnen, in den Wäldern, inmitten des Laubs [...] um ohne schwermütige menschliche Ablenkung die letzte Einsamkeit zu ertragen, die niemand teilen kann, wie er in seiner Klugheit weiß.«[9]

Der 91 Jahre alte Al Graber erzählte mir folgendes: Als er und seine Frau Helen 1980 von Escondido nach Nordkalifornien in ein Seniorenheim im Napa Valley übersiedelten, eröffnete man ihnen, daß sie ihren achtjährigen Zwergpudel nicht mitbringen konnten. »Wir mußten ihn einschläfern lassen. Und irgendwie hat er es gespürt. Er begann, sich seltsam aufzuführen. Wir brachten ihn zum Tierarzt, aber der Tierarzt meinte, er sei bei bester Gesundheit. Just bevor wir gehen wollten, begann er, rund um das Haus zu rennen, schneller und schneller. Dann legte er sich vor meine Füße und starb. Ich weiß, daß er Selbstmord begangen hat.«[10]

Veronique Richard berichtete mir von ihrem fünf Jahre alten Brittany-Spaniel namens Lady. Die ganze Familie befand sich 1978 im korsischen Calvia am Meer, und Lady war ganz die Alte: Sie schwamm, apportierte und lief am Strand entlang. Veroniques Vater schwamm gerade, wobei ihn seine Tochter und sein Hund beobachteten, als der Mann plötzlich verschwand. Tochter und Hund rannten ins Wasser. Er wurde an Land gebracht und mit einem Hubschrauer in das nächstgelegene Krankenhaus geflogen, wo er während der nächsten vier Tage im Koma lag. Lady rührte weder Nahrung noch Wasser an und schien nahe daran, selber ins Koma zu fallen. Dann rief das Krankenhaus an, um die Angehörigen vom Tod des Mannes zu benachrichtigen. In Begleitung der Hündin holten sie die Leiche ab. Lady starb noch am selben Tag.[11]

Mir wurde auch die Geschichte einer Terrierhündin erzählt, die so unglücklich war, in einer neuen Familie leben zu müssen, daß sie sich mitten auf eine befahrene Straße legte und überfahren wurde. Alle, die das Geschehen beobachtet hatten, waren der Ansicht, die Hündin habe genau gewußt, was sie tat, und sich vorsätzlich so verhalten.[12]

Natürlich gibt es immer eine subjektive Interpretationsschicht in diesen Berichten. Zuneigung und Kummer empfinden nicht nur Hunde in bezug auf ihren Halter, sondern auch die Halter in bezug auf ihre Hunde. Yi-Fu Tuan erzählt von den zarten Banden zwischen dem einsamen englischen Schriftsteller T. H. White und seinem roten Setter, die auf Whites Seite sehr kühl und distanziert begann. Er erinnert sich, daß er sein Haustier zuerst als »den Hund« bezeichnete, ähnlich, wie man an einen Gegenstand als »Stuhl« oder »Schirm« denkt.

»Setter sind optisch ansprechende Hunde«, sagte er. »Ich besaß einen optisch ansprechenden Wagen, und manchmal trug ich einen optisch ansprechenden Hut. Ich hatte das Gefühl, daß mir der Hund genauso gut stehen würde wie der Hut.«

Doch diese oberflächliche Wertschätzung vertiefte sich und wurde später zu Liebe. Brownies Erkrankung, die ihn dem Tod nahebrachte, und Whites intensive Pflege während dieser Zeit lösten den Wandel aus. Als der Hund nach elf Jahren des Zusammenlebens starb, schrieb White an David Garnett: »Ich ging eine Woche lang jeden Tag zweimal an ihr Grab und sagte: ›Gutes Mädchen, du bist müde, schlaf, Brownie.‹ Das waren Worte, die sie verstand [...] Dann fuhr ich nach Dublin, gegen meinen Willen, und betrank mich neun Tage lang so stark wie möglich, und als ich zurückkehrte, fühlte ich mich wieder mehr lebendig als tot.«[13]

Wenn die Liebe eines Hundes von einem Menschen oder einem Artgenossen immer wieder verschmäht wird, scheint er unter der Zurückweisung zu leiden und läßt alle Anzeichen eines gebrochenen Herzens erkennen. Solche Beispiele sind indessen seltener als Berichte über Hunde, die einen ihnen nahestehenden Gefährten verlieren, vermutlich der Hauptgrund für Traurigkeit bei Kaniden.

Was macht Hunden sonst noch Kummer? Hunde werden traurig, wenn sie allein gelassen werden. In extremen Fällen ist es möglich, daß ein Hund die Grenze zwischen Traurigkeit und Depression oder Schwermut überschreitet. Den Verlust eines geliebten Wesens erfährt der Hund nur durch den Menschen, der dabei bisweilen unsäglich grausam ist. In den sechziger Jahren dieses Jahrhunderts berichtete John L. Fuller, einer der leitenden Wissenschaftler des Jackson Laboratory in Bar Harbor, Maine, in einem Artikel mit der Überschrift »Experimentelle Deprivation und späteres Verhalten«[14] von Experimenten, die er durchgeführt hatte. Er gesteht ein:

> »In allen Experimenten wenden wir das grundlegend gleiche Isolationsverfahren an. Die Welpen werden im Alter von einundzwanzig Tagen von der Mutter getrennt, wenn sie zum ersten Mal eigenständig und ohne besondere Pflege überleben können. Sie werden in Käfigen von rund sechzig Quadratzentimetern Größe untergebracht, die Füttern, Wässern und Säubern ohne physischen oder visuellen Kontakt mit einem menschlichen Wesen gestatten. Die Käfige sind mit einem Beobachtungsfenster versehen, durch das man nur von einer Seite hindurchblicken kann, sie werden ständig matt beleuchtet und mit einem Gebläse belüftet, das die Geräusche der Außenwelt bis zu einem gewissen Grad übertönt.«[15]

In diesem Artikel geht es darum, »nachzuweisen«, daß ein Hund ohne die Gesellschaft anderer Hunde nicht gedeihen kann.

Wenn ein Hund unter so grauenvollen Bedingungen aufgezogen wird, ist es vielleicht gerechtfertigt, von einer Depression zu sprechen statt von Traurigkeit, aber wir sollten uns vor Augen halten, daß diese Situation künstlich geschaffen wurde. Diese Welpen entwickelten ein Verhalten, das jedem Beobachter seltsam erscheinen würde, ein Verhalten, das man in der Natur nicht erwartet. Aber jedes Lebenwesen, ob Mensch oder Tier, das unter solchen Umständen aufwächst, zeigt vermutlich die klassischen psychiatrischen Symptome einer Depression, wie sie im *Diagnostic and Statistical Manual*, der Bibel der Psychiater, beschrieben werden. John Paul Scott erklärte in einem Artikel über die emotionale Reaktion von Hunden auf die Trennung: »Es gibt keine menschliche Erfahrung, die sich mit dem Ausmaß der Veränderung vergleichen ließe, die ein Hund durchmacht, vielleicht mit Ausnahme des Kulturschocks, den Anthropologen beschreiben, die in einer ihnen völlig fremden Kultur und getrennt von Menschen ihres Schlags leben.«[16]

Diese Experimente wurden nicht zuletzt deshalb durchgeführt, um die genaue Zeitdauer zu bestimmen, nach der ein Hund sozialisiert sein muß, wenn er noch als normal gelten soll. Dies ist auch das Thema eines der bekanntesten Bücher über das Verhalten von Hunden, *Genetics and the Social Behavior of the Dog*, von Scott und Fuller. Sie legten die kritische Phase auf einen Zeitraum zwischen dreieinhalb und zwölf Wochen nach der Geburt fest. Das bedeutet: »Alle Welpen sind imstande, eine enge Beziehung zu Menschen und Orten zu entwickeln, die ungefähr mit der dritten Lebenswoche beginnt.«[17] Wenn sie nach zwölf Wochen noch keinen Kontakt mit einem menschlichen Wesen hatten, lassen sich die Hunde nicht mehr vollständig sozialisieren; sie meiden den Kontakt mit Menschen und bleiben buchstäblich nicht erziehbar. Der Kanidenexperte Michael Fox drückte es wie folgt aus: »Und so wird selbst bei einer domestizierten Spezies der Mangel an menschlichen Kontakten während dieser prägenden Phase (wenn sich die Gehirnzentren integrieren und sich emotionale Reaktionen entwickeln) die sozialen Potentiale dieser Spezies weitgehend beschränken.«[18]

Ein anderes »klassisches« Experiment zur künstlichen Erzeugung von Depressionen bei einem Hund wurde an der University of Pennsylvania von Dr. Martin E. P. Seligman durchgeführt, der infolge seines Modells der antrainierten oder »erworbenen Hilflosigkeit« bekannt geworden ist. 1967 verabreichte Seligman Hunden Elektroschocks durch eine Stahlgittertür, und zwar mit solcher Intensität und Beharrlichkeit, daß die Hunde schließlich den Versuch unterließen zu entkommen und »aufgaben«. 1978 befaßte sich eine gesamte Ausgabe der Zeitschrift *Journal of Abnormal Psychology* mit dem Thema der »erworbenen Hilflosigkeit« als Modell einer Depression. Gemäß diesem Konzept ist das Gefühl der Hilflosigkeit nicht angeboren, sondern wird durch Erfahrungen erworben, die einen Menschen davon überzeugen, daß keine noch so große Anstrengung sein Leiden zu lindern vermag. Seit Seligmans ursprünglichen Experimenten mit den Elektroschocks bei Hunden haben viele Forscher eigene Modelle der erworbenen Hilflosigkeit entwickelt, zu denen unter anderem gehörte, daß Tiere gezwungen wurden, ununterbrochen zu schwimmen, bis sie lernten aufzugeben oder, in der Sprache der Behavioristen, »lernten, hilflos zu reagieren«[19]. Seligman war sehr beeindruckt von den »augenfälligen Entdeckungen« C. P. Richters, der beobachtet hatte, daß Ratten, die er zunächst in der geschlossenen Hand festgehalten hatte, bis sie zu zappeln aufhörten, innerhalb von dreißig Minuten in einem Wasserbassin ertranken, aus dem es kein Entkommen gab.[20] Unter anderem stellte Seligman die Hypothese auf, daß Hunde, die nicht einmal nach einem unausweichlichen Elektroschock Hilflosigkeit entwickeln, ein überwindbares Trauma erlitten haben müssen, bevor sie im Labor eintrafen. Er überprüfte seine Vermutungen, indem er Hunde einzeln in Laborkäfigen aufzog, beinahe ohne Kontakt zu anderen Hunden oder Menschen. Diese Hunde gaben schon nach zwei Sitzungen auf, bei denen sie mit Elektroschocks traktiert wurden. Er merkte an, daß Hunde, die isoliert aufwuchsen, Schwierigkeiten hätten, keinen Schock zu erleiden.[21] Daß die Charaktereigenschaften eines Hundes auf diese Weise bleibend verändert werden können, bedarf keines wissenschaftlichen Beweises. Auch erfahren wir daraus nicht viel über Menschen, die an erworbener Hilflosigkeit leiden (wie mißhandelte Frauen), was wir nicht auch im Gespräch mit den Opfern in Erfahrung bringen könnten.[22]

Der Psychiater Dallas Pratt schrieb: »Solche Experimente tragen wenig oder gar nichts zum Verständnis der Vielschichtigkeit menschlicher Angstgefühle oder depressiver Zustände bei. Wenn überhaupt, dann leiden diese gequälten, verängstigten Hunde unter einer traumatischen Reaktion, ähnlich der Schützengrabenneurose eines Soldaten.«[23]

Wo findet man solche depressiven Hunde? Bei Hunderennen, wo die Hasenjagd zum Zeitvertreib in eine Atmosphäre der Anspannung und des Todes eingebunden ist (Greyhounds, die mehrmals verlieren, werden getötet); auf Zuchtfarmen, vor allem im Mittleren Westen der USA, wo Welpen »am Fließband« produziert und unter unvorstellbar grauenvollen Lebensbedingungen aufgezogen werden[24]; in Gegenden, wo sich herrenlose Hunde zu einem streunenden Rudel zusammengeschlossen haben, das keine weiteren Mitglieder aufnimmt oder duldet; und natürlich in Laboratorien, die Tierversuche durchführen. Niemand, der um das Schicksal dieser Tiere weiß, zweifelt daran, daß sie eine Depression entwickeln können. Diese Depression mag künstlich herbeigeführt worden sein, aber der Zustand ist real.

Dabei handelt es sich um ein weitverbreitetes Problem. Dr. Robert Sharpe weist darauf hin, daß einer Statistik des amerikanischen

Landwirtschaftsministeriums zufolge alljährlich »mehr als 100 000 Hunde für Forschung, Experimente, Versuche und Lehrveranstaltungen« benötigt werden. Eine 1994 durchgeführte Umfrage der *National Association for Biomedical Research*, einer von der Industrie gesponserten, politisch aktiven Gruppe, läßt gleichwohl darauf schließen, daß die Gesamtzahl der Hunde und Katzen in der Forschung mehr als das Dreifache beträgt.

Ich wollte die Versuchstiere sehen und die Forscher fragen, ob sie daheim selbst einen Hund halten, und wie sie es fertigbringen, so grausame Experimente an diesen empfindsamen Lebewesen durchzuführen. Deshalb rief ich das Institut für Tierforschung der University of California in Berkeley an, wo ich erfuhr, daß man im Lawrence Laboratory Beagles für Versuche verwende.[25] Ich hinterließ fünf Nachrichten für vier verschiedene Labormitarbeiter, aber kein einziger kam meiner Bitte um Rückruf nach. Es überrascht mich nicht, daß Menschen, die solche Grausamkeiten begehen, die Öffentlichkeit scheuen. Wenn man an die Experimente in der Tabakindustrie denkt, wo Hunde gezwungen werden, stundenlang schädlichen Rauch einzuatmen, versteht man, warum die Wissenschaftler in den einschlägigen Labors zögern, der Öffentlichkeit über ihre Versuche an Tieren reinen Wein einzuschenken.[26]

Iwan Pawlow erhielt den Nobelpreis dafür, daß er Hunde quälte und in den Wahnsinn trieb. Er begriff nicht, welche Qualen die Tiere erlitten, und schrieb ihnen die Schuld an ihrem Elend selbst zu. Das geht aus dem nachfolgenden Abschnitt hervor, in dem er eine Hündin beschreibt, die intelligent genug war zu erkennen, was mit ihr geschah:

> »Sie folgt dem Leiter des Experiments in den Versuchsraum, schleichend, den Schwanz zwischen die Beine geklemmt. Wenn sie Mitgliedern des Personals begegnet, von denen manche immer wieder versuchen, sich

> mit ihr anzufreunden und sie zu streicheln, duckt sie sich unweigerlich und blitzschnell, fährt zurück und läßt sich zu Boden fallen. Sie reagiert in der gleichen Weise auf jede auch nur eine Spur schnellere Bewegung oder auf jedes lautere Wort ihres Herrn und tut so, als wären wir alle ihre ärgsten Feinde, durch die sie ständig die schlimmsten Qualen erdulden müßte.«[27]

Pawlows Nachfolger in Leningrad, I. T. Kourtsine, schrieb: »Nur bei fünf der dreihundertfünfzig Hunde, mit denen während der letzten zehn Jahre in unserem Labor Versuche durchgeführt wurden, gelang es uns, eine experimentelle Neurose zu erzeugen.«[28] Sein Kollege W. K. Fedorow, ebenfalls aus Leningrad, erzählt die furchtbare Geschichte des freundlichsten Hundes, den es im Labor gab, und der Besuchern stets als »Musterexemplar« vorgeführt wurde. Eines Tages machte man mit dieser sanften Hündin einen Versuch, der Folterqualen auslöste: Man verabreichte ihr Kampferspritzen in hoher Dosierung, die furchtbare Krämpfe hervorriefen. Von dem Tag an entwickelte sie ein Verhalten, das Fedorow als »unvorstellbare Feigheit« bezeichnete: Sie wehrte sich dagegen, den Versuchsraum zu betreten, indem sie die Läufe gegen den Türpfosten stemmte (»Es gelang uns nur unter den allergrößten Schwierigkeiten, sie in den Raum zu zerren«). Fedorow staunte, denn die Hündin war wie verwandelt und »benahm sich sehr sonderbar«, zitterte, beschnüffelte jeden Gegenstand mit großem Mißtrauen und weigerte sich zu fressen. Sie hatte eine paranoide Schizophrenie entwickelt![29] Reagieren Menschen ähnlich auf solche Qualen?

Ein Zeitgenosse von Claude Bernard (1813-1878) beschreibt den Erfinder der biochemischen Experimente mit dem Körper großer Hunde bei der Arbeit in dem engen, muffigen Korridor, der ihm als Labor diente. Hier stand er »vor dem Operationstisch, auf dem die Tiere lagen, den hohen Hut auf dem Kopf, lange, graue Haarsträhnen, wirr herunterhängend, einen Schal um den Hals und die Finger in der geöffneten Bauchhöhle eines Hundes, der vor Schmerzen heulte.«[30] Bernards Frau war von der Grausamkeit der Versuche so entsetzt, daß sie ihn davon abbringen wollte. Am Ende verließ sie ihn und unterstützte Organisationen, die sich für eine humanere Behandlung der Tiere einsetzen, mit großen Geldsummen, um seiner Arbeit entgegenzuwirken.

Ich glaube nicht, daß ein Hund völlig grundlos eine Depression entwickelt. Obwohl einige Wissenschaftler zu der Auffassung neigen, diese Störung stütze sich auf ein biologisches Fundament – ein Merkmal in den Genen des Tieres –, bin ich der Meinung, daß es dafür immer gute Gründe gibt. Zu den Ursachen gehören: häufiges Alleinsein; Mangel an Spielgefährten; ähnliche Entbehrungen in der Welpenphase; unzureichende Kontakte; der Verlust eines geliebten Menschen. Es gibt nichts Schlimmeres für einen Hund als das Alleinsein. Einsamkeit ist bei ihm nicht programmiert. Wenn er gezwungen ist, viel Zeit allein zu verbringen, wird er melancholisch. Gegen diesen Kummer ist ein Kraut gewachsen: ein Gefährte, Liebe und Aufmerksamkeit. Die einfachste und wirksamste Therapie ist ein langer Spaziergang in freier Natur, nicht Beruhigungsmittel oder andere Psychopharmaka mit gefährlichen Nebenwirkungen.

Statt Hunde als reine Haustiere zu halten, werden sie nun zunehmend in Pflege- und Seniorenheimen, psychiatrischen Kliniken und in der Einzeltherapie eingesetzt, um alte Menschen und Kinder durch die Interaktion mit ihnen aus ihrer Isolation oder Depression herauszureißen. Immer, wenn ich meine Ex-Schwiegermutter im *Home for Jewish Parents* in Oakland, Kalifornien, besuche, nehme ich meine drei Hunde mit. Sie ist auf der Pflegestation untergebracht, gemeinsam mit Männern und Frauen, die nicht mehr allein essen oder sich nur noch im Rollstuhl fortbewegen können. Bei einem der Besuche traf ich eine hochbetagte Frau, die an Altersschwachsinn litt und ständig wiederholte: »Ich hab' meinen Schlüssel verloren. Ich will meinen Schlüssel wiederhaben.« Dann sah sie Rani und murmelte vor sich hin. Ich trat näher und hörte ganz deutlich: *»Ay, vos far a sheyn meydl«*, ein Satz in Jiddisch, der bedeutet: »Was für ein schönes Mädchen.« Der Hund schien die Mauer der Demenz zu durchdringen und sie daran zu erinnern, daß eine Hündin vor ihr stand und daß sie hübsch war. Ein alter Mann, der ebenfalls an einer »Geistesschwäche« litt, klatschte fortwährend in die Hände. Als er Sasha entdeckte, streckte er auf Anhieb die Hand aus, um sie zu streicheln, sehr sachkundig, als hätte er jeden Tag Gelegenheit dazu gehabt. Hunde, die bei einer solchen Therapie mitwirken, erzielen häufig erstaunliche Ergebnisse und stellen uns vor die Frage, ob wir die gängige Definition des Begriffs »Demenz« nicht überdenken sollten.

Hunde scheinen großes Einfühlungsvermögen in die Leiden des Menschen zu besitzen. Flapper ist ein Therapiehund. Er besucht Insassen eines Sterbehospizes in Dayton, Ohio, die sich im Endstadium einer tödlichen Erkrankung befinden. »Ich erinnere mich an einen Mann, der Krebs hatte, bei dem aber auch Alzheimer festgestellt worden war«, erzählte Deborah Jay, die Halterin, einem Reporter der Tageszeitung *Dayton Daily News*. »Er saß den ganzen Tag lang in seinem Zimmer, schweigend. Flapper sprang auf den Stuhl neben seinem Bett, und von dem Moment an fand eine Veränderung statt. Der Mann begann zu sprechen und sagte immer wieder: ›Was für ein schöner Hund – bist du aber ein schöner Hund.‹ Während er mit Flapper redete, streichelte er ihm das Gesicht, zog ihn an den Ohren, und Flapper ließ ihn gewähren.«[31]

Menschen mit einem solchen Schicksal hätten allen Grund, depressiv zu sein, aber der Anblick der gesunden, zufriedenen Tiere verbessert ihre Stimmung, reißt sie, und wenn auch nur für kurze

Zeit, aus ihrer Traurigkeit. Vielleicht haben auch die Hunde ein gutes Gefühl, wenn sie merken, daß sie ein wenig Licht in ein trostloses Leben bringen.

16

Wie ein Hund denken

Es ist nicht leicht, die Welt aus der Warte eines anderen Menschen wahrzunehmen, selbst wenn sich dieser auf der »gleichen Wellenlänge« befindet, ganz zu schweigen von jemandem, der aus einem anderen Land stammt und eine andere Sprache spricht. Das ist einer der Gründe, warum wir so gerne Romane lesen: Wir können in fremde, innere Erfahrungswelten eintauchen, ohne daß wir uns persönlich darauf einlassen müssen. Der Gedanke, sich in die Innenwelt einer anderen Spezies hineinzuversetzen, scheint reine Utopie zu sein.[1] Doch wenn es überhaupt möglich wäre, dann bei einem Hund. Das liegt zum einen daran, daß er wie wir ein gesellig lebendes Wesen ist, und zum anderen daran, daß wir viel Zeit mit Hunden verbringen und aus nächster Nähe beobachten können, wie sie ihre Umgebung wahrnehmen. Manchmal scheint sich die »Hundesprache« kaum von unserer eigenen zu unterscheiden.

Das Lächeln eines Menschen und das Schwanzwedeln eines Hundes stellen vergleichbare Kommunikationsformen dar. Doch erst, als ich Stanley Corens Buch *The Intelligence of Dogs* las, wurde mir klar, daß der Hund ausschließlich in Gegenwart eines Wesens aus Fleisch und Blut mit dem Schwanz wedelt.[2] Dr. Coren erklärte, daß ein Hund nicht mit dem Schwanz wedele, wenn er allein und nur von leblosen Gegenständen umgeben sei, auch wenn er diese noch so sehr schätze. Er freue sich vielleicht, wenn ein gefüllter Napf vor ihm stehe, aber er wedele nicht mit dem Schwanz, wenn sich kein lebendiges Wesen im selben Raum befinde. Das behauptet auch Jean Craighead George in *How to Talk to Your Animals*: »Der Hund wedelt nur in Gegenwart eines lebendigen Wesens mit dem Schwanz. Diese Entsprechung zum menschlichen Lächeln wird Menschen, Hunden, Katzen, Eichhörnchen und sogar Mäusen und Schmetterlingen zuteil – aber nicht leblosen Gegenständen. Ein Hund wedelt nicht mit dem Schwanz, wenn er ein Bett, einen Wagen, ein Stöckchen, ja, nicht einmal, wenn er einen Knochen entdeckt.«[3] Dieses Thema wird gleichwohl kontrovers diskutiert. Marc Bekoff, einer der bekanntesten Wissenschaftler und Experten für Hunde und die Familie der Kaniden, hat das Gegenteil erlebt: Er beobachtete aus einem Nachbarraum, daß sein Hund während des Fressens mit dem Schwanz wedelte. (Das ist ein Experiment, das jeder durchführen kann und das dem Hund nicht schadet.) Dr. Feldman, ein befreundeter Tierarzt aus Berkeley, stimmte Dr. Bekoff zu.

Ob Dr. Corens Behauptung nun richtig oder falsch ist, der Schwanz des Hundes gehört zu den wirksamsten Kommunikationsmitteln. Auch wenn Hunde in Gegenwart von Lebewesen und leblosen Objekten gleichermaßen mit dem Schwanz wedeln, gilt, daß sie den engen emotionalen Kontakt suchen. Deshalb wedeln sie mit dem Schwanz, sobald sie uns sehen. Diese Bedeutung erkennt jeder auf Anhieb. Achten Sie einmal darauf: Sobald sich ein Hund schwanzwedelnd einem Fremden nähert, beginnen viele, wenn nicht sogar die meisten Menschen, in einer geradezu peinlichen »Babysprache« mit dem Hund zu reden: »Meine Güte, bist du ein süßer Kerl, hübsches Hundi, sowas Putziges, einfach zum Knuddeln. Komm, gib Pfoti.« Und der Hund gehorcht.

Manche werfen Hunden dieses zutrauliche Verhalten vor, das sie als »wahllose Gunstbezeigungen« bezeichnen. Es stimmt, daß Hunde die meisten Menschen mögen, auch wenn sie bestimmte bevorzugen, die sie besser kennen. Sie geizen nicht mit ihrer Zuneigung; manchmal bin ich sogar sprachlos, wie großzügig Sasha sie bekundet. Sie sucht Kontakt zu fast allen Menschen, die uns begegnen und auch nur das leiseste Interesse an ihr erkennen lassen (und selbst zu denen, die keine Notiz von ihr nehmen). Sie nähert sich ihnen mit einschmeichelndem Gebaren, leckt ihnen das Gesicht und bedenkt sie mit einem Blick reiner Anbetung in ihren ausdrucksvollen Augen.

Die Liebesbezeugungen eines Hundes werden oft so freimütig verschenkt, daß manche Menschen sich weigern, sie anzunehmen. Anderen fällt es schwer, überhaupt zu glauben, daß es Zeichen der Zuneigung sind. Sie bezeichnen sich als reine »Katzenliebhaber«, weil Katzen ihrer Ansicht nach wählerischer sind, oder sie sehen in der Liebe eines Hundes sklavische Unterwürfigkeit. Kleinkinder verhalten sich eine zeitlang ähnlich: Auch sie sehen in jedem Menschen einen Beschützer, einen Freund, eine Person, die ihre Liebe verdient. Die Erfahrung wird sie möglicherweise eines Besseren belehren, genauso, wie sie das Leben eines einzelnen Hundes beeinflußt. Ein Kind kann nach einer solchen Enttäuschung leicht ein lebenslanges Trauma davontragen; um einen Hund zum Menschenfeind zu machen, müssen schlimmere Erfahrungen vorausgehen (was natürlich schon vorgekommen ist). Es liegt einfach in der Natur eines Hundes, an seiner Liebe festzuhalten, in guten wie in schlechten Zeiten.

Wenn wir auf der Suche nach dem Innenleben des Hundes vom Schwanzwedeln zum Bellen übergehen, bemerken wir sofort einen wichtigen Unterschied: Alle glauben zu wissen, warum Hunde mit dem Schwanz wedeln, aber keiner kann mit Sicherheit sagen, warum sie bellen. Es gibt viele Theorien: Das Bellen hat eine Alarmfunktion, die anzeigt, daß sich Freund oder Feind nähert; es dient dazu, Reviere abzugrenzen, ähnlich wie andere Formen des Markierungsverhaltens (urinieren beispielsweise); damit wird ausschließlich ein sozialer Zweck verfolgt und anderen mitgeteilt: »Hier bin ich!« In einem faszinierenden Artikel, der in der Zeitschrift *Smithsonian* unter dem Titel »Warum Hunde bellen« erschien, behaupten der Biologe Raymond Coppinger und der Linguist Mark Feinstein, Bellen sei kein Merkmal, das mit Anpassungsleistungen verknüpft sei; es habe überhaupt keine bestimmte Funktion. Hunde würden lediglich bellen, weil ihnen danach sei. Die meisten Wildhunde (der australische Dingo, der in Neuguinea lebende Singende Hund, der asiatische Pariahund) können bellen, tun es aber selten, und das gilt auch für Wölfe. Die Autoren hörten einen Hütehund, der während einer eiskalten Nacht in Minnesota eine Viehherde bewachte, sieben Stunden lang ununterbrochen bellen. Da sich niemand in der Nähe befand, fragten sich die beiden, was für eine Funktion das Bellen haben mochte. Sie gelangten zu der Ansicht, es sei ein Kennzeichen jugendlicher Tiere, da junge Hunde häufiger als erwachsene bellen.[4] Falls sie mit ihrer Annahme recht haben, sehe ich darin eine Forderung nach Aufmerksamkeit, den Appell an irgend jemanden, gleich wen, ein Kontaktbedürfnis zu erfüllen. Als Versuch, mit anderen Lebewesen zu kommunizieren, ist das Bellen oft bemerkenswert erfolgreich.

Wie jeder weiß, der mit Hunden unter einem Dach lebt, kann das Bellen ganz klar Wünsche und Bedürfnisse zum Ausdruck bringen: Der Hund möchte eine vermeintliche Bedrohung abwenden, möchte ins Freie oder ins Haus oder spazierengehen. Es scheint eine endlose Liste knapp gefaßter Weisungen zu geben, die er in verschiedenen Tonlagen, Rhythmen und Lautstärken artikuliert. Auch wenn das Bellen eine komplexe Sprache ist, die wir nicht völlig verstehen, erkennen wir doch meistens die allgemeine Richtung der Wünsche und Bedürfnisse, auf deren Erfüllung unser Hausgenosse mit seinem Gebell abzielt, selbst wenn wir aus den Lautäußerungen anderer Hunde nicht recht schlau werden. Würde die Wissenschaft dem Hundegebell genausoviel Aufmerksamkeit widmen wie dem Vogelgezwitscher und dabei das gesamte, technisch ausgereifte, akustische Instrumentarium einsetzen, könnten wir vielleicht direkt vor unserer Nase eine neue, völlig unvermutete linguistische Welt entdecken.

Diese Ansicht wird von einem Experiment untermauert, das John Paul Scott durchgeführt hat. Das Winseln, Heulen, Wimmern und Bellen junger Welpen wurde aufgezeichnet und den Hundemüttern vorgespielt. »Waren die Nachkommen aus der ›Kinderstube‹ entfernt worden, reagierten die Mütter mit großem Nachdruck: Sie versuchten verzweifelt, zu entkommen und zum Urheber der Laute zu gelangen. Lief das Band jedoch, während die Welpen bei ihren Müttern waren, warfen diese nur einen kurzen, prüfenden Blick auf ihre Jungen und schenkten den Lauten keine weitere Beachtung.«[5] Die Funktion der Lautäußerungen bestand bei den Welpen also eindeutig darin, die Mutter auf sich aufmerksam zu machen.

Da wir nicht einmal so einfache Dinge wie das Bellen oder den nachtwandlerisch sicheren Orientierungssinn des Hundes voll verstehen, sollten wir vorsichtig sein, was die Einsichten in das Innenleben unserer vierbeinigen Gefährten angeht. Vieles entzieht sich unserer Kenntnis. Es könnte sehr gut möglich sein, daß Hunde über Sinnesorgane und Fähigkeiten verfügen, von denen wir nicht die leiseste Ahnung haben. Michel de Montaigne schrieb im sechzehnten Jahrhundert: »Einige Tiere führen, wie ich sehe, ein vollkommenes und mustergültiges Leben, manche ohne Augenlicht, andere ohne Gehör: Wer kann schon sagen, ob nicht auch bei uns ein, zwei, drei oder zahlreiche andere Sinne zu wünschen übriglassen.«[6]

Ich habe über den Orientierungssinn bei Hunden mit Dr. Robert Kirk gesprochen, dem hochverehrten Lehrer vieler angehender Tierärzte, die am Cornell Veterinary Medical Teaching Hospital ihren Abschluß machen. Er war skeptisch bezüglich der Berichte, in denen es um weite Entfernungen ging, glaubt aber, daß einige Hunde tatsächlich nach Hause zurückfanden. Ich wollte von ihm wissen, wie sie dieses Kunststück seiner Meinung nach bewerkstelligt hatten. »Keine Ahnung«, gestand er ein. »Vielleicht hilft ihnen dabei ein Sinnesorgan, das wir noch nicht kennen.« Hunde sind immer noch rätselhafte Kreaturen, obwohl sie seit mehr als 10000 Jahren als Gefährten des Menschen gelten.

Hunde sind gesellige Wesen, dazu geschaffen, in so enger Gemeinschaft mit ihresgleichen und mit dem Menschen zu leben, daß sie die Einsamkeit als Reizentzug empfinden. Vor allem aber sind sie kommunikationsfreudige Geschöpfe. Dieses Merkmal haben wir bei ihnen genetisch fixiert und ihnen angezüchtet, mit großem Erfolg. Coppinger und Feinstein erzählen die Geschichte vom Institut für Zytologie und Genetik in Sibirien, wo es russischen Genforschern in nicht mehr als zwanzig Generationen (das sind zwei Jahrzehnte) gelang, die friedlichsten und zahmsten Silberfüchse zu züchten, Tiere, die ähnliche Verhaltensmerkmale wie ein Hund besaßen.[7] Sie kannten keine Scheu vor Menschen und begrüßten sie schwanzwedelnd, schnüffelnd und leckend; sie hatten keine aufrechten, spitzen, sondern herunterhängende Ohren, und sie wurden zweimal im Jahr läufig, was für domestizierte Hunde typisch ist. Sogar ihre Lautäußerungen glichen denen eines Hundes. Sie waren von Menschen abhängig, suchten ihre Gesellschaft und widmeten bestimmten Personen ihr besonderes Interesse, genau wie junge Hunde. Hunde brauchen die Kommunikation mit anderen Lebewesen, brauchen Körperkontakt und Liebe, als Gebende wie als Nehmende. Das mag für alle Menschen und Säugetiere gelten, aber nirgendwo im Tierreich ist diese Lektion so klar ersichtlich wie beim Hund. Und genau deshalb erfüllen Hunde ein so dringendes Bedürfnis des Menschen, und genau deshalb ist der Hund uns so lieb und teuer.

Wenn Leila und ich bei einem Spaziergang im Jachthafen unterschiedliche Wege einschlagen, sage ich den Hunden, sobald wir uns dem verabredeten Treffpunkt nähern: »Da kommt sie, das ist *Leila*!« Die Hunde blicken sofort angestrengt in alle Himmelsrichtungen. Falls sie Leila nicht gleich erspähen, schauen sie mich mit einem Gesichtsausdruck an, der die Entsprechung zur Frage »Wo?« beinhaltet; ich kann ihn genauso leicht deuten, als würde ein menschlicher Freund die Frage stellen. Es ist eine unmißverständliche, unmittelbare Übersetzung. Wenn ich in eine bestimmte Richtung deute, folgen die Augen der Hunde dem ausgestreckten Zeigefinger. Sobald sie Leila ausmachen, laufen sie ihr entgegen.

Viele Autoren hatten das Bedürfnis, die Gedanken des Hundes in menschlichen Worten auszudrücken, wie Tolstoi in *Anna Karenina*. Er schrieb:

> »›Faß! Faß!‹ rief Lewin und stieß Laska gegen das Hinterteil. ›Aber ich kann doch nicht‹, dachte Laska. ›Wo soll ich denn hingehen? Von hier aus wittere ich die Schnepfen, aber wenn ich weitergehe, weiß ich nicht mehr, wo sie sind.‹ Aber da stieß Lewin sie mit dem Knie an und flüsterte erregt: ›Faß Lasotschka, faß!‹
>
> ›Na, wenn er durchaus will, dann tu ich's halt, aber ich kann für nichts garantieren‹, dachte sie und rannte so schnell sie konnte zu den Erdhöckern. Jetzt witterte sie nichts mehr; sie sah und hörte zu und begriff nicht mehr.«[8]

Eine Spielart dieses Wunsches, Hunden Menschenworte in den Mund zu legen, ist die Angewohnheit, mit ihnen zu reden. Wir plaudern mit ihnen. Warum? Was kommt nach unserer Meinung dabei für sie heraus? Hunde erfassen mit Sicherheit den emotionalen Tonfall unserer verbalen Darbietung. Sie merken, daß wir zufrieden mit ihnen sind und unsere Anerkennung äußern, und sie freuen sich unbändig über das Lob. Nicht die Worte, sondern der Klang unserer Stimme signalisiert dem Hund, daß wir glücklich sind.

Brian Vesey-Fitzgerald weist darauf hin, daß

> »[...] der Hund ein absolut sicheres Gespür dafür besitzt, was wir denken, ja, sogar was wir fühlen [...] aber ich verstehe meine Hunde nicht immer voll und ganz. Oft wird mir bewußt, daß sie versuchen, sich mir mitzuteilen. Doch

> bin ich außerstande, die unsichtbare Grenze zu bezwingen und mir Eingang in ihre Gedanken zu verschaffen. Sie sind, wie mir scheint, gleichwohl jederzeit fähig, Zugang zu meinen Gedanken zu finden. Hunde können unzweifelhaft zufrieden und mühelos in zwei Welten zugleich leben: in ihrer eigenen und in unserer. Wir sind auf unsere eigene Welt beschränkt. Der Hund ist klüger als wir.«[9]

Wie sensibel manche Tiere auf unsere wechselnden Stimmungen und Emotionen reagieren, geht aus der Geschichte vom Klugen Hans hervor, einem Pferd, das »rechnen« konnte. Anfang 1900 entdeckte ein pensionierter deutscher Mathematikprofessor, daß sein heißgeliebter Vierbeiner hochbegabt war: Herr von Osten stellte ihm Rechenaufgaben, die Hans durch Auftippen mit dem Huf richtig beantwortete. Oskar Pfungst, ein Zeitgenosse und Experte für experimentelle Psychologie, führte eine umfassende Studie über den Klugen Hans durch, wie er damals genannt wurde. Er gelangte zu der Schlußfolgerung, daß der Gaul nur dann richtig antwortet, wenn der Fragesteller oder die Zuschauer die Lösung kannten. Wie sich herausstellte, leitete er Hinweise aus den unbewußten, oft kaum wahrnehmbaren Kopf- und Körperbewegungen seines Besitzers oder im Publikum ab. Hatte er die Lösung gefunden, ließ die Anspannung der Menschen unwillkürlich nach. Herr von Osten war kein Trickbetrüger, wohl aber das Pferd! Der Kluge Hans hatte eine so enge Beziehung zu seinem Besitzer entwickelt, daß er wahrnahm, was von Osten hören wollte, *auch wenn dieser glaubte, seine Gedanken nicht zu verraten*. Das vermeintliche »Mathegenie« besaß lediglich ein außergewöhnliches Einfühlungsvermögen, eine Eigenschaft, die letztlich rätselhafter und wesentlich interessanter ist als die Fähigkeit, zu zählen oder einfache Rechenaufgaben zu lösen.[10]

Thomas Mann schilderte, was sein Hund empfunden haben mochte, der für zwei Wochen in eine Tierklinik gekommen war:

> »Verachtung und bittere Hoffnungslosigkeit schienen auf ihm zu liegen. ›Da du fähig warst‹, schien seine Haltung auszudrücken, ›mich in diesen Käfig zu liefern, erwarte ich nichts mehr von dir.‹ Und mußte er nicht irre werden und verzweifeln an Vernunft und Gerechtigkeit? Was hatte er verschuldet, daß ihm dies geschah und daß ich es nicht nur zuließ, sondern es selbst in die Wege geleitet?«[11]

Es besteht wohl keine Möglichkeit, die Richtigkeit eines solchen »Übersetzungsprojekts« zu überprüfen. Doch je mehr Wissen wir über Hunde erwerben, desto zutreffender werden unsere sprachlichen Übertragungen sein. Einige Autoren benutzen den Hund lediglich als ein Mittel, um bestimmte Aspekte menschlichen Verhaltens hervorzuheben. Das könnte auch bei Cervantes der Fall gewesen sein, der 1599 mit seiner *Novelle vom Zwiegespräch zwischen Cipión und Berganza* einen philosophischen Dialog zwischen Hunden verfaßte[12], oder Kafka zu den »Forschungen eines Hundes« verleitet haben.[13] Andere literarische Werke über das Verhalten des Hundes stützten sich auf Informationen, die unzutreffend und nicht selten mit Vorurteilen befrachtet sind.

Einige Autoren hatten den Mut, offen einzugestehen, daß ihnen das scheinbar unkomplizierte Verhalten eines Hundes bisweilen Rätsel aufgibt. Das »Schnüffel-Ritual« mutet besonders seltsam an, vor allem, wenn es über die Informationsgewinnung hinausgeht. Offenbar empfand Thomas Mann das gleiche Unvermögen, manche Verhaltensweisen des Hundes mit dem menschlichen Verstand zu erfassen. Er schreibt in »Herr und Hund«:

> »Und jedesmal, für die Dauer der Szene, wurde sein sonst vertrautes Benehmen mir undurchsichtig – ich fand es unmöglich, in die Empfindungen, Gesetze, Stammessitten, die diesem Benehmen zugrunde liegen, sympathisch einzudringen. Wirklich gehört die Begegnung zweier ein-

> ander fremder Hunde im Freien zu den peinlichsten, spannendsten und fatalsten aller denkbaren Vorgänge [...] ich rede von diesen Dingen, um anzudeuten, wie wildfremd und sonderbar das Wesen eines so nahen Freundes sich mir unter Umständen darstellt – es wird mir unheimlich und dunkel dann.«[14]

Um die Weltsicht des Hundes zu verstehen, ist es wichtig, etwas über sein sensorisches Rüstzeug zu wissen. (Das soll nicht heißen, daß Hunde in höherem Maß als wir auf ihre sensorischen Erfahrungen beschränkt sind. Die meisten Menschen orientieren sich überwiegend an visuellen Wahrnehmungen, aber Blinde führen beispielsweise ein Leben, das genauso vielschichtig sein kann wie das eines Sehenden.) Ich habe mich oft gefragt, warum Rani sich die Mühe macht, eine kleine Kostprobe zu nehmen, da sie ohnehin beinahe alles Genießbare frißt, was sie bei einem Spaziergang findet. Vielleicht liegt es daran, daß der Geschmack für einen Hund nicht groß ins Gewicht fällt. Auf sechs Geschmacksknospen des Menschen kommt bei ihm nur eine. Menschen haben unterschiedliche Geschmäcker; deshalb gibt es auch so viele Spezialitätenrestaurants, die diesen jeweiligen Vorlieben Rechnung tragen. Hunden schmeckt etwas oder nicht, mit der möglichen Ausnahme, daß ihnen völlig gleichgültig ist, was man ihnen vorsetzt.

Das scharfe »Aus!« gehört zu den Befehlen, die ich bei meinen Spaziergängen mit den Hunden immer wieder erteilen muß. Vor allem in den Bergen können sie anscheinend nicht umhin, Kostproben von Funden zu nehmen, die ich widerwärtig finde – Kojotenfäkalien, Pferdeäpfel und menschliche Exkremente.

Dieser Mangel an Feinsinn in puncto Geschmack ermöglicht es den Hunden vermutlich, zufrieden zu sein, auch wenn jeden Tag das gleiche auf dem Speiseplan steht. Sie haben natürlich ihre Lieblingsgerichte, und ich laufe oft Gefahr, für meine Hunde den Koch zu spielen. Nur die strenge Ermahnung des Tierarztes hat mich davor bewahrt, mich von ihnen am Herd versklaven zu lassen, und ihnen einige Kilogramm Übergewicht erspart. Essen scheint Hunden nicht das gleiche ästhetische Vergnügen zu bereiten wie uns Menschen. Wenn sie jedoch an einem frischen Knochen nagen, sehen sie aus, als befänden sie sich im siebten Himmel, so daß ich, obwohl ich Vegetarier bin, ihnen diese Delikatesse mindestens einmal in der Woche gönne. Ich glaube, dieser Genuß leitet sich aus irgendeiner Erinnerung an ihr urzeitliches Wolfsdasein ab.

Die Sehfähigkeit eines Hundes läßt sich mit der eines Menschen vergleichen, ist aber nicht ganz so gut. Hunden fehlt der gelbe Fleck in der Netzhaut, eine lichtempfindliche Membran auf der Rückseite des Auges, mit deren Hilfe wir Gegenstände klar erkennen, wenn wir unseren Blick darauf konzentrieren.[15] Wenn ich in die Bibliothek oder in einen Laden gehe, binde ich Sima, Sasha und Rani oft draußen vor der Tür an einen Pfosten. Bei meiner Rückkehr fällt mir auf, daß sie jeden Passanten mit der gleichen Intensität mustern. Sie erkennen mich erst, wenn ich ziemlich nahe herangekommen bin (auf etwa zehn Meter). Wenn ich gleichwohl am Abend mit ihnen im Park spazierengehe, sind sie in der Lage, in der Hügellandschaft herumzutollen, während ich kaum die Hand vor Augen sehe. Das liegt daran, daß ihre Augen lichtempfindlicher sind als meine. Bei Menschen ist das beidäugige Sehen besser ausgeprägt, das es uns erlaubt, Einzelheiten zu fokussieren, während der Hund uns mit einem um sechzig Grad weiteren Blickwinkel beim peripheren Sehvermögen übertrifft, was ihnen bei der Jagd zugute kommt.

Die Augen eines Hundes reagieren auch sensibler auf Bewegung. Meine drei Hunde erstarren plötzlich zur Salzsäule, dann laufen sie los, um irgend etwas zu verfolgen, was sich meinem Blick entzieht. Das Objekt, dem sie nachjagen, ist nie eingebildet: Sie »orten« Eichhörnchen oder kleinere Nager selbst auf weiteste Entfernung. Sie erkennen den charakteristischen Bewegungsablauf dieser Tiere, machen deren Richtung, Geschwindigkeit und Raumkurve aus. In der Dämmerung reagieren meine Hunde genauso schreckhaft wie

Pferde: Pfosten, Papiertüten oder Statuen versetzen sie in Angst, und sie sind erst nach gründlichem Beschnüffeln von deren Harmlosigkeit überzeugt. (Da sie im Dunkeln viel besser sehen als ich, weiß ich nicht, warum das so ist.) Einmal kamen wir bei vollem Tageslicht an einem Bronzebären vorüber, und alle drei Hunde zuckten zurück. Sie sahen die Konturen eines wilden Tieres vor sich, das sich aber nicht bewegte. Offenbar konnten sie sich keinen Reim darauf machen. Aber Hunde lernen schnell: Auf dem Rückweg war die Plastik nicht mehr interessant. Sehen Wölfe besser als Hunde? Offenbar ja. L. David Mech schildert das Verhalten eines zwei Jahre alten, wildlebenden männlichen Wolfs, den er beobachtete. Das Tier starrte über eine arktische Talsenke hinaus auf einen Punkt in ungefähr vierhundert Metern Entfernung, dann preschte es plötzlich los und fing einen jungen arktischen Grauhasen: »Diese Beobachtung sagte mir, daß ein Wolf in der Lage ist, einen in der Färbung optimal der Landschaft angepaßten Hasen auf vierhundert Meter Entfernung zu entdecken.«[16] Freilich könnte es auch die Bewegung gewesen sein, die der Wolf erspäht hatte.

Es ist noch nicht lange her, da wurde behauptet, Hunde wären farbenblind.[17] Allem Anschein nach ist das ein Trugschluß.[18] Hunde können lernen, Farben zu unterscheiden.[19] Ihre Augen besitzen eine ausreichende Menge Zapfen (Zentrum der Rezeptoren in der Netzhaut) und Stäbchen (für das periphere Sehen). Sie mögen Farben vielleicht nicht so gut erkennen wie wir (und wir sehen sie weniger klar als einige Vogelarten), aber sie haben bestimmt ein gewisses Farbempfinden. Es ist schwer, sich anhand von Tests Sicherheit zu verschaffen. Woher wollen wir wissen, daß ein anderer Mensch die Farbe Gelb genauso wahrnimmt wie wir? Hunde müssen nicht in der Lage sein, Farben zu unterscheiden, um das Überleben ihrer Art zu sichern, und ich kenne keine Fallbeispiele, die zeigen, daß sie einen Gegenstand aufgrund seiner Farbe vorziehen. Vielleicht gehen sie einem giftigen roten Frosch aus dem gleichen Grund aus dem Weg, der auch andere Tiere veranlaßt, einen großen Bogen um ihn zu machen: Seine Farbe beinhaltet eine Warnung. Die sogenannte aposematische Färbung – rot und schwarz oder gelb und schwarz – bewahrt viele Kleintiere davor, gefressen zu werden. Einige Hunderassen, beispielsweise Apportierhunde und Gazehounds (Jagdhunde, die mehr Augen- als Nasentiere sind), sehen um einiges besser als andere; deshalb könnte es auch innerhalb einer Rasse individuelle Unterschiede geben.

Dennoch spielt das Sehvermögen nicht die gleiche wichtige Rolle im Leben eines Hundes wie die anderen Sinne. Hunde haben zum Beispiel ein wesentlich schärferes Gehör als wir. Ein Hund kann im Vergleich zum Menschen Geräusche wahrnehmen, die viermal so weit entfernt verursacht werden. Hunde bleiben während eines Spaziergangs immer wieder reglos stehen, eine Pfote vom Boden gehoben, als wollten sie sich lautlos anschleichen. Diese angespannte Haltung weist darauf hin, daß sie einen Laut vernommen haben, der außerhalb unserer Reichweite ertönt. Das eine Ohr tastet die Geräusche ab, während sich das andere auf die Schallwellen konzentriert. Ein Hund kann eine Geräuschquelle in einer sechshundertstel Sekunde ausmachen.[20] Deshalb beobachten wir häufig, wie unser Hund innehält, lauscht und plötzlich in eine bestimmte Richtung rennt. Er ist in der Lage, Laute in einer höheren Tonlage zu erkennen als wir. Das erklärt vielleicht, warum er mit traumwandlerischer Sicherheit Backenhörnchen, Eichhörnchen und andere Bodennager aufstöbert. Sie senden hochfrequente Warnsignale aus, die vom menschlichen Ohr nicht mehr wahrgenommen werden. Einige Jäger behaupten, Hunde wären imstande, Geräusche auszumachen, die viel zu leise sind, als daß Menschen sie hören könnten, beispielsweise einen Schwimmvogel, der mehr als einen halben Kilometer entfernt auf einem Gewässer landet.[21] Wenn Hunde mit Hängeohren ein Geräusch wahrnehmen, stellen sie die Lauscher auf, ähnlich, wie wir die gewölbte Hand hinter die Ohren legen, um sie zu »spitzen«. Sasha mit ihren großen Schäferhundohren knickt ein Ohr nach vorne ab, um »ganz Ohr zu sein«. Hunde können ihre

Ohren unabhängig voneinander bewegen, was sie befähigt, die Geräuschquelle sicherer anzupeilen als wir. Wie beim Menschen erfolgt das Hören beim Hund selektiv. Sasha mag fest schlafen, aber sobald sie mein Auto in der Auffahrt vernimmt, ist sie hellwach. Eine Feuersirene, die letzte Woche vor unserem Haus schrillte, raubte dagegen keinem der Hunde den Schlaf. Mein Freund Michael Parker meint, sein Hund höre lange vor ihm ein Unwetter heraufziehen. Er zeigt Angst, sondert vermehrt Speichel ab und versteckt sich unter dem Bett. Michael konnte sich das Verhalten erst nicht erklären, bis fünf Minuten später der Sturm losbrach. Vermutlich sind Hunde dank ihres Geruchssinns in der Lage, die Elektrizität, die in der Luft liegt, wahrzunehmen.

Der Tastsinn eines Hundes ist ungemein ausgeprägt: Der gesamte Körper einschließlich der Pfoten ist mit freien, taktilen Nervenendungen bedeckt. Er registriert jeden Luftzug durch die berührungsempfindlichen Härchen, die sogenannten Vibrissae oder Tasthaare, die sich oberhalb des Auges, an der Schnauze und unterhalb des Kiefers befinden. Das erklärt unter anderem, warum Hunde den Kopf heben, wenn vom Meer eine Brise herüberweht. Diese Position des Kopfes verbessert außerdem die Riechfähigkeit.

Schritte nimmt ein Hund durch Schwingungen des Bodens wahr. Wenn er stehenbleibt und starr in eine bestimmte Richtung blickt, obwohl uns nichts auffällt, hört er vielleicht Schritte in weiter Ferne, die sich langsam nähern. Wölfe machen es genauso, wenn sie eine Bisonherde jagen.

Berührungen spielen für Hunde eine eminent wichtige Rolle, und sie zeigen das sehr ausdrucksstark. Man trifft selten einen Hund, dem Streicheln, Tätscheln, Kraulen oder der liebevolle Körperkontakt nicht gefiele. Hunde berühren einander ständig, wenn auch nicht so häufig wie Wölfe. Rani sucht ständig Körperkontakt. Sie legt ihre Pfote auf meinen Arm, um mich daran zu erinnern, was ich ihr schuldig bin. Sasha ist ebenfalls erpicht darauf, aber nur für kurze Zeit. Sie kann an keinem Passanten vorübergehen, ohne ihn zu einem schnellen Streichler aufzufordern, aber eine symbolische Geste genügt ihr. Ihr Bedürfnis ist binnen Sekunden befriedigt, und falls der Körperkontakt länger andauert, macht sie sich aus dem Staub. Das ist entweder ein typisches Merkmal der stets wachsamen Schäferhundrasse oder Sashas Eigenart. Sima küßt gerne – für sie ein Muß –, und wenn man sie streichelt, schließt sie vor Wonne die Augen. Die Berührung könnte für Hunde das gleiche bedeuten wie für den Menschen und mit der engen Mutter-Kind-Beziehung in Zusammenhang stehen. Im allgemeinen erhalten Welpen viel liebevolle Zuwendung von ihren Müttern und scheinen dies nie mehr zu vergessen. Kleinkinder schmusen gerne mit ihren Müttern, aber manche Erwachsene empfinden Schmusen als peinlich. Vielleicht täten wir gut daran, auf diesem Gebiet etwas von den Hunden zu lernen, die sich nicht von irgendwelchen Konventionen abschrekken lassen.

Um die Welt des Hundes zu verstehen, müssen wir uns klar machen, daß der Geruch für seine Wahrnehmung der Wirklichkeit von zentraler Bedeutung ist. Hunde sind (wie Katzen und Kühe) in besonderem Maß für die olfaktorische Wahrnehmung gerüstet. Sie besitzen ein vomeronasales Organ (das sogenannte Jacobsonsche Organ). Dieses Riechepithel besteht aus einer Tasche mit zahlreichen Rezeptorzellen, ähnlich wie die im Gaumendach befindlichen. Es ist nur wenig über die Funktionen dieses Organs bekannt, aber es gestattet dem Hund, die Luft buchstäblich zu schmecken.[22] Wie Roger Caras anmerkte: »Die Nase des Hundes ist für uns ein Wunder. Sie besitzt bemerkenswerte Eigenschaften und erinnert uns daran, daß es eine Welt gibt, die uns niemals ihre letzten Geheimnisse preisgeben wird. Zumindest nicht, solange wir menschliche Wesen sind.«[23] Wie bereits erwähnt, besitzen Menschen fünf Millionen Geruchssinneszellen, während es beim Hund bis zu 220 Millionen sind. Jede olfaktorische Zelle enthält mehrere winzige, haarähnliche Strukturen, Zilien genannt. Beim Menschen kommen sechs bis acht Zilien auf jede Geruchssinneszelle, während sich die Anzahl beim Hund auf hundert bis 150 beläuft. Die Informationen, die ein Hund aus einem Geruchsstoff ableitet, werden unmittelbar an das emotionale Zentrum im Gehirn weitergeleitet. Diese Direktverbindung bedeutet: Wenn ein Hund etwas riecht, erfolgt automatisch eine starke emotionale Reaktion.[24] Theoretisch sind Menschen zu den gleichen intensiven Reaktionen auf olfaktorische Reize imstande, aber die meisten unterdrücken sie, denn diese Fähigkeit wird als Erbe unserer unzivilisierten Ahnen in grauer Vorzeit erachtet und steht nicht besonders hoch im Kurs. Eine Duftsubstanz, zu der wir Menschen keinen Zugang finden, kann für einen Hund aufregend, unwiderstehlich und berückend sein. Somit bleibt uns eine ganze Welt der Gerüche verschlossen. Laut Roger Caras wissen wir nicht, wie viele Sinnesorgane ein Hund wirklich besitzt, was bedeutet, daß wir letztlich nicht sagen können, welchen Bezug er mittels seiner Sinneswahrnehmungen zu seiner Umwelt herstellt.[25]

In ihrem Buch *Perfume* berichtet Susan Irvine von einem Mann, der möglicherweise infolge der Einnahme bestimmter Medikamente eine Hyperosmie entwickelte. Er litt unter einem gesteigerten Geruchsvermögen, das ähnlich empfindsam war wie bei einem Hund. Bekannte identifizierte er mit dem ersten Dufthauch, lange bevor er sie sah, und er war imstande, sich allein mittels seines Geruchssinns in New York zu orientieren! Im Gegensatz zu einem Hund war der Mann gleichwohl todunglücklich über seine Gabe und wünschte sich nichts sehnlicher, als wieder der geruchsunempfindliche Mensch zu sein, der er einst gewesen war.[26]

Die enge Verbindung zwischen Emotionen und sensorischer Wahrnehmung gestattet dem Hund den steten Kontakt mit dem fühlenden Kern seines Selbst. Deshalb beobachten wir bei ihm jeden Tag aufs neue eine ungeheuer weitgefächerte Skala von Empfindungen. Hunde sind reines Gefühl, denn die Sinneswelt des Hundes befindet sich in ständigem Dialog mit seiner emotionalen Welt. James Thurber stellte vor vielen Jahren fest:

»Die Auswirkungen, die das Zusammenleben mit dem Menschen auf den Hund hat, lassen sich in seinen Augen ablesen, die häufig ausdrucksfähiger sind als die des Menschen. Die Augen des französischen Pudels können beispielsweise vor Freude strahlen und sich in ernster Stimmung so verdüstern, als wolle er die Herren der Erde aus der Fassung bringen, die den Schlüssel zu vielen einfacheren magischen Kräften verloren haben. Der Mensch ist so geübt darin, seine wahren Gefühle zu verschleiern und seine Empfindungen im Zaum zu halten, daß ein grundlegendes Merkmal sowohl aus seiner Heiterkeit als auch seiner Ernsthaftigkeit verschwunden ist. Der Hund scheint sich dessen bewußt zu sein, wie ich meine. Man kann es manchmal in seinen Augen entdecken, wenn er daliegt und uns lange mit betrübtem Blick betrachtet.«[27]

Wenn ich auf meine theoretische Ausbildung und Praxis als Psychoanalytiker zurückblicke[28], stelle ich fest, daß nur sehr wenige Ideen und Konzepte bleibende Bedeutung hatten. Dazu gehört Freuds Vorstellung, daß ein Mensch einen anderen zu lieben vermag, ohne sich dessen bewußt zu sein; der Zugang zu den eigenen Gefühlen ist blockiert, und oft geht ihm erst Jahre danach »ein Licht auf« – wenn es zu spät ist. Freuds erste Theorie über den Ursprung menschlicher Unzufriedenheit hatte ebenfalls eine nachhaltige Wirkung auf mich. Die Ursachen für die Seelenqualen eines Menschen waren für ihn traumatische Kindheitserfahrungen, Erlebnisse, die uns von der Außenwelt aufgenötigt wurden. Diese Auffassung deutet darauf hin, daß sich eine Gesellschaft verändern könnte, daß sich eine bessere Welt schaffen läßt, so daß Kinder in einer glücklicheren, sichereren und einfühlsameren Umwelt aufwachsen.

Wenn ich über diese Erkenntnisse nachdenke und versuche, sie auf Hunde zu übertragen, stoße ich auf gewisse Schwierigkeiten.

Hunde müssen sich, das sollte inzwischen klar sein, keiner Psychoanalyse oder Analyse gleich welcher Art unterziehen, bevor sie imstande sind, ihre Gefühle zu erkennen. Sie besitzen die bei Menschen seltene Fähigkeit, immer und überall ihre eigenen inneren Empfindungen wahrzunehmen. Das ist so offenkundig, daß es keine geringe Rolle bei der Frage spielt, warum wir Hunde lieben. Wenn ein Hund in einer liebevollen Umgebung aufwächst, wird er später keine Frustration, den Hang zur Melancholie oder Neurosen entwickeln. Selbst wenn der Hund aus seiner Erfahrung in früheren Lebensabschnitten ein Lied von den Unbilden des Schicksals singen könnte – und das ist eine wichtige Lektion, die wir von Hunden lernen sollten –, gelingt es ihm, die Vergangenheit ohne die Segnungen der Psychoanalyse zu bewältigen, die Talsohle mit ungebrochenem Optimismus zu überwinden. Er möchte wieder lieben. Es ist ihm ein grundlegendes Bedürfnis, wieder zu lieben. Zu eben dieser Fähigkeit des Hundes fühlen wir uns hingezogen. Sie entspricht einem Wesenszug, der uns irgendwann in unserer evolutionären Vergangenheit abhanden gekommen ist, und wir sehnen uns insgeheim danach, ihn wiederzufinden.

Vielleicht läßt sich diese Sehnsucht auf eine Zeit zurückführen, in der Menschen ähnliche Eigenschaften wie Hunde besaßen, in der sie spontaner waren und fähig, ihre Freude ungehemmter zum Ausdruck zu bringen, in der sie sich ihrer intensiven Gefühle nicht schämten und die Welt außerhalb ihrer Haut unmittelbarer wahrzunehmen vermochten, so wie Hunde. Ich glaube, daß Kinder sich diese Fähigkeit zu ungezügelter Freude so lange bewahren, bis sie von Älteren lernen, ihre Spontaneität zu bremsen. Vielleicht erklärt das die enge Beziehung, die seit Anbeginn der Zeit zwischen Kindern und Hunden besteht. Beide scheinen ein Wissen zu besitzen, das wir Erwachsenen verloren haben, und das wiederzufinden uns gut anstünde. Glücklicherweise gibt es in unserem Leben Kinder und Hunde, die uns bei der persönlichen Suche nach Glück und innerer Zufriedenheit helfen.

Schlußbilanz: Die Suche nach der Seele des Hundes

Der tschechische Schriftsteller Milan Kundera beendet seinen Roman *Die unerträgliche Leichtigkeit des Seins* mit der Mahnung (Siebter Teil, Kapitel 2):

> »Am Anfang der Genesis steht geschrieben, daß Gott den Menschen geschaffen hat, damit er über Gefieder, Fische und Getier herrsche. Die Genesis ist allerdings von einem Menschen geschrieben, und nicht von einem Pferd. Es gibt keine Gewißheit, daß Gott dem Menschen die Herrschaft über die anderen Lebewesen tatsächlich anvertraut hat. Viel wahrscheinlicher ist, daß der Mensch sich Gott ausgedacht hat, um die Herrschaft, die er an sich gerisssen hat über Kuh und Pferd, heiligzusprechen. Jawohl, das Recht, einen Hirsch oder eine Kuh zu töten, ist das einzige, worin die ganze Menschheit einhellig übereinstimmt, sogar während der blutigsten Kriege.«

Weiter schreibt er, daß sich wahre menschliche Güte in ihrer ganzen Ursprünglichkeit und Freiheit nur dann entfalten könne, wenn der Empfänger dieser Gabe keine Macht habe. Der wahre Prüfstein für die moralischen Werte, die unserem Blick oft verborgene Nagelprobe, ist in seinen Augen die Haltung des Menschen gegenüber jenen Kreaturen, die uns auf Gedeih und Verderb ausgeliefert sind: Tiere. In dieser Hinsicht haben wir eine Schlappe erlitten, eine Niederlage, die grundlegend ist und allen anderen Fehlschlägen Vorschub leistet. Immer mehr Menschen gelangen zu der gleichen Schlußfolgerung, und ich gehöre dazu. Es ist kein Zufall, daß Kundera diese Feststellung am Ende trifft, denn der Ausgang des Romans ist eng mit Teresas Gefühlen für Karenin verbunden, ihren kleinen Hund. Ihr kommt der frevelhafte Gedanke, daß sie den Hund mehr geliebt habe als Tomas, daß diese Liebe sogar größer war als jedwede Form der Liebe zwischen einem Mann und einer Frau, denn sie ist vollauf selbstgewählt und selbstlos.[1]

Vielleicht zum ersten Mal in der Geschichte beginnen wir zu verstehen, ganz allmählich, Schritt für Schritt, daß der Mensch nicht die Krone der Schöpfung ist, sondern Teil eines größeren, übergeordneten Universums. Wir bewohnen unseren Planeten gemeinsam mit zahlreichen anderen Geschöpfen der lebenden und unbelebten Natur, die ein ebenso großes Anrecht auf seine Fülle und Unversehrtheit haben wie wir. Kinder scheinen diesen vermeintlichen Tiefschlag für unseren Narzißmus besser zu verkraften als Erwachsene. Jene Kinder, die diese grundlegende Wahrheit begreifen, haben oft schon sehr früh eine enge Beziehung zu dem zahmsten aller gezähmten Tiere entwickelt: dem Hund.

Diese Kindheitsliebe gehört zu den tiefsten und unverfälschtesten Empfindungen, die ein Mensch haben kann, und sie begleitet uns für den Rest unseres Lebens. Für einige war die erste große Liebe ein Hund. Daß der Hund diese Gefühle so glühend und bedingungslos erwidert, ist für viele Kinder eine einzigartige, unauslöschliche Erfahrung. Mary Midgley ist der Meinung, daß selbst Kinder, die bisher keinen persönlichen Kontakt zu einem Tier gehabt haben, aktiv danach strebten. Sie sagt: »Die Liebe zu Tieren liegt uns, wie Lied und Tanz, im Blut.«[2] Morris Berman weist in *Coming to Our Senses* darauf hin, daß für ein Kind »das andere Lebewesen Ursache für ehrfürchtige Scheu oder freudige Erregung ist, aber keine Angst einflößt; und es ermöglicht ein tiefes, inneres Vertrauen – ein ontologisches Vertrauen, das sich nicht zu dem Bedürfnis auswächst, die Welt zu ›läutern‹, indem man sie zerstört.«[3]

Ich habe an anderer Stelle erörtert, welches Einfühlungsvermögen und Mitgefühl der Hund gegenüber den Menschen beweist. Daher finde ich es nur recht und billig, das Buch mit einigen abschließenden Gedanken darüber, in welchem Maß wir Menschen zu Liebe und Mitgefühl gegenüber Hunden fähig sind, abzurunden.[4] Das indische Sanskritepos *Mahabharata* (ein Mammutwerk, das aus mehr als 100000 Versen besteht und zwischen 500 v. Chr. und 500 n. Chr. entstand) endet mit einer wundervollen Tierfabel, in deren Mittelpunkt ein Hund steht. Der mächtige Kaiser Yudischthira tritt gegen Ende seiner Herrschaft auf Erden seine letzte Reise an, nach Norden, in den Himalaya. Er wird von seinen vier Brüdern begleitet, den sogenannten Pandavas, und ihrer gemeinsamen Frau Draupadi. Ein kleiner Pariahund schließt sich der Reisegesellschaft an. Während des Marsches sterben nach und nach alle Angehörigen des kaiserlichen Hofstaates. Auch die vier Brüder und die Frau werden vom Tod ereilt. Yudischthira und der Hund setzen ihren Weg allein fort. Endlich gelangen sie an das Ziel ihrer Reise. Sie befinden sich an den Pforten des Himmels. Indra, König der Götter, begrüßt den irdischen Herrscher in einem goldenen Streitwagen. Er fordert ihn auf, das Gefährt zu besteigen und ihn in königlichem und göttlichem Prunk ins Paradies zu begleiten.

Doch Yudischthira erwidert: »Dieser Hund, o Herr der Vergangenheit und Gegenwart, war mir ein beständiger und getreuer Gefährte. Es geziemt sich, daß er mich begleitet. Mein Herz ist voller Mitgefühl für ihn.«

Der König der Götter antwortet darauf: »Ihr habt heute, o König, Unsterblichkeit erlangt, vergleichbar der meinen, dazu Schätze, die sich über die ganze Erde erstrecken, Ruhm und alle Freuden des Paradieses. Laßt den Hund. Darin liegt keine Herzlosigkeit.«

Doch Yudischthira ist beharrlich: »O Gott der tausend Augen, leuchtendes Vorbild des rechten Wollens und Tuns, ich war stets um Rechtschaffenheit bemüht. Ich strebe nicht nach Schätzen, um derentwillen ich ein Lebewesen verlassen muß, das mir treu ergeben ist.«

Und Indira antwortet: »Für Erdenwesen, die in Gesellschaft eines Hundes Eintritt fordern, ist das Paradies nicht der rechte Ort. Desungeachtet pflegen die Götter, die man Krodhavases nennt, solche Erdenwesen aller Verdienste zu berauben. Denkt darüber nach, o König der Rechtschaffenen. Laßt den Hund zurück. Es ist keine Grausamkeit.«

Yudischthira bleibt standhaft: »Ich werde diesen Hund nicht zurücklassen, koste es, was es wolle, um Glück und Zufriedenheit für mich selbst zu erlangen.«

Daraufhin versucht der König der Götter ein letztes Mal, ihn zu einem Sinneswandel zu bewegen: »Wenn Ihr Euch von dem Hund trennt, ist das himmlische Paradies Euer. Ihr habt Euch bereits von Euren Brüdern und der Frau trennen müssen. Ihr habt den Zugang zum Paradies durch Eure eigenen Taten erlangt. Ihr habt aller irdischen Güter entsagt. Wie könnt Ihr so verwirrt sein und Euch weigern, auf etwas so Unwichtiges wie einen Hund zu verzichten?«

Yudischthira widersteht allen Überredungskünsten; er führt an, er habe sich nur deshalb von seinen Brüdern und der Frau getennt, weil sie tot seien, aber den Hund, der ja noch lebe, werde er nicht seinem Schicksal überlassen.

In diesem Augenblick nimmt der Hund seine wahre Gestalt an: In ihm hat sich kein anderer als der Gott der Rechtschaffenheit selbst verborgen.[5] Es leuchtet ein, daß dieses Tier gerade in Indien, einem

Land, das noch heute für seine Hundefreundlichkeit bekannt ist, bereits fünfhundert Jahre vor Christi Geburt als Inbegriff der Treue, Ergebenheit und Liebe betrachtet wurde.

Als Gegensatz dazu ein Beispiel aus heutiger Zeit. Am 8. Juni 1996 verschickte der Vorstand des »Dalmatian Club of America« in Memphis, Tennessee, folgende Mitteilung per Internet: »Falls Sie Besitzer eines tauben Dalmatiners sind und nur schwer mit dem Hund zurechtkommen, sollten Sie deswegen kein schlechtes Gewissen haben. Überlegen Sie, ob Sie nicht noch einmal von vorne beginnen und es mit einem gesunden Welpen versuchen wollen. Lassen Sie das taube Tier *unbedingt* einschläfern.« Diese Organisation vertritt die Anschauung, daß taube Welpen von vornherein nicht verkauft, vermittelt oder verschenkt werden sollten, denn es sei schwer, sie aufzuziehen und unter Kontrolle zu halten, weil sie häufig bissig oder übermäßig aggressiv würden. »Es ist wichtig, daß man sich der tauben Welpen auf verantwortungsbewußte, *humane* Weise annimmt«, heißt es, was im Klartext bedeutet, die Tiere zu töten.

Steven Doleac, Sporttrainer und medizinisch-technischer Assistent, der die Taubstummenschule »Model Secondary School for the Deaf« betreut, ist da völlig anderer Ansicht. Er hatte bereits eine taube Dalmatinerhündin namens Kendall adoptiert. Ihr Name in der Zeichensprache der Taubstummen ist das Zeichen für K, eine schüttelnde Handbewegung von links nach rechts, ähnlich ihrem wedelnden Schwanz. Steve lehrte sie die amerikanische Zeichensprache und verwendete viel Zeit und Mühe darauf, für andere taube Hunde, die man sonst einschläfern würde, ein neues Zuhause bei Gehörlosen zu finden. Diese können ihnen die Hand- oder Fingersprache beibringen und sich genauso umfassend mit ihnen verständigen wie andere mit einem hörenden Hund.[6] Steve zeigt Mitgefühl mit den Hunden und stattet damit einen kleinen Teil des Dankes ab, den wir Hunden schulden, die uns in den letzten 10 000 Jahren ihr Einfühlungsvermögen und Mitgefühl entgegengebracht haben. Ich wünsche ihm und allen Hunden, die er vor dem sicheren Tod gerettet hat, viel Erfolg und ein langes, glückliches Leben!

Menschen qualifizieren Hunde häufig als Wesen ab, die ausschließlich von ihren Sinnen beherrscht werden und in sklavischer Abhängigkeit von reizvollen, interessanten Impulsen der Außenwelt leben. Solche Menschen bemerken vor allem die augenfällige Freude des Hundes an seinem Riechvermögen. Was ein Hund riecht, hat gleichwohl vielschichtige Auswirkungen auf sein emotionales Befinden. Warum vergleichen wir die Auswirkungen der Geruchswahrnehmungen auf das Innenleben des Hundes nicht mit den Auswirkungen der Geschmackswahrnehmungen auf das Innenleben eines Menschen? Marcel Proust beschreibt diese Folgewirkungen in seinem Buch *In Swanns Welt.* Sein Protagonist beißt in eine *»petite Madeleine«*, die er in seinen Tee eingetunkt hat, und plötzlich wird er von einem heftigen Glücksgefühl erfaßt. Dieses Glücksempfinden, hervorgerufen durch die Geschmackswahrnehmung, ist mit einer Erinnerung an seine Kindheit verbunden. Ihm fällt plötzlich wieder ein, daß seine Tante Léonie ihm, als er ein kleiner Junge war, häufig eine *Madeleine* gab, nachdem sie das Gebäck in ihre Tasse Tee getaucht hatte.

> »Aber wenn von einer früheren Vergangenheit nichts existiert nach dem Ableben der Personen, dem Untergang der Dinge, so werden allein, zerbrechlicher, aber lebendiger, immateriell und doch haltbar, beständig und treu Geruch und Geschmack noch lange wie irrende Seelen ihr Leben weiterführen, sich erinnern, warten, hoffen, auf den Trümmern alles übrigen und in einem beinahe unwirklichen winzigen Tröpfchen das unermeßliche Gebäude der Erinnerung unfehlbar in sich tragen [...] ebenso stiegen jetzt alle Blumen unseres Gartens und die aus dem Park von Monsieur Swann, die Seerosen auf der Vivonne, die Leutchen aus dem Dorfe und ihre kleinen Häuser und die

> Kirche und ganz Combray und seine Umgebung, alles deutlich und greifbar, die Stadt und die Gärten auf aus meiner Tasse Tee.«[7]

Vielleicht ruft der Geruch bei Hunden eine ähnlich magische Reaktion wach. Es scheint, als ob jeder Geruch sie an andere Gerüche erinnerte und Hunde in der Lage wären, ein beinahe mystisches Glücksgefühl zu empfinden, nicht unähnlich jenem, das Proust auf so unvergeßliche Weise beschreibt. Vielleicht werden nicht nur wir, sondern auch Hunde nostalgisch, wenn sie sich an verlorene Freunde, Hunde und Menschen oder an Orte erinnern, an denen sie gelebt und Spaziergänge unternommen haben. Jeder, der einmal das Gesicht eines Hundes beobachtet hat, der fürchtet, verlassen zu werden, weiß, daß er tiefster Gefühle fähig ist.

Der italienische Hundekenner Piero Scanziani (er gab der Hundeschutzorganisation »National League for the Defense of the Dog« das Motto »Laßt uns beweisen, daß der Mensch seinen Freund zu verteidigen weiß«) erwiderte auf die Frage, ob der Hund eine Seele habe, daß wir genauso gut fragen könnten, ob der Hund einen Körper habe. Es sei genauo offensichtlich, daß er eine psychische Existenz besitze, wie er eine physische habe. Die Seele eines Hundes sei über alle Maßen vielschichtig, weil er zahlreiche, tiefe Gefühlsregungen erfahre.[8]

Es gibt eine wunderbare Erzählung in einem 1789 geschriebenen Buch über das alte Hawaii, welche die tiefen Gefühle eines Menschen für seinen Hund schildert:

> »Eine bemerkenswerte Situation [...] zeigt die phantastische Wertschätzung, welche die Eingeborenen ihren Hunden angedeihen lassen; während des beträchtlichen Fußmarsches entlang der Küste traf er [Mr. Goulding] einen Indianer und seine Frau; sie säugte zwei Welpen, einen an jeder Brust. Die sonderbaren Umstände veranlaßten ihn,

> einen von ihnen erwerben zu wollen, aber die Frau konnte, trotz aller Überredungskünste und Versuchungen, nicht bewogen werden, ihn herzugeben. Doch einige der Nägel [die ihrem Mann als Tauschware für den Hund geboten wurden] übten eine so unwiderstehliche Anziehungskraft auf den Ehemann aus, daß er darauf bestand, daß sie sich von einem trenne. Am Ende, mit allen Anzeichen wahren Kummers, gehorchte sie und verabschiedete sich mit einer liebevollen Umarmung. Obwohl er sich zu diesem Zeitpunkt in beträchtlicher Entfernung vom Schiff befand, entfernte sich die Frau erst dann, als sie an der Stelle ankamen, wo das Schiff lag, um ihn an Bord zu nehmen, und just als er sich anschickte, das Ufer zu verlassen, bestand sie noch einmal mit sehr eindringlicher Miene darauf, das Tier zu halten, bevor sie sich trennten. Als er ihrer Bitte Folge leistete, legte sie ihn unverzüglich an ihre Brust, um ihn zu säugen, und gab ihn erst nach geraumer Zeit zurück.«[9]

Es könnte gut sein, daß diese einfühlsame hawaiianische Frau noch lange mit großer Sehnsucht von diesen Hunden träumte. Und wer weiß schon, ob die Hunde nicht später etwas rochen, das sie an Hawaii erinnerte, und von der gleichen nostalgischen Sehnsicht nach jener längst vergangenen, glücklichen Zeit überkommen wurden?

Es wurde oft gesagt, daß Menschen einen überheblichen Standpunkt verträten, wenn sie nach Leben auf anderen Planeten Ausschau hielten, bevor sie auch nur fremde Lebewesen auf dem eigenen angemessen verstünden. Das gilt in besonderem Maße, was Hunde betrifft, denn hier haben wir eine andere Lebensform, die uns auf Anhieb verständlich und vertraut erscheint, obwohl sich im Herzen eines Hundes gleichzeitig ein unlösbares Rätsel verbirgt. Doch genau dann, wenn wir glauben, daß wir ihn wie uns selbst kennen, blicken wir unserem Hausgenossen in die Augen, und irgend etwas in seinem Strahlen, seiner Tiefe, läßt uns innehalten. »Wer bist du wirklich?« sind wir in einem solchen Augenblick zu fragen geneigt. Vielleicht lächelt der Hund sein vertrautes Lächeln, aber er bleibt uns die Antwort schuldig. Er behält das größte Geheimnis für sich.

Ich bin kein religiöser Mensch, und ich zögere, bevor ich das Wort Seele benutze. Aber die Erfahrungen mit den Hunden in meinem bisherigen Leben und nun mit Sasha, Sima und Rani haben mich überzeugt, daß es eine tiefere Ebene, etwas im Wesen eines Hundes gibt, das unserem Konzept einer inneren Seele entspricht, dem Kern unseres Seins, der uns in erster Linie zu Menschen macht. Bei menschlichen Wesen ist dieser Kern in meinen Augen eng mit der Fähigkeit verbunden, die Hand auszustrecken und dem Angehörigen einer anderen Spezies zu helfen, selbst wenn dieser dafür keine Gegenleistung zu erbringen vermag – kurzum: jemanden um seiner selbst willen zu lieben. Wenn eine Kreatur auf Erden diese wunderwirkende Eigenschaft mit uns teilt (und vielleicht gibt es viele weitere, von denen wir dies noch nicht wissen), dann ist es der Hund, denn er liebt uns tief und wahrhaftig, über alle Erwartungen und alles Maß hinaus, unabhängig davon, ob wir es verdienen. Er liebt uns bisweilen mehr als wir uns selbst.

Anhang

Anmerkungen

Vorwort: Den Gefühlen des Hundes auf der Spur

1 Darwin, *The Origin of Species*, S. 175.
2 Robinson, *Wild Traits in Tame Animals*, S. 45.
3 Deutsche Autoren unterscheiden zwischen »harten« Hunden, die keine Ruhe geben, bis sie eine Fähigkeit aus dem Effeff beherrschen, und »sanften« Hunden, die lieber spielen und Spaß haben.
4 Staddon, »Animal Psychology: The Tyranny of Anthropocentrism«, in Bateson und Klopfer (Hrsg.), *Perspectives in Ethology*, Bd. 8

1. Wie man die Gefühle eines Hundes erkennt

1 Romanes, *Animal Intelligence*, S. 438.
2 Scott und Fuller, *Genetics and the Social Behavior of the Dog*, S. 131.
3 Zitiert in Garber, *Dog Love*, S. 137.
4 Hunde leiden unter anderen Zwiespältigkeiten. Wenn ich loslaufe und Leila langsam weitergeht, scheinen die Hunde verwirrt zu sein. Sie möchten bei uns beiden sein, und ihre Miene drückt zweispältige Gefühle aus. Sie verstehen nicht, warum wir uns trennen. Nur ein Kind verkraftet die Trennung der Eltern noch schwerer als ein Hund – ein Merkmal, das beiden gemein ist.
5 Leyhausen, *Katzenseele.*
6 Fleischer, *Hund und Mensch.*
7 Diamond, »Zebras and the Anna Karenina Principle«, *Natural History*, 9, 1994.
8 Clutton-Brock, »The Unnatural World: Behavioural Aspects of Humans and Animals in the Process of Domestication«, in Manning und Serpell (Hrsg.), *Animals and Human Society*, S. 25-35.
9 Fox, »The Influence of Domestication«, in M. W. Fox (Hrsg.), *Abnormal Behavior in Animals*, S. 71.
10 Hediger, *Studies of the Psychology and Behaviour of Captive Animals in Zoos and Circuses.*
11 Trumler, *Mit dem Hund auf du und du.*
12 Voltaire, *Aus dem philosophischen Wörterbuch.*
13 Zitiert in Thomas, *Man and the Natural World*, S. 107. (Übertragung ins Deutsche von der Übersetzerin)

14 Zitiert in Helen und George Papashvily, *Dogs and People.*
15 Bierce, *Aus dem Wörterbuch des Teufels.*
16 Aus dem Kapitel »Perfect Dogs« in Constance Perons *Belonging in America,* S. 118-122.
17 Siehe *The Macmillan Book of Proverbs.*
18 Savishinsky, »Pet Ideas«, in Katcher und Beck (Hrsg.), *New Perspectives on Our Lives with Companion Animals,* S. 126.
19 James Thurber, *So spricht der Hund,* S. 205.
20 *Cats and People* von Frances und Richard Lockridge, zitiert in Joseph und Barrie Klaits (Hrsg.), *Animals and Man in Historical Perspective,* S. 114.
21 Elizabeth Marshall Thomas erklärt, daß der Hund ihres Mannes ein Ritual daraus machte, ihnen am Morgen als erstes seinen Bauch zu präsentieren, wie eine Morgengabe. Sie vergleicht diese Geste der Unterwerfung bei einem Hund mit der Demutshaltung eines Menschen, der zum Beten niederkniet. Siehe *The Hidden Life of Dogs,* S. xvii-xvii.
22 Griffin, *Animal Thinking.* Siehe auch *The Question of Animal Awareness und Animal Minds.*
23 Caras, *A Dog Is Listening,* S. 147.
24 Hastings, *Encyclopedia of Religion and Ethics,* Bd. 1, S. 547.
25 Werblowsky, *The Encyclopedia of Religion,* S. 316-320.
26 Ich habe mich mit der Frage nach der Vermenschlichung eingehender in dem Buch *When Elephants Weep,* S. 30-38, befaßt. Siehe auch Kennedy, *The New Anthromorphism;* Fisher, »Disambiguating Anthropomorphism«, und Eddy u. a., »Attribution of Cognitive States to Animals.«
27 Zitiert in Elizabeth Atwood Lawrence, »The Sacred Bee, the Filthy Pig, and the Bat Out of Hell: Animal Symbolism as Cognitive Biophilia«, S. 321, in Kellert und Wilson (Hrsg.), *The Biophilia Hypothesis.*
28 Zitiert in Tuan, *Landscapes of Fear,* S. 14-15. Für eine völlig gegensätzliche Sicht dieser faszinierenden Tiere siehe Stebbins und Cohen, *A Natural History of Amphibians.* Hier wird berichtet, daß die Teilnehmer des ersten Weltkongresses der Herpetologen, der 1989 in Canterbury, England, stattfand, den schrumpfenden Amphibienbestand – vor allem der Frösche und Kröten – in weit voneinander entfernten Teilen der Welt und das Aussterben vieler Arten beklagten. Es besteht möglicherweise eine wesentlich engere Beziehung zwischen unserer Welt und den Salamandern oder anderen der mehr als 4500 bekannten, noch lebenden Amphibienarten, als Linnaeus annahm.
29 Midgely, »Why Knowledge Matters«, in D. Sperlinger, (Hrsg.), *Animals in Research.*

2. Warum uns Hunde lieb und teuer sind

1 Roger Caras weist in seiner Einführung zu *Beautiful Joe* von Marshall Saunders darauf hin, daß die Greyhound-Züchter auch heute noch Jahr für Jahr 50000 vollkommen gesunde Hunde töten, weil sie bei den Windhundrennen keine Preise mehr einheimsen.
2 *Animal Biography*, S. 79. Das Buch ist unveröffentlicht.
3 Zitiert in Winikur, *Mondo Canine*, S. 248.
4 France, »The Coming of Riquet, S. 86.
5 Caras, *A Dog is Listening*, S. 52.
6 Brückner, »Über einen zweibeinigen Hund«, *Zeitschrift für Hundeforschung*, Bd. 13 (1938), S. 1-16.
7 Dieses Zitat stammt aus dem faszinierenden Artikel von W. Fowler Bucke, »Cyno-Psychoses: Children's Thoughts, Reactions, and Feelings Toward Pet Dogs«, aus *The Pedagogical Seminary*, Bd. 10 (1903), S. 459-513.
8 Wise und Yang, »Dog and Cat Ownership, 1991-1998«, *Journal of the American Veterinarian Association*, 204 (1994), S. 1166-1167.
9 Das ist ebenfalls Thema eines Gedichts, zitiert in E. V. Lucas »The More I See of Men« (aus Vesey-Fitzgeralds *Animal Anthology*, S. 86), das mit den Zeilen beginnt:

> »Ein Herz, das bis zum Tode liebt –
> Ist ein Ding, das es zu kaufen gibt.«

und es endet:

> »Wo immer Hunde feilgeboten,
> Sind Dinge, die es zu kaufen gibt.«

10 Die Ausnahmen wurden von Vicki Hearne in einigen ihrer Bücher beschrieben, vor allem in *Bandit* und *Adam's Task*.
11 Zitiert in Vesey-Fitzgerald, *Animal Anthology*. S. 86.
12 Garber, »Dog Love«, S. 82-88.

3. Wenn Hunde lieben

1 Brodbeck, »An Exploratory Study on the Acquisition of Dependency Behavior in Puppies«, in *Bulletin of the Ecological Society of America* 35 (1954), S. 73.
2 Ich wurde bisweilen gefragt, wie man sich die Tatsache erklären soll, daß manche Hunde Menschen töten. Im Schnitt sterben in den USA 18 Menschen im Jahr durch Hunde. Manche der Opfer sind schlafende Kinder, so daß man die betreuende Person nicht verantwortlich machen kann, obwohl jedes Jahr wesentlich mehr Kinder von ihren Vätern umgebracht werden als

von einem Hund. Eine genaue Untersuchung der Todesursachen (wahrscheinlich läßt sich in jedem Fall eine Erklärung finden, was den Verlust des Menschen natürlich nicht erträglicher macht) würde zur Psychologie des Hundes beitragen. Ich habe allerdings noch nie von einer normalen Beziehung zwischen Mensch und Hund gehört, die mit einer solchen Tragödie endet. Informationen über tödliche Hundebisse siehe Text.

3 Caras, *A Dog is Listening*, S. 136.

4 Fox, *Vom Wolf zum Hund.*

5 Dechambre, »La théorie de foetalization«, in *Mammalia* 13 (1949): S. 129-237.

6 Da Konrad Lorenz (1903-1989) so viel Lob zuteil wurde (1973 erhielt er den Nobelpreis für Medizin), erscheint es mir fair, den Leser auf seine Verbindung zu den Nazis hinzuweisen. Er war schon früh (1938) Mitglied der NSDAP (er gehörte dem Amt für Rassenpolitik an), und in seinen Schriften aus den vierziger Jahren teilte er Menschen in »vollwertige« und »minderwertige Exemplare« ein. Er sprach von sozial minderwertigem Menschenmaterial und sogar von der Vernichtung ethisch Minderwertiger. Siehe Ute Deichmann, *Biologen unter Hitler*, Frankfurt/Main 1996.

7 Aus Konrad Lorenz, *King Salomon's Ring* (1952); dieser Auszug stammt aus *Between Man and Beast*, kompiliert von Gilbert und John Phelps, S. 143.

8 Klinghammer und Goodman, »Socialization and Management of Wolves in Captivity, in Frank (Hrsg.), *Man and Wolf*, S. 45.

9 Gould, »Mickey Mouse Meets Konrad Lorenz, in *Natural History* 88, Nr. 5 (1979), S. 30-36.

10 Lorenz, »Der Kumpan in der Umwelt des Vogels«. John Paul Scott erklärt in *Genetics and the Social Behavior of Dogs*, S. 142, daß Lorenz das Wort »Prägung« verwendet. Jungvögel scheinen von den Erfahrungen in den frühen Lebensphasen geprägt zu sein.

11 Diese Zeitspanne kann ungeheuer wichtig sein. Scott und Fuller weisen in *Genetics and the Social Behavior of Dogs*, S. 129, darauf hin: Wenn ein Lamm unmittelbar nach der Geburt von seiner Mutter getrennt wird und innerhalb von vier Stunden zu ihr zurückkehrt, akzeptiert sie es wieder und säugt es. Nach diesem Zeitraum weist sie es ab, genau wie ein fremdes Lamm.

4. Treue und Tapferkeit

1 Senator George Graham Vest (1830-1904), »Eulogy on the Dog«, Johnson Country Circuit Court, Warrensburg, Missouri. Siehe Gustav Kobbé, *A Tribute to the Dog: Including the Famous Tribute by Senator Vest.*

2 Smythe, *Animal Psychology*, S. 232-233. Es wurde vermutet, daß sich diese unverbrüchliche Treue aus der intensiven Mutterliebe herleitet, die manche

Hunde erkennen lassen: »Ich habe die Geschichte einer Apportierhündin aufgezeichnet, die zwei Meilen quer durch eine kleine Stadt lief, ihren Welpen aus einem großen Kochtopf zog, in dem er ›ertränkt‹ worden war, ihn nach Hause trug und wiederbelebte.« (S. 229)

3 Zitiert in Scott und Fuller, *Genetics*, S. 47.

4 Der französische Psychiater A. Brion schreibt in einem Artikel mit der Überschrift »Suicide et automutilation chez les animeaux«, S. 310, von »Beobachtungen bei domestizierten Tieren, in aller Regel Hunden, die nicht mehr fressen, dahinsiechen und sterben, wenn sie ihren Herrn verlieren. (Eine Tatsache, die sich nicht leugnen läßt.)

5 Jesse, *Anecdotes of Dogs*, S. 465.

6 *A Dialogue Between Scipio and Berganza: Two Dogs, Belonging to the City of Toledo.*

7 Lerman, *In the Company of Newfies*, S. 158. Ich kann nicht umhin, die Geschichte eines Neufundländers zu erwähnen, geschildert in Carson Ritchies *The British Dog*, der bei der Aufführung von *Jesse Vere* im Theater von Woolwich unter den Zuschauern saß. Drehbuchgemäß schlägt ein Mann ein junges Mädchen. Der Hund war darüber so empört, daß er auf die Bühne sprang und »von dem Schauspieler, der den Schurken verkörperte, nur mit Mühe weggezerrt werden konnte.«

8 Zompolis, *Operation Pet Rescue*, S. 28-29.

9 Cohen und Taylor, *Dogs and Their Women*, S. 94.

10 Smythe, *The Mind of the Dog*.

11 Bergman, »Orientation«, *Why Does Your Dog Do That?* In seinem Buch spricht Bergman über die allgemeine Frage des Orientierungssinns bei Hunden. Er faßt die Schlußfolgerungen wie folgt zusammen: »Man kann sagen, daß der Hund sehr schnell mit seiner geographischen Umgebung vertraut ist und lernt, innerhalb dieses Bereichs Umgehungsstraßen, Abkürzungen und leicht einzuprägende Verbindungsstraßen, zum Beispiel Saumpfade und Schotterwege zu benutzen [...] Es gibt keinen allgemein gültigen Nachweis, daß Hunde die Fähigkeit besitzen, über weite Entfernungen nach Hause zurückzufinden.« (S. 124)

12 Fox, *Superdog*.

13 Eine geringfügige Ausnahme ist das Buch von L. Huyghebaert *Le Chien: Psychologie – Olfaction – Mécanisme de L'Odorat*. Er ist überzeugt, daß Hunde sich ausschließlich anhand ihres Geruchssinns orientieren, und hält nicht das mindeste von der Suche nach einem »sense supplémentaire« (S. 54). Michael Fox erklärt in »The Extra Sense of Man and Beast« (in *Between Animal and Man*), daß Hunde und Katzen den Heimweg mit Hilfe geomagnetischer Einflüsse der Erde finden. »Mir scheint, daß es einen Orientierungssinn und, möglicherweise damit verbunden, einen Sinn für die bestimmte ›Atmosphäre eines Ortes‹ gibt, wie wir zu sagen pflegen.« (S. 30)

14 Schmids Artikel trägt die Überschrift »Vorläufiges Versuchsergebnis über das hundliche Orientierungsproblem«, veröffentlicht in der *Zeitschrift für Hundeforschung* 2 (1932), S. 133-156. (Dieses bemerkenswerte Fachjournal, das sich auf wissenschaftliche Studien über Hunde spezialisiert hatte, war zwischen 1931 und 1951 im Handel. Eine englische Zusammenfassung des Artikels mit dem Titel »How Does the Dog Find His Way Home?« erschien in seinem Buch *Interviewing Animals*, S. 182-202.

15 Schmid (in *Von den Aufgaben der Tierpsychologie*, S. 178) sagt, daß Hunde unter diesen Umständen von einer Art Heimweh geplagt werden.

16 Smythe, op. cit., S. 138.

17 »Wenn man die Indizienbeweise unter die Lupe nimmt, stellt man fest, daß die Anzahl der Katzen, die nicht nach Hause zurückfinden, sehr groß ist im Vergleich zu denjenigen, die über einen besseren Orientierungssinn verfügen [...] Die gleiche Schlußfolgerung gilt für die Rückkehr von Hunden. Eine große Anzahl von Hunden wechselt den Besitzer, viele laufen davon und verirren sich, entweder zeitweilig oder ein für allemal. Nur wenige finden den Heimweg, und die außergewöhnlichen Fälle, die hin und wieder in der Zeitung abgedruckt werden, sind mit ziemlicher Sicherheit kein Beispiel für einen ausgeprägten Orientierungssinn, sondern auf schieres Glück oder reinen Zufall zurückzuführen, die es dem Wanderer ermöglicht haben, wieder nach Hause zu gelangen.« Francis Pitt, *Animal Mind*, S. 159-162.

18 Bericht in *The Times* (London), 5. September 1996, und *The Daily Mail*, 5. September 1996.

19 *The Boston Herald*, 18. März 1996.

20 Die Geschichte wird in vielen Büchern und Artikeln erzählt, aber ich war nicht in der Lage, eine ausführlichere Version in Englisch zu erhalten.

21 Persönlicher Briefwechsel mit Jean E. Kundert, 10. Mai 1996.

22 *Dayton Daily News*, 30. März 1996.

5. Hunde riechen, was wir nicht sehen

1 Zitiert in Winokur, *Mondo Canine*, S. 255.

2 Siehe Kapitel »Odour Preferences of Animals«, in R. W. Moncrieff, *Odour Preferences.* Dort heißt es, daß sich »erlesene blumige Duftnoten bei Menschen, die älter sind als fünfundzwanzig, merklich größerer Beliebtheit erfreuen als bei jüngeren Personen.« (S. 316)

3 Fern und Mery, *The Life, History and Magic of the Dog*, S. 144.

4 Walter Neuhaus, »Über die Riechschärfe des Hundes.« Der Artikel enthält eine vollständige Bibliographie zu dem Thema. Neuere Werke siehe Becker et al., »Studies on Olfactory Acuity in Dogs, und Moultin et al., »Studies in Olfactory Acuity«. Einige Wissenschaftler halten diese Zahl für zu hoch

gegriffen. Siehe Desmond Morris *Dogwatching,* und die Literatur, die in Syrotiuchs *Scent and the Scenting Dog* genannt ist. Man findet darüber hinaus eine Fülle weiterer Zahlen. Michael Fox, einer der renommiertesten Hundeexperten in den USA, sagt in seinem Buch *Superdog*: »Hunde wälzen sich liebend gerne in ›anrüchigen‹ organischen Substanzen, weil sie einen hochentwickelten Geruchssinn haben, der wahrscheinlich millionenmal ausgeprägter ist als der unsere. Ich glaube, daß sie in dieser Hinsicht auch einen Sinn für Ästhetik besitzen: Es gefällt ihnen, sich zu parfümieren, genau wie wir Menschen, eine Spezies, die überwiegend visuell orientiert ist, gerne farbenfrohe Kleider oder hin und wieder etwas Neues tragen.« Obwohl kein Zweifel daran bestehen kann, daß der Geruchssinn eines Hundes dem des Menschen weit überlegen ist, lassen sich keine genauen Zahlen ermitteln. Das ist ähnlich, als würde man versuchen, die Intelligenz zu messen, was sich selten als gute Idee erweist.

5 Caras, *A Dog Is Listening,* S. 59.

6 Trumler, *Mit dem Hund auf du.*

7 Ich habe dieses Zitat dem Artikel von W. Fowler Bucke, »Cyno-Psychoses« entnommen, S. 475.

8 Elizabeth Marshall Thomas, *Certain Poor Shepherds,* S. 34.

9 Eberhard Trumler behauptet in seinem Buch *Mit dem Hund auf du,* der Hund könne anhand der Duftsubstanzen in Fäkalien erkennen, ob es sich bei dem Artgenossen, der sie ausgeschieden hat, um ein Männchen oder Weibchen handelt, wie es um seine physische und sexuelle Kondition bestellt sei, wann der Kot entstanden und ob ihm der Hund bekannt ist. Außerdem scheint er imstande zu sein, den Geruch der Fäkalien mit der Schweißfährte bei Fußabdrücken in Verbindung zu bringen. Für wildlebende Wölfe können solche Informationen lebensrettend sein.

10 Freud, *Das Unbehagen in der Kultur.*

6. Unterwerfung, Dominanz und Dankbarkeit

1 Schenkel, »Submission: Its Features and Functions in the Wolf and Dog«, *American Zoologist* (1967), S. 319-330.

2 Manchmal kann die Nomenklatur verwirrend sein. Zu den Säugetieren gehört eine Untergruppe, die Fleischfresser. Es gibt zwei übergeordnete Familien: *Canidae* und *Felidae* (Katzen, Zibetkatzen und Hyänen). Zu den Kaniden zählen Hund, Bär, Seelöwe, Wiesel, Robbe und Waschbärfamilien. Eine der Unterarten ist *Canis* (die Hundeartigen), die Hunde, Wölfe, Kojoten und Schakale umfaßt.

3 Desmond Morris, *Dogwatching.*

4 Fox, *Vom Wolf zum Hund.* Eine andere interessante Erklärung findet man in *The Mind of the Dog,* wo R. H. Smythe den Ursprung nicht bei Jagdhunden,

sondern vielmehr bei den Aasfressern sieht, die sich von der Beute oder den Überresten der größeren Fleischfresser ernähren. »Dieser besondere Instinkt gleicht dem Instinkt der Bienen: Sie kehren nach der Entdeckung von Blüten, die reich an Honig sind, zurück und setzen alle anderen Mitglieder des Bienenstocks durch einen besonderen Tanz von ihrem Fund in Kenntnis. Diese erkennen aus dem Verhalten instinktiv, daß sie der tanzenden Biene folgen müssen, und werden so zum Nektar geführt. Ähnlich folgten andere Hunde, gebannt vom Duft des geruchsstarken Tieres, ihm nach, bis auch sie in der Lage waren, die Beute auszumachen und an dem Festmahl teilzunehmen.« (S. 75).

5 »Statt um die Nahrung zu kämpfen, die sie begehren, lassen sich Tiere auf eine Kraftprobe ein, die niemandem ernsthaften Schaden zufügt. Sie benutzen in aller Regel nicht ihre gefährlichsten Waffen beim Kampf mit ihren Rivalen, und die Verlierer akzeptieren ihr Los. Sie hungern sich (in Katastrophengebieten) sogar zu Tode, während sich die kleine Gruppe der dominanten Tiere verhältnismäßig gut ernährt. Dieses Phänomen muß nicht als bewußter Freitod gedeutet werden, der dem Wohl der gesamten Population dient. Wahrscheinlich handelt es sich eher um eine Nebenwirkung in der üblichen ›Erfolgsstrategie‹ des Abwartens: Es ist besser, auf die Brosamen der dominanten Tiere zu warten und später auf eine Gelegenheit zur Revanche zu hoffen, als gleich einen Kampf auf Leben und Tod zu riskieren. Umgekehrt ist es für die dominanten Tiere (diejenigen, die als Sieger aus den Freß- und Paarungsgefechten hervorgehen) häufig vorteilhafter, den untergeordneten Tieren ein eigenes Leben fern der Gemeinschaft zu gestatten, ihnen manchmal sogar dabei zu helfen, und nicht mit voller Stärke anzugreifen, damit sich das Opfer nicht mit dem Mut der Verweiflung auf sie stürzt.« Stephen Clark, »Good Dogs and Other Animals«, S. 48-49.

6 Lockwood, »Dominance in Wolves: Useful Construct or Bad Habit?« in E. Klinghammer (Hrsg.), *The Behavior and Ecology of Wolves*, S. 225-244.

7 von Arnim, *Alle meine Hunde*. Elizabeth von Arnim (1866-1941), eine Cousine der Schriftstellerin Katherine Mansfield (E. M. Forster erteilte ihren Kindern Privatunterricht), schrieb diese »Autobiographie«, eine wunderschöne Erzählung, in der ihre Hunde die Hauptrolle spielen, im Jahre 1936, als sie an der französischen Riviera lebte.

8 Der prägnante Artikel über die Unterwerfung schließt mit dem Satz: »Es wird – nicht zum ersten Mal – aus konzeptionellen Gründen bestritten, aber auch auf empirischer Grundlage nachgewiesen, daß die Dominanz als ein Phänomen auf der Ebene sozialer Beziehungen behandelt werden sollte, und nicht als eine individuelle oder motivationsbedingte Eigenschaft.« Jan van Hoof und Josep Wensing, »Dominance and Its Behavioral Measures in a Captive Wolf Pack«, in H. Frank (Hrsg.), *Man and Wolf: Advances, Issues and Problems in Captive Wolf Research*, S. 250.

9 Romanes, *Animal Intelligence*, S. 444.

7. Die größten Hundeängste: Einsamkeit und verlassen zu werden

1 Allen, *The Wolves of Minong*, S. 291, aus Lois Crisler, *Wir heulten mit den Wölfen*.
2 Mech, *The Wolf*, S. 288.
3 Scott, »Editor's Comments«, in *Critical Periods*, S. 17.
4 Einige der besten sind: *Dog Problems* von Carol Lea Benjamin; *Behavior Problems in Dogs* von William E. Campbell; *People, Pooches and Problems*, von Michael Job Evans (der auch gemeinsam mit den Mönchen von New Skete das ausgezeichnete Buch *How to Be Your Dog's Best Friend* schrieb), *Canine and Feline Behavioral Therapy* von Benjamin und Lynett Hart; und *When Good Dogs Do Bad Things* von Morcai Siegal und Matthew Margolis.
5 Benjamin, *Mother Knows Best*.
6 Desmond Morris, *Dogwatching*.
7 Houpt und Wolski, *Domestic Animal Behavior*, S. 298-299.
8 Mordecai Siegal: UC Davis School of Veterinary Medicine Book of Dogs, S. 80.
9 Darwin, *Das Variieren der Thiere und Pflanzen im Zustande der Domestikation*: »Die Gewohnheit des Bellens, ein Merkmal beinahe aller domestizierten Hunde, bildet eine Ausnahme, da sie keine einzige natürliche Gattung der Familie kennzeichet, obwohl ich mir sicher bin, daß der in Amerika beheimatete *Canis latrans* einen Laut von sich gibt, der dem Bellen nahekommt.« Das Zitat im Text lehnt sich an diesen Abschnitt an. Desmond Morris berichtet in *Dogwatching*, daß Wölfe, die in unmittelbarer Nähe von domestizierten Hunden gehalten werden, nach einiger Zeit lernen, das verstärkte Hundegebell nachzuahmen. Ich habe da meine Zweifel.
10 Es ist mir nicht bekannt, von wem dieses Konzept ursprünglich stammt. Ich habe es in einem Text aus dem neunzehnten Jahrhundert von P. Hachet-Souplet abgedruckt gesehen, *Examen psychologique des animaux*, S. 106, zitiert in L. Huyghebaert, *Le Chien*, S. 79: »In der freien Natur bellt der Hund nicht mehr als der Wolf. Beide lernen, das trifft zu, sehr schnell zu bellen, wenn sie domestiziert werden. Es scheint, als ob ihr Bellen den sonderbaren Versuch darstellt, die menschliche Sprache zu imitieren.« Laut W. Fowler Bucke in »Cyno-Psychoses« S. 481, hatte Darwin diese Idee bereits in *Die Abstammung des Menschen* (1878) dargelegt. Richard Katz schreibt in »Talks with Dogs« (*Solitary Life*, S. 233), daß »das Bellen eines Hundes ohne jede menschliche Ansprache weniger ausdrucksvoll ist als die Lautäußerung eines Hundes, dessen Herr regelmäßig mit ihm redet.«

8. Mitgefühl: Das A und O im Innenleben eines Hundes

1 Siehe beispielsweise Morton Hunt, *The Compassionate Beast*; C. R. Badcock, *The Problem of Altruism*; Alfie Kohn, *The Brighter Side of Human Nature*; Samuel und Pearl Oliner, *The Altruistic Personality*.
2 Ackerman, *A Natural History in Love*, S. 289.
3 de Waal, *Good Natured*, S. 52. Das Buch enthält viele weitere Beispiele für das Einfühlungsvermögen und Mitgefühl der großen Affen.
4 *Los Angeles Times*, Dezember 1995.
5 In Morgans Kanon (benannt nach Lloyd Morgan, einem englischen Wissenschaftler aus dem neunzehnten Jahrhundert) wird empfohlen, daß man niemals von einer höheren Erklärungsebene ausgehen sollte als absolut notwendig und daß man tierisches Verhalten immer als Folge einfacherer, mentaler Fähigkeiten betrachten müsse. Manchmal ist dieser Rat, der zur Vorsicht mahnt, hilfreich, aber in meinen Augen erscheint er als zu abgenutzt.
6 Krebs, »Altruism: An Examination of the Concept and a Review of the Literature«, *Psychological Bulletin* 73 (1979), S. 258-302.
7 Eibl-Eibesfeldt, *Liebe und Haß*.
8 Mylntyre, »The East Fork Pack«, S. 190.
9 Moobli, ein Deutscher Schäferhund, spielt auch in Tomkies anderen Büchern über die Natur im Hochland eine Rolle, einschließlich *A Last Wild Place*, *Out of the Wild* und *On Wing and Wild Water*.
10 *St. Louis Post-Dispatch*, Bd. 118, Nr. 72, 12. März 1996.
11 Lopez, *Of Wolves and Men*, S. 69.
12 Whittemore und Hebard, *So That Others May Live*.
13 Gonzales und Fleischer, *The Dog Who Rescues Cats: The True Story of Ginny*.
14 Caras, *A Dog is Listening*, S. 103-108.

9. Würde, Erniedrigung und Enttäuschung

1 Ludwig Wittgenstein, *Zettel* (Nr. 518), S. 91.
2 Smythe, *The Mind of the Dog*, S. 63.
3 Romanes, *Animal Intelligence*, S. 444.
4 Bergson, *Das Lachen*.
5 Woodhouse, *Ich spreche mit Tieren*.
6 Wittgenstein, *Philosophische Untersuchungen*.
7 In Kapitel 21 des Buches *Der kleine Prinz* von Antoine de Saint Exupéry bittet der Fuchs den kleinen Prinzen, ihn zu zähmen. Er soll jeden Tag zur gleichen Stunde kommen, damit er etwas habe, worauf er sich freuen könne. Und er erklärt: »Jeder braucht Rituale.«
8 Lamott, *Operating Instructions*, S. 182.

10. Hundeträume

1 Hobson, *The Chemistry of Conscious States.*

2 Siehe Hediger, »Vom Traum der Tiere.« Siehe auch Campbell und Tobler, »Animal Sleep: A Review of Sleep Duration Across Phylogeny.« Die Träume der Katze wurden am gründlichsten erforscht. Für eine vollständige Bibliographie siehe Witkin und Louis, (Hrsg.), *Experimental Studies of Dreaming.* Ein ausführlicher Bericht von einem der Pioniere der Schlafforschung, vor allem tierischer Schlafgewohnheiten, wurde in einem Artikel von Jouvet und Jouvet abgedruckt, »Le sommeil et les rêves chez l'animal«, in Brion und Ey (Hrsg.), *Psychiatrie animale*, S. 149-167.

3 Lavie, »Do Fish Dream?« in *The Enchanted World of Sleep*, S. 102.

4 Siehe Shimazono et al., »The Correlation of the Rhythmic Waves of the Hippocampus with the Behavior of Dogs.« Jouvet und Jouvet weisen darauf hin (in dem oben genannten Artikel »Le sommeil et les rêves chez l'animal«), daß die »erinnerungswürdigen« Experimente mit den Folgen des Schlafentzugs im Jahre 1923 von H. Pieron (*Le problème physiologique du sommeil*) an Hunden durchgeführt wurden.

5 Lucas et al., »Baseline Sleep-Wake Patterns in the Pointer Dog«, *Physiology and Behavior* 19 (1977): S. 285-291. Jouvet und Jouvet sind zu der Schlußfolgerung gelangt (wieder in dem zuvor erwähnten Artikel »Le sommeil et les rêves chez l'animal«), daß die Traumphasen bei Hunden und Katzen ungefähr gleich lang sind, nämlich zwanzig Prozent der gesamten Schlafzeit umfassen, aber sie geben keine namhaften Experten als Referenz an und behaupten auch nicht, das Thema selbst erforscht zu haben.

6 Frederick Snyder, »In Quest of Dreaming«, in Witkin und Lewis (Hrsg.), *Experimental Studies of Dreaming*, S. 55. Siehe auch Howard P. Roffwarg, Joseph Muzio und William Dement, »Ontogenic Development of the Human Sleep-Dream Cycle«, *Science* 152 (1966), S. 604-619. Die Verfasser dieser Studie haben beobachtet, daß die Traumtätigkeit mit dem stammesgeschichtlich ältesten Teil des Hirnstamms in Zusammenhang steht. Faszinierend wäre ein Vergleich zwischen den REM-Aktivitäten von Neugeborenen und Hunden.

7 Gould und Gould, *Bewußtsein bei Tieren.*

8 Mitler, Demet et al., »Narcolepsy-Cataplexy in a Female Dog«, *Experimental Neurology* 45 (1974), S. 332-340.

9 Virginia Woolf, *Flush: Die Geschichte eines berühmten Hundes*, 1934. Zitiert in Adcock und Simms (Hrsg.), *The Oxford Book of Creatures*, S. 137.

10 Bruce Max Feldman, ein Veterinär aus Berkeley, schlug vor, daß jemand anderer Sima zu einer Person begleiten solle, die sie kennt, ohne daß ich dabei bin. Er denkt, es könne interessant und aufschlußreich sein, die Reaktion zu beobachten. Ich begrüße solche Experimente, die niemandem schaden.

11 Smythe, *The Mind of the Dog*, S. 104.

11. Anlagebedingt oder antrainiert? Arbeits- und Spielverhalten bei Hunden

1 Koehler, *The Koehler Method of Dog Training*. Koehler trainierte die Hunde für den Disney-Film *Die unglaubliche Reise*.

2 Das Titelfoto der Zeitschrift *National Geographic* (Dezemberausgabe 1994, Bd. 186, Nr. 6, »Animals at Play«) zeigt einen Polarbären, der mit einem Huskie spielt. Alle, die das Foto sahen, fanden es verblüffend und hinreißend. Ein solches Spiel ist besonders anrührend (weil man eine verhängnisvollere Begegnung erwartet hätte.)

3 Masson, *Lost Prince.*

4 Fagen, *Animal Play Behavior*, S. 492.

5 Ebenda, S. ix.

6 Zimen, *Der Wolf.*

7 Fagen, op. cit., S. 487.

8 Siehe auch *Stereotypic Animal Bahaviour*, herausgegeben von Alistair Lawrence. Solche stereotypen Verhaltensweisen findet man in der freien Natur nicht, nur bei Tieren, die in Gefangenschaft leben oder domestiziert sind. In Zoos wurden sie bei Wölfen, Bären, Hyänen, Elefanten, Pferden und verschiedenen Vogelarten beobachtet, die in Käfigen gehalten werden. (Eine ausgezeichnete Beschreibung dieser Bewegungsabläufe bei Tieren in zoologischen Gärten ist in Vickie Crokes Buch *The Modern Ark* zu finden. Monique Meyer-Holzapfel, die diese stereotypen Bewegungen bei Tieren im Berner Zoo erforscht hat, hält sie für eine Folgewirkung ihres emotionalen Elends. Siehe Meyer-Holzapfel, »Mouvements stéréotypes chez les animaux: expression de malaises psychiques«, in Brion und Ey, *Psychatrie animale*, S. 295-298. Viele Leute, die Hamster halten, finden es kurzweilig zu beoachten, wie die Tiere stundenlang in ihrem Laufrad auf Trab sind. Aber auch dieses stereotype Verhalten ist das Ergebnis eines Mangels. Siehe H. Petzsch, »Über Bewegungsstereotypien bei kleinen Nagetieren in Gefangenschaft – Hamster (*Cricetus L.*) und Eichhörnchen (*Sciurus vulgaris L.*)«, in *Mitteilungen für Naturkunde und Vorgeschichte* 2 (1950), S. 113-128, Museum Magdeburg.

9 Scott und Fuller, *Genetics and the Social Behavior of the Dog*, S. 137.

10 Lawrence, *In Praise of Wolves*, S. 3.

11 Mann, »Herr und Hund«, S. 97.

12 Caras, *A Dog Is Listening*, S. 130-132.

13 Siehe Artikel von Marc Bekoff, insbesondere »Social Play and Play-Soliciting by Infant Canids; »Social communication in Canids: Evidence for the Evolution of a Stereotyped Mammalian Display«; und gemeinsam mit C. Allen, »Cognitive Ethology: Slayers, Skeptics, and Proponents«, in R. W. Mitchell, N. Thompson und L. Miles, (Hrsg.), *Anthropomorphism, Anecdote, and Animals: The Emperor's New Clothes*? in Druck, Suny Press, Albany, N. Y.; des wei-

teren »Playing with Play: What Can We Learn About Cognition, Negotiation, and Evolution?« in D. Cummings und C. Allen (Hrsg.), *The Evolution of Mind*, in Druck, Oxford University Press, New York.

14 Altmann, »Social Behaviour of Anthropoid Primates«, in E. L. Bliss, *Roots of Behavior*, S. 277-285. Harper & Bros., New York, 1962.

15 Nach Ansicht von Dr. Robert Kirk ist dieses Verhalten kein Anzeichen der Aggression, sondern der Dominanz. Es leitet sich, wie er meint, aus der Tatsache ab, daß eine Hundemutter oder ein Wolf die Jungen am Genick packt. Das Jungtier fühlt sich dabei sicher, aber auch unterlegen.

16 Caras, op. cit., S. 138-139.

17 Vesey-Fitzgerald, *Animal Anthology*, S. 83.

18 Michael Fox spricht von »der kaniden Entsprechung zum menschlichen Begrüßungslächeln«. Es unterscheidet sich vom unterwürfigen Lächeln und dem Spielgesicht des Hundes, die durch die geöffnete Schnauze gekennzeichnet sind. Diese Mimik, die vom Hund nachgeahmt wird, ist nur bei Interaktionen zwischen Mensch und Hund, nicht aber bei Begegnungen zweier Hunde zu beobachten.

19 Erasmus Darwin, *Zoonomia* (1794-1796), i. 169, wie zitiert in Keith Thomas, *Man and the Natural World: A History of the Modern Sensibility*, S. 121.

12. Hunde und Katzen

1 Charles Darwin, *Journal of Researches During the Voyage of HMS ›Beagle‹*, S. 142.

2 Billy Arjan Singh, *Eelie and the Big Cats*; siehe auch *Tiger! Tiger*! und *Prince of Cats* desselben Verfassers.

3 In dem Kapitel »The Mind of the Cat«, in Frances und Richard Lockbridges *Cats and People*.

4 Vessels, »Koko's Kitten«, *National Geographic* 167, Nr. 1 (Januar 1985), S. 110-113.

5 Viele Menschen, die mit Katzen und Hunden unter einem Dach leben, haben beobachtet, daß sie gute Freunde werden. Um diese Beziehungen wissenschaftlich zu erforschen, zog Michael Fox Hunde und Katzen gemeinsam auf. Seine Experimente zeigen, in welchem Ausmaß sie sich als Brüder und Schwestern verstehen. Ich bin mir nicht sicher, ob sie sich überhaupt als Angehörige einer anderen Spezies betrachten. Siehe auch *Integrative Development of Brain and Behavior in the Dog* und »Behavioral Effects of Rearing Dogs with Cats During the Critical Period of Socialization«, *Behavior* 35 (1969), S. 273-280.

6 Van Vechten, *The Tiger in the House*. »Gott hat die Katze geschaffen, um dem Menschen das Vergnügen zu gönnen, einen Tiger zu streicheln.«

7 Tabor, *The Wildlife of the Domestic Cat*. Siehe auch Clutton-Brock, *Cats Ancient and Modern*.

8 Maeterlinck, in *Der doppelte Garten.*
9 Van Vechten, op. cit., S. 1.
10 Laurens von der Post: *A Story Like the Wind,* Hogarth Press, 1972.

13. Hunde und Wölfe

1 Mech, *Wolf!*, S. 9
2 »Allem Anschein nach fand die Domestikation des Hundes in Südwestasien statt, ungefähr 10000 Jahre v. Chr., am Vorabend oder just vor Beginn des Mesolithikums.« Epstein, *The Origin of the Domestic Animals of Africa,* S. 145.
3 Clutton-Brock und Dennis-Bryan, *Dogs of the Last Hundred Years at the British Museum* (Natural History).
4 Scott, »The Social Behavior of Dogs and Wolves«, *Annals New York Academy of Sciences* 51 (1950), S. 1012.
5 Steinhart, *In the Company of Wolves.*
6 Das wurde von L. David Mech in *The Way of the Wolf,* S. 26, festgestellt.
7 Siehe Gentry, *When Dogs Run Wild.* Siehe auch Beck, *The Ecology of Stray Dogs: A Study of Free-Ranging Urban Animals.*
8 Zimen, *Der Wolf.* Siehe auch *Wölfe und Königspudel,* wo er seine Kreuzungen zwischen Wölfen und Pudeln ausführlich beschreibt.
9 Fentress, »Observations on the Behavioral Development of a Hand-Reared Male Timber Wolf«, *American Zoologist* 7 (1967), S. 339-351.
10 Scott und Fuller, *Genetics and the Social Behavior of the Dog,* S. 137. Desmond Morris behauptet in *Dogwatching,* die Fähigkeit, mit dem Schwanz zu wedeln, sei bei Welpen erst in der sechsten oder siebten Lebenswoche voll entwickelt. Seiner Meinung nach signalisiert sie bei ausgewachsenen Tieren Zwiespältigkeit: Der Hund fühle sich hin- und hergerisssen zwischen Angriffs- und Fluchtinstinkt. Wissenschaftliche Beweise werden nicht genannt; Dr. Morris' Erkenntnisse beruhen auf Beobachtungen. Meine eigenen Feststellungen und die einiger anderer Hunde- und Wolfsexperten sprechen für das Gegenteil.
11 Fox, in dem Kapitel »Love, Dependence and Perpetual Infants«, in *Between Animal and Man,* S. 58.
12 Dieser Punkt wird von Louis Robinson in seinem 1897 erschienenen Werk *Wild Traits in Tame Animals* wie folgt zusammengefaßt: »Schließlich paßte sich der Herdentrieb im Fall des domestizierten Hundes besser an die veränderten Bedingungen der Umgebung an. Er fühlt sich bei uns heimisch, weil er meint, bei seinem eigenen Rudel und nicht unter Fremden oder Angehörigen einer fremdartigen Rasse zu leben. Das wilde Tier hegt dagegen immer noch die Vorstellung, daß diejenigen, die sich als seine Gefährten ausgeben, Geschöpfe von fremdartigem Wesen sind. Es weigert sich hart-

näckig, an der Irreführung teilzuhaben, und bleibt argwöhnisch gegenüber ihren Absichten; und er bleibt auf dem *qui vive*, wie in Gegenwart eines möglichen Feindes, was immer sie auch tun mögen, um seine Gunst zu erringen.« (S. 66).

13 Schenkel, »*Ausdrucksstudien an Wölfen.*«

14 Steinhart, *In The Company of Wolves*, S. 345.

15 »Einer Meute domestizierter Hunde, die verwildern, mangelt es an Beständigkeit und vielschichtigen Wechselbeziehungen, wie man sie bei den wirklich wildlebenden Spezies beoabachtet.« Leo K. Bustad, »Man and Beast Interface«, S. 237, in Robinson und Tiger, *Man and Beast Revisited*. Wilde und streunende Hunde sind ein Phänomen, das in einem hervorragenden Artikel, »Randagi: Una Vita da Cani«, behandelt wird. Er stammt aus der Feder des italienischen Wolfsexperten Luigi Boitani und erschien im November 1996 in dem italienischen Naturkundemagazin *Airone*.

16 Hearne, *Adam's Task*, S. 22-23.

17 Lorenz, *So kam der Mensch auf den Hund*

18 Scott, »The Evolution of Social Behavior in Dogs and Wolves«, S. 377. Wölfe, Hunde und vermutlich Schakale haben die gleiche Chromosomenzahl, S. 78. Dazu kommt, wie Epstein in *The Origin of the Domesticated Animals of Africa* anmerkt: »Die Tatsache, daß der Schakal ein kleineres Gehirn als ein Hund gleicher Größe besitzt, schließt ihn [...] als Vorfahren domestizierter Hunde aus« (S. 139). Schakale und Hunde paaren sich jedoch, und die Nachkommen sind fruchtbar, wie Christine Gentry erklärt (*When Dogs Run Wild*). Manchmal werden sie sogar Gefährten: »Drake-Brockman (1910) berichtet, wie ein Pariahund, der früher Jägern aus Midgan in Somalia gehört hatte, von ihnen jedoch geschlagen und aus der fruchtbaren Rumpfebene vertrieben worden war, verwilderte und im Busch verschwand, wo er in Gesellschaft eines schwarzrückigen Schakals jagte.« H. Epstein, op. cit., S. 118.

19 Dunbar, *Dog Behavior*, S. 178.

20 Harrington und Mech, »Wolf-vocalizations«, S. 130, in *Wolf and Man: Evolution in Parallel*.

21 Desmond Morris, *Dogwatching*.

22 Scott und Fuller, *Genetics and the Social Behavior of the Dog*. Das volle Zitat lautet: »Was für ein Tier ist ein Hund? Bei einer Überprüfung der Antworten würden wir feststellen, daß er kein vierbeiniges, kindhaftes menschliches Wesen im Pelzmantel ist. Ein Hund kann uns folglich nur als ein Hund, der dem Menschen durch Sozialkontakte vertraut, aber aufgrund seines Erbguts grundlegend Fleischfresser ist, Antworten auf diese und andere Fragen geben.« (S. 28)

23 Warrick, »Dogs and Wolves«, in *Animal Agenda*, Nr. 11 (Dezember 1989).

24 Pulliainen, »Ecology of the Wolf in the Settled Areas of Finland«, in *The Behavior and Ecology of Wolves*, S. 90.

25 Richard H. Polsky, »Wolf Hybrids«, *Veterinary Medicine*, Dezember 1955, S. 1122-1124.

26 Die Liste der Probleme, die mit der Haltung eines Wolfshybriden einhergehen, ist endlos: Die Tiere haben einen ungeheuren »Zerstörungstrieb«; es ist schwer, wenn nicht sogar unmöglich, sie stubenrein zu machen; wenn sie jemanden beißen, müssen sie (nach amerikanischem Gesetz) eingeschläfert und auf Tollwut untersucht werden; für Wolfshunde gibt es keinen zugelassenen Tollwut-Impfstoff, und so weiter. Siehe auch »Wolf Dogs: Pets Who Aren't Quite Pets«, *Best Friend Magazine*, Juni 1996, S. 6. Eine andere Sicht finden Sie in Dorothy Prendergast, *The Wolf Hybrid*.

27 Steinhart, op. cit., S. 306.

28 Ebenda, S. 344.

14. Aggression bei Hunden? Real oder eingebildet?

1 Es ist verblüffend, wie gründlich die sogenannten negativen Emotionen bei Tieren untersucht und wie stiefmütterlich dagegen positive Empfindungen behandelt wurden. Ein Beispiel ist »The Ontogeny of Fear in Animals« (in *Fear in Animals and Man*, S. 125-164) von Eric Salzen vom Department of Psychology der Aberdeen University, eine Kompilation von mehreren hundert Artikeln über die Angst. Es gibt in der wissenschaftlichen Literatur keinen vergleichbaren Artikeln über Einfühlungsvermögen und Mitgefühl, Dankbarkeit oder auch nur Liebe bei Tieren.

2 Scott und Filler, *Genetics and the Social Behavior of Dog*, S. 117.

3 Ebenda, S. 112.

4 Scott, »Investigating Behavior: Toward a Science of Sociality«, in Donald A. Dewsbury (Hrsg.), *Studying Animal Behavior: Autobiographics of the Founders*, S. 412.

5 Scott, *Animal Behavior*.

6 Allein die Tatsache, daß die Aufzucht von Wolfsjungen und Welpen große Ähnlichkeit miteinander hat, zeigt, wie eng miteinander verwandt die beiden Arten sind. Siehe auch das wichtige Werk von F. E. Zeuner, *A History of Domesticated Animals*.

7 Tinbergen, »On War and Peace in Animals and Man«, in Heinz Friedrich (Hrsg.), *Man and Animal: Studies in Behavior*, S. 135.

8 Der Begriff stammt meines Wissens aus Konrad Lorenz' *So kam der Mensch auf den Hund*: »Sollte ein unsensibler, aufdringlicher Mensch an seiner Aufmerksamkeit festhalten [gegenüber einem scheuen Hund, der versucht der menschlichen Berührung zu entgehen] und den Hund tatsächlich anfassen, kann das verängstigte Tier die Selbstkontrolle verlieren und blitzschnell, mit strafendem Ernst, nach der Anstoß erregenden Hand schnappen. Eine

beträchtliche Anzahl von Hundebissen läßt sich auf dieses Angstbeißen zurückführen.«

9 Siehe Jeffrey J. Sacks et al., »Fatal Dog Attacks«, *Pediatrics* 97, Nr. 6 (Juni 1996), S. 891-895.

10 Wölfe sondern allem Anschein nach ebenfalls einen Geruchsstoff ab, der absolute Unterwerfung und Angst signalisiert: »Er [ein rangniederer Wolf] ließ alle angezeigten visuellen Anzeichen einer passiven Unterwerfung erkennen. Während er auf dem Boden lag, winselte er bei jedem Knuff, dem Chippewa ihm mit der Schnauze verabreichte, und urinierte. Dabei entfaltete sich eine biochemische Substanz im Urin mit einem intensiven Moschusduft, den man noch aus mehreren Metern Entfernung bemerkte [...] Ausdruck extremer Unterwerfung und Angst.« Ronald Schassburger, *Vocal Communication in the Timber Wolf, Canis lupus, Linnaeus,* S. 46.

11 Wenn menschliche Emotionen überhaupt mit tierischen verglichen werden, beschränkt man sich in aller Regel auf die negativen Empfindungen. Walton Cannons behauptet gleich zu Beginn seines Buchs *Hunger, Angst und Schmerz,* daß Angst, Wut, Schmerz und Hungergefühle ausnahmslos primitive Regungen seien, die der Mensch mit den niederen Tierarten gemein habe. Es wäre ihm niemals eingefallen, die Liste durch Empfindungen wie Liebe, Einfühlungsvermögen, Mitleid oder Dankbarkeit zu ergänzen.

12 Dieses Werk wurde von seinen Schülern und seinem Nachfolger, Irenäus Eibl-Eibesfeldt, fortgesetzt. Siehe Eibesfeldts Buch *Liebe und Haß*. Der Begriff »Ritualisierter Kampf« wurde zuerst von Schenkel in einem Forschungspapier (»Submission: Its Features and Function in the Wolf«, *American Zoology* 7, S. 319-329) verwendet, viele Jahre nach seiner Pionierarbeit auf diesem Gebiet (erwähnt sei hier besonders die 1947 durchgeführte »Ausdrucksstudie an Wölfen«, *Behavior* 1, S. 81-129).

13 Das gilt nicht nur für Hunde. In seinem Artikel »On War and Peace in Animals and Man« schreibt Tinbergen: »Bei Tieren sind ritualisierte Kämpfe innerhalb einer Art normalerweise von Vorteil. Dazu kommt, daß es beinahe allen Spezies gelingt, ihre Konflikte ohne gegenseitiges Abschlachten zu bereinigen: Tatsächlich fließt dabei nur selten Blut. Der Mensch ist als einziger zum Massenmord fähig, der einzige Fehlangepaßte in seiner sozialen Gemeinschaft.« (S. 122). Wir wissen aus Jane Goodalls Aufzeichnungen jüngeren Datums, daß Schimpansen Paviane und Artgenossen töten. Sie »zetteln sogar Kriege an«. Dennoch kommen solche Aggressionen äußerst selten vor, und der Zerstörungstrieb der Tiere hat keine Ähnlichkeit mit dem des Menschen. Offenbar ist nur der Mensch imstande, die Existenz anderer Arten zu bedrohen.

14 Darwin, *Der Ausdruck der Gemütsbewegungen bei dem Menschen und bei den Tieren.*

15 Siehe unter »Aggression« in *The Oxford Companion to Animal Behavior*, herausgegeben von David McFarland.

16 Tim Jones, *Dog Heroes*, S. 58. Das beste Buch, das ich über den Einsatz von Hunden im Krieg kenne, ist *War Dogs* von Michael G. Lemish. Lemish, zum offiziellen Historiker der Organisation Vietnam Dog Handler Association ernannt und Mitglied der National Association for Search and Rescue, nennt weitere Einzelheiten in der Geschichte von Chips.

17 Zitiert in Lemish, *War Dogs*, S. 4.

18 Isaiah Spiegel, »A Ghetto Dog«, in Howe und Greenberg (Hrsg.), *A Treasury of Yiddish Stories*.

19 Man will uns oft weismachen, mit einem Versetzungsgesuch hätten sie ihr eigenes Todesurteil unterschrieben, aber das entspricht nicht den Tatsachen. Es gab einige Fälle, wo Wachposten im Konzentrationslager mit Erfolg um ihre Versetzung nachsuchten und ungestraft davonkamen. Ich glaube vielmehr, daß die Wachen ihre Arbeit ganz ohne Zwang verrichteten. Sie waren oder wurden Sadisten, was meiner Ansicht nach nicht auf die Wachhunde zutrifft, da sich kein Hund an den Leiden eines anderen Lebewesens weidet. Siehe auch Daniel Goldhagen, *Hitlers willige Vollstrecker: Ganz gewöhnliche Deutsche und der Holocaust*.

20 Humphrey und Werner (1934) berichteten, daß der schwierigste Teil der Polizeiausbildung darin bestand, den Hunden beizubringen, einen Menschen zu beißen. Selbst bei den mutigsten Kämpfern war eine Beißhemmung zu beobachten, und bei einem beträchtlichen Teil erwies es sich als unmöglich, »diese eingefleischte Gewohnheit zu überwinden und einen Menschen zu verletzen«. Es werden verschiedene Autoren genannt (z. B. S. Dangerfield), die behaupten, das Beißen sei seit so vielen Generationen eine unverzeihliche Sünde, daß den Hunden die Beißhemmung in Fleisch und Blut übergegangen zu sein scheint. Burns und Fraser, *Genetics of the Dog: The Basis for Successfull Breeding*, S. 143.

21 Hearne, *Adam's Task*, S. 208.

15. Hundekummer

1 Ich stehe mit dieser Erfahrung nicht allein da: »In der einen Minute döste sie auf der Veranda an der Frontseite des Hauses und starrte düster in die Gegend. In der nächsten Minute war sie weg – verschwunden – hatte sich in Luft aufgelöst. […] Eine Minute lang war die Veranda leer – verlassen. In der nächsten Minute war sie wieder da, starrte düster ins Leere und roch streng nach verrottendem Fisch oder faulendem Seetang.« Kenneth und Anna Roberts, »Dogs in a Big Way«, in Lesley O'Mara (Hrsg.), *Best Dog Stories*, S. 158.

2 *Diagnostic and Statistical Manual of Mental Disorders*, S. 219.

3 Ebenda, S. 220.

4 *The Animal's Voice* 8, Nr. 4 (1996), S. 18. Die Überschrift unter dem Foto lautet: »Eine Gruppe von Hunden – alle zum Sterben verurteilt – sieht zu, wie ein Artgenosse auf dem Behandlungstisch eingeschläfert wird.«

5 Fox, *Returning to Eden*, S. 3. Siehe auch Atkinson, *Greyfriars Bobby*, und Bolton, *Our Devoted Friend the Dog*, S. 28.

6 Ebenda, S. 123.

7 *Heroic Dogs in the News*, S. 215.

8 Persönlicher Schriftwechsel mit Vasos Panagiotopoulos, New York, April 1996.

9 Zitiert in Winokur (Hrsg.), *Mondo Canine*, S. 234.

10 Persönlicher Schriftwechsel mit Al Graber, Mai 1996.

11 Persönlicher Schriftwechsel mit Veronique Richard, Mai 1996.

12 Persönlicher Schriftwechsel mit Marjorie Riddle, April 1996.

13 Tuan, *Dominance and Affection: The Making of Pets.*

14 Fuller führte der »American Society of Zoologists« in Cleveland 1963 einen Film mit dem Titel *Canine Kaspar Hauser* vor. Kaspar Hauser war ein geheimnisumwittertes Findelkind, das 1828 in Nürnberg auftauchte und weder sprechen noch gehen konnte. Es stellte sich heraus, daß er den größten Teil seines Lebens, mindestens zwölf Jahre, in einem dunklen Verlies verbracht hatte, wo er keinerlei Geräusche aus der Außenwelt hörte, keine lebende Kreatur sah, mit niemandem sprechen konnte und nichts als Brot und Wasser erhielt. Er wurde fünf Jahre später von einem Unbekannten ermordet. Heute glauben viele, daß er ein unehelicher Sproß und Thronerbe des Hauses Baden war. Psychiater sprechen vom sogenannten »Kaspar-Hauser-Syndrom« bei Kindern, die in völliger Isolation aufgewachsen sind. Mit »kaniner Kaspar Hauser« wäre also ein Hund gemeint, der völlig ohne Außenkontakte aufgezogen wird. Siehe Jeffrey Masson, *Lost Prince.*

15 Fuller, »Stress of emergence is postulated as the basis for behavioral deficits seen in dogs following isolation«, In *Readings in Animal Behavior*, (2. Ausgabe), herausgegeben von Thomas E. McGill, Holt, Rinehart & Winston, New York, 1973, S. 197-210.

16 Scott, »Separation in Infant Dogs«, in E. Senoy (Hrsg.), *Separation and Distress*, S. 14.

17 Scott, »The Evolution of Social Behavior in Dogs and Wolves«, *American Zoologist* 7 (1967), S. 375.

18 Fox, *The Dog: Its Domestication and Behavior*, S. 156.

19 Seligman, »Chronic Fear Produced by Unpredictable Shock«, *Journal of Comparative and Physiological Psychology* 66 (1968), S. 402-411. Siehe auch seinen 1973 erschienenen Artikel in *Psychology Today*, »Fall into Helplessness«; oder Senay, »Toward an Animal Model of Depression«, *Journal of Psychiatric Residency* 4 (1966), S. 65-71.

20 Richter, »On the Phenomenon of Sudden Death in Animals and Man«, *Psychosomatic Medicine* 19 (1957), S. 191-198.

21 Seligman, *Erlernte Hilflosigkeit.*

22 Andrée Collard und Joyce Contrucci beschreiben in ihrem Buch *Rape of the Wild,* S. 62, ein Experiment von Ronald Melzack und T. H. Scott, die Scotchterrier ohne Sinnes- und Sozialerfahrungen aufzogen. Sie benutzten Elektroschocks und Feuer, um die Reaktion der Hunde zu testen: »Zum Erstaunen der Beobachter machten sechs der zehn in ihrer Bewegungsfreiheit eingeschränkten Hunde keinen Versuch, sich E [dem Leiter des Experiments] während der Stimulation zu entziehen [...] und E war in der Lage, die Nasen [der anderen vier Hunde] nach Lust und Laune mit der Flamme zu berühren.« Die Verfasser merkten dazu an: »Melzack und Scott haben mit dieser Tierquälerei bewiesen, was die Folterknechte bereits seit Menschengedenken wußten: Man kann die Sinnesempfindungen sämtlicher Lebewesen durch Traumatisierung abstumpfen und sie bis zu dem Punkt bringen, wo sie jede Grausamkeit ohne Widerstand erdulden und eine Abhängigkeit von ihren Peinigern entwickeln.« Der Artikel, auf den sie sich beziehen, lautet »The Effects of Early Experience on the Response of Pain«, *Journal of Comparative and Physiological Psychology* 50 (1957), S. 158.

23 Pratt, *Alternatives to Pain in Experimentation on Animals,* S. 68.

24 Die Humane Society of the United States erklärte, daß diese Hunde »gezwungen werden, ihr ganzes Leben in engen, überfüllten Käfigen zu verbringen, ohne ausreichende Nahrung, Wasser oder Schutz vor den Unbilden der Witterung. Die Weibchen werden in jeder Hitzeperiode zu Zuchtzwecken benutzt; für diese Tiere ist die Massenproduktion und -aufzucht die Hölle auf Erden.« *The True Nature Newsletter.* Bd. 2, Nr. 2, S. 1.

25 Es ist wohl eine Ironie des Schicksals, daß an dem freundlichsten und friedfertigsten Hund, den man sich nur vorstellen kann, dem Beagle, die grauenvollsten Experimente durchgeführt werden. In einem Versuch mit dem Titel »Comparison of Tracheal Damage from Laser-ignited Endotracheal Tube Fires« wurden die Atemwege in der Kehle eines betäubten Versuchstiers mit einem Flammenwerfer versengt, wodurch eine akute Entzündung und Geschwüre entstanden. Die Experimente wurden in den achtziger Jahren dieses Jahrhunderts von der Northwestern University Medical School, Chicago, und vom Medical College of Wisconsin, Milwaukee, durchgeführt. Berichtet wurde darüber von R. H. Osoff et al. in *Annals of Otology, Rhinology and Laryngology* 92 (1983), S. 333-336. Ich habe diese Informationen dem hilfreichen Artikel von Dr. Robert Sharpe (der in *The Cruel Deception* über Tierversuche schrieb), »Man's Best Friend«, entnommen, der im Februar 1994, S. 4-7 in *The Antivivisectionist* veröffentlicht wurde. Siehe »Pet Theft in America: A Report to Congress«, kompiliert von Last Chance for Animals,

einer Tierschutzorganisation in Los Angeles, S. 14. Schon 1966 (Ausgabe 4, Februar) berichtete das *Life*-Magazin, daß »Laboratorien inzwischen annähernd zwei Millionen Hunde im Jahr für Tierversuche benötigen«. 1996 gab die Harvard Medical School bekannt, daß man Praktika in Labors, die Tierversuche durchführen, vom Studienplan gestrichen habe. Keine amerikanische Universität zwingt ihre Studenten mehr, an solchen Veranstaltungen teilzunehmen.

26 Carson, *Men, Beasts and Gods: A History of Cruelty and Kindness to Animals*, S. 197-198.

27 Zitiert aus Collard und Contrucci, op. cit., S. 62.

28 Kourtsine, »La conception Pavlovienne des névroses expérimentales base de la psychopathologie des animaux«, in Brion und Ey (Hrsg.), *Psychiatric animale*, S. 204-210. Der zitierte Satz steht auf S. 207.

29 Fedorov, »A propos de certaines anomalies du comportement chez les animaux«, in Brion und Ey, op. cit., S. 211-215.

30 Collard und Contrucci, op. cit., S. 61.

31 *Dayton Daily News*, 27. März 1996.

16. Wie ein Hund denken

1 Siehe Wells, »What the Octopus Makes of It: Our World from Another Point of View«, *American Scientist* 49 (1961), S. 215-227.

2 Coren, *The Intelligence of Dogs*, S. 105.

3 George, *How to Talk to Your Animals*.

4 Coppinger und Feinstein, »Why Dogs Bark«, *Smithsonian*, Januar 1991, S. 119-129.

5 Scott, »Observations«, in *Animal Communication, Techniques of Studies and Results of Research*, S. 17-30. Herausgegeben von Thomas A. Sebeok. Indiana University Press, Bloomington, 1968.

6 Zitiert in Spiegel, *The Dreaded Comparison*, S. 23.

7 Eine weitere Geschichte des sowjetischen Biologen D. K. Baljaew, der das Experiment durchführte, ist in Budiansky, *The Covenant of the Wild*, S. 95-97, zu finden.

8 Leo Tolstoi, *Anna Karenina*.

9 Vesey-Fitzgerald, *Animal Anthology*.

10 Siehe Pfungst, *Der Kluge Hans*. Bei Gould und Gould, die diese Geschichte in *Bewußtsein bei Tieren* nacherzählen, heiß es: »Der Schlaue Hans war bemerkenswert aufmerksam – aber nicht auf die Weise, wie die meisten Beobachter gehofft hatten« (S. 1-3).

11 Mann, »Herr und Hund«, S. 202.

12 Cervantes, *Novelle vom Zwiegespräch zwischen Cipión und Berganza*.

13 In Kafka, Franz, *Gesammelte Werke,* herausgegeben von Max Brod, Fischer, Frankfurt/Main, 1994. Die Geschichte wurde zu Kafkas Lebzeiten nicht veröffentlicht. Einstein soll im Gespräch mit Thomas Mann über Kafkas kurze Prosastücke gesagt haben: »Dies zu begreifen geht über den menschlichen Verstand.« (Einführung, S. xi.)
14 Mann, op. cit., S. 81.
15 Smythe, *The Mind of the Dog,* S. 66.
16 Mech, »Joining a Wolf Pack«, Audubon 98, Nr. 6 (Dezember 1996), S. 82.
17 Siehe Horgan, »See Spot See Blue«, *Scientific American* 262 (Januar 1990), S. 20. Selbst eine Kapazität auf diesem Gebiet wie R. H. Smythe, der dem Prüfungsausschuß des Royal College of Veterinary Surgeons in London angehörte, schrieb, daß »Hunde natürlich keine Farbvorstellung besitzen.« *The Mind of the Dog,* S. 69.
18 Siehe Ewer, *The Carnivores,* S. 134, und die von ihm genannte Literatur. Er weist darauf hin, daß »man viele Jahre glaubte, abgesehen vom Menschen und den höheren Primaten wären alle Säugetiere farbenblind. Das trifft gleichwohl nicht zu.« (S. 130).
19 Siehe *The Waltham Book of Dog and Cat Behavior,* S. 43. Der Autor zitiert A. Rosengren, »Experiments in Colour Discrimination in Dogs«, *Acta Zoologica l Fennica* 12 (1969), S. 1-19.
20 Fogle, *The Encycplopedia of the Dog,* S. 41.
21 Siehe »The Way Some of Our Closest Friends View Us« (S. 41), ein ausgezeichnetes Kapitel über das Hörvermögen von Hunden, in Caras, *A Dog Is Listening.* Ich kann dieses Buch als Zusatzlektüre für viele Themen in diesem Kapitel nicht oft genug empfehlen.
22 Ich habe dem Geruchssinn des Hundes ein eigenes Kapitel gewidmet, weil er so bemerkenswert ist.
23 Caras, op. cit., S. 69.
24 »Dieser Geruchsmechanismus leitet Informationen direkt an das Limbische System weiter, an denjenigen Teil des Gehirns, der in engster Verbindung mit dem emotionalen Verhalten steht.« Gogle, S. 41.
25 Roger Caras, op. cit., S. 113.
26 Irvine, *Perfume,* S. 151.
27 Thurber, *The Fireside Book of Dog Stories,* herausgegeben von Jack Goodman, S. xiii der Einführung.
28 Ich habe meine Ansicht über die Psychoanalyse in einem früheren Buch, *Final Analysis: The Making and Unmaking of a Psychoanalyst* geschildert (Addison-Wesley, New York, 1991).

Schlußbilanz: Die Suche nach der Seele des Hundes

1 Milan Kundera, *Die unerträgliche Leichtigkeit des Seins.*
2 Midgley, *Animals and Why They Matter*, S. 118.
3 Berman, »The Wild and the Tame«, in *Coming to Our Senses*, S. 103.
4 Liz Rosenberg erwähnt in einem Gedicht mit dem Titel »Elegy for a Beagle Mutt« einen buddhistischen Heiligen, der am Tor zum Paradies zehntausend Jahre mit seinem getreuen Hund wartete, bis beide eingelassen wurden. Zitiert in Duemer und Simmermann (Hrsg.), *Dog Music: Poetry About Dogs*, S. 193.
5 Das ist eine freie Übersetzung des ursprünglichen Sanskrit-Textes. Ich habe ihn Band 4 des *Critical Text of the Mahabharata* entnommen, herausgegeben vom Bhandakar Oriental Research Institute, 17.3.7 ff. Er ist auch in Band 12 der *Mahabharata*-Übersetzung von P. C. Roy zu finden, veröffentlicht von der Oriental Publishing Co., Kalkutta.
6 Susan McCarthy, meine Co-Autorin *(When Elephants Weep)*, bietet in ihrem neuen Buch, das zur Zeit entsteht, eine Fülle wissenswerter Informationen für Leute, die sich einen reinrassigen Hund zulegen wollen (*The Honest Dog Book*). Sie erzählte mir, daß es Organisationen gibt, die beidseitig taube Hunde und ihre Besitzer lehren, per Gebärdensprache miteinander zu kommunizieren. Caroline Crosby leitet eine Schule für taube Dalmatiner in Santa Fe, die Beratungen über das Training und Hilfe bei der Unterbringung von (kastrierten) tauben Hunden anbietet. Viele Hunde finden in Familien, in denen einige oder alle Mitglieder taub sind, ein neues Zuhause. »Ich habe bereits gute Erfolge mit Familien erzielt, die ein taubes Kind haben. Die Kinder können sich mit den Hunden identifizieren«, erzählte Caroline Crosby Susan. Die Hunde lernen zwischen zehn und vierzig Zeichen. Der Hund von Crosby, der den Namen Miss Dotties erhalten hat, ist ein Wachhund, der bellt, sobald Crosby das Zeichen für »Tür« macht.
7 Marcel Proust, *In Swanns Welt.*
8 Scanziani, *Enciclopedia del Cane*, S. 193: »Der Hund verfügt über ein Gedächtnis, Willenskraft, Intelligenz und die Fähigkeit, die gesamte Skala der Gefühle zu erleben, darunter Liebe, Hingabe, Treue, Freude, Bedauern, Kummer, Verzweiflung, Wut, Eifersucht, Scham, Stolz, Phantasie, Neugierde, Verblüffung und so weiter und so fort. Der Hund hat nicht nur eine Seele, sondern auch ein ungemein reiches Seelenleben.)
9 Titcomb, *Dog and Man in the Ancient Pacific with Special Attention to Hawaii*, S. 9.

Bibliographie

Die Titel, die mit einem Sternchen (*) markiert sind, waren bei der Konzeption dieses Buches besonders wichtig.

Abrantes, R. A. B., »The Expression of Emotions in Man and Canid«, in A. T. B. Edney, Hrsg., »Canine Development Throughout Life«, Waltham Symposium Nr. 8, *Journal of Small Animal Practice 28* (1987), S. 1030-1036

Ackerly, J. R., *My Dog Tulip*, Fleet, New York (1965)

Ackerman, Diane, *A Natural History of Love*, Random House, New York (1994)

Adams, G. J. und K. G. Johnson, »Sleep-Wake Cycles and Other Night-time Behaviours of the Domestic Dog, Canis familiaris«, *Applied Animal Behavioral Science* 36 (1993, S. 233-248)

Adcock, Fleur, und Jacqueline Simms, Hrsg., *Oxford Book of Creatures*, Oxford University Press, New York (1995)

Adell-Bath, M. et al., *Do We Need Dogs: A Study of Dogs' Social Significance to Man*, University of Gothenburg Press, Gothenburg (1979)

Agrawal, H. C., »Neurochemical and Behavioral Effects of Isolation Rearing in the Dog«, *Life Sciences* 8 (1967), S. 71-78

Aldington, Erich H. W., *Von der Seele des Hundes: Wesen, Psychologie und Verhaltensweisen des Hundes*, Verlag Gollwitzer Weider (1986).

Allen, Durward Leon, *Wolves of Mihong: Isle Royale's Wild Community*, University of Michigan, Ann Arbor (1993)

Allen, G. M., *Dogs of the American Aborigines*, Bulletin des Museum of Comparative Zoology, Harvard Collection, Bd. 63 (1929), S. 431-517

Altman, S. A. »Social Behavior of Anthropoid Primates: Analysis of Recent Concepts«, in E. L. Bliss, Hrsg., *Roots of Behavior*, S. 277-285, Harper & Bros., New York (1962)

Anderson, A. C., Hrsg., *The Beagle as an Experimental Dog*, Iowa State University Press, Ames (1970)

Anderson, R. K, B. L. Hart und L. A. Hart, Hrsg., *The Pet Connection: Its Influence on Our Health and Quality of Life*, Censhare, University of Minnesota, Minneapolis (1984)

Anderson, R. S., Hrsg., *Pet Animals in Society*, Macmillan, New York (1975)

Arluke, A., »Understanding Nazi Animal Protection and the Holocaust«, *Anthrazoös* 5 (1992), S. 6-31

Animal Biography, Anon., Virtue, London (1840)

*Arnim, Elizabeth von, *Alle meine Hunde*, Insel, Frankfurt/Main (1993)

Atkinson, Eleanor, *Greyfriars Bobby*, A. G. Burt, New York (1912)

Badcock, C. R., *The Problem of Altruism*, Basil Blackwell, London (1986)

Baege, B. *Kynologische Biographie*, Zoologischer Garten, Berlin (1934)

Baillie, J., »The Behavioural Requirements Necessary for Guide Dogs for the Blind in the United Kingdom«, *British Veterinary Journal 128* (1972)

Barloy, J. J., *Man and Animals: One Hundred Centuries of Friendship*, Gordon and Cremonesi, New York (1974)

Barrette, C., »The ›Inheritance of Dominance‹ or an Aptitude to Dominate«, *Animal Behavior* 46 (1993), S. 591-93

Beck, A. M., *The Ecology of Stray Dogs: A Study of Free-Ranging Urban Animals,* York Press, Baltimore (1973)

Becker, F., J. E Markee und J. E. King, »Studies on Olfactory Acuity in Dogs. 1. Discriminatory Behavior in Problem Box Situations«, *Animal Behavior* 5 (1957), S. 94-193

Bedichek, Roy, *The Sense of Smell*, Michael Joseph, London, 1960

Bekoff, Marc, »Social Play and Play-solociting by Infant Canids«, *American Zoologist* 14 (1974), S. 323-340

– »Social Communication in Canids: Evidence for the Evolution of a Cooperative Social Behavior«, in G. Burdhardt und M. Bekoff, Hrsg., *The Development of Behavior: Comparative and Evolutionary Aspects,* Garland, New York (1978)

– »Play Signals as Punctuation: The Structure of Social Play in Canids«, *Behaviour* 132 (1995), S. 419-429

Bekoff, Marc, und J. Diamond, »Life-History Patterns and Sociality in Canids: Body Size, Reproduction and Behavior«, *Oecologia* 50 (1981), S. 386-390

Bekoff, M., und D. Jamieson, Hrsg., *Readings in Animal Cognition,* MIT Press, Cambridge, Mass. (1996)

Benjamin, Carola Lea, *Dog Problems*, Howell Book House, New York (1981)

– *Mother Knows Best: The Natural Way to Train Your Dog,* Little, Brown & Co, Boston (1995)

Bergin, Bonnie, *Bonnie Bergin's Guide to Bringing Out the Best in Your Dog,* Little, Brown & Co, Boston (1995)

Bergler, R. *Man and Dog: The Psychology of a Relationship,* Blackwell Scientific Publication, Oxford (1988)

Bergman, Göran, *Why Does Your Dog Do That*? Howell Book House, New York (1971)

Bergson, Henri, *Das Lachen*, Diederichs, Jena (1921)

Berman, Morris, »The Wild and the Tame«, in *Coming to Our Senses: Body and Spirit in the Hidden History of the West*, Simon & Schuster, New York (1989)

Bernard D. und D. Dubois, *L'homme et le loup*, Berger-Levrault, Paris (1989)

Berstein, I. S., »Dominance: The Baby and the Bathwater«, *Behavioral and Brain Sciences* 4 (1981), S. 419-457

Bierce, Ambrose, *Aus dem Wörterbuch des Teufels*, Sanssouci, Zürich (1964)

Boitani, Luigi, *De la parte di lupo*, Giorgio Mondadori, Mailand (1986)
– »Randagi: Una vita da cani«, *Airone* 187 (November 1996), S. 43-53
Bolton, Sarah Knowles, *Our Devoted Friend the Dog*, L. C. Page & Co., Boston (1902)
Bowlby, John A., »Critical Phases in the Development of Social Responses in Man and Other Animals«, *New Biology* 14 (Penguin Books, 1953), S. 25-37
Brion, A. und Henry Ey, Hrsg., *Psychiatrie animale*, Serientitel: (Bibliothèque Neuropsychiatrique de Langue Française), Desclée de Brouwer, Paris (1976; 1. Auflage 1964)
Brodbeck, A. J., »An Exploratory Study on the Acquisition of Dependency Behavior in Puppies«, *Bulletin of the Ecological Society of America* 35 (1954), S. 73
Bromfield, Louis, Auszug aus *Tal meiner Sehnsucht*, Europäische Verlagsanstalt, Frankfurt (1952)
Brown, L. T., »Affection for People as a Function of Affection for Dogs«, *Psychology Reports* 31 (1972), S. 957-958
Brückner, G. H., »Über einen zweibeinigen Hund«, *Zeitschrift für Hundeforschung*, Neue Folge 13 (1938), S. 1-16
Brunner, Ferdinand, *Der unverstandene Hund: Erkenntnisse aus der tierpsychologischen Praxis*, Naturbuch Verlag, Augsburg (1994, 5. Aufl.)
Bucke, W. F., »Cyno-Psychoses: Children's Thoughts, Reactions, and Feelings Toward Pet Dogs«, The Pedagogical Seminary 10 (1903), S. 459-513
Budiansky, Stephen, *The Covenant of the Wild: Why Animals Chose Domestication*, William Morrow Co., New York (1992)
Bueler, Lois E., *Wild Dogs of the World*, Stein & Day, New York (1973)
Burns, Marca, und Margaret N. Fraser, *Genetics of the Dog: The Basis for Successful Breeding*, Oliver & Boyd, Edinburgh und London (1966)
Burroughs, John, *My Dog Friends*, herausgegeben von Clara Barrus, Houghton Mifflin Co, Boston (1928)
Burt, M. R., »The Animal as Alter Ego: Cruelty, Altruism, and the Work of Art«, in A. N. Rowan, Hrsg., *Animals and People Sharing the World*, S. 117-135, University Press of New England, Hanover, N. H. (1988)
Buytendijk, Frederik, *The Mind of the Dog*, übersetzt von Lilian A. Clare, Houghton Mifflin Co., Boston (1936)
Cairns, R., »Behavior Development in the Dog: An Interspecific Analysis«, *Science* 158 (1967), S. 1070-1072
Campbell, S. S. und I. Tobler, »Animal Sleep: A Review of Sleep Duration Across Phylogeny«, *Neuroscience and Bio-behavioral Reviews* 8 (1984), S. 269-300
Campbell, William E., *Behavior Problems in Dogs*, American Veterinary Publication, Santa Barbara, Kalifornien (1975)
Cannon, Walter B., *Hunger, Angst und Schmerz*, Urban & Schwarzenberg, Berlin (1975)
Caras, Roger A., *A Celebration of Dogs*, Times Books, New York (1982)

– *A Dog Is Listening: The Way Some of Our Closest Friends View Us*, Summit Books, New York (1992)
Carson, Gerald, *Men, Beasts, and Gods: A History of Cruelty and Kindness to Animals*, Charles Scribner's Sons, New York (1972)
Case, D. B. »Dog Ownership: A Complex Web«, *Psychological Reports* 60, S. 247-257
Cattell, R. B., »The Isolation of Temperament Dimensions in Dogs«, *Behavioral Biology* 9 (1973), S. 15-30
Cervantes, Miguel de, *Novelle vom Zwiegespräch zwischen Cipión und Berganza*
Clark, Stephen R. L., »Good Dogs and Other Animals«, in Peter Singer, Hrsg., *In Defense of Animals*, S. 41-51, Basil Blackwell, New York (1985)
Clarke, R. S., W. Heron, M. L. Fetherstonhaugh, D. G. Forgays und D. O. Hebb, »Individual Differences in Dogs: Preliminary Report on the Effects of Early Experience«, *Canadian Journal of Psychology* 5 (1951), S. 150-156
Clifton, Merritt, »Heroic Dogs«, *Animal People* 5 Nr. 4 (Mai 1996)
Clutton-Brock, Juliet, »The Domestication of the Dog with Special Reference to Social Attitudes of the Wolf«, *Carnivores* 3 (1980), S. 27-33
– *Cats Ancient and Modern*, Harvard University Press, Cambridge, Mass. (1993)
– »The Unnatural World: Behavioural Aspects of Humans and Animals in the Process of Domestication«, in A. Manning und J. A. Serpell, Hrsg., *Animals and Human Society: Changing Perspectives*, S. 23-35, Routledge, London (1994)
Clutton-Brock, Juliet, *Domesticated Animals from Early Times*, University of Texas, Austin (1983)
Clutton-Brock, Juliet, Hrsg., *The Walking Larder: Patterns of Domestication, Pastoralism, and Predation*, Unwin Hyman, London (1980)
Clutton-Brock, Juliet und Kim Dennis-Bryan, *Dogs of the Last Hundred Years at the British Museum (Natural History)*, British Museum, London (1988)
Cohen, Barbara und Louise Taylor, *Dogs and Their Women*, Little, Brown & Co., Boston (1989)
*Collard. Andrée und Joyce Contrucci, *Rape of the Wild: Man's Violence Against Animals and the Earth*, The Women's Press, London (1988)
Collier, V. W. F., *Dogs of China and Japan in Nature and Art*, William Heineman, London (1921).
Coppinger, R. P. und Lorna Coppinger, »Dogs in Sheep's Clothing Guard Flocks«, *Smithsonian*, April 1982
*Coppinger, R. P. und M. Feinstein, »Why Dogs Bark«, *Smithsonian*, Januar 1991, S. 119-129
Coren, Stanley, *The Intelligence of Dogs: Canine Consciousness and Capabilities*, The Free Press, New York (1994)
*Crisler, Lois, *Wir heulten mit den Wölfen*, Brockhaus, Wiesbaden (1960)
– *Meine Wölfin*, Brockhaus, Wiesbaden (1970).
Croke, Vickie, *The Modern Ark: The History of the Zoos: Past, Present and Future*, Scribner, New York (1997)

Dale-Green, P. *Lore of the Dog*, Houghton Mifflin, Boston (1967)

Dangerfield, S., »The R. A. F. Police Dogs«, *Animal Health* 2 (1964), S. 1-5

Darwin, Charles, *Das Variieren der Thiere und Pflanzen im Zustande der Domestikation*, Schweizerbarth, Stuttgart (1880)

– *Der Ausdruck der Gemütsbewegungen bei dem Menschen und bei den Tieren*, Schweizerbarth, Stuttgart (1884)

– *Journal of Researches into the Geology and Natural History of the Various Countries Visited by H. M. S. Beagle.*, H. Colbury, London (1839); Various Press, Cambridge (1956)

Davidar, E. R. C., »Wild Dogs (Cuon alpinus) and Village Dogs«, *Journal of the Bombay Natural History Society* 62 (1965), S. 146-148

Dechambre, E., »La théorie de foetalization et la formation des races de chien et de porc«, *Mammalia* 13 (1949), S. 129-237

Diagnostic and Statistical Manual of Mental Disorders, 3. überarb. Aufl., American Psychiatric Association, Washington D.C. (1987)

Diamond, Jared, »Zebras and the Anna Karenina Principle«, *Natural History* 9 (1994)

Dodman, Nicholas, *The Dog Who Loved Too Much: Tales, Treatments and the Psychology of Dogs*, Bantam, New York (1996)

Downs, James, »Domestication: An Examination of the Changing Relationships between Man and Animals«, *Kroeber Anthopological Society Papers* 22 (1960), S. 23-60

*Duemer, Joseph und Jim Simmerman, Hrsg., *Dog Music: Poetry About Dogs*, St. Martin's Press, New York (1996)

Dunbar, Ian und Michael Berman, »The Social Behavior of Free-Ranging Suburban Dogs«, *Applied Animal Ethology* 10 (1983), S. 5-17

– *Dog Behavior: Why Dogs Do What They Do*, T. F. H. Publication, Neptune, New Jersey (1979)

Davis, Hank und Dianne Balfour, Hrsg., *[The] Inevitable Bond: Examining Scientist-Animal Interactions*, Cambridge University Press, Cambridge (1992)

Eddy, Timothy, Gordon Gallup jr. und Daniel Povinelli, »Attribution of Cognitice Stages to Animas: Antropomorphism in Comparative Perspective«, *Journal of Social Issues* 49 (1993), S. 87-101

– Feierman, Hrsg., *Pediophelia: Biosocial Dimensions*, S. 150-175, Springer, New York (1990)

Eibl-Eibesfeldt, Irenäus, *Liebe und Haß*, Piper, München (1970)

Eisenberg, J. F. und W. S. Dillon, Hrsg., *Man and Beast: Comparative Social Behavior*, Vorwort von S. Dillon Ripley, Smithsonian Institution Press, Washington D.C. (1971)

Encyclopedia of Religion and Ethics, Bd. 1, herausgegeben von James Hastings. Artikel über Anthropomorphismus von Frank B. Jevons, T&T Clark, Edinburgh (1908)

Ensminger, M. E., *The Complete Book of Dogs*, A. S. Barnes, New York (1977)

Epstein. H., *The Origin of the Domestic Animals of Africa*, Bd. 1. Überarb. Aufl. in Zusammenarbeit mit I. L. Mason, Bd. 1, Africana Publishing Corporation, New York (1971)

Erwit, Elliott, *To the Dogs*, D. A. P. Scalo. New York (1992)

Evans, Michael Job, *People, Pooches and Problems*, Howell Book House, New York (1991)

Ewer, R. F., *The Carnivors*, Cornell University Press, Ithaca, N. Y. (1973)

*Fagen, Robert, *Animal Play Behavior*, Oxford University Press, New York (1981)

Fedderson-Petersen, Dorit, *Mein Freund, der Hund*, Verlag Das Beste, Stuttgart (1984)

– *Hundepsychologie: Wesen und Sozialverhalten*, Vorwort von Konrad Lorenz, Franckh-Kosmos, Stuttgart (1986)

– »Haben Hunde ein Gewissen?« *Hunde* 13 (1987), S. 689-691

– *Hunde und ihre Menschen*, Franckh-Kosmos, Stuttgart (1992)

– *Fortpflanzungsverhalten beim Hund*, Gustav Fischer, Jena (1994)

– *Ausdrucksverhalten beim Hund*, Gustav Fischer, Jena (1995).

Frentress, John C., »Observations on the Behavioral Development of a Hand-Reared Male Timber Wolf«, *American Zoologist* 7 (1967), S. 339-351

*Fiennes, R. und A. Fiennes, *The Natural History of Dogs*, The Natural History Press, Garden City, N. Y. (1970)

Fischel, Werner, »Über das Seelenleben der Hunde: Eine seelenkundliche Umschau«, *Zeitschrift für Hundeforschung* 5 (1936), S. 31-47

– »Die Affektäußerungen und das Gefühlsleben der Tiere in wissenschaftlicher Beurteilung«, *Zeitschrift der Tierpsychologie* 1 (1937), S. 66-77

– *Psyche und Leistung der Tiere*, W. de Gruyter, Berlin (1938)

– *Tierpsychologie und Hundeforschung*, Verlag Dr. Paul Schöps, Leipzig (1941)

– *Die Seele des Hundes*, Paul Parey, Berlin-Hamburg (1961)

– *Leben und Erlebnis bei Tieren und Menschen*, J. A. Baumann, München (1967; 1. Aufl. 1949)

Fisher, John, *Why Does My Dog…?* Howell Book House, New York (1991)

*Fisher, John Andrew, »Disambiguating Anthropomorphism: An Interdisciplinary Review«, *Perspectives in Ethology* 9 (1991)

Fogle, Bruce, *The Dog's Mind: Understanding Your Dog's Behavior*, Howell Book House, New York (1990)

– *The Encyclopedia of the Dog*, Dorling Kindersley, New York (1995)

Fogle, B., Hrsg., Zweive, Greson, *Perfume: The Creation and Allure of Classic Fragrances*, Crescent Book, New York (1995)

Fox, Michael, »The Influence of Domestication upon Behavior of Animals«, in M. W. Fox, Hrsg., *Abnormal Behavior in Animals*, W. B. Saunders Co., Philadelphia (1968)

– »The Anatomy of Aggression and Its Ritualization in Canidae: A Developmental and Comparative Study«, *Behavior* 35 (1969), S. 242-258

- »Behavioral Effects of Rearing Dogs with Cats During the Critical Period of Socialization«, *Behavior* 35 (1969), S. 273-280
- *Vom Wolf zum Hund*, BLV Verlag, München (1975)
- *Integrative Development of Brain and Behavior in the Dog*, University of Chicago Press, Chicago (1971)
- »Evolution of Social Behavior in Canids«, in M. W. Fox, Hrsg., *The Wild Canids*, S. 429-459, Van Nostrand Reinhold, New York (1975)
- »Love, Dependence and Perpetual Infants«, in *Between Animal and Man*, Coward, McCann & Geoghegan, New York (1976)
- *Returning to Eden: Animal Rights and Human Responsibility*, The Viking Press, New York (1980)
- *The Whistling Hunters: Field Studies of the Asiatic Wild Dog*, State University of New York Press, Albany (1984)
- *The Dog: Its Domestication and Behavior*, Robert E. Krieger Publishing Co., Malabar, Fla. (1987; Erstausgabe 1978)

Fox, Michael W. und Marc Bekoff, »The Behavior of Dogs, in E. S. E. Hafez, Hrsg., *The Behavior of Domesticated Animals*, 3. Aufl., S. 370-409, Balliere Tindall, London (1975)

Fox, Michael W., Hrsg., *Abnormal Behavior in Animals*, W. B. Saunders Co., Philadelphia (1968)

France, Anatole, »The Coming of Riquet«, in Lesley O'Mara, Hrsg., *Best Dog Stories*, Einführung von Gerald Durrell, Brockhampton Press., London (1990)

Frank, H., Hrsg., *Man and Wolf: Advances, Issues, and Problems in Captive Wolf Research*, W. Junk Publishers (Kluwer Academic Publishers Group), Dordrecht (1987)

Frank, Harry und M. G. Frank, »On the Effects of Domestication on Canine Social Development and Behavior«, *Applied Animal Ethology* 8 (1982), S. 507-525

Freedman, D. G., »Constitutional and Environmental Interactions in Rearing of Four Breeds of Dogs«, *Science* 133 (1961), S. 585-586

Freedman, D. G., J. A. King und O. Elliott, »Critical Periods in the Social Development of Dogs«, *Science* 133 (1961), S. 1016-1017

Freud, Sigmund, *Gesammelte Werke*, Fischer, Frankfurt (1973)

Garber, Marjorie, *Dog Love*, Simon & Schuster, New York (1996)

Gebhardt, Heiko, 2. Aufl., *Du armer Hund*, Stern, Hamburg (1978)

Genoways, Hugh und Marion Burgwin, Hrsg., *Natural History of the Dog*, Carnegie Museum of Natural History, Pittsburgh (1984)

Gentry, Christine, *When Dogs Run Wild: The Sociology of Feral Dogs and Wildlife*, McFarland & Co, Jefferson, N. C. (1983)

George, Jean Craighead, *How to Talk to Your Animals*, Harcourt Brace Jovanovich Inc., New York (1985)

Gilbert, E. M. und Thelma R. Brown, *K-9 Structure and Terminoloy*, Howell Book House, New York (1995)

Ginsburg, Benson E. und Laurie Hiestand, »Humanity's Best Friend: The Origins of Our Inevitable Bond with Dogs«, in *The Inevitable Bond* (S. 93-108)

*Gonzales, Philip und Leonore Fleischer, *The Dog Who Rescues Cats: The True Story of Ginny*, Einführung von Cleveland Amory, HarperCollins, New York (1995)

Goodman, Jack, Hrsg., *The Fireside Book of Dog Stories*, Simon & Schuster, New York (1943)

Gottlieb, A., »Dog: Ally or Traitor?« *American Ethnologist* 13 (1986), S. 477-488

Gould, James L. und Gould, Carol Grant, *Bewußtsein bei Tieren*, Spektrum-Bibliothek (1997)

Gould, Stephen Jay, »Mickey Mouse Meets Konrad Lorenz«, *Natural History* 88, Nr. 5 (1979), S. 30-36

[Le] Grand livre du chien, 2 Bd., Hrsg. Michel Villemont, Red. Marie-Christine d'Aragon, Edito-Service, Genf (1970)

Graven, Jacques, *Non-human Thought: The Mysteries of the Animal Psyche*, übersetzt aus dem Französischen von Harold J. Salemson, Stein & Day, New York (1967)

*Griffin, Donald, *The Question of Animal Awareness: Evolutionary Continuity of Mental Experience*, 2. Aufl., Rockefeller University Press, New York (1981)

*– *Animal Thinking*, Harvard University Press, Cambridge, Mass. (1984)

*– *Animal Minds*, University of Chicago Press, London (1992)

Grossman, Lloyd, *The Dog's Tale: A History of Man's Best Friend*, BBC Books, London (1993)

Grzimek, B., »Weitere Vergleichsversuche mit Wolf und Hund«, *Zeitschrift für Tierpsychologie* 5 (1942), S. 59-73

Hafez, E. S. E., Hrsg., *The Behavior of Domestic Animals*, Bailliere, Tindall and Cox, London (1962)

Hall, Roberta L. und Henry S. Sharp, Hrsg., *Wolf and Man: Evolution in Parallel*, Academic Press, New York (1978)

Halliburton, Judith, *Raising Rover*, St. Martin's Press, New York (1996)

Hall, C. S., »Temperament: A Survey of Animal Studies«, *Psychological Bulletin* 38 (1943), S. 909-943

Haltenorth, T., *Rassehunde – Wildhunde*, Winter, Heidelberg (1958)

Harrington, Fred H. und L. David Mech. »Wolf-vocalizations«, in *Wolf and Man: Evolution in Parallel*, herausgegeben von Roberta L. Hall und Henry S. Sharp. Academic Press, New York (1978)

Hart, B. L. und L. A. Hart, *Canine and Feline Behavioral Therapy*, Lea & Febiger, Philadelphia (1985)

– »Selecting Pet Dogs on the Basis if Cluster Analysis of Breed Behavioral Profiles and Gender«, *Journal of the American Veterinary Medical Association* 186 (1985), S. 1181-1185

Hart, B. L. und M. F. Miller, »Behavioral Profiles of Dog Breeds«, *Journal of the American Veterinary Medical Association* 186 (1985), S. 1175-1180

*Hearne, Vicki, *Adam's Task: Calling Animals by Name,* Alfred A. Knopf, New York (1987)
– *The White German Shepherd,* The Atlantic Monthly Press, New York (1988)
– *Bandit: Dossiers of a Dangerous Dog,* HarperCollins, New York (1991)
– *Animal Happiness,* HarperCollins, New York (1994)
Hediger, H. »Vom Traum der Tiere«, Ciba Z. 9 (1945)
– *Studies of the Psychology and Behaviour of Captive Animals in Zoos and Circuses,* übersetzt von Geoffrey Sircom, Criterion Books, New York (1955)
Henshaw, R. E. und R. O. Stephenson, »Homing in the Grey Wolf«, *Journal of Mammalogy* 55, Nr. 1 (1974), S. 234-237
Heroic Dogs in the News, The Paebar Co., New York (1946)
Herre, Wolf und Manfred Röhrs, *Haustiere – Zoologisch gesehen,* 2. Aufl., Gustav Fischer Verlag, Stuttgart (1990)
Hetts, S., »Psychologic Well-Being: Behavioral Measures and Implications for the Dog«, *Advances in Companion Animal Behavior* 21 (1991), S. 369-387
Hobson, L. Allan, *The Chemistry of Conscious States,* Little, Brown & Co, Boston (1994)
Homer, *Odyssee,* Klett-Cotta, Stuttgart (1981)
Honig, Werner K. und P. H. R. James, Hrsg., *Animal Memory,* Academic Press, New York (1971)
Horgan, John, »See Spot See Blue: Curb That Dogma! Canines Are not Color-Blind«, *Scientific American* 262 (Januar 1990), S. 20
Houpt, Katherine A. und Thomas R. Wolski, *Domestic Animal Behavior for Veterinarians and Animal Scientists,* Iowa State University Press, Ames (1982)
*Humphrey, E. S. und L. Warner, *Working Dogs: An Attempt to Produce a Strain of German Shepherds Which Combines Working Ability and Beauty of Confirmation,* John Hopkins Press, Baltimore (1934)
Hume, C. W., »In Praise of Anthropomorphism«, in *Man and Beast,* UFAW, Potters Bar, Herts. (1962)
Hunt, Morton, *The Compassionate Beast: What Science Is Discovering About The Humane Side of Humankind,* William Morrow Co., New York (1990)
Huyghebaert, L. *Le Chien: Psychologie – Olfaction – Mécanisme de l'Odorat,* Les Editions de l'Eleveur n. d., Paris (ungefähr 1914)
Indiana, Gary, Hrsg., *Living with the Animals,* Faber & Faber, London (1994)
Jesse, Edward, *Anecdotes of Dogs,* George Bell & Sons, London (1897)
Johns, Bud, Hrsg., *Old Dogs Remembered,* Carroll & Graf, New York (1993)
Jones, E. Gwynne, *A Bibliography of the Dog,* The Library Association, London (1971; gestützt auf die Doktorarbeit für die Library Association Fellowships, 1970)
Jones, R., »Tasmanian Aborigines and Dogs«, *Mankind* 7 (1970), S. 256-271
Jones, Tim, *Dog Heroes: True Stories About Extraordinary Animals Around the World,* recherchiert von Christine Ummel, Epicenter Press, Fairbanks und Seattle (1996)

Jouvet, M. und D. Jouvet, »Le sommeil et les rêves chez l'animal«, in A. Brion und Henry Ey, Hrsg., *Psychiatrie animale*, S. 149-167; Bibliothèque neuro-psychiatrique de langue française, Desclée de Brouwer, Paris (1976)

Jouvet, M. und J. P. Sastre, »Le comportement onirique du chat«, *Physiology and Behavior* 22 (1979), S. 979-989

Kaimus, H., »The Discrimination by the Nose of the Dog of Individual Human Odors and in Particular of the Odors of Twins«, *Animal Behavior* 3 (1955), S. 25-31

Katz, Richard, *Einsames Leben*, Rentsch, Leipzig (1936)

Keehn, J. D., *Origins of Madness: Psychopathology in Animal Life*, Pergamon Press, Oxford (1979)

– *Animal Models for Psychiatry*, Routledge & Kegan Pail, Boston (1986)

Kennedy, John S., *The New Anthropomorphism*, Cambridge University Press, Cambridge (1992)

King, J. A., »Closed Social Groups Among Domestic Dogs«, *Proceedings of the American Philosophical Society* 98 (1954), S. 327-336

Kleiman, D. G., »Monogamy in Mammals«, *Quarterly Review of Biology* 52 (1977), S. 39-69

Kleiman D. G. und J. F. Eisenberg, »Comparisons of Canid and Felid Social Systems from an Evolutionary Perspective«, *Animal Behavior* 21 (1973), S. 637-659

Klinghammer, Erich und Patricia Ann Goodman, »Socialization and Management of Wolves in Captivity, in *Man and Wolf: Advances, Issues, and Problems in Captive Research*, herausgegeben von H. Frank, S. 45, W. Junk Publishers (Kluwer Academic Publishers Group), Dordrecht (1987)

Kobbé, Gustav, *A tribute to the Dog: Including the Famous Tribute by Senator Vest*, Frederick A. Stokes Co., New York (1910)

Koehler, William, *The Koehler Method of Dog Training*, Howell Book House, New York (Macmillan Publishing, 1962)

Kohn, Alfie, *The Brighter Side of Human Nature; Altruism and Empathy in Everyday Life*, Basic Books, New York (1990)

Krebs, Dennis L., »Altruism: An Examination of the Concept and a Review of the Literature, *Psychological Bulletin* 73 (1979), S. 258-302

Krushinskii, L. V., *Animal Behavior: Its Normal and Abnormal Development*, Consultant's Bureau, New York (1962)

Kundera, Milan, *Die unerträgliche Leichtigkeit des Seins*, Carl Hanser Verlag, München – Wien (1984)

Lamott, Anne, *Operating Instructions: A Journal of My Son's First Year*, Pantheon Books, New York (1993)

Lansbury, Coral, *The Old Brown Dog: Women, Workers, and Vivisection in Edwardian England*, University of Wisconsin Press, Madison (1985)

Lavie, Peretz, *The Enchanted World of Sleep*, Vorwort von Michel Jouvet, Yale University Press, New Haven (1996)

Lawrence, Alistair B. und Jeffrey Rushden, Hrsg., *Stereotypical Animal Behaviour:*

Fundamentals and Applications to Welfare, Cab International, Wallingord, Oxon (1993)

Lawrence, Elizabeth Atwood, »The Sacred Bee, the Filthy Pig, and The Bat Out of Hell: Animal Symbolism as Cognitive Biophilia«, in Stephen R. Kellert und Edward O. Wilson, Hrsg., *The Biophilia Hypothesis*, Island Press, Washington D.C. (1993)

Lawrence, R. D., *In Praise of Wolves*, Collins, New York (1986)

*Leach, Maria, *God Had a Dog: Folklore of the Dog*, Rutgers University Press, New Brunswick, N. J. (1961)

*Lemish, Michael G. *War Dogs: Canines in Combat*, Brasseys (MacMillan), McLean, Vir. (1996)

*Lerman, Rhoda, *In the Company of Newfies: A Shared Life*, Henry Holt & Co, New York (1996)

Lessac, M., »Effects of Early Isolation on the Later Adaptive Behavior of Beagles«, *Development Psychology* 1 (1969), S. 14-25

Levinson, B., Pets and Human Development, Charles C. Thomas, Springfield, Ill. (1972)

Lewis, Michael, und Jeannette M. Haviland, *Handbook of Emotions*, The Guilford Press, New York (1993)

Leyhausen, P. *Katzenseele*, Franckh-Kosmos, Stuttgart (1996)

Lipman, E. A. »Comparative Auditory Sensitivity of Man and Dog«, *American Journal of Psychology* 55 (1942), S. 84-89.

Lockbridge, Frances und Richard, *Cats & People*, J. B. Lippincott, Co., New York (1950)

Lockwood, R., »Dominance in Wolves: Useful Construct or Bad Habit?« in E. Klinghammer, Hrsg., *The Behavior and Ecology of Wolves*, S. 225-244, Garland STPM, New York (1979)

Löhner, L., »Untersuchungen über die geruchsphysiologische Leistungsfähigkeit von Polizeihunden«, *Pflügers Archiv für die gesamte Physiologie des Menschen und der Tiere*, 212 (1926). S. 84-94

*Lopez, Barry Holstun, *Of Wolves and Men*, Charles Scribner's Sons, New York (1987)

Lorenz, Konrad, »Der Kumpan in der Umwelt des Vogels«, *Journal of Ornithology* 83 (1935), S. 137-213, 289-413

*– *So kam der Mensch auf den Hund*, DTV, München (1950)

– *Das sogenannte Böse: Zur Naturgeschichte der Aggression* (1963)

– *Haben Tiere ein subjektives Erleben?* Arche-Nova, Zürich; Piper, München (1968)

– »Companions as Factors in the Bird's Environment«, in *Studies in Animal and Human Behaviour*, Bd. 1, S. 101-259. Übersetzt von Robert Martin, Harvard University Press, Cambridge (1965)

Lubbock, J., *On the Sense, Instincts, and Intelligence of Animals*, Appleton, New York (1888)

Lucas, Edgar A., et al., »Baseline Sleep-Wake Patterns in the Pointer Dog«, *Physiology and Behavior* 19 (1977), S. 285-291

MacCaskill, Bridget, *The Blood Is Wild*, Jonathan Cape, London (1995)

The Macmillan Book of Proverbs, Maxims and Famous Phrases, ausgewählt und zusammengestellt von Burto Stevenson, Macmillan, New York (1948)

Macgregor, Forbes, *Greyfriars Bobby: The Real Story At Last*, Goron Wright, London (1990)

Maeterlinck, Maurice, *Der doppelte Garten*, Diederichs, Jena (1910)

Mahut, H., »Breed Differences in the Dog's Emotional Behavior«, *Canadian Journal of Psychology* 12 (1958), S. 35-44.

Mainardi, Danielo, *Il cane e la volpe*, Rizzoli, Mailand (1976)

Malcolm, J. R., »African Wild Dogs Play Every Game by Their Own Rules«, *Smithsonian* 11, Nr. 8 (1980), S. 62-71

*Thomas Mann, »Herr und Hund«, Fischer Verlag (1918)

Manning, A. und J. A. Serpell, Hrsg., *Animals and Human Society: Changing Perspectives*, Routledge, London (1994)

Mason, I. L., Hrsg., *Evolution of Domesticated Animals*, Longman, London (1984)

Mason, Marcus W., *Bibliography of the Dog*, Iowa State University Press, Ames (1959)

Masson, Jeffrey Moussaieff, *Final Analysis: The Making and Unmaking of a Psychoanalyst*, Addison-Wesley, New York (1991)

– *Lost Prince: The Unsolved Mystery of Kaspar Hauser*, The Free Press, New York (1996)

Masson, Jeffrey Moussaieff und McCarthy, Susan, *When Elephants Weep: The Emotional Lives of Animals*, Delacorte Press, New York (1995)

Mayle, Peter, *Erlebnisse eines provenzalischen Hundes*, Droemer (1995)

*McCaig, Donald, *Nop's Trials*, Crown Publishers, New York (1984)

– *Eminent Dogs, Dangerous Men: Searching Through Scotland for a Border Collie*, HarperCollins, New York (1991)

McElroy, Susan Chernak, *Animals As Teachers and Healers: True Stories and Reflections*, Vorwort von Michael W. Fox, New Sage Press, Troutdale, Ore. (1996)

McGill, Thomas, Hrsg., *Readings in Animal Behavior*, 2. Aufl., S. 197-210, Holt, Rinehart & Winston, New York (1973)

MyIntyre, Rick, »The East Fork Pack«, in John A. Murray, Hrsg., *Out Among the Wolves: Contemporary Writings on the Wolf*, Alaska Northwest Books, Anchorage (1993)

McLoughlin, John C., *The Canine Clan: A New Look at Man's Best Friend*, Viking, New York (1983)

Mech, L. David, *The Wolves of Isle Royal*, Fauna of the National Parks of the United States, Fauna Serie, Nr. 7, Government Printing Office, Washington D.C. (1966)

– *The Wolf: The Ecology and Behavior of an Endangered Species*, Natural History Press, New York (1970)

– *Wolf! Wolves in American Culture Committee*, Northworld, Ashland, Wisc. (1986)

– »Joining A Wolf Pack«, *Audubon* 98, Nr. 6 (Dezember 1996), S. 78-87

Melzack, R., »Irrational Fears in the Dog«, *Canadian Journal of Psychology* 6 (1952), S. 141-147

– »The Genesis of Emotional Behavior: An Experimental Study of the Dog«, *Journal of Comparative and Physiological Psychology* 50 (1958), S. 155-161

– »Effects of Early Experience on Social Behavior«, *Canadian Journal of Psychology* 10 1956), S. 82-90

– »The Effects of Early Experience on the Response to Pain«, *Journal of Comparative Physiological Psychology* 50 (1957), S. 155-161

Menzel, F. *Welpe und Umwelt*, Verlag Dr. Paul Schöps, Leipzig (1937)

Mery, Fernand, *The Life, History and Magic of the Dog*, Grosset & Dunlap, New York (1979; ursprüngliche französische Ausgabe 1968 veröffentlicht von Robert Laffont, Paris)

Messent, Peter, *Understanding Your Dog*, Vorwort von Konrad Lorenz, Macdonald & James, London (1979)

Midgeley, Mary, »Why Knowledge Matters«, in D. Sperlinger, Hrsg., *Animals in Research*, John Wiley & Sons, New York (1981)

Milani, Myrna M., *The Body Language and Emotion of Dogs: A Practical Guide to the Physical and Behavioral Displays Owners and Dogs Exchange and How to Use Them to Create a Lasting Bond*, William Morrow & Co, New York (1986)

Mitler, Merrill M., William C. Dement et al., »Narcolepsy-Cataplexy in a Female Dog«, *Experimental Neurology* 45 (1974), S. 332-340

Moncrieff, R. W., *Odour Preferences*, Leonhard Hill, London (1966)

*The Monks of New Skete, *How to Be Your Dogs Best Friend: A Training Manual For Dog Owners*, Little, Brown & Co., Boston (1978)

Montani, F., *Il cane anziano*, De Vecchi, Mailand (1994)

Morris, Desmond, *Dogwatching*, Heyne, München (1987); ill. Ausg. (1996)

Morris, Willie, *My Dog Skip*, Random House, New York (1995)

Moulton, D. G., E. H. Ashton und J. T. Earys, »Studies in Olfactory Acuity, 4, Relative Detectability of n-Aliphatic Acids by the Dog«, *Animal Behavior* 8 (1960), S. 117-128

Mowat, Farley, *Der Hund, der mehr sein wollte*, Europaverlag, Zürich (1959)

Mugford, R. A., »Attachment Versus Dominance: An Alternative View of the Man-Dog Relationship«, in *The Human-Pet Relationship*, S. 157-164, IEMT, Wien (1985)

Nachtsheim, H. und H. Stengel, *Vom Wildtier zum Haustier*, Parey, Berlin (1977; erste Auflage 1936)

Neruda, Pablo, *Odes to Common Things*, übersetzt von Ken Krothenhaft, Little, Brown & Co, Boston (1994)

Neuhaus, Walter, »Über die Riechschärfe des Hundes für Fettsäuren«, *Zeitschrift für Vergleichende Physiologie* 35 (1953), S. 527-52

Neville, Peter, *Do Dogs Need Shrinks?* Carol Publishing Group, New York (1992)

Oatley, K., »The Importance of Being Emotional«, *New Scientist* 19 (August 1989), S. 33-36

Ogden, Paul, *Chelsea: The Story of a Signal Dog*, Little, Brown & Co, Boston (1992)

Oliner, Samuel P. und Pearl M. Oliner, *The Altruistic Personality,* The Free Press, New York (1988)

Olsen, Stanley J., *Origins of the Domestic Dog, the Fossil Record,* University of Arizona Press, Tucson (1985)

O'Mara, Lesley, Hrsg., *Best Dog Stories,* Einführung von Gerald Durrell, Brockhampton Press, London (1990)

O'Neill, Eugene, »The Last Will and Testament of Silverdene Emblem O'Neill«, in *The Unknown O'Neill,* herausgegeben von Travis Bogard, Yale University Press (1988)

The Oxford Companion to Animal Behavior, herausgegeben von David McFarland. Oxford University Press, New York (1987

Papashvily, Helen und George, *Dogs and People,* J. B. Lippincott, Philadelphia (1954)

Parker, S. T., R. W. Mitchell und M. L. Boccia, Hrsg., *Self-Awareness in Animals and Humans: Developmental Perspectives,* Cambridge University Philadelphia, Cambridge (1994)

Paulsen, Gary, *Winterdance: The Fine Madness of Running the Iditarod,* Harcourt Brace & Co, New York (1994)

Pawlow, Iwan, *Die bedingten Reflexe,* Kindler, München (1972)

Perin, Constance, »Perfect Dogs«, in *Belonging in America – Reading Between the Lines,* University of Wisconsin Philadelphia, Madison (1988)

Pfaffenberger, C. J., »The Relationship Between Delayed Socialization and Trainability in Guide Dogs«, *Journal of Genetic Psychology* 95 (1959), S. 145-155

– *The New Knowledge of Dog Behavior,* Howell Books, New York (1963)

Pfungst, Oskar, *Der Kluge Hans,* Fachbuch für Psychologie, Frankfurt (1983)

Phelps, Gilbert und John Phelps, Comp., *Between Man and Beast,* Bonanza Books, New York (1979)

Pinkwater, Daniel, *Fish Whistle,* Addison-Wesley, New York (1989)

Pitt, Frances, *Animal Mind,* Frederick A. Stokes, New York (1926)

Poli, Marco und Ambrogio, Elio, *Care bestiae, scusate: Per capire, per rispettare, per imparare a difendere gli animali,* Longanesi & Co, Mailand (1995)

Porter, V., *Faithful Companions: The Alliance of Man and Dog,* Methuen, London (1989)

Powers, W. K., und M. N. Powers, »Putting on the Dog«, *Natural History* 95, Nr. 2 (Februar 1986), S. 6-16

Pratt, D., *Alternatives to Pain in Experimentation on Animals,* Argus Archives, New York (1980)

Prendergast, Dorothy, *The Wolf Hybrid,* Rudelhaus Enterprises, Gallup N. M. (1989)

Proust, Marcel, *In Swanns Welt,* Suhrkamp, Frankfurt/M./Zürich 1956-1960

Pulliainen, Erkki, »Ecology of the Wolf in the Settled Areas of Finland«, in Erich Klinghammer, Hrsg., *The Behavior and Ecology of Wolves,* Garland STPM Psychology, New York (1979)

Ratner, Stanley C. und Robert Boice, »Effects of Domestication in Behaviour«, in E. S. F. Hafez, Hrsg., *The Behaviour of Domesticated Animals*, 3. Aufl., Balliere Tindall, London (1975)

Reitman, Judith, *Stolen for Profit: The True Story Behind the Disappearance of Millions of America's Beloved Pets*, Kensington Books, New York (1992)

Rheingold, H., »Maternal Behavior in the Dog«, in *Maternal Behavior in Mammals*, John Wiley & Sons, New York (1963)

Rhine, J. B. und Sara R. Feather, »The Study of Cases of Psi-Trailing« in Animals, *Journal of Parapsychology* 26 (1962), S. 1-22

Ricciuti, E. R., »Dogs of War«, *International Wildlife* 8, Nr. 5 (1978), S. 36-40

Richardson, E. H., *Forty Years With Dogs*, Hutchinson, London (1929)

Richter, C. P., »On the Phenomenon of Sudden Death in Animals and Man«, Psychosomatic Medicine 19 (1957), S. 191-198

Ritchie, C. I. A., The British Dog: Its History from Earliest Times, Robert Hale, London (1981)

Robinson, Louis, *Wild Traits in Tame Animals (Being Some Familiar Studies in Evolution)*, William Blackwood & Sons, Edinburgh und London (1897)

Robinson, Michael H. und Lionel Tiger, Hrsg., *Man and Beast Revisited*, Smithsonian Institution Press, Washington D.C. (1991)

Roeder, Kenneth D., »A Dogs World View«, Natural History 82 (Nr. 7, August 1973), S. 12-18, 84-85

Roffwarg, Howard P., Joseph Muzio und William Dement, »Ontogenetic Development of the Human Sleep-Dream Cycle«, Science 152 (1966), S. 604-619

Rohan, Jack, *Rags: The Story of a Dog Who Went to War*, Harper & Brothers, New York (1930)

*Romanes, George J., *Animal Intelligence*, 2. Aufl., Kegan Paul, Trench & Co, London (1882)

*Rosen, Michael J. Hrsg., *The Company of Dogs: 21 Stories by Contemporary Masters*, Doubleday, New York (1990)

– Hrsg., *Dog People: Writers and Artists on Canine Companionship*, Artisan, New York (1995)

Rosengren, A., »A Study of Colour Discrimination in Dogs«, *Acta Zoologica Fennica 121* (1968)

– »Experiments in Colour Discrimination in Dogs«, *Acta Zoologica Fennica 122* (1969), S. 1-19

Ross, S., »Some Observations on the Lair-Dwelling Behavior of Dogs«, *Behaviour 2* (1950), S. 144-162

Ruchebusch, V. »Sommeil et rêves chez les animaux«, in A. Brion und H. Ey, Hrsg., Psychiatrie animale, S. 139-148, Desclée de Brouwer, Paris (1964)

Salgzen, Eric A., »The Ontogeny of Fear in Animals«, (1966), in *Fear in Animals and Man*, herausgegeben von W. Sluckin, Van Nostrand Reinhold & Co, N. Y. (1979), S. 125-164

Sarris E. G., »Die individuellen Unterschiede bei Hunden«, *Zeitschrift für angewandte Psychologie und Charakterkunde* 52 (1937), S. 257-310

Saunders, Marshall, Beautiful Joe: *An Autobiography*, mit einer neuen Einführung von Roger A. Caras, Applewood Books, Mass. (1994; Erstveröffentlichung 1894)

Savishinsky, Joel S., »Pet Ideas: The Domestication of Animals, Human Behavior, and Human Emotions«, in Aaron Honori Katcher und Alan A. Beck, Hrsg., New Perspectives in Our Lives with Companion Animals, University of Pennsylvania Press, Philadelphia (1983)

Scanziani, Piero, *Enciclopedia del Cane*, Istituto Geografico de Agostini, Novara (1981)

Schachter, S., *The Psychology of Affiliation*, Tavistock, London (1959)

Schassburger, Ronald M., *Vocal Communication in the Timber Wolf, Canis lupus, Linnaeus: Structure, Motivation, and Ontogeny*, Paul Parey Scientific Publishers, Berlin (1993)

Schenkel, Rudolf, »Ausdrucksstudien an Wölfen«, *Behavior* 1 (1947), S. 81-129

– »Submission: Its Features and Functions in the Wolf and Dog«, *American Zoologist* 7 (1967), S. 319-330

Schjedlerup-Ebbe, T., »Beiträge zur Sozialpsychologie des Haushunds«, *Zeitschrift für Tierpsychologie* 88 (1922), S. 225-252

Schmid, Bastian, *Von den Aufgaben der Tierpsychologie*, Gebrüder Bornträger, Berlin (1921)

– *Das Seelenleben der Tiere*, Rikola Verlag, Wien (1926)

– *Aus der Welt des Tieres*, Otto Salle, Berlin (1930)

– »Vorläufiges Versuchsergebnis über das hundliche Orientierungsproblem«, in *Zeitschrift für Hundeforschung*, Bd. 2, S. 133-156 (1932)

– *Interviewing Animals*, George Allen & Unwin, London (1936; ursprünglich veröffentlicht unter *Begegnung mit Tieren*, 1935 in München)

Schmidt, H. D., »Zur Sozialpsychologie des Haushundes«, *Zeitschrift für Psychologie* 161 (1957)

Schmidt-Nielson, K., *How Animals Work*, Cambridge University Press, New York (1972)

Scholtmeijer, Marian, *Animal Victims in Modern Fiction: From Sanctity to Sacrifice*, University of Toronto Press, Toronto (1993)

Scott, John Paul, »The Social Behavior of Dogs and Wolves: An Illustration of Sociobiological Sytematics«, Annals New York Academy of Sciences 51 (1950), S. 1009-1021

– *Animal Behavior*, University of Chicago Press, Chicago (1958)

– »The Evolution of Social Behavior in Dogs and Wolves«, *American Zoologist* 7 (1967), S. 373-381

– »Separation in Infant Dogs: Emotional and Motivational Aspects«, in Senay, E., Hrsg., *Desparation and Distress*, American Association for the Advancement of Science Symposium, Washington D.C. (1969)

– »Attachment and Separation in Dog and Man: Theoretical Propositions«, in H. R. Schaffer, Hrsg., *The Origins of Human Social Relations*, Academic Press, New York (1971), S. 227-246
– »Development of Affect in Dogs and Rodents«, in T. Alloway et al., Hrsg., *Communication and Affect*, Academic Press, New York (1992)
– »Editor's Comments«, in *Critical Periods*, Benchmark Papers in Animal Behavior, 12, Dowdem, Hutchinson & Ross, Bowling Green State University, Ohio (1978)
– »Investigating Behavior: Toward a Science of Sociality«, in Donald A. Dewsbury, Hrsg., *Studying Animal Behavior: Autobiographies of the Founders*, University of Chicago Press, Chicago (1985)
Scott, J. P., John M. Stewart und Victor J. DeGhett, »Separation in Infant Dogs: Emotional Response and Motivational Consequences«, in John Paul Scott und Edward C. Senay, *Separation and Depression: Clinical and Research Aspects*, American Association for the Advancement of Science, Washington D. C. (1973)
Sebeok, T. A., Hrsg., *Animal Communication*, Indiana University Press, Bloomington (1968)
Seitz, A., »Beobachtungen an handaufgezogenen Goldschakalen (Canis aureus algirensis Wagner [1843])«, *Zeitschrift für Tierpsychologie* 16, Nr. 6 (1959). S. 747-771
Seligman, Martin E. P., »Chronic Fear Produces by Unpredictable Shock«, *Journal of Comparative and Physiological Psychology* 66 (1968), S. 402-411
– »Fall into Helplessness«, Psychology Today 7 (1973), S. 43-48
– *Helplessness: On Depression, Development, and Death*. W. H. Freeman & Co., San Franscisco (1975)
Senay, E. C., »Toward an Animal Model of Depression: A Study of Separation Behavior in Dogs«, *Journal of Psychiatric Residency* 4 (1966), S. 65-71
Serpell, J. A., *In the Company of Animals*, Basil Blackwell, Oxford (1986)
– »The Influence of Inheritance and Environment on Canine Behavior: Myth and Fact«, *Journal of Small Animal Practise* 28 (1987), S. 949-956
– Hrsg., *The Domestic Dog: Its Evolution, Behaviour and Interactions with People*, Cambridge University Press, Cambridge (1995)
*Sheldon, Jennifer W., Wild Dogs: *The Natural History of the Nondomestic Canidae*, Academic Press, San Diego (1992; Harcourt Brace Jovanovich)
Sheldrake, Rupert, *Seven Experiments That Could Change the World: A Do-It-Yourself Guide to Revolutionary Science*, Riverhead Books, New York (1995)
Shell, Mark, »The Familiy Pet«, *Representations* 15 (1986), S. 121-153
Shimazono, Y. et al., »The Correlation of the Rhythmic Waves of the Hippocampus with the Behavior of Dogs«, *Neurologia Medico-Chirurgica* (1960), S. 82-88
Shojai, Amy, A Dogs Life: *The History, Culture, and Everyday Life of the Dog*, Friedman/Fairfax, New York (1994)
Siegal, Mordecai, Hrsg., *UC Davis School of Veterinary Medicine Book of Dogs: A Complete Medical Reference Guide for Dogs and Puppies*, Fakultät und Personal

der School of Veterinary Medicine, University of California, Davis, Harper Collins, New York (1995)

Siegal, Mordecai und Margolis, Matthew, *When Good Dogs Do Bad Things*, Little, Brown & Co, Boston (1986)

Singer, M., »Pygmies and Their Dogs: A Note on Culturally Constituted Defence Mechanisms«, *Ethos* 6 (1978), S. 270-277

Singh, Arjan, *Prince of Cats*, Jonathan Cape, London (1982)

– *Tiger! Tiger!* Jonathan Cape, London (1984)

– *Eelie and the Big Cats*, Jonathan Cape, London (1987)

Sluckin, W., Hrsg., *Fear in Animals and Man*, Van Nostran Reinhold, New York (1979)

Smythe, R. H., *Animal Psychology*, Charles C. Thomas, Springfield, Ill. (1958)

*– *The Mind of the Dog*, Charles C. Thomas, Springfield, Ill. (1961)

*Spiegel, Isaiah, »A Getto Dog«, aus Irving Howe and Eliezer Greenberg, Hrsg., *A Treasury of Yiddish Stories*, Viking, New York (1954)

*Spiegel, Marjorie, *The Dreaded Comparison: Human and Animal Slavery*, 2. Aufl., mit einem Vorwort von Alice Walker, Mirror Books, Princeton N. J. (1996)

*Staddon, J. E. R., »Animal Psychology: The Tyranny of Anthropomorphism«, in *Whither Ethology?*, Bd. 8 von Bateson, P. P. G. und Klopfer, Peter H., Hrsg., *Perspectives in Ethology*, Plenum o, New York (1989)

Stebbins, Robert C. und Nathan W. Cohen, *A Natural History of Amphibians*, Princeton University Press, Princeton, N. J. (1995)

*Steinhart, Peter, *In the Company of Wolves*, Alfred A. Knopf, New York (1995)

Syrotuch, William G., *Scent and Scenting Dog*, Arner Publications, Westmoreland, N. Y. (1972)

Tabor, R., *The Wildlife of the Domestic Cat*, Arrow Books Ltd., London (1983)

Tarrant, Bill, *The Magic of Dogs*, Lyons & Burford, New York (1995)

*Thomas, Elizabeth Marshall, *The Hidden Life of Dogs*, Houghton Mifflin Co., Boston (1993)

– *The Tribe of the Tiger*, Houghton Mifflin Co., Boston (1994)

– Certain Poor Shepherds: *A Christmas Tale*, Simon & Schuster, New York (1996)

Thomas, Keith, *Man and the Natural World: A History of the Modern Sensibility*, Pantheon, New York (1983)

Thompson, Laura, *The Dogs: A Personal History of Greyhound Racing*, Vintage, London (1994)

Thompson, W. R., »Exploratory Behavior in Normal and Restricted Dogs«, *Journal of Comparative Physiological Psychology* 47 (1954), S. 77-82

Thorne, Y. C., Hrsg., *Waltham Book of Dog and Cat Behavior*, Pergamon Veterinary Handbook Series, Pergamon Press, New York (1992)

Thurber, James, *So spricht der Hund*, Rowohlt, Hamburg (1958)

Titcomb, Margaret, in Zusammenarbeit mit Mary Kawena Pukui, »Dog and Man in the Ancient Pacific with Special Attention to Hawaii«, Sonderausgabe Nr. 59, Bishop Museum, Honolulu (1969)

Tinbergen, Nikko, »On War and Peace in Animal and Man«, in Heinz Friedrich, Hrsg., *Man and Animal: Studies in Behavior*, St. Martin's Press, New York (1968)
Tolstoi, Leo, *Anna Karenina*, W. P. Graff, Berlin (1885)
Tomkies, Mike, *Moobli*, Jonathan Cape, London (1988)
*Trumler, Eberhard, *Mit dem Hund auf du: Zum Verständnis seines Wesens und Verhaltens*, Vorwort von Konrad Lorenz, Piper, München (1971)
– *Hunde ernst genommen: Zum Wesen und Verständnis ihres Verhaltens*, Piper, München (1974)
– *The Landscape of Fear*, Pantheon Books, New York (1979)
Tuan, Yi-Fu, *Dominance and Affection: The Making of Pets*, Yale University Press, New Haven (1984)
Tucker, Michael, *The Eyes That Lead: The Story of Guide Dogs for the Blind*, Robert Hale Ltd. London (1984)
*Turner, Dennis C. und Bateson, Patrick, *Die domestizierte Katze*, Müller, Stuttgart (1988)
Ucko, P. J. und G. W. Dimbleby, Hrsg., *The Domestication and Exploitation of Animals*, Duckworth & Co., London (1969); Aldine Publishing Co., Chicago
Uexkuell, J. von, »Die Umwelt des Hundes«, *Zeitschrift für Hundeforschung* 2 (1932). S. 157-170
van Lawick-Goodall, J. und van Lawick-Goodall, H., *Innocent Killers*, Houghton Mifflin, Boston (1971)
Van Vechten, Carl, *The Tiger in the House*, Alfred A. Knopf, New York (1952; ursprünglich veröffentlicht 1920)
Vesey-Fitzgerald, Brian, *Animal Anthology*, Newnes, London (1965)
*– Hrsg., *The Book of the Dog*, Borden Publishing, Toronto (1948)
Vessels, Jane, »Koko's Kitten«, *National Geographic* 167, Nr. 1 (Januar 1985), S. 110-113
Vines G., »Wolves in Dog's Clothing«, *New Scientist* 91, Nr. 1270 (1981), S. 648-652
Vogel, H. H., et al., »Social Facilitation and Allelomimetic Behaviour in Dogs«, *Behaviour* 2 (1959), S. 121-134
Vollmer, P. J., »Do Mischievous Dogs Reveal Their ›Guilt‹?, *Veterinary Medicine Small Animal Clinician* 72 (1977), S. 1002-1005
Voltaire, *Aus dem philosophischen Wörterbuch*, Ebenhausen (1966)
Voronoff, Serge, *Love and Thought in Animal and Man*, Methuen, London (1937)
Waal, Frans de, *Good Natured: The Origins of Right and Wrong in Humans and Other Animals*, Harvard University Press, Cambridge, Mass. (1996)
Walter, Fritz R., *Communication and Expression in Hoofed Mammals*, Indiana University Press, Bloomingdale (1984)
Warrick, Deborah M., »Dogs and Wolves: Canine Cousins. A Look At Wild and Domestic Canids«, *Animals' Agenda* 9, Nr. 11 (Dezember 1989)
Wegner, Wilhelm, *Kleine Kynologie*, 3. Aufl., Terra-Verlag, Konstanz (1986)
Werblowsky, R. J. Zwi, »On Anthropomorphism«, in Eliade, Mircea, Hrsg., *The Encyclopedia of Religion*, Bd. 1, Macmillan, New York (1987)

White, D. G. *Myths of the Dog-Man*, University of Chicago Press, Chicago (1991)

White, Joseph J., *Ebony and White: The Story of the K-9-Corps*, Doral Publishing Co., Wilsonville, Ore. (1996)

Whittemore, Hank und Caroline Hebard, *So That Others May Live: Caroline Hebard and Her Search-and-Rescue Dogs*, Bantam, New York (1995)

Willis, R. G. Hrsg., *Signifying Animals: Human Meaning in the Natural World*, Unwin Hyman, London (1990)

Willis, Roy, *Man and Beast*, Basic Books, New York (1974)

*Winokur, Jon, Hrsg. und Komp., *Mondo Canine*, E. P. Dutton, New York (1991)

Wise, J. K. und Yang, J. J., »Dog and Cat Ownership, 1991-1998«, *Journal of the American Veterinary Association* 204 (1994), S. 1166-1167

Wispé, L., *The Psychology of Sympathy*, Plenum, New York (1991)

Wittgenstein, *Philosophische Untersuchungen*, Suhrkamp, Frankfurt (1967)

– *Zettel*, übersetzt von G. E. M. Anscombe, herausgegeben von G. E. M. Anscombe und G. H. von Wright, University of California Press, Berkeley und Los Angeles (1970)

Wolfensohn, S., »The Things, We Do to Dogs«, *New Scientist*, (14. Mai 1981), S. 404-407

Woloy, Eleonora M., *The Symbol of the Dog in the Human Psyche*, Chiron Publications, Wilmette, Ill. (1990)

Woodhouse, Barbara, *Ich spreche mit Tieren*, Mann, Hildesheim (1955)

Woolf, Virginia, *Flush: Die Geschichte eines berühmten Hundes*, Fischer, Berlin (1934)

Woolpy, J. H., »Wolf Socialization: A Study of Temperament in a Wild Social Species«, *American Zoologist* 7 (1967), S. 357-364

Wright, J. C., »The Development of Social Structure During the Primary Socialization Period in German Shepherds«, *Developmental Psychobiology* 13 (1980), S. 17-24

*Zeuner, F. E., *A History of Domesticated Animals*, Harper & Row, New York (1963)

Zimen, Erik, *Wölfe und Königspudel: vergleichende Verhaltensbeobachtungen*, Piper, München (1974)

– »The Red Fox: Symposium on Behaviour and Ecology«, *Biogeographica* 18, Dr. W. Junk, Boston (1980)

– *The Wolf: His Place in the Natural World*, Souvenir Press, London (1981; ursprünglich 1978 erschienen)

– *Der Hund: Abstammung – Verhalten – Mensch und Hund*, C. Bertelsmann, München (1988)

Zompolis, Gregory N., *Operation Pet Rescue: Animal Survivors of the Oakland, California, Firestorm*, J. N. Townsend Publishing, Exeter, N. H. (1994)

Zschokke, Friedrich, *Der Schlaf der Tiere*, Helbing & Lichtenhahn, Zürich (1916)

Zweig, A., »Über die psychischen Leistungen eines Hundes und deren mögliche Beziehungen zur Humanpsychologie«, *Schweizerische Zeitschrift für Psychologie* (1957)

Register

A

A Dog Is Listening (Caras) 68, 189, 246
A Natural History of Love (Ackerman) 141
A Story Like the Wind (Post) 200
ABC (Fernsehsender) 149
Ablenkungsmanöver 186
Ackerley, J. R. 116
Ackerman, Diane 141
Adam's Task (Hearne) 211
Adams, John 203
Affekt 226
Afrika 61
Aftel, Chloe 12
Aggression 216, 221
Alen, Durward 134
Alice (Hündin) 225
Alle meine Hunde (von Arnim) 126
Allen, Woody 182
Alphatier 119, 145, 181, 206, 221
Altman, S. A. 188
American Psychiatric Association 244
American Veterinary Medical Association 105
Angie 148 f.
Angriffslust 227
Angriffsverhalten 224, 227 f.
Angst 31, 57, 81, 152, 166, 252
Angstbeißen 225
Animal Biography 59
Animal Intelligence (Romanes) 130
Animal Play Behavior (Fagen) 183
Animal Psychology (Smythe) 93
Anna Karenina (Tolstoi) 265
Anpassungsfähigkeit 24
Anteilnahme 144 f.
Anthropologie 250
Anthropomorphismus 49 ff., 143, 245
Apportierhunde 271
Arabien 38
Arbeitshunde 178
Arendts, Hannah 233
Arnim, Elizabeth von 126
Arnold (Hund) 60
Artverwandtschaft 89
Asiatischer Windhund 213
Asien 38
Auden, W. H. 143
Auflehnung 229
Aufmerksamkeit 139
Aureus-Hunde 212
Aus dem philosophischen Wörterbuch (Voltaire) 40
Aus dem Wörterbuch des Teufels (Bierce) 42
Auschwitz 233
Australien 13
Aversionstherapie 200

B

Babysprache 259
Bailey (Hund) 105
Bakersfield (Kalifornien) 105
Bar Harbor 249
Barrett Browing, Elizabeth 96, 169
Basset 155
Bauschan (Hund) 187
BBC 171

Beagle 253
Bedford, Herzog von 126
Beem, Philip 238
Begeisterung 30
Begrüßungsritual 31, 122
Bekoff, Marc 11, 188 f., 259
Ben (Hund) 95
Benjamin, Carol Lea 136, 181
Berganza 95
Berger, Charles 11, 214, 243
Bergman, Göran 99
Bergson, Henri 157
Berkeley 11 f., 20, 95 f., 177, 179, 182, 184, 214, 253, 259
Berlin 19
Berman, Morris 279
Bernard, Claude 254
Bernhardiner 203, 205
Beschützerinstinkt 47, 86, 105
Beschwichtigungsverhalten 227
Bettelheim, Bruno 191
Beute 177, 182, 194 f., 205
Bhagawadgita 19
Biddie (Hündin) 187
Bierce, Ambrose 42
Binti (Gorilla) 141
Blindenhund 16 ff., 179
Blome, Richard 94
Blue, Julia 102 f.
Bluthunde 245
Bobbie (Hund) 100
Bobby (Hund) 80, 246
Bombay 99
Bonaparte, Napoleon 232
Boo (Hund) 105 f.
Border-Collie 61
Boston Herald 104
British Columbia 184
Brittany-Spaniel 247
Brodbeck, A. J. 78
Brookfield-Zoo (Chicago) 141
Brownie (Hund) 248
Browning, Mr. 169
Brunft 62
Brutpflege 83
Brutpflegeinstinkt 86
Burnford, Sheila 101

C
Cabell, James Branch 199
Cairn-Terrier 148
Calvia (Korsika) 247
Cambridge University 103
Campbell, Leo Scott 246
Canis aureus 204
Canis familiaris 204
Canis latrans 204
Canis lupus 204
Cape-Jagdhund 123
Caras, Roger 49, 68, 79, 113, 148 f., 187, 189, 246, 273 f.
Carlin, George 161
Carlisle, Josh 147
Carmel-by-the-Sea 97
Castro Valley 105
Cats and People (Lockridge/Lockridge) 45, 196
Certain Poor Shepherds (Marshall Thomas) 114
Cervantes, Miguel de 95, 267
Chesapeake-Bay-Retriever 105
Chicago 141, 205
Chihuahua 206
Chips (Hund) 231 f.
Chloe Sweepea (Hund) 79
Chow-Chow 105
Cinder (Hund) 68
Clutton-Brock, Juliette 38
Cockerspaniel 15, 111, 242
Coleridge, Samuel 42, 91
College of Veterinary Medicine (Cornell) 102
Collie 100

Colwell, Tony 11
Combray 283
Coming to Our Senses (Berman) 279
Cookstown 98
Coppinger, Raymond 262, 264
Coren, Stanley 259
Cornell University 102
Cornell Veterinary Medical Teaching Hospital 263
Cornell Veterinary School 30
Cornwall 93
Coyne, Robert 104
Crisler, Lois 216
Cuon alpinus 204

D
Dachshund 99, 146 f., 203
Dalmatian Club of America 281
Dalmatiner 219 f.
Dänemark 95
Dankbarkeit 20, 96, 127 f., 130
Darwin, Charles 13, 25, 29, 38, 48 f., 139, 191, 193, 228
Darwin, Erasmus 191
Das sogenannte Böse (Lorenz) 227
Das Unbehagen in der Kultur (Freud) 115
Davies, Sir John 41
Day, Doris 97
Dayton (Ohio) 256
Dayton Daily News 256
Dechambre, E. 83
Dement, William 167
Demütigung 151, 156
Demutsgeste 148, 155
Deprivation 53 f., 264
Der Ausdruck der Gemütsbewegungen bei dem Menschen und bei den Tieren (Darwin) 25, 228
Der Ursprung der Arten (Darwin) 13
Descartes 39, 175
Deutscher Schäferhund 17, 69, 105, 110, 136, 233, 235 f., 242, 271
Deutschland 101, 183, 234
Diagnostic and Statistical Manual 250
Diamond, Jared 38
Die unerträgliche Leichtigkeit des Seins (Kundera) 277
Die Vögel (Hitchcock) 62
Dinah (Hündin) 98 f.
Dingo 262
dingoähnliche Hunde 212 f.
Dobermann 238
Dobermannpinscher 224
Dogwatching (Morris) 113, 136
Doleac, Steven 281
Dolly (Hündin) 102 f.
Domestic Animal Behavior for Veterinarians and Animal Scientists 136
Domestikation 37 f., 84, 212
domestizierte Hunde 13
Dominanzgebaren 64
Dominanzmerkmale 206
Dressur 17
Drogenhunde 235
Drohgebärden 172, 189, 224, 227
Dublin 248
Dudley (Hund) 96
Duman, Beth 215 f.
Dunbar, Ian 11, 212

E
Edinburgh 246
Eelie (Hund) 195
Eelie and the Big Cats (Singh) 195
Eibl-Eibesfeldt, Irenäus 144
Eichmann, Adolf 233
Einfühlungsvermögen 144 ff., 173, 256, 266, 279, 281
Einsamkeit 135, 137 f.
Einstein, Albert 24

Eintracht 166
Encyclopedia of Religion and Ethics 49
Enttäuschung 158 ff., 261
Entzücken 30
Ergebenheit 208
Erinnerungsvermögen 65
Erniedrigung 151
Ernsthaftigkeit 274
Ersatzfamilie 87
Ersatzrudel 138
Erziehung 16
Escondido 247
Evolution 13
Experimentelle Deprivation und späteres Verhalten (Fuller) 249

F
Fagen, Robert 183
Fedorow, W. K. 254
Feindseligkeit 210, 235
Feinstein, Mark 262, 264
Feldman, Bruce Max 11, 88
Feldmann, Mr. 259
fetaler Schlaf 167
Feuerbach, Ludwig 50
Feuerland 13
Finnland 214
Flapper (Hund) 256
Flint (Michigan) 205
Flush (Hund) 96, 169
Folsom 216
Fontress, John 207
Forschungen eines Hundes (Kafka) 27, 267
Fötalisierung 83
Fox, Michael 38, 83, 100, 121, 208, 250
Foxterrier 93
France, Anatole 67
Frank, Harry 205
Frankreich 126
Französischer Pudel 274
Freßfeind 205
Freud, Sigmund 33, 67, 115, 165, 274
Freud-Archiv 20
Freude 29 ff., 40, 67, 166, 274, 276
Freundlichkeit 123, 211
Freundschaft 40, 130, 221
Freundschaftsritual 122
Fritz (Hund) 238 f.
Fuchs 204
Fügsamkeit 144
Fuller, John L. 31, 249 f.
Furcht 228

G
Galapagos 165
Gallaudet University 281
Garber, Marjorie 75
Garnett, David 248
Gazehounds 271
Gedächtnisleistung 65 f.
Gefühlsskala 36
Gehorsam 189
Gehorsamkeitsprüfung 157, 178
Genetics and the Social Behavior of the Dog (Scott/Fuller) 222, 250
genetische Defekte 206
George, Jean Craighead 259
Geruchssinn 36, 112
Geruchssinneszellen 110
Geruchswahrnehmung 111, 116, 171, 282
Geschmackswahrnehmung 282
Geselligkeit 211
Gewaltbereitschaft 227
Gewalttätigkeit 225
Gewissensbisse 154
Gill, Victoria 12
Gilroy 57

Ginny (Hündin) 148
Glassey, Rick 61 f., 64
Gleichgültigkeit 210
Glück 276
Golden Retriever 17, 19, 66, 104
Goldman, Laurie 12
Goldschakal 204
Goldstein, Leslie 12
Goldstein, Tom 12
Goodman, Patricia Ann 84
Gould, Carol Grant 168
Gould, James L. 167
Gould, Stephen Jay 86
Graber, Al 247
Graber, Helen 247
Grants Pass (Oregon) 142
Green, Kendall 281
Greyfriar 80, 246
Greyhound 58 f., 96, 170, 189, 201, 252
Griffin, Donald 49
Grönland 209
Guide Dogs for the Blind (Schule) 11, 16 f., 181
Gutmütigkeit 123

H

Hachi-Ko 80, 104
Hack, Robert 11
Halluzinationen 168, 243 f.
Harlow, Harry 53 f.
Harmonie 31, 166
Harvard 31, 166
Haß 33, 235
Hauser, Kaspar 182 f.
Haushunde 203
Hawaii 283 f.
Hearne, Vicki 211, 238
Hediger, H. 39
Hedren, Tippi 62
Heimweh 101
Heiterkeit 274
Herdentiere 36, 94, 209
Herr und Hund (T. Mann) 267
Hierarchie siehe Rangordnung
Hilflosigkeit 120, 251 f.
Hiob 69
Hitchcock, Alfred 62
Hochstimmung 166
Hoffmann, Barry 237 f.
Holstein 95
Home for Jewish Parents 255
Homo sapiens 184
Houpt, Kathy 102
How To Be Your Dog's Best Friend (Mönche von Skete) 181
How to Talk to Your Animals (George) 259
Hüftdysplasie 206
Humane Society of the United States 38, 83
Hundejunges 121
Hunderennen 252
Hunderudel 45
Hundesprache 259
Huskies 212
Hütehund 35, 193 f., 262
Huxley, Aldous 48
Hyänenhund 204, 213

I

Idle Thoughts of an Idle Fellow (Jerome) 72
In Cineam (Davies) 41
In Defence of Animals 11
In Praise of Wolves (Lawrence) 186
Indian Valley 106
Indiana 100
Indien 37, 99, 195, 209, 280
Instinkt 13, 34, 144, 175 ff., 215
instinktgesteuerte Liebe 57
Instinktverhalten 13, 60, 94, 106

Institut für Tierforschung (Berkeley) 253
Institut für Zytologie und Genetik (Sibirien) 264
Irvine, Susan 274
Ithaka 102

J
J. L. Fuller 222
Jackson Laboratory 249
Jagdhunde 271
Jagdinstinkt 177
James, William 41
Janee (Hündin) 62 ff.
Japan 104, 209
Jasco (Hund) 237 f.
Jasmine (Hündin) 104
Jay, Deborah 256
Jenkins, Chester 105
Jenkins, Terry 216
Jerome, Jerome K. 72
Jersey 141
Journal of Abnormal Psychology 251
Juson, Justine 12

K
K-9-Hunde 234
Kafka, Franz 27, 267
Kalifornien 64, 95, 97, 105, 128, 247, 255
Kammerloh, Dana 147
Katz, Elliot 11
Keating, Marion 104
Kendall (Hündin) 281
Ken-L Ration 105
Kennoyer, Deborah 12
Kernfamilie 87
Kirk, Robert 30, 247, 263
Klinghammer, Erich 84
Kluger Hans 266
Koehler 181
Kojote 204
Koko (Gorilla) 196
Koreagon Park 99
Korsika 247
Kourtsine, I. T. 254
Kucchi (Schwiegermutter) 65
Kummer 29, 53, 249
Kundera, Milan 277 f.
Kundert, Daak 105
Kundert, Jean 105

L
Labrador (Hunderasse) 17 f., 68, 105, 225
Lady (Hund) 247 f.
Laguna Hills 128
Lamott, Anne 161
Last Chance for Animals 71
Lawrence Laboratory 253
Lawrence, R. D. 186
Lebensfreude 40
Leclerc, Georges-Louis 51
Leid 30
Leila 19 f., 97
Leittier 16, 85, 206 ff.
Leitwolf 145
Leningrad 254
Leyhausen, P. 37
Liebe 30, 32 f., 67
Liebesbedürftigkeit 229
Liebesbeweis 89
Linnaeus 51 f., 204
Lockridge, Frances 45, 196
Lockridge, Richard 45, 196
Lockwood, Randall 125, 215
London 171
Lopez, Barry 147 f.
Lorenz, Konrad 84, 86 ff., 157, 183, 209, 212, 227 f.
Los Angeles 51, 62, 71, 109

Loyalität 93 f., 96, 98, 101, 104 ff., 208,
Luke (Hund) 79
Lurgan 98
Lycaon pictus 204
Lyly, John 42

M

machina animata 175
Maeterlinck, Maurice 199
Mahabharata 279
Mahery Ferry 99
Mailand 24
Maine 249
Malamutes 212
Mann, Thomas 187, 266 f.
Marblehead 104
Marker, Lauri 61
Markson, Elaine 11
Marshall Thomas, Elizabeth 11, 73, 78
Massachusetts Mental Center of Health 166
Masson, Ilan 12
Masson, Jeffrey Moussaieff 154
Masson, Leila 12, 128, 153, 184, 264 f.
Masson, Simone 12, 160
Matabharata 127
Mazur, Nina 12
McCarthy, Susan 11, 15
McIntyre, Rick 145
Mech, L. David 124, 134, 203, 205, 270
Megals (Katze) 194
Meine Wölfin (Crisler) 216
Melancholie 244, 276
Memphis (Tennessee) 281
Mestas, Mr. 234 ff.
Mexiko 209
Midgely, Mary 53
Midley, Mary 278
Mignot, E. J. M. 168
Miller, Jenny 12
Mimik 157, 209, 243
Minderwertigkeitsgefühl 245
Minnesota 262
Misha (Hündin) 130, 194, 200, 212
Missouri 91
Mißtrauen 254
Mit dem Hund auf du (Trumler) 59
Mitgefühl 142 ff., 172 f., 279, 281
Mitleid 20, 234
Model Secondary School for the Deaf 281
Montaigne, Michel de 263
Montana 147
Monto, Harold 163
Moobli (Hund) 145
Moobli (Tomkies) 146
Moreno, Elisa 12
Morgans Gesetz 143
Morris, Desmond 113, 122, 136, 213
Mother Knows Best (Benjamin) 181
Mungos 224
Mutterinstinkt 35
My Dog Tulip (Ackerley) 116

N

Napa Valley 247
National Association for Biomedical Research 253
National Geographic 182
National League for the Defense of the Dog 283
Neotenie 47, 83, 85 f., 88 f., 120, 225
Nepal 195
Neufundländer 95, 105 f., 203, 206
Neu-Guinea 262

Neuhaus, Walter 112
Neurophysiologisches Institut (Massachusetts Mental Center of Health) 166, 168
Neurose 22, 136, 254, 276
New York 246, 274
»Newf Rescue« 95
Niederstarren 122
Nishino, Seijshi 168
Nordpolarmeer 209
North Carolina 97
Nostalgie 101 f.
Novelle vom Zwiegespräch zwischen Cipión und Berganza (Cervantes) 95, 267

O
Oakland 19, 82, 95, 152, 234, 255
Oakland Home for Jewish Parents 65
Oakland Society for the Prevention of Cruelty to Animal 18
Oakland Society for the Protection of Animals 11
Oakland Zoological Society 157
Ohio 256
Old Jock 246
Olfaktometer 112
olfaktorische Zellen siehe Geruchssinneszellen
olfaktorisches Gedächtnis 113
Omegatier 119
Operating Instructions (Lamott) 161
Oregon 61, 100, 142
Organisation Humane Society of the United States 215
Orientierungssinn 98 ff., 263
Orientierungsvermögen 113
Osten, Herr von 266
Österreich 232

P
Palm Springs 109
Parenti, Michael 12
Paria-Hunde 212
Parker, Michael 272
Pawlow, Iwan 22, 253 f.
Perfume (Irvine) 274
Peterson, Linda 96
Pfungst, Oskar 266
Piloerektion 229
Pinkwater, Daniel 60
Pitbullterrier 18, 225
Polen 233
Polsky, Richard 215
Pond, Victoria 68
Poona 99
Post, Laurens van der 200
Prägung 87
Präriehund 209
Pratt, Dallas 252
Primatenzentrum Wisonsin 142
Princeton University 167
Proust, Marcel 282 f.
Pudel 168, 187, 194, 200, 212
Pulliainen, Erkki 214

R
Raj 33, 198
Rajah siehe Rani
Rangordnung 45, 62 f., 119 f., 124, 127, 148, 189, 206, 209
Rani 40, 44, 73, 79, 97, 111, 121, 129, 144 f., 152 f., 159, 173, 177, 179 f., 208, 210, 212, 226, 228 f., 241, 243, 256, 269, 272, 285
Ransome, Allen 95
Rat ki Rani siehe Rani
rattus Norvegicus 144
Räuber 177, 194 f.
Raubtierinstinkt 215
Regelmäßigkeit 161

Regent's Park 169
REM-Phase 166 ff.
Reue 152, 154
Rhiannon (Hündin) 219 ff., 226
Rhodesian Ridgeback 18, 61 f., 152
Richard, Veronique 247
Richter, C. P. 251
Riddle, Marjerie 12
Riechvermögen 272 ff., 282
ritualisierte Begegnungen 227
ritualisierter Kampf 227 ff.
Robinson, Louis 14
Roche, Mazo de la 109
Roland, Madame 41
Rolf (Schäferhund) 69 f.
Rom 24
Romanes, Georges 29, 114, 130, 155 f.
Ross, Mike del 11, 16 f., 67, 176
Ross, Steve 11
Rothund 204
Rowell, Mr. 231
Royal Society 103
Rücksichtnahme 144 ff.
Rudel 16, 44, 59, 62, 93 f., 98, 101, 105 f., 119 f., 133, 138, 145, 181, 184, 206 ff., 210, 243, 252
Rudelverhalten 16
Russell, Bertrand 126
Russell, Francis 126
Rußland 214

S

Saj (Kater) 33, 194 f., 197 f., 230
Samojede 246
San Diego 128
San Francisco 16
San Rafael 11, 16
Sanftheit 40
Sanjaya 19
Sanskrit 19
Sasha 11, 17 f., 25, 30 ff., 40, 44, 52, 57, 65, 78, 85, 88 f., 97 f., 111, 122 f., 126, 129 f., 144, 151 ff., 159, 163, 175 ff., 179, 188, 198, 201, 208, 210, 212, 225 f., 229, 241 ff., 256, 259, 269, 271 ff., 285
Saudi-Arabien 209
Säugetiere 183
Savishinsky, Joel 43
Saxton, Linda Grey 219 ff.
Saxton, Nick 220
Scanziani, Piero 283
Schakal 204, 212
Schakal-Hund 212
Scham 152
Scheinangriff 186
Scheinkampf 196, 229 f.
Schenkel, Rudolf 121, 209
Schizophrenie 254
Schlafparalyse 168
Schlittenhunde 243
Schmid, Bastian 101
Schnüffel-Ritual 267, 270
Schuldgefühle 154
Schweizer Sennenhund 126
Schwermut 249
Scotchterrier 109
Scott, John Paul 31, 135, 186, 204, 222 ff., 228, 250, 263
Seelenverwandtschaft 89
Sehnsucht 166
Sehvermögen 269 f.
Selbstvorwürfe 152
Seligman, Martin E. P. 22, 251
sensorische Wahrnehmung 206, 274
Setter 98, 248
Shambala-Reservat 62, 64
Sharpe, Robert 252
Sheba (Hündin) 148 f.
Sheldrake, Rupert 103 f.
Shelley 125

Sheltie 66, 102
Shenzi-Hunde 212
Shetland Collie 19
Shetland-Hirtenhund 102
Shibuya 105
Sibirien 264
Siddon, Dave 142
Silverman, Mary 97
Silverton (Oregon) 100
Sima 19, 40, 44, 66, 79, 85, 97, 111, 120, 122, 128 ff., 145, 159, 170, 173, 177, 179, 182, 194 f., 197, 207 f., 210, 212, 226, 228 f., 241 ff., 269, 273, 285
Singender Hund 262
Singh, Billy Arjan 195
Sinneswahrnehmungen 274
Sirius (Hund) 189
Sizilien 231
Skete 181
Skyeterrier 245
Sleep Disorders Center (Stanford) 168
Smith, Virginia 96
Smithsonian 261
Smythe, R. H. 93, 98, 101, 155, 170
Snyder, Frederick 167
So spricht der Hund (Thurber) 43
Soledad Canyon 62
Spaniel 94
Spanien 169
SPCA 19
Spiegel, Isaiah 233
Spielkämpfe 229
Spontaneität 276
St. Louis Dispatch 146
Stabilität 161
Staddon, J. E. R. 25
Stanford University 168
Stark, Craig 71
Steinhart, Peter 11, 204 f., 209, 217
Stetigkeit 87, 161
Stockholm-Syndrom 46
Swanns Welt (Proust) 282
Sympathie 37

T

Table-Talk (Coleridge) 42
Tabor, Roger 199
Taffy (Hund) 15, 109, 111, 242
Tagesreste (Traum) 169
Tara (Tigerin) 195
Tastsinn 272
Templin, Gary 11
Tennessee 281
Terrier 93, 156, 248
The Animal's Voice 245
The Gentleman's Recreation (Blome) 94
The Hidden Life of Dogs (Thomas) 11
The History of the Domesticated Animal (Zeuner) 83
The Incredible Journey (Burnford) 101
The Intelligence of Dogs (Coren) 259
The Koehler Method of Dog Training 181
The Mind of the Dog (Smythe) 98, 155
The Soul of a Dog (Pinkwater) 60
The Tiger in the House (Van Vechten) 198 f.
The Wildlife of the Domesticated Cat (Tabor) 199
The Wolves of Minong (Allen) 134
Therapiehund 256
Thomas, Elizabeth Marshall 114
Three Miles Cross 169
Thurber, James 43, 55, 247, 274
Tia (Hündin) 220 f., 223, 226
Tierversuche 53
Timberwolf 213

Tokio 80, 104
Tolstoi, Leo 265
Tomkies, Mike 145 f.
Toronto 194
Toronto Psychoanalytic Institute 20
Touch (Hund) 96
Trauerritual 80
Träume 172
Traurigkeit 67, 244, 249 f., 256
Treue 41
Trumler, Eberhard 37, 59, 114

U
Über das Verhältnis zwischen Mensch und Hund (Lorenz) 157
Ukiah (Schwiegervater) 64
Uneigennützigkeit 141
Universität Berkeley 68
Universität von Poona 99 f.
Universität von Toronto 19
University of California 253
University of Michigan 205
University of Pennsylvania 251
Unter Wölfen (Steinhart) 204, 217
Unterwerfung 147 f., 189, 228, 261
Unzufriedenheit 274
USA 113, 214, 232, 252
Uttar Pradesh 195

V
Vechten, Carl Van 198 f.
Veranlagung 175
Verhaltenskorrektur 181
Verlag Jonathan Cape 11
Vermeidungsverhalten 227
Verteidigungsmechnismen 224
Vertrauen 120, 197
Vertrautheit 98
Verwundbarkeit 228
Vesey-Fitzgerald, Brian 189, 265
Vest, George Graham 91
Vivonne 282
Voltaire 39
vomeronasales Organ 273
Vorfreude 161
Vulpes vulpes 204

W
Waal, Frans de 142 f.
Wahlverwandtschaft 47
Wahnsinn 22
Wahrnehmung 273
Wahrnehmungsstörung 244
Warschau 233
Wazoo (Löwe) 61 ff.
Weiss, Sapir 113
When Elephants Weep (Masson) 11, 15
White, T. H. 248
Wiedersehensfreude 137
Wild Traits in Tame Animals (Robinson) 14
Wildhund 203, 262
Wildlife Images (Zoo) 142
Windhundrennen 58, 96, 201
Winston Wildlife Park 61
Wir heulten mit den Wölfen (Crisler) 216
Wisconsin 142
Wittgenstein, Ludwig 152, 158, 162
Wolf 142, 204, 212
Wolf-Hunde 212
Wolfshybriden 207, 210, 214 ff.
Wolfsjunges 83 ff., 89, 121 f., 205, 207, 214, 224
Wolfsrudel 84, 208, 213
Wolfsschakal 204
Woodhouse, Barbara 157

Woodsie (Hund) 246
Woolf, Virginia 169
World News Tonight (ABC) 149
Wut 152

X
Xenophanes 50

Y
Yi-Fu Tuan 248
Yuba (Fluß) 106
Zeiteinteilung 162

Z
Zeitgefühl 162
Zeuner, F. E. 83
Zielstrebigkeit 204
Zimen, Erik 184, 207
Zufriedenheit 276
Zugehörigkeit 98
Zuneigung 31, 41, 43, 45, 78 f., 88 f., 130, 148, 221, 228
Zürich 39
Zuwendung 139, 229, 273
Zwergpudel 247
Zwiespältigkeit 41, 77
Zyklen, natürliche 162